普通高等教育经管类专业系列教材

电子商务概论
(第 3 版)

主　编　王玉珍
副主编　张　瑞　章　印

清华大学出版社
北　京

内 容 简 介

本书共9章，第1章介绍电子商务概述，第2章介绍电子商务交易模式，第3章介绍电子商务技术基础，第4章介绍电子商务安全，第5章介绍网络金融与网上支付，第6章介绍电子商务物流，第7章介绍网络营销，第8章介绍电子商务发展的重要领域，第9章介绍电子商务法律法规。

本书根据作者多年的电子商务教学实践经验凝练而成，是"电子商务概论"国家一流本科课程的建设成果之一，其结构完整，条理清楚，内容翔实、新颖，实务性强，同时具有理论深度，因而适用范围广，应用性强。此外，本书介绍了大量的经典案例，理论联系实际，通俗易懂；并融入党的二十大精神和课程思政内容，将知识传授、能力培养与素质教育融为一体。

本书可作为电子商务专业、信息管理与信息系统专业以及其他经济、管理类专业电子商务课程的教材，也可作为从事电子商务相关工作的管理人员和技术人员以及对电子商务感兴趣者的参考书。

本书封面贴有清华大学出版社防伪标签，无标签者不得销售。
版权所有，侵权必究。举报: 010-62782989，beiqinquan@tup.tsinghua.edu.cn。

图书在版编目(CIP)数据

电子商务概论 / 王玉珍主编. —3 版. —北京: 清华大学出版社，2023.9
普通高等教育经管类专业系列教材
ISBN 978-7-302-64482-8

I. ①电… II. ①王… III. ①电子商务—高等学校—教材 IV. ①F713.36

中国国家版本馆 CIP 数据核字(2023)第 149999 号

责任编辑: 王　定
封面设计: 周晓亮
版式设计: 孔祥峰
责任校对: 马遥遥
责任印制: 曹婉颖

出版发行:	清华大学出版社			
	网　　址:	http://www.tup.com.cn, http://www.wqbook.com		
	地　　址:	北京清华大学学研大厦 A 座	邮　编:	100084
	社 总 机:	010-83470000	邮　购:	010-62786544
	投稿与读者服务:	010-62776969, c-service@tup.tsinghua.edu.cn		
	质 量 反 馈:	010-62772015, zhiliang@tup.tsinghua.edu.cn		
印 装 者:	大厂回族自治县彩虹印刷有限公司			
经　　销:	全国新华书店			
开　　本:	185mm×260mm	印　张: 18.25	字　数:	456 千字
版　　次:	2017 年 1 月第 1 版　　2023 年 9 月第 3 版	印　次:	2023 年 9 月第 1 次印刷	
定　　价:	69.80 元			

产品编号: 101877-01

前　言

党的二十大报告中提出的推动数字经济与实体经济融合发展的战略部署，意味着要把实体经济作为数字经济"下半场"的主攻方向和关键突破口。在"数""实"融合的大背景下，更是促进了传统领域与互联网的深度融合，传统企业纷纷"触网"，大力开展电子商务。如今，电子商务已不仅成为传统企业降低成本、提高效率、改善竞争条件、建立竞争优势、实现数字化转型的重要手段，而且也改变着人们的生活和工作方式，其影响已远远超过技术和商务本身。

电子商务作为数字经济的重要组成部分，必将迎来新一轮的高速发展。随着各领域对电子商务应用的深入，对电子商务人才的需求量也急剧增加，因此电子商务人才的培养成为电子商务进一步发展的关键问题。

电子商务人才的培养，教材或参考书是关键。目前介绍电子商务基本知识、基础理论的书比较多，但电子商务发展变化快，我们必须把新知识、新应用、新现象、新数据及时地补充进来，让电子商务专业或相关专业的学生对电子商务有更全面、更完整的认识与把握。在这种情况下，我们在原书第2版的基础上编写了第3版，根据教育部普通高等学校电子商务类专业教学指导委员会的相关要求，以及各领域对电子商务人才需求的新特征，结合现阶段电子商务发展的最新状况与特点，参考了国内外优秀的文献，采用最新的案例和数据，从电子商务应用的角度出发，理论联系实际，系统地介绍了电子商务领域的相关知识。

本书共9章，包括电子商务概述、电子商务交易模式、电子商务技术基础、电子商务安全、网络金融与网上支付、电子商务物流、网络营销、电子商务发展的重要领域、电子商务法律法规。本书的主要读者对象是普通高校电子商务、信息管理与信息系统专业以及相关经济、管理专业的学生，也可供与电子商务相关的研究人员、管理人员参考。本书结构完整，条理清楚，内容翔实、新颖，实务性强，同时具有理论深度，因而适用范围广，应用性强。书中引用了大量典型案例，帮助读者理解电子商务的基本知识和基本理论；并融入党的二十大精神和课程思政内容，将知识传授、能力培养与素质教育融为一体。每章都精心编排了案例分析和习题。其中案例分析中所选的都是具有代表性的企业或网站的真实运作事例，针对案例提出问题，用于提高学生解决问题的能力；然后通过习题对每一章重点内容进行巩固和延伸。

本书是"电子商务概论"国家一流本科课程的建设成果之一，主要由兰州财经大学从事电子商务一线教学的优秀教师完成，由王玉珍任主编，张瑞、章印任副主编，王玉珍承担本书的大纲编写和统稿工作，并编写第2章；张瑞编写第3章、第4章；章印编写第1章、第5章和第7章；王彤编写第6章和第8章8.1节；宋国靖编写第8章8.2节和第9章。本书在编写过程中参考和借鉴了国内外最新著作和网上资料，在此对所参考著作和资料的作者及相关出版单位表示衷心的感谢！另外，对本书编写及出版过程中给予支持的领导、同事、朋友、家人及相关人士表示感谢！

因为时间仓促、水平有限，书中难免有遗漏或不足之处，敬请各位读者批评指正。

本书提供教学大纲、电子教案、教学课件和习题参考答案，下载地址如下：

　　教学大纲　　　　　电子教案　　　　　教学课件　　　　习题参考答案

编　者

2023 年 6 月

目　录

第1章　电子商务概述 1
1.1 电子商务的概念和分类 1
- 1.1.1 电子商务的概念 1
- 1.1.2 电子商务的分类 3
1.2 电子商务的产生和发展 5
- 1.2.1 互联网的产生与发展 5
- 1.2.2 电子商务的发展 8
1.3 电子商务的框架 9
- 1.3.1 电子商务的系统框架 9
- 1.3.2 电子商务的经济学框架 10
- 1.3.3 电子商务系统的组成 11

第2章　电子商务模式 17
2.1 电子商务模式概述 17
- 2.1.1 什么是商业模式 17
- 2.1.2 传统商业模式的局限性 18
- 2.1.3 电子商务模式的内涵 19
- 2.1.4 电子商务模式的分类 22
2.2 B2B电子商务模式 22
- 2.2.1 B2B电子商务的含义 23
- 2.2.2 B2B电子商务的特点与优势 24
- 2.2.3 B2B电子商务的价值 25
- 2.2.4 B2B电子商务的分类 28
- 2.2.5 我国B2B电子商务发展状况 30
2.3 B2C电子商务模式 35
- 2.3.1 B2C电子商务的含义 35
- 2.3.2 B2C电子商务的功能与优势 35
- 2.3.3 B2C电子商务的流程 36
- 2.3.4 适合于B2C销售的商品 37
- 2.3.5 B2C电子商务的分类 37
- 2.3.6 我国B2C电子商务的发展现状 38
2.4 C2C电子商务模式 42
- 2.4.1 C2C电子商务的含义 42
- 2.4.2 C2C电子商务议价方式 42
- 2.4.3 B2C和C2C电子商务的比较 43
2.5 其他交易模式 44
- 2.5.1 O2O电子商务模式 44
- 2.5.2 C2B电子商务模式 45
- 2.5.3 新零售 46
- 2.5.4 社交电商 48
- 2.5.5 直播电商 51

第3章　电子商务技术基础 59
3.1 计算机网络技术 59
- 3.1.1 网络的特点与分类 60
- 3.1.2 网际互联 62
3.2 互联网技术及应用 63
- 3.2.1 Internet 63
- 3.2.2 物联网 64
- 3.2.3 云计算 65
- 3.2.4 云存储 66
- 3.2.5 互联网+ 66
- 3.2.6 大数据 67
3.3 电子商务网站建设步骤及相关技术 69
- 3.3.1 电子商务网站建设 69
- 3.3.2 电子商务网站的体系结构 70
- 3.3.3 开发网页语言介绍 71

3.4	EDI技术		72
	3.4.1	EDI原理及工作步骤	72
	3.4.2	EDI的优点	73

第4章 电子商务安全 76

4.1	电子商务安全概述		76
	4.1.1	电子商务安全现状	77
	4.1.2	电子商务安全的概念与特性	78
	4.1.3	电子商务安全的威胁与风险	78
	4.1.4	电子商务系统安全的构成	80
4.2	电子商务安全保障技术		81
	4.2.1	数据加密技术	81
	4.2.2	数字摘要技术	86
	4.2.3	数字签名技术	89
	4.2.4	数字证书技术	90
	4.2.5	数字信封技术	93
	4.2.6	数字时间戳技术	94
	4.2.7	防火墙	94
	4.2.8	网络入侵检测	96
4.3	电子商务安全协议		97
	4.3.1	SSL协议	98
	4.3.2	SET协议	100
4.4	电子商务交易用户身份鉴别		102

第5章 网络金融与网上支付 106

5.1	网络金融概述		106
	5.1.1	网络金融的定义、模式和具体方式	106
	5.1.2	电子商务与网络金融的相互关系	108
5.2	网络银行		110
	5.2.1	网络银行概述	110
	5.2.2	网络银行服务类型	112
	5.2.3	网络银行的结构	114
	5.2.4	网络银行发展中的问题	116
5.3	网上支付概述		117
	5.3.1	网上支付的含义	117
	5.3.2	网上支付的功能	117
	5.3.3	网上支付的流程	118
	5.3.4	网上支付的发展现状	118

5.4	网上支付系统		120
	5.4.1	银行卡支付系统	120
	5.4.2	电子现金系统	122
	5.4.3	第三方支付系统	123
	5.4.4	电子支票系统	127

第6章 电子商务物流 132

6.1	物流概述		132
	6.1.1	物流的产生	132
	6.1.2	物流的定义	133
	6.1.3	现代物流	134
	6.1.4	物流活动的功能要素	137
	6.1.5	物流的分类	138
	6.1.6	物流配送	139
	6.1.7	配送中心	143
6.2	物流系统		146
	6.2.1	物流系统的概念与组成	146
	6.2.2	物流系统的分类	148
6.3	电子商务与物流的关系		148
	6.3.1	电子商务环境下物流的特点	149
	6.3.2	电子商务中物流的作用	149
	6.3.3	电子商务环境下物流的发展	150
6.4	电子商务物流模式		151
	6.4.1	企业自营物流模式	151
	6.4.2	第三方物流模式	153
	6.4.3	物流联盟	156
	6.4.4	第四方物流模式	158
	6.4.5	绿色物流模式	160
6.5	物流技术		161
	6.5.1	射频及标签识别技术	162
	6.5.2	条形码技术	163
	6.5.3	地理信息系统	165
	6.5.4	GPS技术	166
	6.5.5	物联网技术	167
	6.5.6	区块链技术	168

第7章 网络营销 173

7.1	网络营销概述		173
	7.1.1	网络营销的起源及含义	173

7.1.2 网络营销的职能……176
7.1.3 网络营销的特点……177
7.1.4 电子商务与网络营销……178
7.2 网络营销理论基础……179
　7.2.1 网络直复营销理论……179
　7.2.2 关系营销理论……180
　7.2.3 网络整合营销理论……181
　7.2.4 网络软营销理论……182
　7.2.5 数据库营销理论……182
7.3 网络营销常用工具和方法……183
　7.3.1 搜索引擎营销……183
　7.3.2 电子邮件营销……186
　7.3.3 网络广告营销……187
　7.3.4 博客营销……190
　7.3.5 微博营销……192
　7.3.6 微信营销……193
　7.3.7 O2O营销……195
　7.3.8 App营销……196
　7.3.9 大数据营销……197
　7.3.10 自媒体营销……198
　7.3.11 直播和短视频营销……200
　7.3.12 软文营销……202
7.4 网络营销策划与实施……203
　7.4.1 网络营销策划……203
　7.4.2 网络营销实施……205

第8章 电子商务发展的重要领域……211
8.1 农村电子商务……211
　8.1.1 农村电子商务概述……211
　8.1.2 农村电子商务模式……216
　8.1.3 各大电商平台的农村电商实践……218
　8.1.4 农村电子商务发展中存在的问题……221
　8.1.5 农村电子商务发展的对策……222
　8.1.6 农村电子商务发展前景与趋势……224

8.2 跨境电子商务……226
　8.2.1 跨境电子商务概述……226
　8.2.2 跨境电子商务的交易模式……229
　8.2.3 跨境电子商务的商业模式……230
　8.2.4 跨境电子商务物流……233
　8.2.5 跨境电子商务支付……236
　8.2.6 跨境电子商务发展中存在的问题……239
　8.2.7 跨境电子商务的发展对策……240
　8.2.8 跨境电子商务发展前景与趋势……241

第9章 电子商务法律法规……247
9.1 电子商务法概述……247
　9.1.1 电子商务法的概念……247
　9.1.2 电子商务立法的重要性……248
　9.1.3 电子商务立法的基本原则……249
9.2 国内外电子商务立法现状……250
　9.2.1 国外电子商务立法现状……250
　9.2.2 国内电子商务立法现状和展望……251
9.3 相关电子商务法……253
　9.3.1 联合国《电子商务示范法》……253
　9.3.2 电子签名法……254
　9.3.3 电子商务法……255
9.4 电子商务税收制度……258
　9.4.1 税收和税法概述……258
　9.4.2 电子商务税收的法律问题……259
　9.4.3 电子商务中的税收管理……262
9.5 电子商务中的知识产权保护……265
　9.5.1 网络作品著作权保护……265
　9.5.2 商标与域名……270
　9.5.3 网上商业秘密保护……277

参考文献……281

第1章 电子商务概述

近年来,电子商务得到突飞猛进的发展,从国家到企业,再到个人,都在讨论并实践电子商务。那么究竟什么是电子商务?其发展程度如何?我们需要有全面的认识和理解,以求把握电子商务发展的脉搏,树立良好的电子商务发展理念。

■ 内容提要
- 电子商务的概念
- 电子商务的分类
- 电子商务的发展现状
- 电子商务框架

1.1 电子商务的概念和分类

对电子商务的认识是我们运作电子商务的基础。虽然对电子商务的认识有很多不同的理解,相关的定义也有很多,但是纵观所有的定义,它们之间的理解差别主要体现在电子商务使用的电子工具以及商务活动的范围上。

1.1.1 电子商务的概念

电子商务是以信息网络技术为手段,以商品交换为中心的商务活动;也可理解为在互联网(internet)、企业内部网(intranet)和增值网(value added network,VAN)、移动互联网(mobile internet)上以电子交易方式进行交易活动和相关服务的活动,是传统商业活动各环节的电子化、网络化、信息化。

1. 电子工具

任何商务活动都要借助于一定的工具完成。电子工具在电子商务领域发挥着极大的作用,从电报、电话、传真到异步传输(ATM),再到电子数据交换(EDI),以及今天的各种网络。一种理解认为只要使用了电子工具的商务活动都是电子商务,在本书中一般不提及使用电报、电话、传真、ATM等传统电子工具的电子商务,主要从网络工具的角度来认识电子商务。

电子商务的发展与兴起是伴随互联网的发展而发展的。以下从电子工具角度对电子商务的概念给予解释。

(1) IBM 公司对电子商务的认识非常具有典型意义,它认为电子商务(E-business)是在 Internet 等网络的广泛联系与传统信息技术系统的丰富资源相结合的背景下,应运而生的一种相互关联的动态商务活动。它强调在网络计算环境下的商业化应用;强调买方、卖方、厂商及其合作伙伴在网络计算环境下的完美结合: E-business=IT + Web + business(电子商务=信息技术+网页+业务)。

(2) 联合国经济合作和发展组织(OECD)认为:电子商务是发生在开放式网络上的,包含企业间(business to business,B2B)、企业和消费者间(business to consumer,B2C)的商务交易。

2. 商务活动

商务活动是指以盈利为目的的市场经济主体,通过商品交换获取经济资源的各种经济行为的总称。

在电子商务的概念认识中,人们对电子商务所涉及的商务活动范围的认识有大有小,有的认为仅仅是围绕交易而展开的活动,有的认为是有偿的商务活动等。如果从广义的角度来理解,实现商品或服务的交易而开展的一系列的经营管理活动,包括采购、生产、销售、商贸磋商、价格比较、经营决策、营销策略、推销促销、公关宣传、售前/售后服务、客户关系、咨询服务等都应该在商务活动范围之内,它既包括有偿的也包括无偿的商务活动。因此,我们也可以将电子商务所涉及的活动范围扩大到更广的领域,这样对电子商务的实践具有极大的指导意义。

3. 电子商务与传统商务的区别

电子商务与传统商务在交易模式上不同,其本质都是商务,所以从交易的过程等方面来比较是一样的,都包括交易前的准备、贸易磋商过程、合同与执行以及支付过程。不同点主要体现在:由于传统商务是借助手工或传统电子工具,而电子商务是借助网络工具,从而产生不一样的效果,如表1.1所示。

表1.1 传统商务与电子商务的区别

商务活动	交易前的准备	贸易磋商过程	合同与执行	支付过程
传统商务	商品信息的发布、查询和匹配,通过传统方式来完成	口头磋商或纸面贸易单证的传递过程。工具和方式有电报、电话、传真、邮寄	书面形式签订具有法律效力的商务合同(纸面合同)	方式:支票、现金
电子商务	通过交易双方的网站来完成	电子化的记录、文件和报文在网络上传递	电子合同,同样具有法律效力	方式:网上支付(信用卡、电子支票、电子现金、第三方支付)

电子商务与传统商务相比具有以下优势：
(1) 电子商务将传统的交易流程电子化、数据化，大量减少人力、物力，降低了交易成本。
(2) 电子商务突破了时间和空间的限制，使得交易活动可以在任何时间、任何地点进行。
(3) 电子商务具有的开放性、全球性的特点，为交易双方创造了更多的交易机会。
(4) 电子商务提供了丰富的信息资源，使得交易行为更加公平、透明。
(5) 电子商务具有良好的互动性，商家通过互联网可以直接与消费者交流，消费者也可以把自己的想法及时反馈给商家，而商家可以根据消费者的反馈及时改进、提高产品或服务质量。

1.1.2 电子商务的分类

电子商务从不同的角度可分成不同的类型。

1. 按照商务活动的内容分类

按照商务活动的内容进行分类，可将电子商务分成间接电子商务和直接电子商务两类。

(1) 间接电子商务。间接电子商务即有形商品的电子商务。有形商品的电子商务由于三流(信息流、资金流、物流)不能完全在网上传输，因此这类电子商务又可称为不完全电子商务。

(2) 直接电子商务。直接电子商务也称为无形商品和服务的电子商务。无形商品的电子商务由于三流(信息流、资金流、物流)所有的功能完全在网上传输，因此这类电子商务又可称为完全电子商务。

2. 按照使用网络的类型分类

根据使用网络类型的不同，可将电子商务分为 EDI 电子商务、Intranet 电子商务和 Internet 电子商务 3 类。

(1) EDI 电子商务。ISO(国际标准化组织)将 EDI 定义为一种电子传输方法，使用这种方法时，首先将商业或行政事务处理中的报文数据按照一个公认的标准，形成结构化的事务处理的报文数据格式，进而将这些结构化的报文数据经由网络从一方计算机传输到另一方计算机。EDI 是商务往来的重要工具，它被认为是电子商务的早期形式，因此基于 EDI 网络的电子商务称为 EDI 电子商务。

(2) Intranet 电子商务。Intranet 电子商务是指一个大型企业内部或一个行业内开展的电子商务活动形成一个商务活动链，可以大大提高工作效率和降低业务成本。

(3) Internet 电子商务。Internet 电子商务也称现代电子商务，是基于 Internet 网络的商务活动的总称。这是本书讨论的重点。

3. 按照交易对象分类

按照交易对象的不同，可将电子商务分为企业对企业的电子商务、企业对消费者的电子商务、消费者对消费者的电子商务和企业对政府的电子商务等 4 类。

(1) 企业对企业的电子商务(business to business，B to B 或 B2B)。B2B 方式是电子商务应用最重要、最受企业重视的形式，企业可以通过 Internet 或其他网络寻找最佳的合作伙伴，完成从订购到结算的全部交易行为。B2B 电子商务交易额大，所需的各种硬件、软件环境比较复杂。

(2) 企业对消费者的电子商务(business to customer，B to C 或 B2C)。B2C 是消费者在 Internet 上直接参与经济活动的形式，类似于电子化的零售商务。随着万维网(www)的出现，网上销售迅速地发展起来。

(3) 消费者对消费者的电子商务(customer to customer，C to C 或 C2C)。C2C 是个人对个人的模式，C2C 商务平台就是通过为买卖双方提供一个在线交易平台，使卖方可以主动提供商品上网拍卖，而买方可以自行选择商品进行竞价。

(4) 企业对政府的电子商务(business to government，B to G 或 B2G)。B2G 商务活动覆盖企业与政府组织间的各项事务，比如：企业与政府之间的手续报批；政府通过 Internet 发布采购清单，企业以电子化方式响应；政府在网上以电子交换方式来完成对企业和电子交易的征税等。

4. 按照开展电子交易的信息网络范围分类

按照开展电子交易的信息网络范围，可将电子商务分为本地电子商务、远程国内电子商务和全球电子商务 3 类。

(1) 本地电子商务。本地电子商务通常是指利用本城市内或本地区内的信息网络实现的电子商务活动，电子交易的地域范围较小。本地电子商务系统是利用 Internet、Intranet 或专用网将一系列系统连接在一起的网络系统，比如：银行金融机构电子信息系统、保险公司的信息系统、商品检验信息系统、税务管理信息系统、货物运输信息系统等。

(2) 远程国内电子商务。远程国内电子商务是指在本国范围内进行的网上电子交易活动，其交易的地域范围较大，对软件、硬件和技术要求较高，要求在全国范围内实现商业电子化、自动化，实现金融电子化，交易各方具备一定的电子商务知识、经济能力和技术能力，并具有一定的管理水平和能力等。

(3) 全球电子商务。全球电子商务是指在全世界范围内进行的电子交易活动，参加电子交易的各方通过网络进行贸易，涉及有关交易的各方相关系统，如买方国家进出口公司系统、海关系统、银行金融系统、税务系统、运输系统、保险系统等。

5. 按照提供的产品形式分类

按照提供的产品形式，可将电子商务分为以下几类。

(1) 网络经纪模式，如阿里巴巴、ebay 易趣、慧聪等。
(2) 网络广告模式，如好耶广告、窄告、新浪、阿里妈妈等。
(3) 内容经营商模式，如数字化音乐、影视、网络游戏、电子书籍、电子期刊等。
(4) 网上商店，如京东、苏宁易购、天猫等。
(5) 行业服务模式，如智联招聘、中国化工网、证券之星、电子商务认证中心、携程旅行网、全程物流网、中国蔬菜市场网等。
(6) 网络直销，如南京中脉科技等。
(7) 虚拟社区模式，如新浪微博、百度贴吧等。
(8) 企业整体电子商务模式，海尔、招商银行等。
(9) 新型电子商务模式，如 O2O、P2C、B2F、C2F、C2B 等。

> 📖 **案例1.1**
>
> 农村电商走向分化

1.2 电子商务的产生和发展

电子商务的产生与发展不仅与技术有关，也与经济发展的需求相关。纵观电子商务产生与发展，互联网的发展起了非常重要的作用。因此，关注互联网及其变化是研究电子商务产生与发展很重要的角度。

1.2.1 互联网的产生与发展

1. 互联网的产生

20世纪40年代开启了信息技术革命的新时代，1946年美国宾夕法尼亚大学研制出了世界上第一台可运行程序的电子计算机，1981年美国IBM公司研制成功了IBM-PC机(personal computer，个人计算机)，并迅速发展成为一个系列。随着微型计算机的出现，计算机开始走向千家万户。

20世纪60年代，美国军方建立ARPANET以利于军事网络的管理。在20世纪70年代初出现的TCP/IP协议，使ARPANET取得较大的扩展，从美国本土连接到其在欧洲的军事基地。20世纪80年代初，美国科学基金会发现这种方式非常实用，于是把这几个地区的计算机连接起来，并接进大学校园，参加因特网技术开发的科研和教育机构开始利用因特网，这便是今天Internet的雏形。20世纪90年代，当因特网技术被发现可以有极其广泛的市场利用价值，而政府无法靠财政提供因特网服务时，美国政府的政策开始转向开放市场，由私人部门主导。1991年，美国政府解除了禁止私人企业为了商业目的进入因特网的禁令，并确定了收费标准和体制，从此商业网成为美国发展最快的因特网络。个人、私人企业和创业投资基金成为美国因特网技术产业化、商业化和市场化的主导力量。

1993年9月，美国制定并发布了《国家信息基础设施：行动纲领》的重大战略决策。"国家信息基础设施"是"信息高速公路"的正式名称，它的实质是以现代通信和计算机为基础，建设一个以光缆为主干线的覆盖全美国的宽带、高速、智能数据通信网，以此带动美国经济与社会的信息化进程，促进经济的发展。美国的目标是确保其在全球信息基础设施建设的领先地位。

1994年9月，美国在建设本国信息高速公路的基础上，又提出了建立全球信息基础设施(global information infrastructure，GII)计划的倡议，呼吁各国把光纤通信网络和卫星通信网络连接起来，从而建立下一代通信网络。

2. 中国互联网的发展历程及现状

1994年4月20日，中国开通64K国际专线，与国际互联网接轨，从此中国被国际上正式承认为真正拥有全功能 Internet 的国家。5 月 21 日，中国国家顶级域名(CN)服务器移至国内，改变了中国的顶级域名服务器一直放在国外的历史。

1995 年 3 月，中国科学院使用 IP/X.25 技术完成上海、合肥、武汉、南京 4 个分院的远程连接，开始了将 Internet 向全国扩展的第一步。

1999 年 1 月，中国教育和科研计算机网的卫星主干网全线开通；9 月，招商银行率先在国内全面启动"一网通"网上银行服务，改变了我国没有网上银行的历史。

2000 年 5 月，中国移动互联网投入运行，推出"全球通 WAP"服务；9 月，中国联通公用计算机互联网正式开通。

2004 年 12 月，我国国家顶级域名.CN 服务器的 IPv6 地址成功登录到全球域名根服务器，标志着我国国家域名系统进入下一代互联网。

2005 年，以博客为代表的 Web2.0 的出现标志着中国互联网发展进入新阶段。

2009 年，新浪网、搜狐网、网易网等门户网站纷纷开启微博，更加便利地开启了我国自媒体时代。

2010 年 1 月 13 日，国务院常务会议决定加快推进电信网、广播电视网和互联网三网融合。

2012 年 9 月 18 日，科技部公布《中国云科技发展"十二五"专项规划》迎接大数据时代的到来。

2013 年，以移动社交平台为代表的微应用迅速发展，标志着中国已全面进入移动互联网"微"时代；12 月，工信部向三大运营商发放 4G 牌照，中国大陆正式进入 4G 时代。

2019 年 6 月 6 日，工信部正式向中国电信、中国移动、中国联通、中国广电发放 5G 商用牌照，中国正式进入 5G 商用元年，三大运营商的 5G 商用套餐于 11 月 1 日正式上线。

根据 2022 年 8 月 31 日中国互联网络信息中心发布的《第 50 次中国互联网络发展状况统计报告》数据显示，我国在互联网基础建设、网民规模、互联网应用、工业互联网、互联网安全等方面取得了长足进步，现状如下：

(1) 互联网基础建设状况。截至 2022 年 6 月，我国 IPv4 地址数量为 39192 万个，IPv6 地址数量为 63079 块/32，IPv6 活跃用户数达 6.83 亿；我国域名总数为 3380 万个，其中，"CN"域名数量为 1786 万个，占我国域名总数的 52.8%；我国移动电话基站总数达 1035 万个，互联网宽带接入端口数量达 10.35 亿个，光纤线路总长度达 5791 万公里(如表 1.2 所示)。

表1.2　2021.12—2022.6互联网基础资源对比

	2021年12月	2022年6月
IPv4(个)	392,486,656	391,918,080
IPv6(块/32)	63,052	63,079
IPv6 活跃用户数(亿)	6.08	6.83
域名(个)	35,931,063	33,805,195
其中".CN"域名(个)	20,410,139	17,861,269
移动电话基站(万个)	996	1,035
互联网宽带接入端口(亿个)	10.18	10.35
光缆线路长度(万公里)	5,488	5,791

(2) 网民规模及结构状况。截至 2022 年 6 月，我国网民规模为 10.51 亿，较 2021 年 12 月新增网民 1919 万，互联网普及率达 74.4%，较 2021 年 12 月提升 1.4 个百分点。

截至 2022 年 6 月，我国手机网民规模为 10.47 亿，较 2021 年 12 月 1785 万，网民中使用手机上网的比例为 99.6%。

(3) 互联网应用发展状况。2022 年上半年，我国各类个人互联网应用持续发展。其中，短视频的用户规模增长最为明显，较 2021 年 12 月增长 2805 万，增长率达 3.0%，带动网络视频的使用率增长至 94.6%；即使通信的用户规模保持第一，较 2021 年 12 月增长 2042 万，使用率达 97.7%；网络新闻、网络直播的用户规模分别较 2021 年 12 月增长 1698 万、1290 万，增长率分别为 2.2%、1.8%。

(4) 工业互联网发展状况。2022 年国务院《政府工作报告》提出，加快发展工业互联网，培育壮大集成电路、人工智能等数字产业，提升关键软硬件技术创新和供给能力。当前，我国工业互联网呈现出较快发展态势，各项工作稳步推进，工业互联网已经在 45 个国民经济大类中得到应用，工业互联网产业规模已迈过万亿元大关。一是网络体系建设持续推进。工业互联网高质量外网项目建设持续推进，基本实现全国地市全覆盖，工业企业、工业园区的接入和服务能力不断提升。工业互联网标识解析体系基本建成，国家顶级节点日均解析量显著提升，二级节点覆盖全国 29 个省(区、市)的 34 个重点行业。工业互联网标识解析体系国际根节点建成投入运行。二是平台创新提供多种服务。截至 2022 年 6 月，我国具有一定行业和区域影响力的特色平台超过 150 家。2022 年 5 月，工信部公布《2022 年跨行业跨领域工业互联网平台名单》，共 28 家工业互联网平台入选。工业互联网平台以便捷、灵活的方式为中小企业提供了企业上云等多种的服务，在降低门槛、创造价值等方面帮助中小企业数字化转型。三是数据汇聚不断开展。国家工业互联网大数据中心建设持续完善，区域和行业分中心建设统筹推进。国家工业互联网大数据中心通过构建工业互联网数据资源管理体系，推进工业数据资源整合利用和开放共享，促进数据要素配置市场化进程。四是安全服务保障能力不断提升。我国工业互联网安全技术加快创新突破，国家工业互联网安全技术监测服务能力持续提升。工业互联网安全顶层设计不断完善，通过政策牵引、机制保障、专项带动、供给创新等多种方式，强化安全威胁监测与通报处置，增强企业安全责任意识。

(5) 互联网安全状况。截至 2022 年 6 月，63.2%的网民表示过去半年在上网过程中未遭遇过网络安全问题，较 2021 年 12 月提升 1.3 个百分点。在有过网络安全问题的网民中，遭遇个人信息泄露的网民比例最高，为 21.8%；遭遇网络诈骗的网民比为 17.8%；遭遇设备中病毒或木马的网民比例为 8.7%；遭遇账号或密码被盗的网民比例为 6.9%。

可见，自 1994 年中国接入 Internet 的 64K 国际专线，实现了与国际互联网的全功能连接。这不仅开启了我国互联网的正式运行，也是我国数字经济、数字社会发展的起点。多年来，我国大力建设信息基础设施，积极拓展互联网基础资源，促进互联网产品及服务快速普及，为数字化发展奠定了坚实基础。回首过去，我国互联网发展取得了举世瞩目的成就，网民规模跃居全球首位，已建成全球规模最大的 5G 网络和光纤宽带，互联网发展质量显著提升。在此基础上，党的二十大报告提出建设网络强国，持续加强数字中国建设，坚实的信息基础、庞大的网民基础及全面的产业基础，支撑我国互联网向着"做强做优"不断迈进，推动我国数字化转型向着"做深做实"不断提速。

1.2.2　电子商务的发展

1. 电子商务发展的基础

从技术角度考虑，1839年电报出现标志着运用电子技术进行商务活动新纪元的开始。到了20世纪40年代，计算机的发明及其不断地更新换代，使计算机广泛应用于商务活动和各种管理工作，互联网的产生与发展进一步推动了电子商务的发展。

随着网络技术的发展，电子商务的应用从企业内部扩展到企业外部，出现了用于数据传输、交换的电子文件，出现电子数据交换(EDI)方式，电子单证能够通过专用增值网络(VAN)进行传送，后来又发展到通过开放式的Internet进行传输。银行间的电子资金转账(EFT)技术与企业间电子数据交换技术相结合，产生了早期的企业之间的电子商务。信用卡(credit card)、自动柜员机(ATM)、零售业销售终端和联机电子资金转账(POS/EFT)技术的普遍发展，以及网络通信安全技术的发展，使网上个人购物(B2C)和企业与企业之间的网上交易(B2B)得到了发展。

Internet的发展是电子商务发展的基础，尤其是Web技术的出现，使Internet具备了支持多媒体技术的能力，成为电子商务发展中的催化剂。上网的个人、企业、政府、银行越来越多，庞大的用户市场使得人们对电子商务活动的期望越来越高，各地政府和各行各业对电子商务也给予高度的重视，使其逐渐成为人们关注的焦点。

电子商务发展的重要基础主要有以下几方面。

(1) 计算机的广泛应用。计算机的发展使其处理速度越来越快，处理能力越来越强，价格越来越低，应用越来越广泛，为电子商务的应用提供了坚实的硬件基础。

(2) 网络的普及和成熟。由于Internet逐渐成为全球通信与交易的媒体，全球上网用户呈指数增长，快捷、安全、低成本的特点为电子商务的发展提供了应用基础。

(3) 信用卡的普及应用。信用卡以其方便、快捷、安全等优点成为人们消费支付的重要手段，并由此形成了完善的全球性信用卡计算机网络支付与结算系统，使"一卡在手、走遍全球"成为可能，同时也为电子商务的网上支付提供了重要的手段。

(4) 网上银行的发展。网上银行又称在线银行，是传统银行业务在网上的延伸，通过互联网向顾客提供全方位的银行服务，是电子商务往来的主要支付形式。

(5) 电子安全交易协议的制定。1997年5月31日，由美国VISA和MasterCard等国际组织联合制定了SET(secure electronic transfer)协议，该协议得到了IBM、Microsoft、Netscape、GTE、VeriSign等一批技术领先的跨国公司的支持。

(6) 政府的支持与推动。1997年欧盟发布了欧洲电子商务协议，随后美国发布了《全球电子商务纲要》，电子商务得到了世界各国政府的重视，许多国家开始尝试政府"网上采购"，这为电子商务的发展提供了有力支持。

2. 中国电子商务的发展阶段

(1) 1999—2002年萌芽阶段。这个阶段中国的网民数量很少，根据2000年公布的统计数据，中国网民仅1000万，而且该阶段网民的网络生活方式还仅仅停留于电子邮件和新闻浏览。网民未成熟，市场未成熟，虽然有了以8848为代表的B2C电子商务网站，但萌芽期的电子商务环境里没能养活几家电子商务平台。这个阶段要发展电子商务难度相当大。

(2) 2003—2006年高速增长阶段。当当、阿里巴巴、慧聪、全球采购、淘宝,成了互联网热点。这些生在网络、长在网络的企业,在短短的数年内崛起,和网游、服务提供商(SP)企业等一起占领了整个通信和网络世界。以前程无忧网络招聘为例,这个以专门发行招聘报纸为主的企业,2003年初的时候还是投放报纸广告赠送网络招聘会员,到今天已经变成了投放网络招聘广告赠送报纸招聘广告,可见变化之巨大。

(3) 2007—2010年电子商务纵深发展阶段。这个阶段最明显的特征就是,电子商务已经不仅仅是互联网企业的天下,数不清的传统企业和资金流入电子商务领域,使得电子商务世界变得异彩纷呈。

① 阿里巴巴、网盛上市标志着B2B领域的发展步入了规范化、稳步发展的阶段。

② 淘宝的战略调整、百度的试水,意味着C2C市场将在高速发展的同时不断地优化和细分市场。

③ PPG、红孩子、京东的火爆,不仅引爆了整个B2C领域,更让众多传统商家按捺不住纷纷跟进。

④ 以苏宁、国美为代表的传统企业延伸过来的电子商务公司成为中国电子商务发展的核心力量。由于电商的冲击,传统企业纷纷嫁接电子商务进行转型,力求找到一个新的发展动力。

(4) 2011年以后的井喷发展阶段。这个阶段我国电子商务的发展成为一种新常态。首先是国家大力提倡发展电子商务,从政策、资金支持等方面出台各种新的措施,引导发展电子商务作为我国经济发展的新战略,并发布了《电子商务"十三五"发展规划》。由于智能手机的普及,老百姓已将电子商务作为一种新的生活模式。从城市到农村,从国内到国外,我国电子商务呈现出前所未有的发展好时机。

📖 **案例1.2**
中国电子商务发展中的相关法律法规

1.3 电子商务的框架

所谓框架,特指为解决一个开放性问题而设计的具有一定约束性的支撑结构。在此结构上可以根据具体问题扩展、安插更多的组成部分,从而更迅速和方便地构建完整的解决问题的方案。电子商务框架就是电子商务在发展过程中的支撑机构,我们可以从宏观系统的角度和经济学的角度加以认识。

1.3.1 电子商务的系统框架

电子商务的系统框架是指电子商务活动环境中所涉及的各个领域以及实现电子商务应具

备的技术保证。从总体上来看，电子商务框架由 5 个层次和 2 大支柱构成。其中，5 个层次分别是网络层、信息发布层、传输层、服务层和应用层，2 大支柱是指社会人文性的公共政策和法律规范以及自然科技性的技术标准和网络协议，如图 1.1 所示。

图1.1　电子商务的系统框架

1.3.2　电子商务的经济学框架

经济活动的发展离不开"四流"：商流、信息流、资金流、物流。这四流交织在商品交易与商务运作的详细过程中，而电子商务的发展也是围绕这四流展开的，同时众多的对策和措施也是围绕这四流的运转而设计的。

(1) 商流。商流是指买卖双方之间为表示达成交易而进行的一些特殊信息流动并伴随商品所有权的转移，比如电子合同的填写、传递、修改与签名交换、确认责任与义务、赋予法律效益。电子认证服务中心、数字签名服务都会参与商流。

(2) 信息流。信息流指为达成电子交易而在网络上买卖双方之间进行的相关信息流动与交换。信息流既包括商品信息的提供、促销营销、技术支持、售后服务等内容，也包括诸如询价单、报价单、付款通知单、转账通知单等商业贸易单证，还包括交易方的支付能力、支付信誉等。

(3) 资金流。资金流指买卖双方网上达成电子交易后伴随的相关资金的转移过程，包括付款、转账、结算等。资金的加速流动可以创造财富，商务活动的经济效益是通过资金的流动来体现的。

(4) 物流。物流指因人们的商品交易行为而形成的物质实体(商品或服务)的流动过程，它由一系列具有时间和空间效用的经济活动组成，包括包装、运输、存储、配送、装卸、保管、物流信息管理等。

从四流的角度可以得出电子商务的经济学框架，如图 1.2 所示。

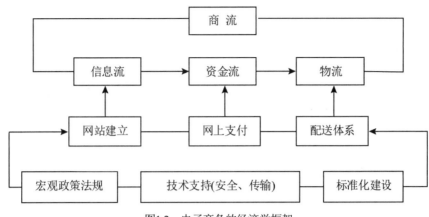

图1.2　电子商务的经济学框架

1.3.3　电子商务系统的组成

电子商务的覆盖面非常广，各行业所用的电子商务应用系统涉及的具体对象也各不相同。但总体来看，电子商务系统一般包括如图 1.3 所示的基本组成要素。

图1.3　电子商务组成要素

1. 网络系统

网络系统包括 Internet、Intranet、Extranet 和无线网络。Internet 是电子商务的基础，是商务、信息传送的载体；Intranet 是企业内部商务活动的场所；Extranet 是企业与企业、企业与个人进行商务活动的纽带；无线网络是未来网络发展的新方向。

2. 用户

电子商务用户可分为个人用户和企业用户。个人用户使用浏览器、电视机顶盒、个人数字助理、可视电话等终端设备接入 Internet 参与商务活动。企业用户建立企业内联网、外部网和企业管理信息系统，对人、财、物、供、销、存等进行科学管理。企业利用 Internet 网页站点发布产品信息、接受订单等，可以在网上进行销售等商务活动，还可借助于电子报关、电子报税、电子支付系统与海关、税务局、银行进行有关商务、业务处理。

3. 认证机构

和传统商务活动一样，电子商务活动中也存在欺诈现象，认证机构的介入就是为了解决这类问题。认证机构全称为电子商务认证授权机构(certificate authority，CA)，是受法律承认的权威机构。认证机构通过发放和管理数字证书(类似于现实生活中的身份证)的方式，对参与商务活动各方的身份及所提供的资料进行确认。

4. 配送中心

在电子商务中，货物往往不是由消费者自行带走，而是由商家配送，这一点与传统商务不同。因此，配送中心成为电子商务系统必不可少的组成要素。商家可自建配送中心，也可以委托专业的物流公司完成配送业务。商家把备货单发往配送中心，由配送中心备货和出货，送达消费者。

5. 网上银行

作为商务活动，电子商务过程的基本环节是买和卖，而消费者的购买行为必然涉及支付问题。相对完整的电子商务过程应该有银行系统的介入来提供方便的支付方式和银行业务，网上银行就是应用网络技术提供在线金融服务的银行系统。一方面，网上银行提供网上支付手段(主要包括银行直接转账或与信用卡公司合作，通过信用卡支付)，为电子商务交易中的用户和商家服务；另一方面，银行上网后，可以突破时间和空间限制，提供传统银行业务的全天候服务。

6. 行政管理部门

由于电子商务的实质是商务活动，因此同样要接受各种行政管理部门的监管和服务，以保证经济秩序的有效运行。这些行政管理部门主要包括工商行政管理局、税务局、海关及法律部门等。

工商行政管理局除了对开展网上经营活动的企业行使传统的监督管理职能外，还为企业提供各种便利的网上服务(如网上登记、网上年检、并联审批、网上咨询、消费者投诉、网上执照验证等)；税务局对电子业务要收缴税金；海关对国际电子贸易活动也履行通关、报关、出口退税等法定程序；法律部门对于电子商务活动中的各种经济纠纷同样有义务予以公正解决。

思政案例

"十四五"电子商务发展规划

习题

一、选择题

1. 电子商务中我们认可的电子工具是(　　)。
   A. 所有的电子工具　B. 电话电视　　　C. 电话电视网　　D. 移动互联网

2. 电子商务的"四流"不包括(　　)。
   A. 信息流　　　　B. 数字流　　　　C. 资金流　　　　D. 物流
3. 不完全电子商务是(　　)产品的商务。
   A. 有形　　　　　B. 无形　　　　　C. 数字　　　　　D. 虚拟
4. 完全电子商务是(　　)产品的商务。
   A. 有形　　　　　B. 无形　　　　　C. 普通　　　　　D. 实体
5. 询价单、报价单、付款通知单、转账通知单等商业贸易单证，是(　　)。
   A. 资金流　　　　B. 物流　　　　　C. 信息流　　　　D. 商流
6. 电子商务框架中的两个支撑点指的是(　　)。
   A. 资金流、物流　　　　　　　　　B. 安全技术标准、法律法规建设
   C. 信息发布、资金支付　　　　　　D. 信息发布、物流配送
7. 下列属于直接电子商务的是(　　)。
   A. 淘宝网上购买纸质版图书　　　　B. 当当网上购买纸质版图书
   C. 京东上购买电脑　　　　　　　　D. 知网上购买付费论文
8. CA 认证中心的作用是(　　)。
   A. 发放和管理数字证书　　　　　　B. 进行买卖双方的信息传递
   C. 负责完成网上支付　　　　　　　D. 进行网上交易的监管
9. B2G 电子商务指(　　)。
   A. 个人对政府的电子商务　　　　　B. 企业对政府的电子商务
   C. 企业对企业的电子商务　　　　　D. 以上说法都不对

二、名词解释

1. 电子商务
2. 商务活动
3. 电子商务四流
4. 完全电子商务
5. 不完全电子商务

三、简答题

1. 简述电子商务与传统商务的区别。
2. 简述电子商务产生的背景。
3. 什么是电子商务的系统框架？
4. 根据 CNNIC 最新的《中国互联网发展状况统计报告》，分析我国网民规模、手机网民规模、城乡网民规模以及相关应用情况。
5. 我国电子商务有哪些发展热点和趋势？

四、论述题

1. 如何理解电子商务是借助于一切电子工具的商务模式？
2. 有人认为，做电子商务就是建一个网站，你如何理解？

五、案例分析题

京东发布《2023春节假期消费趋势》[①]

春节对于中国人来说，不仅仅是一个假期，它是在走亲访友中传递亲情，是在聚会家宴中用美食治愈身体和灵魂，也是在阖家团圆时共享品质生活。京东销售情况显示，2023年春节，我国消费市场呈现出品质年货备受青睐、服务消费热度不减、"健康升级"势头强劲、低线市场提质扩容、线上线下加速融合的趋势，春节消费不仅仅是把年味儿带给了消费者，更是满足了节日味之外人们多层次、多样化的日常需求。

2023年春节，京东连续十一年推出春节也送货服务，让全国366个城市、约1700个区县的消费者，即使是在除夕、大年初一也可以正常下单收货。京东到家和达达快送也联合发布春节运营保障措施，坚持春节也送货，为广大消费者提供"海量商品春节小时达"的优质服务。

京东《2023春节假期消费趋势》进一步显示，随着"春节也送货"城市的不断拓展，消费者春节期间购物品类也更加多元，也在节日味之外更"日常化"，手机通信、家用电器和医疗保健的成交额占比提升明显；"兔"年主题珠宝首饰销量同比增长超10倍，礼盒类商品整体销量同比增长超50%，预制菜成交额同比增长超6倍；服务消费升级更明显，春节期间生活服务成交额同比2022年阴历同期增长302%；健康类产品成为送礼新风尚，氨基酸口服液、保健酒和蛋白粉春节期间成交额分别同比增长215%、86%和70%；低线级市场增长潜力足，近三年成交额占比逐年提升；京东全链路服务保障消费者过上"省心年"，春节期间价保申请人次同比去年增长100%；"即时消费"成为越来越多消费者的主流选择，京东小时购销售额同比去年增长超90%。

1. 春节消费新意浓，有年味也重品质

近年来，随着电商基础设施和供应链的完善，越来越多消费者习惯在春节长假期间通过电商满足日常所需，春节期间的购物品类更加多元，也在节日味之外更"日常化"。与去年春节同期相比，2023年春节期间手机通信、家用电器和医疗保健的成交额占比提升明显。

同时，除了在春节期间购买心仪好物外，服务消费也受到了众多消费者的喜爱，春节期间生活服务、手机保障服务、家电维修、电池换新和电脑安装的成交额同比增长分别达302%、296%、83%、57%、53%。

春节走亲访友，新春礼盒必不可少。随着即时消费方式受到青睐，越来越多的消费者通过小时达购买年礼。自小年以来，礼盒类商品持续走俏，整体销量同比增长超50%，其中白酒礼盒、果脯礼盒的销售额同比增长超10倍，水果礼盒、烘焙礼盒、水产干货礼盒同比增长超3倍，车厘子礼盒更是稳坐水果C位，销售额同比增长102%。除了新春礼盒，"兔"年相关装饰、珠宝首饰、红色服饰也受到了欢迎，让消费者轻松拿捏过年的氛围感。春节期间"兔"年主题珠宝首饰销量同比增长超10倍。春晚中小品《马上到》中的红色大衣也迅速出圈，小品播出过程中超过万人进店浏览，Max Mara相似款大衣、内搭也被卖断码。

阖家团圆的餐桌上，好吃好喝必不可少。更重要的是，人们期望能在新年伊始讨个吉祥如意的好彩头。春节前夕，花胶鸡、佛跳墙等吉祥菜热销，鲍鱼成交额同比增长超过10倍，鱼

[①] 资料来源：央广网，https://ent.cnr.cn/canyin/zixun/20230129/t20230129_526138651.shtml，有修改。

成交额同比增长近 5 倍。新"年味"火爆，预制菜也成为聚会家宴餐桌上的新变化，春节期间预制菜成交额同比增长超 6 倍，佛跳墙、猪肚鸡、酸菜鱼等招牌菜受到各地消费者的青睐。

此外，新春佳节是表达心意的最佳时刻，贴心年礼也要送到，而老人和孩子更是春节期间收到祝福和关爱最多的群体。随着健康意识的提升，越来越多的人选择给"银发族"送去"健康"。京东销售情况显示，氨基酸口服液、保健酒和蛋白粉春节期间成交额分别同比增长 215%、86% 和 70%。而实用性和趣味性并存的玩具更受家长们的青睐，春节期间玩具、天文望远镜销量同比增长达 81% 和 63%。

2023 年春节期间，冰雪运动热度不减。全民体验冰雪运动，正成为人们新的运动习惯。2023 年春节期间滑雪裤、滑雪车和滑冰鞋的成交额同比增长达 98%、86% 和 73%。室外运动，室内取暖，又一波寒潮来袭，消费者们全副武装让这个春节过得更"热乎"，春节期间水暖毯、毛线帽的成交额同比增长超 100%。

2. 各地消费活力旺，底线市场潜力足

年味足，消费旺，2023 年春节期间各地消费市场都呈现出旺盛的活力。京东销售情况显示，截至 1 月 26 日，2023 春节期间成交额占比最高的省市是广东省、江苏省、北京市、四川省和山东省。春节期间天津市津南区、北京市通州区和重庆市沙坪坝区增速领跑全国，成交额同比增长分别达 436%、311% 和 126%。

近年来，低线级市场在春节期间的消费体现出强劲的增长力，京东销售情况显示，近三年低线级市场成交额占比逐年提升，与 2021 年春节期间相比，2023 年 4～6 线市场成交额占比提升了 10%。此外，2023 年春节期间低线级市场消费者的客单价也有明显提升。一方面在城里打拼的年轻人返乡过年，带动了家乡的消费能力；另一方面，电商渠道的下沉和基础设施的完善让越来越多的乡镇用户在过节期间也能随时随地享受到电商的便利服务，进一步拉动了低线级市场的消费增长。

不同线级市场的消费者春节期间在线上购买的商品也有所差异。春节期间，高线级市场消费者更偏爱购买生鲜、鲜花、宠物生活品类的商品，而低线级市场消费者则更偏好购买手机通信、家用电器和家装建材品类的商品。这也进一步反映出，在城里打拼的年轻人在回到家乡后，将线上购买品质好物的消费习惯带回了家，让家里的亲人们在过节期间也能随时随地享受到电商的便利服务和优质商品。

3. 线上线下共携手，守护万家灯火时

2023 年春节期间，近万名客服人员与数字人客服"芊言"继续全时段暖心守护服务，京东客服 7×24 小时全年无休服务已坚持 12 年。京东全链路服务提供系列保障措施，让每一位消费者都过上"省心年"。京东数据显示，2023 年春节期间价保申请人次同比去年增长 100%。京东居家也在带来低至 9.9 元好物的基础上，联合京东服务+推出覆盖厨房卫浴、灯饰照明等多品类的春节不打烊服务。

2023 年农历小年以来，京东小时购销售额同比去年增长超 90%，除夕当天，消费者下单额同比增长 171%。"线上下单、年货 1 小时送到家"的即时消费方式，成为越来越多消费者的主流选择。

线上火爆，线下也同样热闹。为了给更多消费者带来新潮体验活动和实在福利，京东线下

门店推出"春节也送货，门店现货购、服务不打折"等服务，守护消费者安心过大年。这个春节，京东 MALL、京东电器超级体验店等京东线下门店人气火爆，二手玫瑰摇滚之夜、主题手工体验等超多活动吸引潮流青年到店打卡，京东线下门店已经成为春节期间各城市的热门打卡新地标。

随着京东"春节也送货"服务的城市不断拓展，不仅越来越多的消费者能够在春节阖家团圆时享受到便利的服务，也让年货里所包含的温暖与关心能够更快到达所爱之人手中。

问题：

1. 分析"线上下单、年货 1 小时送到家"的即时消费方式，成为越来越多消费者的主流选择的原因。

2. 为什么 2023 年春节期间低线级市场体现出强劲的增长力？

第 2 章 电子商务模式

电子商务模式是指在网络环境下基于一定技术基础的商务运作方式和盈利方式。研究和分析已有的电子商务模式，有助于挖掘新的电子商务模式，为电子商务模式创新提供依据，也有助于企业制定特定的电子商务策略及实施步骤。

■ 内容提要
- 电子商务模式的含义、分类
- B2B电子商务模式
- B2C电子商务模式
- C2C电子商务模式
- O2O、C2B、新零售、社交电商、直播电商等模式

2.1 电子商务模式概述

近年来，我国的电子商务取得了长足发展，随着电子商务的成熟与完善，也出现了相对固定的模式。那么究竟什么是电子商务模式呢？本节将从商业模式出发来探讨电子商务模式的内涵。

2.1.1 什么是商业模式

迄今为止，商业模式和电子商务模式尚没有一个统一的、明确的定义，不同的专家、学者和机构从不同的角度出发，总结出了不同的观点和看法，但它们大体上都涉及以下几方面：商务体系结构、价值创造、商业策略等。其中，商务体系结构反映了商务的固有特性，显示出商务运作的基本框架；价值创造是商业模式的本质和核心，不同的商业模式创造和体现的价值不

同,价值的实现方式也存在差异;商业策略反映了商务的外延特征。

欧洲学者保罗·蒂姆尔斯(Paul Timmers)对商业模式的定义为:商业模式是一种关于产品流(服务流)、资金流、信息流及其价值创造过程的运作机制。它包括 3 个要素:①产品、资金和信息流的体系结构,包含不同商业角色的状态及其作用;②不同商业角色在商务运作中获得的利益和收入来源;③企业在商务模式中创造和体现的价值。

可见,商业模式是为了在市场中获得利润而规划好的一系列商业活动,是商业计划的核心内容。概括起来,商业模式的要素如表 2.1 所示。

表2.1 商业模式的要素

商业模式要素	关键问题
价值创造	消费者为什么会购买
盈利模式	如何赚钱
市场机会	目标市场、市场容量
竞争环境	目标市场的竞争性企业
竞争优势	进入目标市场的特点和优势
营销战略	对产品和服务的销售计划
组织发展	相应的组织结构
管理团队	企业领导者的经历和背景

2.1.2 传统商业模式的局限性

创建一种商业模式最为基本和关键的两点是价值创造与盈利模式。传统商业模式经历了上千年的不断演进,在价值创造和盈利模式上有非常宝贵的经验可以借鉴,同时在网络经济时代也存在一些局限。

1. 价值创造

价值创造起源于对顾客和顾客需求的理解,通常有 5 个基础领域可以为顾客带来价值的增值。

(1) 购买。购买对象包括一系列产品或者服务。购买者首先要明确自己的需求,评估供应商,确定下订单,然后要支付相关费用并转移已购货物或服务。顾客在购买过程中,不仅要花费时间和金钱,还要承担一定的风险。

(2) 使用。在购买产品和服务后,顾客对其进行使用。使用过程中也需要花费时间和金钱,如进行专业培训、购买相关软件等。使用过程存在一定的风险,这种风险是对时间和金钱的投入,而且并不能够保证产生预期的效果。

(3) 销售。顾客购买产品最主要的目的是自用或出售,销售人员要了解什么样的产品可能被循环利用或者一次性消耗,怎样储存、再出售以及如何实现商品的转移等。

(4) 协作创造。顾客们经常通过协作来创造或者提高产品和服务的水平。

(5) 集成。顾客把来自供应商或其他顾客的信息、产品、服务综合起来以满足各种各样的需要。

这 5 个关键性的价值创造因素都存在于每一个传统企业，只是表现的形式不同。在传统商业模式中，如果在这 5 个因素中有一个或者几个与众不同，那么该模式将创造独特的商业模式，也就是通常所说的创新。

2．盈利模式

在传统盈利模式中，盈利者除了生产厂商之外，很大程度的盈利空间服务于销售渠道中的主要角色，如批发商和零售商。批发商和零售商这种渠道模式可以为商品创造增值价值，并且可以利用规模效应和范围效应创造惊人的商业效益。例如，批发商和零售商利用范围经济效应，通过集中多样化产品与服务，不仅从上游的供应商实现效益，同时将利润延伸到下游的购买者，还可以通过利用库存和销售的规模化为销售渠道创造价值。

随着时代的发展，传统的销售渠道战略在目前的盈利模式中出现了新的问题，在以下两方面表现得尤为突出。

(1) 越来越多的产品和服务呈现个性化的趋势。传统的销售渠道中间环节过多，不利于产品个性化的实现。通常，个性化的产品有两种销售途径：一种是大规模定制化生产，即把产品标准化之后拆分成零部件组成单元，对这些组成部分进行个性化设计，然后组合成新的产品销售；另一种是降低生产成本、提高生产效率，这需要供应商和顾客有更多的直接交流，而传统渠道的批发商、零售商模式则阻碍了这种交流。

(2) 信息的传递和产品的运输方式在逐步改进，物流和信息流成为商流的重要组成部分，在做好物流、信息流以及商流的整合之后，流通环节的成本将大大降低。因此，信息沟通和产品运输成本的低廉化趋势，使得生产者和购买者的直接交流变得更加重要，但是传统的销售渠道不利于这种直接交流。

因此，必须有新的商业模式来弥补传统商业模式的不足，而基于互联网的电子商务模式以其高效、快速、与用户沟通便捷等特点得到了迅速发展，克服了传统商业模式的不足。

2.1.3 电子商务模式的内涵

影响一个电子商务项目绩效的首要因素是它的商业模式。电子商务模式是电子商务项目运行的秩序，是指电子商务项目所提供的产品、服务、信息流、收入来源，以及各利益主体在电子商务项目运作过程中的关系和作用的组织方式与体系结构。它具体体现在电子商务项目现在如何获利，以及在未来长时间内的计划。电子商务模式主要包括以下内涵。

1．战略目标

一个电子商务项目要想成功并持续获利，必须在商业模式上有明确的战略目标，这种战略目标本质上表现为这一项目的客户价值，即企业不断地向客户提供它们有价值的、竞争者又不能提供的产品或服务，才能保持竞争优势。换句话说，战略目标就是企业价值的社会定位，即企业使命。比如，阿里巴巴的战略目标是为中小企业提供一个销售和采购的贸易平台，让全球范围内的中小企业通过 Internet 寻求潜在的贸易伙伴，并且彼此沟通和达成交易。"让天下没有难做的生意"就成为阿里巴巴的使命。

按照迈克尔·波特的竞争优势理论，电子商务运营商对客户提供的价值可以表现为产品或服务的差异化、低成本和目标集聚战略上。

(1) 产品或服务的差异化战略。产品或服务的差异化战略主要表现在以下 4 个方面。

① 产品特征。企业可以通过提供具有竞争者所不具备的特征的产品来增加差异化。拥有独特性是普通的产品差异化形式，使用 Internet 能够使企业为客户提供更好的产品。比如，华为商城通过网络直销的形式，为客户提供手机产品。

② 产品上市时间。公司率先将产品投向市场，往往因产品在市场上是唯一的，自然而然使产品具有了差异性，进而可以获得丰厚的利润。电子商务的应用可以使企业在产品的开发与设计、推广与分销等方面大大地缩短周期，取得产品的市场先机，从而战胜自己的竞争对手。

③ 客户服务差异化。电子商务可以帮助企业更好地实施以客户为中心的发展战略。一方面，利用电子商务所提供的电子化服务，企业可以通过向出现故障的产品提供服务的快慢来差异化，大大提高企业对客户投诉的反应速度，能够有针对性地为客户提供更周到的服务。另一方面，由于信息更加容易获取，企业可以为客户提供大量的商品选择机会，从而使客户有更多的选择余地，企业提供的这种产品的多种组合可以使自己的产品与竞争对手具有明显的差异性。

④ 品牌形象。企业可以通过 Internet 来建立和强化自己的品牌形象，使客户感到它们的产品是差异化的，进而建立和保持客户的忠诚度。

(2) 低成本战略。低成本战略是一种先发制人的战略，这意味着一家企业提供的产品和服务比其竞争者让客户花费更少的金钱。这种成本的降低表现在生产与销售成本的降低上。一方面，企业通过电子商务方式与供应商和客户联系，大大提高进货和销货效率，使订货、配送、库存、销售等成本大幅度降低。另一方面，通过互联网，企业可以为客户提供更加优质的服务，甚至可以让客户通过互联网进行自我服务，大大减少了客户服务成本。电子商务在减少企业的产品或服务成本的同时，也可以大大降低客户的交易成本。

(3) 目标聚集战略。目标聚集战略是一种具有自我约束能力的战略。当企业的实力不足以产生更广泛的范围内竞争时，企业可以利用互联网以更高的效率、更好的效果为某一特定的战略对象服务，往往能在该范围内超过竞争对手。比如，在竞争异常激烈的保险经纪行业中，有的保险经纪人利用互联网专门为频繁接触互联网而社交范围比较窄的研究人员、开发人员提供保险服务，取得了良好的经营业绩。

2. 目标用户

电子商务模式的目标用户一般是指在市场的某一领域或地理区域内，基于这种商务模式建立的平台浏览者、建设者、使用者和消费者。企业电子商务模式的目标用户定位是提升平台流量、吸引客户的重要步骤。

目标用户可以是广大个人用户，即通常所谓的网民，也可以是企业客户，即所谓的网商。对目标用户的界定，一方面要从地域范围界定，即判定用户的地理特征；另一方面还要从用户的性别、年龄、职业、受教育程度、生活方式和收入水平等人口学特征来划分。

3. 产品或服务

当企业或平台确定目标用户后，必须决定向这些用户提供什么产品或服务。例如，一家定位于大学生用户群体的互联网企业必须决定满足大学生的哪些需求。比如，它可以在基本的链接服务、社交、电影、音乐、游戏、网上教学和考研答疑等方面来选择要提供的服务内容，这些针对性的产品或服务能够大大提高平台的黏性，提升平台的人气。

4. 盈利方式

在传统的商务模式下，很多企业直接从其销售的产品中获得收入和利润，或者从其提供的服务中获得收入和利润。但是，在电子商务模式下，因为互联网的一些特性，企业利用互联网从事电子商务的收入和利润来源变得更加复杂。例如，从事网络经纪电子商务模式的企业收入来源至少有交易费、信息费、服务费、佣金、广告费等；而一个采取网络直销模式的企业的收入则主要来自于对客户的直接销售，也可以来自广告、信息服务和产品发布费，还可以通过削减直接向客户提供服务的成本或减少配送环节来增加利润。

从向客户提供的产品或服务中获得利润的一个非常重要的环节，是对提供的产品或服务正确地定价。在电子商务模式下，大多数产品或服务是以知识为基础的，这样的产品一般具有高固定成本、低可变成本的特点，因而产品或服务的定价具有较大的特殊性，企业定价的目标不在于单位产品的利润率水平，而更加重视产品市场占有率的提高和市场的增长。这种产品还具有能够锁定消费者的特点，使许多消费者面临着较高的转移成本，使已经在竞争中占有优势的企业不断拉大与其竞争者的距离。

对于传统企业，在利用电子商务来创建、管理和扩展商业关系的过程中，可能很难计算其直接的收入和利润，但是仍然可以分析其盈利模式。这种电子商务模式的盈利模式在很大程度上表现为电子商务对企业价值链结构的改变：基本活动中的信息处理部分，如商品信息发布、客户沟通、供应商和分销商的订单处理乃至支付都可以通过电子商务在网上完成，从而节约大量成本，产生更大的利润空间；基本活动中的采购、进货、发货和销售等环节的物流活动，则可以通过第三方物流加以完成或通过信息技术提高运作效率，将大大减少企业的经营成本，因而产生收益；辅助活动中的人力资源管理和技术开发中的部分活动也都可以通过电子商务方式在网上完成，将会使企业的管理成本大幅度下降，进而产生间接收益。

5. 核心能力

核心能力是相对稀缺的资源和有特色的服务能力，它能够创造长期的竞争优势。核心能力是企业的集体智慧，特别是把多种技能、技术、流程集成在一起以适应快速变化的环境的能力。

电子商务对信息和联盟具有很强的依赖性，而且要持续不断地进行创新。因此，需要一种能综合考虑以上所有因素的分析工具，将企业的技术平台和业务能力进行集成。经过集成后的企业的核心能力应该包括以下3个方面。

(1) 资源。企业需要有形的、无形的以及人力资源来支持向客户提供价值的一系列关键活动。有形资源包括厂房、设备及现金储备。而对于从事电子商务的企业来说，有形资源主要表现在企业的网络基础设施，以及电子商务软、硬件建设水平上。无形资源包括专利权、商誉、品牌、与客户和供应商的关系、雇员间的关系及以不同形式存在于企业内部的知识，例如含有重要客户统计数据的数据库及市场研究发现的内容。对于从事电子商务的企业来说，这类资源往往包括企业自行设计的软件、访问者或客户的登录信息、品牌和客户群等。

(2) 竞争力。竞争力是企业将其资源转化为客户价值和利润的能力，它需要使用和整合企业的多种资源。根据哈默(G. M. Hamel)和普拉哈拉德(C. K. Prahalad)的观点，当企业遇到客户价值、竞争者差别化和扩张能力3个目标时，企业的约束力就是企业的核心能力。客户价值目标要求企业充分利用其核心能力加强其向客户提供的价值。如果企业在多个领域使用其竞争力，那么这种竞争力是可扩展的。

(3) 竞争优势。企业的竞争优势来源于企业所拥有的核心能力，其他企业获得或模仿这些能力的难易程度决定了这些优势保持的难易程度。这些核心能力难以取得或模仿，往往是由于拥有这种优势的企业在发展进程上处于领先位置，或者这些核心能力的形成需要较长的时间，模仿者难以在短期内获得。

2.1.4 电子商务模式的分类

针对电子商务的特点，国内外学者从不同视角研究出了很多种电子商务模式的分类方式，这里就影响比较大的几种分类方式进行介绍。

(1) 基于电子交易参与主体分类。基于电子交易参与主体的不同，电子商务可分为下列模式：①企业对消费者(B2C)的电子商务模式；②企业对企业(B2B)的电子商务模式；③个人对个人(C2C)的电子商务模式；④政府对企业(G2B)的电子商务模式。

(2) 基于成功案例的模式分类。基于成功案例将电子商务的模式分为直接面向顾客模式(网络直销)、内容提供商模式、整体企业模式、信息中介模式、联合研发模式、共享采购平台模式、共享销售平台模式、全服务提供商模式、价值网集成者模式、虚拟社区模式、供应商管理库存模式、联合管理库存模式等。

(3) 基于体现收入、利润角度的模式分类。基于体现收入、利润角度将电子商务模式分为代理模式、广告模式、信息中介模式、商贸模式、制造商模式、会员模式、社区模式和订阅模式等。

(4) 基于价值链的模式分类。基于价值链将电子商务模式分为电子商店、电子采购、电子拍卖、电子集市、第三方市场、虚拟社区、价值链服务供应商、价值链集成者、合作平台、信息代理商、信用服务等。

2.2 B2B电子商务模式

B2B电子商务从交易规模上来看占据三大交易模式之首，因此我们通常认为它是电子商务的主流模式，也是传统企业降低成本、提高效率、改善竞争条件、建立竞争优势的重要手段。

2.2.1　B2B电子商务的含义

企业对企业(B2B)电子商务是指企业与企业之间依托互联网等现代信息技术手段进行的交易活动。B2B 电子商务模式主要包括企业与供应商之间的采购，企业与产品批发商、零售商之间的供货，企业与仓储、物流公司之间的业务协调等。

B2B 电子商务的内涵是企业通过 Internet 将面向上游的供应商的采购业务和下游代理商的销售业务都有机地联系在一起开展商务活动的运行模式，其基本结构如图2.1 所示。

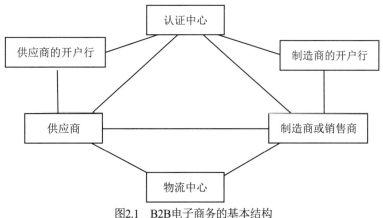

图2.1　B2B电子商务的基本结构

由图 2.1 所示可以看出 B2B 电子商务包括以下实体。

1. 制造商或销售商

B2B 电子商务平台支持在线向企业客户销售产品和服务。该商业模式下进行销售的企业为 B2B 电子商务过程中的销售商。

2. 供应商

供应商以 B2B 电子商务作为媒介，使得供货变得更为方便，通过 Internet 能降低供应成本，缩短供货周期。为了实现 B2B 电子商务，从供应管理的角度来看，卖方主导的市场可以在该模式中发挥作用：卖方向潜在的采购商发布相关的供应信息，以获取竞争优势。

3. 网上银行

网上银行参与 B2B 的交易流程，主要负责资金流的支持，即完成资金支付任务，要做到以下几点。

(1) 网上银行在 Internet 上实现传统的银行业务，突破时间和地点的限制，使普通用户在世界的任何地方都可以查看和管理自己的账户，使企业用户不必进入银行营业厅就能得到每周 7 天、每天 24 小时的实时服务，减少银行在修建和维护营业场所、保安、支付人员费用等方面的开销，大大提高银行的办公效率。调查表明，普通的传统银行一笔交易成本约为 1.07 美元，而 Internet 交易成本约为 0.1 美元，同时又能提供传统银行难以做到的个性化服务。

(2) 网上银行与信用卡公司等通力合作，提供多样化的网上支付手段，为电子商务交易中的用户和商家服务。同时,由于金融信息的重要性,网上银行与企业、个人用户之间的信息传输就更要保证安全、完整、不可更改。

(3) 网上银行在提供在线服务的同时,还要确保内部网络和数据的安全。

4. 认证中心

认证中心是一些不直接从电子商务交易中获利的受法律承认的权威机构,负责发放和管理电子证书,使网上交易的各方能互相确认身份。电子证书的管理不仅要保证证书能有效存取,而且要保证证书不被非法获取。这是一项非常复杂的工作,通常通过以下环节加以保证:发放证书遵循一定的标准,证书的存放管理应遵循 X.509 或其简化版本协议(LDAP)、管理密钥和证书的有效期限等。认证中心内部的网络及数据安全也极为重要。

5. 物流中心

物流中心是指承担将有形货物配送给用户的企业或部门组织,运送无法从网上直接得到的商品,并跟踪商品流向。

综上所述,B2B 电子商务涉及供应商、制造商、销售商等实体,使这些实体之间的业务通过电子商务活动来进行。因此,B2B 电子商务活动的特点之一是往往同供应链管理联系在一起。一个实体企业最理想的电子商务模式应该是供应链的整体搬迁到 Internet 上,从而达到优化供应链的目的。

2.2.2 B2B电子商务的特点与优势

1. B2B电子商务的特点

相对于 B2C 和 C2C 电子商务来说,B2B 电子商务有以下特点。

(1) 交易金额较大。企业与企业之间的交易规模大,一般是大额交易,而以普通消费者为交易对象的 B2C 和 C2C 多以日用、休闲、娱乐等消费品为主,往往是单笔交易,购买数量、金额都较小。企业间的电子商务相对于 B2C 和 C2C 来说交易次数少,但每次的交易金额都较大,交易对象比较集中。

(2) 交易操作规范。企业间的电子商务活动一般涉及的对象比较复杂,因此,对合同格式的要求比较规范严谨,注重法律的有效性。企业和企业之间开展电子商务的条件比较成熟,未来发展潜力巨大。

(3) 交易过程复杂。企业间的电子商务活动一般涉及多个部门的不同层次的人员,因此,信息交互和沟通比较多,对交易过程的控制比较严格,而且交易过程相对比较复杂。

(4) 交易对象广泛。相对而言,B2C 和 C2C 交易一般集中在生活消费用品方面,而在 B2B 交易平台上交易的商品覆盖种类广泛,既可以是原材料,也可以是半成品或产成品,交易商品的种类几乎不受限制。

2. B2B电子商务的主要优势

开展电子商务将使企业拥有一个商机无限的发展空间,这是企业生存、发展的必由之路,它可以使企业在竞争中处于更加有利的地位。基于 Internet 的 B2B 电子商务将会为企业带来更低的价格、更高的生产效率、更低的劳动成本和更多的商业机会。

与传统商务活动相比，B2B 电子商务具有下列竞争优势。

(1) 改善供应链管理。供应链是从采购原材料开始，到生产中间产品和最终产品，最后由销售网络把产品送到消费者手中的，将供应商、制造商、分销商直到最终用户连成一个整体的功能网链结构模式，是企业赖以生存的商业循环系统，同时也是企业间电子商务的重要内容。B2B 电子商务可以降低供应链的成本，动态维系企业的供货、制造、分销、运输和其他贸易伙伴之间的关系，真正建立高效的全球供应链系统。

(2) 使买卖双方信息交流低廉、快捷。信息交流是买卖双方实现交易的基础。传统商务活动的信息交流是通过电话、电报或传真等工具，这与 Internet 信息是以超文本(包含图像、声音、文本信息)传输不可同日而语。

(3) 降低企业间的交易成本。首先，对于卖方而言，电子商务可以降低企业的促销成本。即通过 Internet 发布企业相关信息(如企业产品价目表、新产品介绍、经营信息等)和宣传企业形象，与传统的电视、报纸广告等方式相比，可以更省钱、更有效。因为在网上提供企业的照片、产品档案等多媒体信息有时胜过传统媒体的"千言万语"。其次，对于买方而言，电子商务可以降低采购成本。传统的原材料采购是一个程序烦琐的过程，而企业利用 Internet 可以加强与主要供应商之间的协作，将原材料采购和产品制造过程二者有机地结合起来，形成一体化的信息传递和处理系统。例如，利用电子商务采购系统，企业可以节约采购费用，大幅降低人工成本和材料成本。另外，企业借助 Internet 还可以在全球市场上寻求价格最优的供应商，而不会只局限于原有的几个商家。

(4) 减少企业的库存。企业为应对变化莫测的市场需求，通常须保持一定的库存量。传统企业高库存政策将增加资金占用成本，且不一定能保证产品或材料是适销货品；而企业低库存政策，则可能使生产计划受阻，交货延期，因此寻求最优库存控制是企业管理的目标之一。以信息技术为基础的电子商务则可以改变企业决策中的信息不确切和不及时问题，通过 Internet 可将市场需求信息随时随地传递给企业，以此来制定生产决策，同时也可以把需求信息及时传递给供应商而适时得到补充供给，从而实现真正意义上的零库存。

(5) 缩短企业生产周期。一个产品的生产往往是许多企业相互协作的结果，产品的设计开发和生产销售可能涉及许多关联的企业，通过电子商务有助于改变过去由于信息封闭而导致的等待现象，缩短企业生产周期。

(6) 增加商业机会，有利于开拓新市场。传统的交易受到时间和空间的限制，而基于 Internet 的电子商务则是一周 7 天、一天 24 小时不间断运作，网上的业务可以扩展到传统营销人员和广告促销所达不到的市场范围。同时随着电子商务各类基础设施的完善，越来越多的企业将加入该领域，从而大大地增加商业机会，有利于开拓新市场。

(7) 改善信息管理和决策水平。通过开展 B2B 电子商务，丰富、准确的信息和交易审计跟踪营造了更好的决策支持环境，协助企业发现潜在的大市场。

2.2.3 B2B电子商务的价值

企业在竞争环境中取得竞争优势，不仅要协调企业计划、采购、制造、销售的各个环节，还要与包括供应商、分销商等在内的上下游企业紧密配合。在这种情况下，供应链管理备受推崇，显然 B2B 电子商务是真正面向整个供应链的，带来供应链的变革，使企业在质量、成本和响应速度等方面得到改进，最终提高企业的竞争力。

1. 带来企业价值链的变革

波特的价值链理论指出，任何一个组织均可看作由一系列相关的基本行为组成，这些行为对应于从供应商到消费者的物流、信息流和资金流的流动。

波特的价值链是面向职能部门的，资源在企业流动的过程就是企业的各个部门不断对其增加价值的过程。但随着全球性竞争的日益激烈、顾客需求的快速变化，采用劳动分工、专业化协作作为基础的面向职能的管理模式正面临着严峻的挑战，它将企业业务流程割裂成相互独立的环节，关注的焦点是单个任务和工作，但单个任务并没有给顾客创造价值，只有整个过程即当所有的活动有序地集合在一起时，才能给顾客创造价值。哈佛大学的哈默博士于 1990 年提出的企业流程再造(business process reengineering，BPR)指出，企业的使命是为顾客创造价值，能够为顾客带来价值的是企业流程，企业的成功来自于优异的流程业绩，优异的流程业绩需要优异的流程管理。B2B 电子商务采用了以顾客为中心、面向流程的管理方法，提高了对顾客、市场的响应速度，注重整个流程最优的系统思想，消除了企业内部环节的重复、无效的劳动，让资源在每一个过程流动时都实现增值，以达到成本最低、效率最高。

2. 带来企业供应链的变革

企业内部存在信息流、资金流、物流的流动，企业与企业之间也存在这样的流动关系。在日趋分工细化、开放合作的时代，企业仅仅依靠自己的资源参与市场竞争往往处处被动。企业必须把同经营过程有关的多方面纳入一个整体的供应链中，这样每个企业内部的价值链才能通过供应关系联系起来，成为更高层次、更大范围的供应链。供应链管理就是把这个供需的网络组织好。

传统的供应链管理仅仅是一个横向的集成，通过通信介质将预先指定的供应商、制造商、分销商、零售商和客户依次联系起来，这种供应链注重于内部联系，灵活性差，仅限于点到点的集成。传统供应链成本高、效率低，而且若供应链的某一个环节出现问题，则整个供应链都不能运行。

B2B 电子商务弥补了传统供应链的不足，它不仅仅局限于企业内部，而是延伸到供应商和客户，甚至到供应商的供应商和客户的客户，建立的是一种跨企业的协作，覆盖了从产品设计、需求预测、外协外购、制造、分销、储运和客户服务等全过程。居于同一供应链的厂商之间不再是零和，而是双赢。

B2B 电子商务整合企业的上下游产业，以中心制造厂商为核心，将产业上游供应商、下游分销商(客户)、物流运输商与服务商以及往来银行进行垂直一体化的整合，构成一个电子商务供应链网络，消除了整个供应链网络上不必要的动作和消耗，促进了供应链向动态的、虚拟的、全球网络化的方向发展。它运用供应链管理的核心技术——客户关系管理(customer relationship management，CRM)，使需求方自动作业来预计需求，以便更好地了解客户，为他们提供个性化的产品和服务，使资源在供应链网络上合理流动来缩短交货周期、降低库存，并且通过提供自助交易等自助式服务来降低成本、提高速度和精确性，提高企业竞争力。

3. 促进企业流程与价值再造

在企业供应链上，信息、物料、资金等要通过流程才能流动，流程决定了各种流的流速和流量。为了使企业的流程能够预见并响应内外环境的变化，企业的流程必须保证资源的敏捷畅通。因此，要提高企业供应链管理的竞争力，必须要求企业流程再造。对于 B2B 电子商务来说，这个变革已经不仅仅局限于企业内部，而是把供应链上所有有关系的企业与部门都包括进来，是对整个供应链网络上的企业流程再造。

B2B 电子商务有效实施的关键是供应链在企业内外是否有效衔接，企业内部供应链的信息系统是否与企业内部的业务系统(如 ERP、CRM 等)有机结合在一起。如果没有好的 ERP 系统，企业就无法及时掌握自己各类原材料和产成品的库存情况以及采购到货情况，网上订购将得不到自动确认，必然会影响企业对市场的响应速度；如果没有好的客户关系管理系统，客户要求、个性化服务无法得到有效和及时处理，必然会影响到企业对最终用户的响应速度，这样供应链在企业内部不能得到有效的衔接。要解决这个问题就必须对企业进行以下 3 个层次的流程再造。

(1) 职能部门内部的流程再造。企业手工处理流程必然存在很多重复或无效的业务处理细节，各职能管理机构重叠、中间层次多，而这些中间管理层一般只执行一些非创造性的统计、汇总、填表等工作，很多业务处理方式已不适合计算机信息处理的要求。B2B 电子商务将经营各环节都放在网络上进行，进行信息化管理，取消了许多中间层，必然带来职能部门内部的流程再造。

(2) 职能部门之间的流程再造。企业要实现真正的电子商务，并不是只要实现了网上订单、网上支付就可以了。如果只是这一阶段的电子化，而后续的采购、生产、库存、订单确认等供应链环节无法电子化，企业经营整体上是体现不出效率提高、成本降低的。这就要求企业内部各部门之间进行流程再造，以实现全过程的信息化管理。

(3) 企业与企业之间的流程再造。这个层次的流程再造是目前企业流程重组的最高层次，也是 B2B 电子商务有效实施的必要条件。由于供应链已经不再局限于企业内部，而是延伸到供应商的供应商和客户的客户，使得管理人员控制企业的广度和深度都在增加。供应链上各企业之间的信息交流大大增加，就要求企业之间必须保持业务过程的一致性，要求企业与企业之间必须进行流程再造，以实现对整个供应链的有效管理。

4. 实现产业与全球供应链网络价值变革

在供应链上除资金流、物流、信息流外，最根本的是要有增值流。各种资源在供应链上流动应是一个不断增值的过程，因此供应链的本质是增值链。从形式上来看，客户是在购买企业提供的商品或服务，但实质上是在购买商品或服务所带来的价值。供应链上每一个环节增值与否、增值大小都会成为影响企业竞争力的关键，所以要增加企业竞争力，要求消除一切无效劳动，在供应链上每个环节做到价值增值。以往的 ERP 只实现了本企业的供应链上的增值，只有 B2B 电子商务利用 ERP、电子商务套件、CRM、SCM 等，将上下游企业组成整个产业系统的供应链，并且与其他企业、产业的供应链相连接，组成一个动态的、虚拟的、全球网络化的供应链网络，真正做到了降低企业的采购成本和物流成本，在整个供应链网络的每个流程实现最合理的增值，并且最重要的是提高企业对市场和最终顾客的响应速度，从而提高企业的市场竞争力。

2.2.4　B2B电子商务的分类

B2B电子商务的细分模式很多,可以根据不同的分类标准对其进行分类。

1. 根据交易机制分类

根据交易机制的不同,可以将B2B电子商务模式划分为以下4类。

(1) 产品目录式。产品目录式的电子商务产生价值的根源在于将高度分散市场中的需求方与供给方聚集到一起,提供"一店买全"的服务。这种服务为用户带来的收益有:①节约收集、处理相关材料的时间;②信息更新及时;③提供更多、更全面的比较信息。

(2) 拍卖式。拍卖式为买卖双方带来的主要好处在于提供更多的选择和机会。许多拍卖网站的商品不仅限于稀有、特殊商品,更扩充到冗余存货、二手设备等。

(3) 交易所式。在交易所式的B2B电子商务网站上交易的产品通常都是大宗商品。由于采取相对标准的合约与严格的交易管理办法,安全、交易质量问题都比较容易解决。无论是国内还是国外,交易所式的电子商务网站的成功都取决于能否放大交易量,而做出的最大贡献在于价格发现。

(4) 社区式。通过提供行业新闻、评论、市场信息、工作机会、社交以及专家服务等方式,吸引特定行业的买卖双方,主要收入来源为广告费、赞助费、会员费、交易提成等。

2. 根据企业间商务关系分类

根据企业间商务关系的不同,B2B电子商务模式可以分为以下3类。

(1) 以交易为中心的B2B电子商务。这种模式以企业之间的在线交易为主,关注的重点是商品交易本身,而不是买卖双方的关系。其主要的形式为在线产品交易及在线产品信息提供。前者一般以一次性的买卖活动为中心,交易对象为产品、原材料、中间产品或其他生产资料;而后者提供产品的综合信息,买卖双方在交易平台上提供除了产品和价格以外的有关各自生产或需求状况,以调节供需平衡。

(2) 以需求为中心的B2B电子商务。这种模式以企业之间的供需关系为主,关注的重点是生产过程与供应链,而不仅仅是商品交易。其主要形式为制造商和供应商所组成的B2B供应和采购市场。这种模式以制造商和供应商的供需活动为中心,以企业之间的合作关系为重点,通过Internet将合作企业的供应链管理(SCM)、企业资源计划(ERP)、产品数据管理(PDM)、客户关系管理(CRM)等有机地结合起来,从而实现产品生产过程中企业与企业之间供应链的无缝连接。

(3) 以协作为中心的B2B电子商务。这种模式以企业之间的虚拟协作为主,不仅重视生产过程和供应链,而且更加关注协作企业虚拟组织中价值链的整体优化。其主要形式是企业协作平台,业务活动涉及围绕协作而形成的虚拟组织内价值链的各个环节。在这种模式中,对产品的规划、设计、生产、销售和服务的整个过程,在世界范围内产生相关企业间最佳协作的组合,并且通过企业协作平台对整个产品生命周期中的业务活动提供有效的管理环境,而业务活动则通过虚拟组织的形式在全世界范围内同步实施。这种模式集成了并行设计、敏捷制造、精益生产、大规模定制等生产技术和SCM、ERP、PDM、CRM等管理方法。

3. 根据市场控制者分类

根据市场控制者不同，B2B 电子商务可分为以下 3 类。

(1) 基于供应商的电子商务模式。基于供应商的电子商务模式是一种非常普遍的模式，大部分制造商的拉动型电子商务交易平台都属于此类。在这种模式里，供应商在买卖双方的交易业务中往往占主导地位，通常是多个买家到一个供应商处购买产品，买方处于基于供应商的市场环境中。这样，供应商建立一个电子商务市场可以为交易双方带来极大的便利与利益。

(2) 基于采购商的电子商务模式。基于采购商的电子商务模式类似于网上招标，是一个买家与多个卖家之间的交易模式。采购商发布需求信息(如产品名称、规格、数量、交货期)，召集供应商前来报价、洽谈和交易。这种模式为买方提供了更好的服务，汇总了卖方企业及其产品信息，让买家能够综合比价，绕过分销商和代理商，从而加速买方业务的开展。

一般企业自建的服务于本企业的电子采购就是这种模式，通常以大型企业为主。通过这种模式使采购过程公开化、规范化，实现了信息共享，加速了信息流动的速度，扩大了询价、比价的范围，节省了交易的费用，强化了监督控制体系，提高了整个运营环节的工作效率。

在基于采购商的市场模式下，卖方不再坐等企业买主的问津，相反，采购商的采购网站为卖方提供了一个机会。通常采购商与供应商的采购过程如下。

① 采购商在网站上张贴竞价项目。
② 采购商识别潜在的供应商。
③ 采购商邀请供应商对项目竞价。
④ 供应商从互联网上下载项目信息。
⑤ 供应商发送竞价。
⑥ 采购商评估供应商竞价，并电子化地协商直到获得最好的交易。
⑦ 采购商接受最符合他们要求的竞价。

(3) 基于第三方中介的电子商务模式。基于第三方中介的电子商务交易模式是指由买方、卖方之外的第三方投资创办一家中立的网上交易市场，提供买卖多方参与的竞价撮合模式。该模式又可称为第三方中介主导模式或平台模式，具有信息流畅、互动性强的优势，是实现公平交易的理想模式。该模式整合了多方资源，是一个立体化、智能化、开放、通用的 B2B 电子商务平台。例如阿里巴巴电子商务网站就是该模式的典型代表。

基于第三方中介的 B2B 电子商务，最大的优点就是参与交易的厂商进入电子商务领域的门槛低，而且在市场中还能发现大量的商业机会。因此，该模式非常受无法独立开展电子商务或初次尝试电子商务的企业欢迎。由于受我国供应链管理发展水平的制约，大多数企业的电子商务都是通过这一模式进行的。基于第三方中介的 B2B 电子商务，在我国电子商务的发展过程中扮演着非常重要的角色，尤其是为广大信息化基础比较差的中小企业带来了开展电子商务的机会，成为大家关注的焦点。

基于第三方中介的电子商务交易模式是通过网上交易市场来实现电子商务的交易的，可见网上交易市场是企业间进行 B2B 电子商务服务的网络中介商，它和其他企业一样需要获得收入来维持生存。其主要收入来源有交易费、服务费、会员费及广告费等。

按照覆盖的业务范围，基于第三方中介的 B2B 电子商务又可分为水平市场和垂直市场。水平市场也称为综合电子商务市场或综合网站，能同时为多个行业的企业服务；而垂直市场是将特定行业的上下游企业聚集在一起,让该行业各个层次的企业都能很容易地找到产品的供应商和需求商,如中国化工网、中农网等。

📖 案例2.1

水平B2B电子商务模式和垂直B2B电子商务模式

📖 案例2.2

阿里巴巴集团

2.2.5 我国B2B电子商务发展状况

1. 我国B2B电子商务的发展历程

我国B2B电子商务的发展经历了信息时代(1.0)、交易时代(2.0)、数据时代(3.0)等阶段,如图2.2所示。信息时代的B2B平台主要任务是供需信息的展示,将线下信息转移到互联网上进行线上展示,主要的盈利模式是收取加盟费和推广服务费。交易时代的B2B平台主要任务是撮合交易。平台除提供大量的供需信息外,主要通过供需双方的信息进行人工或系统匹配,以促成交易。该阶段的主要盈利模式除第一阶段的方式外,还通过交易衍生环节变现,收取交易佣金。数据时代的B2B平台主要任务是通过大数据、云计算等技术在互联网平台上的广泛应用带来的产业变革,实现线上交易一体化,打通供应链,触及生产端,同时为买方提供货运仓储、金融信贷等一系列的服务。该阶段的盈利模式除第一、第二阶段的盈利方式外,还包括增值业务带来的收入。

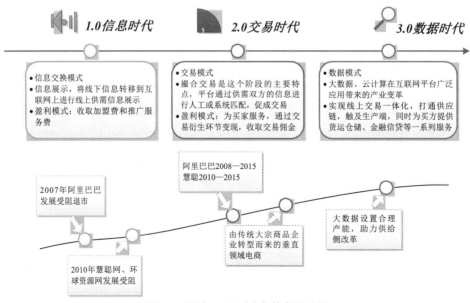

图2.2 我国B2B电子商务的发展历程

2. 我国B2B电子商务的发展现状①

根据艾瑞咨询的统计数据显示，受新冠肺炎疫情的影响，B2B电子商务增速放缓，甚至出现了负增长。党的二十大报告中提出推动数字经济与实体经济融合发展的战略部署，意味着要把实体经济作为数字经济"下半场"的主攻方向和关键突破口。在国家大力发展数字经济的大背景下，B2B电子商务必将迎来发展的重要契机。"互联网+传统产业"将在B2B电子商务领域迅速成长。企业加快数字化转型，通过精细化管理降低成本、提升效率，为中国B2B数字经济提供巨大的发展机遇。近年来，阿里、腾讯、京东、美团等互联网巨头纷纷宣布调整组织架构，重点发展TOB市场，产业端的发展渗透虽然慢于消费端，但B2B发展基础正在持续完善。未来在产业互联网领域，中国市场将会有非常大的发展潜力。

(1) B2B电商平台营收规模。根据艾瑞咨询的统计数据显示，2020年Q1季度中国中小企业B2B运营商平台营收规模为111.2亿元，同比增长3.9%。受疫情影响，2020年2月份国内诸多经济活动停滞，PMI创下35.7%历史性低点；但3月份企业复工复产明显加快，制造业PMI大幅回升至52%，所以2020Q1中小企业B2B运营商平台营收规模同比并未出现下降(如图2.3所示)。

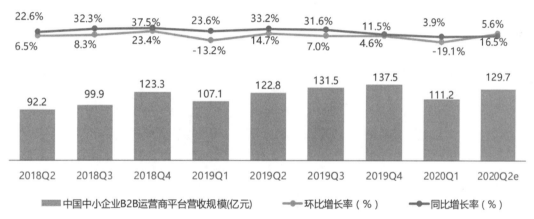

图2.3 2018 Q2至2020 Q2中国中小企业B2B电商平台营收规模

艾瑞分析认为，B2B电商将驱动供给端全面升级。电商平台与产业带厂家合作促进上游全面转型升级，在合作模式上，一方面，政府参与主导产地品牌升级，出台一系列激励政策促进品牌建设；另一方面，电商平台帮扶产业带转型，通过为产业带商家提供流量扶持、活动推广等优惠政策，加速产业带产地、工厂的数字化进程，同时B2B电商依托互联网技术打破时空信息不对称，促进上游生产端与下游用户供需高效匹配(如图2.4所示)。同时，技术工具、云服务、物联网、仓储物流等设施服务持续完善，奠定了B2B行业发展基础，B2B企业顺势开拓数字经济财富浪潮，抢占数字经济时代的竞争制高点。

---

① 数据、资料来源：艾瑞咨询网，https://www.iresearch.com.cn/Detail/report?id=3498&isfree=0。

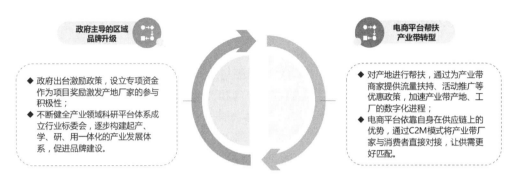

图 2.4　B2B 电商与产业带合作模式

(2) 工业品 B2B 市场规模。在中国数字经济持续深化的趋势下，工业品 B2B 市场规模将保持持续增长。根据艾瑞咨询的统计数据显示，在政策拉动、市场需求驱动及数字技术进步等多重力量共同作用下，工业品 B2B 市场规模近 5 年来保持上升态势。尽管 2022 年受疫情反复影响，但中国经济向好的局面并未改变，中国数字化经济依然会加快工业品 B2B 市场的发展，预计未来 2～3 年，中国工业品 B2B 市场规模将保持 16% 以上的增速(如图 2.5 所示)。同时，工业品 B2B 平台为产业链各方赋能，如图 2.6 所示。

图2.5　2018—2024中国工业品B2B市场规模

图2.6　工业品B2B市场产业链图谱

(3) 医药电商 B2B 市场规模。根据艾瑞咨询的统计数据显示，2016—2021 年，医药电商 B2B 市场增长迅速，2019 年 B2B 模式交易规模突破千亿元。2020 年之后，电商购药成为首选，医药电商 B2B 趁势而起，实现高速增长，2021 年市场规模达到 2072 亿元。在市场成长性方面，目前医药电商 B2B 服务的对象多为药店、诊所、民营医院等。未来，一方面，医药流通行业"十四五"规划促进了流通行业集中度提升，电商 B2B 高质量发展；另一方面，院外市场发展迅速，采购量大幅增加，医药电商 B2B 市场规模将进一步扩大。因此，可以预见，在政策与市场不断完善的综合作用下，中国医药电商 B2B 市场规模 2025 年预计达到 3758 亿元，发展空间巨大(如图 2.7 所示)。

中国医药电商 B2B 产业链上游包括药品制造商、医疗器械制造商等。随着互联网的应用普及，药品流通逐渐转移至线上的 B2B 平台，在支付、物流、技术等平台的支撑下，达到为流通行业提速增效的目的。中游医药电商 B2B 包含政府主导 B2B、传统药批转型 B2B 以及第三方 B2B 平台，三种模式共同发挥作用。下游需求方包括医院、诊所、药店等多个终端。产业链头部的医药电商 B2B 企业大都凭借其规模效应，把握上游品种优势与下游资源优势，从而贯穿产业链上中下游各个环节，实现全产业链的深度布局(如图 2.8 和图 2.9 所示)。

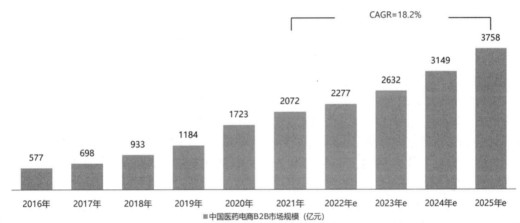

图2.7　2016—2025年中国医药电商B2B市场规模

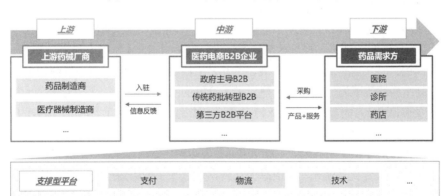

图2.8　中国医药电商B2B产业链

图2.9 中国医药电商B2B产业链图谱

3. B2B电子商务未来发展趋势

B2B 电子商务是帮助企业增强竞争力、带动区域经济发展、推动产业升级的有效手段,中国 B2B 电子商务一直保持着快速的增长。艾瑞咨询分析认为,未来中国 B2B 电子商务将呈现出如下发展趋势。

(1) 中小企业 B2B 电子商务将深耕供应链需求,提供综合服务能力将是未来的竞争点。完整的 B2B 电子商务生态系统包括信息流、物流和资金流。在中小企业内部各管理系统集成之后,跨企业之间的协同至关重要,因此,系统将实现与电商大数据的对接。未来,B2B 企业的竞争不再是平台的信息量,而是电子商务作为一个生态系统能够提供综合服务的能力。提供综合服务将是 B2B 电子商务平台未来的发展趋势之一。

(2) 中小企业 B2B 电子商务线上线下进一步融合,沉淀客户资源,完善附加服务。线上线下融合最大的价值是进一步打通行业供需双方资源的透明度,实现供需双方的有效对接,为 B2B 产业的良性发展提供了可能。电商 B2B 平台在优化产业链上下游、建立以区域特色为主的电子商务产业带中发挥着重要的作用。互联网技术的渗透推动了新型商业模式的诞生,利用互联网手段消除多层级分销体系,实现工厂到 B 端客户的高效对接,解决传统行业痛点,是未来"互联网+"向传统行业渗透发展的大势所趋。

(3) 中小企业 B2B 电子商务稳步发展,尤其是上游近生产端电子商务将获得更多机会。一方面,供给侧结构性改革为传统产业转型提供了良好的政策支持,将极大地带动近生产端 B2B 电子商务的发展;另一方面,传统制造业转型升级,对专注生产端的 B2B 电子商务的需求旺盛。因此,近生产端的大宗商品贸易 B2B 电子商务未来将有较大的发展。

(4) 中小企业 B2B 电子商务模式不断创新,实现多元化发展。目前中国大多数中小企业 B2B 电子商务平台采用撮合交易模式,从信息流切入,通过人工或系统匹配,促成采供交易。随着 B2B 行业的发展,在撮合交易模式的基础上,又涌现出一些创新的模式,主要包括搜索切入、资金流切入、仓储切入及平台寄售等。而且同一个行业可以并存不同的模式,同一个平台也可能由一种切入模式而演变为另一种切入模式。企业应根据自身业务的特点和资源,在不同的发展阶段选择相应的 B2B 发展模式。在未来,模式创新会成为中小企业 B2B 发展的一大趋势。

2.3 B2C电子商务模式

B2C 电子商务模式是消费者广泛接触的电子商务模式,也是电子商务应用最普遍、发展最快的领域之一。目前,在 Internet 上遍布的各类网上商城、电子商城、商业中心都属于这种类型的商务模式。

2.3.1 B2C电子商务的含义

B2C 电子商务模式即企业与消费者(也称商家与个人用户或商业机构与消费者)之间的电子商务活动。它是指企业、商业机构或公司与消费者通过互联网或者移动互联网发生的一切商务活动。B2C 电子商务模式基本等同于网上商店或在线零售商店,是人们最为熟悉的一种电子商务类型。

B2C 电子商务模式主要包括:售前售后服务(产品服务说明、使用技术指南、回答顾客意见和要求等),销售(询价、下订单等),使用各种电子支付工具付款等活动。从长远来看,随着 Internet 用户的快速增长,B2C 电子商务将会取得长足发展,并将最终在电子商务领域占据重要地位,成为推动电子商务发展的主要动力之一。

目前,在 Internet 上遍布各种类型的零售商场,提供各种有形和无形商品的电子商务服务。有形商品主要有鲜花、书籍、药品、食品、计算机、汽车等。无形商品主要有各种电子出版物、电子书刊、计算机程序和软件等。如京东就是从事网上零售业务的典型企业,是 B2C 电子商务模式的探索者。

2.3.2 B2C电子商务的功能与优势

B2C 电子商务模式是依托 Internet 上的虚拟商店进行零售,是伴随着电子商务的兴起而出现的一种新型零售方式,为用户构建了更为方便、快捷、经济的购物模式,具有传统零售无法比拟的优点。

1. B2C电子商务的基本功能

可以从不同角度对 B2C 电子商务平台的基本功能进行划分,下面从消费者和经营者两个主要角度对其进行阐述。

(1) 从消费者的角度来看,B2C 电子商务平台应具有如下功能。

① 负责为消费者提供在线购物场所,方便消费者浏览、查找、挑选、比较各种类型的商品。

② 负责为消费者所购商品进行配送,方便快捷地将消费者所购置的商品发送到消费者

手中。

③ 负责消费者身份的确认及货款结算。

(2) 从经营者角度，B2C 电子商务网站可分为前台与后台两大系统。

① 前台系统。一般提供会员注册、会员信息、商品搜索、在线购物、订单查询、浏览商家信息、信息反馈、购物指南等功能。

② 后台系统。一般提供企业进销存管理系统、网站经营报表管理、日常业务处理、综合查询、商品管理、供应商管理、账务处理、网上订单接收、对销售商品进行统计与分析、对会员购买商品进行统计与分析等功能。

2. B2C电子商务的优势

B2C 电子商务给零售商带来的优势主要体现在以下方面。

(1) 有助于提升零售商的品牌价值。B2C 网上零售商借助于平台，在 Internet 上向消费者介绍自己的品牌，进行商品宣传和广告促销，能够使消费者迅速了解零售商的经营理念，并树立良好的品牌形象。

(2) 有助于零售商进行市场信息的收集。人们利用 Internet 可以十分方便地访问遍布世界各地的购物平台，因此 B2C 网上零售商可以轻松获得具有价值的市场信息，做到知己知彼，在市场竞争中处于有利的位置。

(3) 能够提高对客户的服务水平。B2C 网上零售通过 Internet 的信息反馈系统，可以更有效地与客户建立互动联系，及时、直接地进行信息交换，从而提高对客户的服务水平。

(4) 使零售商能够快速实施国际市场战略。Internet 克服了传统零售的地理和时间障碍，B2C 网上零售商可以直接建立国际分销渠道和销售商品，使本土公司快速地变为全球公司。

(5) 有助于降低零售商的经营成本。传统零售商依靠预测消费者需求组织进货，因此不仅要有大量库存，而且如果预测不准确，还会造成商品积压，抬高经营成本。而 B2C 网上零售商可以根据消费者的订单从供应商处进货，不仅不会存在商品积压问题，而且可以提高库存和资金周转率，降低零售商的经营成本。

2.3.3 B2C电子商务的流程

B2C 电子商务的购物流程主要是以消费者的网上购买行为为模型进行设计的，图 2.10 显示了消费者网上购物的基本流程。

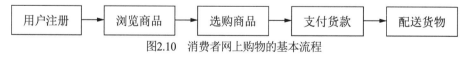

图2.10 消费者网上购物的基本流程

(1) 用户注册。消费者若在 B2C 电子商务网站上进行购物，必须先在网站上注册姓名、电话、地址等用户信息，以便于网站进行相关的操作，这一点是电子商务与传统商务的不同之处。

(2) 浏览商品。消费者通过 B2C 电子商务网站提供的多种搜索方式，如产品组合、关键字、产品分类、产品品牌或产品名称等多种方式进行产品的查询和浏览。

(3) 选购商品。消费者找到所需的商品后，可以浏览商品的具体信息，如产品性能、市场价格等。如果想要购买该商品，单击"订购"按钮即可将该商品放入购物车中。在最后确定购买之前，消费者可以在购物车中查看选购商品的名称、数量、单价和总价等信息，还可以修改购买商品的数量等。

(4) 支付货款。支付货款有多种形式，一般有货到付款、网上支付等。网上支付大多基于第三方支付、银行卡等电子方式。

(5) 配送货物。消费者在确定购买的商品并付款后，商家即可进行商品的配送。一般的配送方式有自营配送、第三方配送等。

至此 B2C 电子商务的销售业务基本处理完成，用户在验收商品合格后，网站还要提供相应的售后服务。

2.3.4 适合于B2C销售的商品

任何商业模式都能为消费者和厂商带来一定的便利和利益，都有适合其销售的商品，但并不是所有的商品都适合某种商业模式。如百货形态就不适合容易腐烂变质的商品销售，超市就不适合珠宝等商品的销售等。电子商务也有同样的问题，并不是任何商品都适于在线销售的，网上销售也有其商品的适用范围。综合分析可得，在同一产品目录里，符合下列特征的商品将会有更多的销售机会。

(1) 有一定的品牌知名度。
(2) 容易配送且配送成本低的商品。
(3) 由信誉高的商家提供的有安全保障的商品。
(4) 价格有竞争优势的商品。
(5) 能重复购买的商品，如日用品等。
(6) 有标准规格的商品。
(7) 可在网上有效展示的商品。
(8) 消费者熟知的包装商品，这些商品在传统的商店也不能被打开包装出售。

商家必须提供给顾客满意的商品、服务。因此，对商家来说，要利用 B2C 电子商务形式进行商品销售，应该考虑商家的产品或服务的目标与互联网用户追求的目标相一致。因为互联网所销售的产品或服务的对象是互联网用户，互联网用户以年轻用户群体为主，他们喜欢创新，对新产品和新技术的接受能力较强，如果能在互联网上销售具有这类特征的产品或服务就比较容易成功。

2.3.5 B2C电子商务的分类

B2C 电子商务的模式可以从不同的角度细分为不同的类别。根据交易的客体不同，可把 B2C 分为无形商品或服务的电子商务模式与有形商品的电子商务模式。前者可以完全通过网络进行(包括信息流、资金流和物流)，后者则不能完全在网上实现，需要借助传统手段(主要是物流)的配合才能完成。

1. 无形商品或服务的电子商务模式

网络具有信息传递和信息处理的功能，因此无形商品或服务(如信息、计算机软件、视听娱乐产品等)可以通过网络直接向消费者提供。无形商品或服务的电子商务模式主要有以下4种：网上订阅模式、付费浏览模式、广告支持模式和网上赠予模式。

(1) 网上订阅模式。网上订阅模式指企业通过网站向消费者提供网上直接订阅、直接信息浏览的电子商务模式。该模式主要被商业机构用来销售电子报刊、影视节目等。目前，网上订阅模式主要有在线服务、在线出版和在线娱乐等。

(2) 付费浏览模式。付费浏览模式指企业通过网页向消费者提供计次收费的网上信息浏览和信息下载的电子商务模式。付费浏览模式让消费者根据自己的需要，在网站上有选择性地购买一篇文章、一本书等。在数据库里查询的内容也可付费获取，如CNKI(知网)里的论文等。

(3) 广告支持模式。广告支持模式是指在线服务商免费向消费者或用户提供信息在线服务，而其盈利主要来源于广告收入的支持。此模式是目前较为成功的电子商务模式之一。例如，百度等提供在线搜索服务的网站就是依靠广告收入来维持经营活动的。

(4) 网上赠予模式。网上赠予模式是指企业借助互联网不受地域限制的优势，向互联网上的用户赠送产品，借此扩大知名度和市场份额。网上赠予模式的实质就是"先试用，后购买"，用户可以从相关网站上免费下载喜欢的软件，在真正购买前对该软件进行试用和评测，然后决定是否购买。

2. 有形商品的电子商务模式

有形商品指的是传统的实物商品，这种商品和劳务的交付仍然通过传统的方式来实现。该类型电子商务的信息沟通和资金支付是通过Internet来完成的，但物流环节必须通过传统的物流配送体系来完成。

在Internet上进行有形商品的销售，其最大的特点是市场范围扩大了，即可在全球范围内进行销售。因此，在Internet上越是个性化的产品销量越好。在传统商务模式下，因受地域的限制，销售太过个性化商品的商店往往因需求量过小而很难存活。但在电子商务模式下，因Internet的全球性特征，不受时间、空间限制，可能在一个地区或国家对某个个性化商品的需求量不大，但从全球范围内来看需求量则较大，可以形成规模效应。

2.3.6 我国B2C电子商务的发展现状[①]

近年来，随着各方面条件的成熟与完善，B2C电子商务得到了迅速发展。下面从网络购物的角度，通过艾瑞咨询发布的数据来说明该领域的发展情况。

1. 市场规模

根据艾瑞咨询的数据显示(如图2.11所示)，2019年Q3中国网络购物市场交易规模超过2.29万亿元，受季节因素影响环比下降4.9%，较2018年同期增长24.2%，增速持续高于社会消费

---

① 数据、资料来源：艾瑞咨询网，https://www.iresearch.com.cn/Detail/report?id=3498&isfree=0。

品零售总额的增速，但较 2018 年相比，行业同比增速略有下滑，进入稳步发展期。随着市场竞争日益激烈，各大主流电商平台"下沉上行"，并开始相互渗透，力求扩大自身覆盖用户群，寻找增量空间。如阿里巴巴全面重启"聚划算"，京东上线社交电商平台"京喜"，大力拓展下沉市场；而主打下沉市场的拼多多则推出"百亿补贴"活动，对明星产品进行补贴，逐步打入一二线城市。

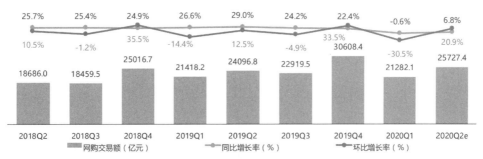

图2.11　2018 Q2—2020 Q2中国网络购物市场交易规模

2020 年 Q1 中国网络购物市场交易规模达 2.1 万亿元，环比缩减 30.5%，较 2019 年同期缩减 0.6%。由于疫情叠加消费周期、停工停产、消费需求疲软等造成网络购物交易规模缩减。长远去看，随着行业结构进一步优化，行业长期仍将处于争夺存量制造增量以寻求增长的时期，即扩大自身的用户群，延长现有用户的使用时长，以及促进客单价的增长；具体表现为持续向低线市场渗透，以及内容的完善和创新。

2020 年 Q2 中国网络购物市场交易规模达到 2.6 万亿元，环比增长 20.9%，同比增长 6.8%。随着复工复产、各地消费券的发放、直播带货进一步渗透等因素驱动，整体电商交易规模将得到进一步恢复。此外，疫情也加速了生鲜电商、直播电商在用户端的消费渗透，前者弥补了封门闭户下，必需品采购的刚性需求；后者则主要加强了内容营销的电商链接属性。

从网络购物的组成部分来看，2020 年 Q1 中国网络购物市场移动端占比达 86.1%(如图 2.12 所示)，移动电商用户体量接近天花板，说明中国网络购物市场移动端渗透已经基本完成，通过移动端进行网络购物成为主要的渠道。相比 2019 年第一季度，2020 年第一季度的移动端下沉市场的用户比例有所上升，达到 47.4%；且移动电商对 24 岁以下群体与 40 岁以上群体的渗透率有所提升，中间年龄段的用户群体渗透率有所下降(如图 2.13 所示)。

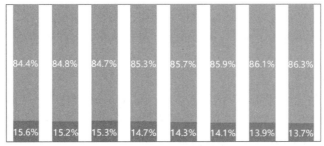

图2.12　2018 Q3—2020 Q2中国网络购物市场移动端规模结构

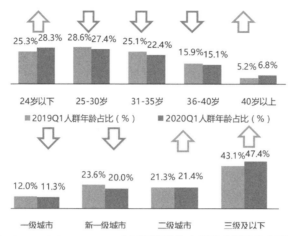

图2.13 2019 Q1—2020 Q1中国网络购物市场移动端购物人群画像

2. 市场结构

2020年Q1，B2C在中国整体网络购物市场中的占比达60.1%(如图2.14所示)，较上季度有所增长。受疫情影响，网络购物平台对下沉市场的争夺愈发激烈，伴随着短视频平台也进场电商，B2C平台与C2C平台的界限逐渐模糊，两类模式在同一平台兼容的现象更加普遍，导致难以拆分。但实际上，行业整体的长期趋势依然是整体服务品质升级和经营规范化，B2C的业务模式具备更加显著优势。B2C平台会依靠自营物流和供应链整合两大竞争优势实现有效需求转化，加速渗透率提升。

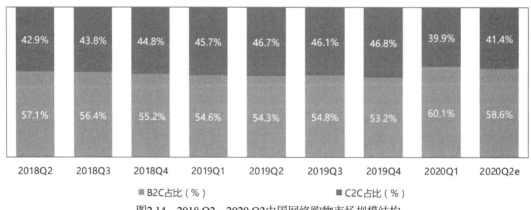

图2.14 2018 Q2—2020 Q2中国网络购物市场规模结构

3. 流量情况

根据艾瑞咨询的统计数据显示，网络零售移动端App整体月有效使用时间的增长速度快于月度独立设备数的增长，网络零售行业的竞争已经从单纯的用户数量争夺进入存量用户开发竞争的阶段。电商平台开始不断丰富自身内容建设抢占用户注意力。以淘宝网为例，手机淘宝自2018年下半年开始改版发力推荐信息流，推荐机制全方位创新，直播、短视频内容体系逐步完善。

4. 市场发展动态

近年来，直播电商成为网络购物行业的一大热点，明星、网红等凭借极强的带货能力频频创造新的销售纪录，成为社会各界热议的焦点。直播电商的火热，是内容与电商融合愈加紧密的表现。在网络购物行业从增量扩张进入存量开发竞争的当下，直播、短视频等多样化内容成为电商平台抢夺用户时间，提高营销推广投资回报率(ROI)的有力武器。未来，电商平台的内容与互动方式将进一步丰富化、多元化。

5. 用户规模

根据 CNNIC 的统计数据显示，截至 2022 年 6 月，我国网络购物用户规模达 8.41 亿，较 2021 年 12 月下降 153 万，占网民整体的 80.0%(如图 2.15 所示)。

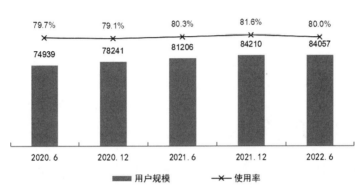

图2.15　2020.6—2022.6网络购物用户规模及使用率

6. 现状分析[①]

2022 年上半年，网络消费在消费中占比持续提升。其中，食品、日用品等品类的网络消费表现较为突出。

(1) 网络消费是疫情下驱动消费的重要支撑。

2022 年上半年，线上消费在稳消费中发挥积极作用。数据显示，上半年全国网上零售额 6.3 万亿元，同比增长 3.1%。其中，实物商品网上零售额 5.45 万亿元，同比增长 5.6%，占社会消费品零售总额的比重为 25.9%，较去年同期提升 2.2 个百分点。

(2) 网络消费在品类和渠道上均呈现出新发展特征。

① 食品等必需品网购消费表现突出。数据显示，上半年实物商品网上零售额中，吃类、穿类、用类商品分别增长 15.7%、2.4%和 5.1%；食品饮料、日用品网购消费支出增长的用户，分别占网购用户的 22.6%和 29.0%。

② 网络消费渠道多元化特征明显。随着越来越多互联网平台涉足电商业务，网购用户的线上消费渠道逐步从淘宝、京东等传统电商平台[②]向短视频、社区团购、社交平台扩散。最近半年只在传统电商平台消费的用户占网购用户的比例为 27.3%，在短视频直播、生鲜电商、社

---

① 数据、资料来源：国家统计局，http://www.stats.gov.cn/tjsj/zxfb/202207/t20220715_1886422.html，2022-7-15；
② 传统电商平台：指淘宝天猫、京东、拼多多、唯品会、当当等主营电商业务的互联网平台。

区团购及微信等平台进行网购消费的用户比例分别为49.7%、37.2%、32.4%和19.6%。

(3) 电商平台在完善供应链、物流及用户体验等方面加大投入，推动网络消费市场向专业化、本地化等方向发展。

① 构建核心优势形成特色定位。在电商流量加速分散的背景下，各平台为保持竞争力，持续强化自身优势。如京东加大在物流领域的投入力度，通过收购德邦快递，加速打造一体化供应链物流服务；拼多多专注于农产品电商和农业科技，通过农产品"零佣金"等策略推动涉农订单增长，通过"百亿农研"等项目加快农业科技研究和应用转化。

② 探索自营模式提高用户体验。疫情期间，相较于第三方电商，自营电商的供应链优势更加凸显。因此，各电商平台纷纷加大对自营模式的探索和投入，业务布局持续向物流配送及用户服务倾斜。例如，阿里巴巴上线主打产品自营的天猫猫享频道，美团电商增加自营专卖店模式，抖音电商组建酒水自营团队等。

③ 本地化相关业务发展提速。受疫情影响，时效性敏感、本地化属性强的消费需求加速向线上延伸。阿里巴巴、京东、美团等平台纷纷加速布局，外卖生鲜、社区团购、即时买药等即时零售模式快速发展。从短期看，本地化业务模式的末端配送效率优势已得到初步体现；从长期看，本地化业务模式通过向上下游延伸，有助于打通全领域数字化通路，提升消费品的供给效率。

2.4 C2C电子商务模式

C2C电子商务是最能体现互联网特性和优势的模式，在网络购物领域占据相当比重，本节将对该模式进行分析。

2.4.1 C2C电子商务的含义

C2C电子商务是消费者(个人)对消费者(个人)的电子商务模式。这种模式的思想来源于传统的跳蚤市场。在跳蚤市场中，买卖双方可以进行一对一的讨价还价，只要双方同意，立即可以完成交易。而电子商务中的C2C模式的本质是网上拍卖，它的主要特点是一种平民之间的自由贸易，通过网络完成跳蚤市场的交易，从而实现个人之间商品的流通。

2.4.2 C2C电子商务议价方式

从理论上来说，C2C模式较能体现互联网的优势，数量巨大、地域不同、时间不一的买方和同样规模的卖方通过一个平台找到合适的对象进行交易，在传统领域要实现这样大的工程几乎是不可想象的。同传统的二手市场相比，它不再受到时间和空间的限制，节约了大量的市场沟通成本，其价值是显而易见的。

C2C 电子商务一般有竞价、一口价和面议 3 种议价方式。

(1) 竞价。这种议价方式的特点是商品是拍卖的，其价格是不定的，由买家来进行竞拍，在商品发布时间结束时，出价最高者得到商品。竞价的优点是，可以有更多的空间和机会以自己满意的价格买到想要的商品；缺点是有些卖家会恶意抬价，所以在竞价过程中一定要牢牢把握住自己的心理底线，不能因为争一时意气或一时冲动盲目抬价。采用竞价方式购买的商品多是个人爱好品或收藏品。

(2) 一口价。一口价是指卖家给出商品的确切价格，买家支付相应的金额就可获得商品。由于商品价格是明朗的，所以这种价格方式所出售的商品一般是一些市场中比较常见的商品。

(3) 面议。面议是指卖家没有给出商品的价格，需要有购买意向的买家与其联系，双方经谈判确定商品价格的一种方式。这种议价方式一般适用于二手产品的交易。

案例2.3

C2C 电子商务的优势

案例2.4

C2C 电子商务的基本要素

2.4.3 B2C和C2C电子商务的比较

B2C 和 C2C 同时作为网上购物的主要类型，两者既有区别又有联系。其中，B2C 电子商务模式又称为网上零售，是消费者通过网络向厂商小批量、频繁地购买商品或服务；而 C2C 电子商务模式是网络服务提供商利用计算机和网络技术，提供有偿或无偿使用的电子商务平台和交易程序，允许交易双方(主要为个人用户)在其平台上独立开展以竞价、议价为主的在线交易模式。

在市场的集中度方面，B2C 和 C2C 电子商务也各有不同。在 B2C 市场，根据商品类型的不同，可以实行专业化战略，因而整个市场容易出现多家主导网站，为不同用户群提供不同类型的商品；C2C 电子商务聚集了众多的买家和卖家，产品类型十分丰富，容易导致网络经济效应，市场集中度较高。两种模式的优势、劣势如表 2.3 所示。

表2.3 B2C和C2C电子商务的优势、劣势比较

模式	优势	劣势
B2C	(1) 产品质量比较有保证； (2) 比较容易获得信任	(1) 产品价格相对较高； (2) 自身参与物流、客服等环节，成本高
C2C	(1) 灵活、资源多； (2) 成本低、产品价格低	(1) 产品质量参差不齐； (2) 卖家的门槛低，不能保证完全诚信

2.5 其他交易模式

电子商务除了传统的三大主要交易模式(B2B、B2C 与 C2C)外,近年来不断涌现了一些新模式,如 O2O、C2B、B2B2C、新零售、社交电商、直播电商等。

2.5.1 O2O电子商务模式

1. O2O电子商务的含义

从广义上讲,O2O 是指通过线上营销推广的方式,将消费者从线上平台引入到线下实体店,即 online to offline;或通过线下营销推广的方式,将消费者从线下转移到线上,即 offline to online,在整个过程中不完全强调要通过线上支付环节完成交易。从狭义上讲,O2O 是指消费者通过线上平台在线购买并支付或预订某类服务或商品,并到线下实体店体验或消费后完成交易过程;或消费者在线下体验后,通过扫描二维码等方式在线上平台购买并支付或预订某类服务或商品,进而完成交易。狭义 O2O 强调的是交易必须是在线支付或预订的,同时商家的营销效果是可预测、可测量的。

团购网站可以认为是国内最早期的 O2O 模式。2010 年团购网站在中国兴起,其后大量团购网站相继上线。除团购外,各种分类信息网站、点评类网站、订餐类网站等纷纷试水 O2O。移动互联网、云计算、大数据、移动支付、移动客服等技术不断发展,也为 O2O 带来良好的发展机遇。目前 O2O 电子商务广泛应用于旅游、房地产、订票、餐饮、汽车租赁、电子优惠券、奢侈品、打车、生鲜等诸多领域。

2. O2O电子商务的优势

O2O 的优势在于把网上和网下的优势完美结合,让消费者在享受线上优惠价格的同时,又可享受线下的优质服务。同时,O2O 模式还可实现不同商家的联盟。

(1) O2O 模式充分利用了互联网跨地域、无边界、海量信息、海量用户的优势,同时充分挖掘线下资源,进而促成线上用户与线下商品与服务的交易。

(2) O2O 模式可以对商家的营销效果进行直观的统计和追踪评估,规避了传统营销模式的推广效果的不可预测性。O2O 将线上订单和线下消费相结合,所有的消费行为均可以准确统计,进而吸引更多的商家参与,为消费者提供更多优质的产品和服务。

(3) O2O 在服务业中具有价格便宜、购买方便、折扣信息获知及时等优势。

(4) O2O 将拓宽电子商务的发展方向,由规模化走向多元化。

(5) O2O 模式打通了线上线下的信息和体验环节,让线下消费者避免了因信息不对称而遭受的"价格蒙蔽",同时实现线上消费者的"售前体验"。

3. O2O电子商务的效果

整体来看，成功运作O2O模式将会达成"三赢"的效果。

(1) 对本地商家来说，O2O模式要求消费者网上支付，支付信息会成为商家了解消费者购物信息的渠道，方便商家对消费者购买数据的搜集，进而达成精准营销的目的，更好地维护并拓展客户。通过线上资源增加的顾客并不会给商家带来太多的成本，反而会带来更多利润。此外，O2O模式在一定程度上降低了商家对店铺地理位置的依赖，减少了租金方面的支出。

(2) 对消费者而言，O2O模式提供丰富、全面、及时的商家折扣信息，能够快捷筛选并订购适宜的商品或服务，且价格实惠。

(3) 对服务提供商来说，O2O模式可以带来大规模高黏度的消费者，进而能争取到更多的商家资源，掌握庞大的消费者数据资源。本地化程度较高的垂直网站借助O2O模式，还能为商家提供其他增值服务。

📖 **案例2.5**

高德与口碑正式合并，本地生活O2O再起波澜

2.5.2 C2B电子商务模式

1. C2B电子商务的含义

C2B电子商务是消费者对企业的电子商务模式，是互联网经济时代新的商业模式。在C2B模式下，应该先由消费者需求产生而后由企业生产，即消费者向企业提出需求，企业再根据需求组织生产。一般情况下，C2B模式是消费者根据自身需求定制产品和价格，或主动参与产品设计、生产和定价。

2. C2B模式的细分

(1) 聚定制模式。聚定制模式即通过聚合客户的需求组织商家批量生产，让利于消费者。其流程是提前交订金抢占优惠价名额，然后在活动当天交尾款，这是该模式最大的亮点。此类C2B模式对于卖家的意义在于可以提前锁定用户群，有效地缓解B2C模式下商家盲目生产带来的资源浪费，降低企业生产及库存成本，提升产品周转率，对于整个社会资源节约起到极大的推动作用。团购就属于聚定制模式的一种。

(2) 模块定制模式。聚定制模式只是聚合了消费者的需求，并不涉及在B端产品环节本身的定制。模块定制为消费者提供了一种模块化、菜单式的有限定制，考虑到整个供应链的改造成本，为每位消费者提供完全个性化的定制还是有困难的，目前能做到的还是倾向于让消费者适应企业既有的供应链。

(3) 深度定制模式。深度定制也叫参与定制，客户能参与到全流程的定制环节。厂家可以完全按照客户的个性化需求来定制，每一种产品都可以算是一个独立的库存量单位。目前深度定制最成熟的行业是服装类、鞋类、家具类等。深度定制的典型代表是定制家具的企业——尚品宅配，这家被称为"传统产业转型升级典范"的企业，它将企业内部信息系统与互联网技术进行深度融合,通过其设计系统、网上订单管理系统、条码应用系统、混合排产及生产过程系统实现满足客户个性化需求的深度定制。

3. C2B模式的特点

(1) 个性化定制。很多人将C2B模式和个性化定制直接画等号的最主要原因是个性化定制是C2B模式最主要的属性。C2B模式下产品和服务肯定要满足用户多样化、个性化的需求,但前提是这些需求是可模块化、批量化的,否则太个性化会导致以下两个问题:一是用户不够专业无法选择;二是容易变成小众化、高成本的定制模式,从而背离了C2B模式的本质。最直观的例子就是组装电脑,将电脑模块化地分为显示器、主机、CPU等。

(2) 数据分析能力。对消费者数据进行大规模的收集、整理和分析,从而可以做到随需而定,最终实现成本结构发生变化,规模化地从事个性化生产使成本下降。通俗地讲,用户的需求是多样的,企业不可能满足用户的所有需求,这时就需要依靠企业的数据分析能力选取用户最广泛的需求。

(3) 具有全产业链。个性化定制的本质是通过减少环节、减少库存等方式提高利润率,同时将中间环节损耗让利给用户,降低成本。以C2B模式的预售为例,通过预售可以将分散的用户需求集中起来,使得商家的供给可以正好与用户的需求相匹配,避免了资源浪费。对商家而言,即需即产实现了零库存,使库存成本趋零,而且由于事先已经掌握了需求分布,因此可以选择不同的生产地点进行生产从而降低运输成本。

> 📖 **案例2.6**
>
> 报喜鸟:推行上门量体C2B定制

2.5.3 新零售

1. 新零售的含义

2016年11月11日,国务院办公厅印发了《国务院办公厅关于推动实体零售创新转型的意见》(国办发〔2016〕78号),明确了推动我国实体零售创新转型的指导思想和基本原则,同时在调整商业结构、创新发展方式、促进跨界融合、优化发展环境、强化政策支持等方面做出具体部署。

自新零售的概念被提出后,不同的专家学者、机构团体下过多种定义,比如:

阿里研究院将新零售定义为"以消费者体验为中心的数据驱动的泛零售形态"。同时指出,新零售是从单一零售转向多元零售形态,从"商品+服务"转向"商品+服务+内容+其他",其中"内容"是商品在新零售环境中最重要的属性。

亿欧智库认为,新零售是整个零售市场在新技术和新思维的冲击下发生的新变化。通过新零售的表现形式,进行人、货、场三要素的重构,达到满足、提升行业效率的目标,从而实现人人零售、无人零售、智慧零售的最终形态。

也有学者认为，新零售是以消费者为中心，进行人、货、场三要素重构，真正发挥"线上+线下+数据+物流"的系统化优势，以达到满足消费升级的需求、提升行业效率的目标。

虽然，目前关于新零售的定义不尽相同，我们可以从以下几方面认识新零售的本质：

(1) 以"心"为本。通过广泛使用大数据、人工智能等技术及时分析、挖掘消费者的真实需求，做到比消费者更了解消费者，从而达到"以消费者体验为中心"的目标。

(2) 零售二重性。任何零售主体、消费者及商品既是物理的，也是数字的。基于数据逻辑，企业内部与企业间流通的损耗最终可以达到无限接近于"零"的理想状态，从而实现价值重塑。

(3) 零售"物种"大爆发。借助数字技术，物流业、大文化泛娱乐、餐饮业等多元生态均延伸出零售形态，更多零售"物种"即将孵化产生。

可见，新零售是以互联网为依托，通过运用大数据、人工智能等先进的技术手段，进行人、货、场三要素重构，对商品的生产、流通和销售过程进行升级改造，进而重塑业态结构和生态圈，并对线上服务、线下体验以及现代物流进行深度融合的零售新模式。新零售是以消费者体验为中心的数据驱动的泛零售形态。

2. 新零售的核心

新零售的核心在于推动线上与线下的一体化进程，其关键在于使线上的互联网力量和线下的实体店终端形成真正意义上的合力，从而完成电商平台和实体零售店在商业维度上的优化升级。同时，促成价格消费时代向价值消费时代的全面转型。

此外，有学者提出新零售就是"将零售数据化"。线上用户信息能以数据化呈现，而传统线下用户数据数字化难度较大。在人工智能深度学习的帮助下，视频用户行为分析技术能在线下门店进行用户进店路径抓取、货架前交互行为分析等数字化转化，形成用户标签，并结合线上数据优化用户画像，同时可进行异常行为预警等辅助管理。

新零售可总结为"线上+线下+物流，其核心是以消费者为中心的会员、支付、库存、服务等方面数据的全面打通"。

3. 新零售的发展动因

(1) 经过近年来高速发展，传统电商由于互联网和移动互联网终端大范围普及所带来的用户增长以及流量红利正逐渐萎缩，传统电商所面临的增长"瓶颈"开始显现。因此，对于电商企业而言，唯有变革才有出路。

(2) 传统电商从诞生之日起就存在难以补平的明显短板，线上购物的体验始终不及线下购物是不争的事实。相对于线下实体店给顾客提供商品或服务时所具备的可视性、可听性、可触性、可感性、可用性等直观属性，线上电子商务始终没有找到能够提供真实场景和良好购物体验的现实路径。因此，用户在消费过程中的体验要远逊于实体店。不能满足人们日益增长的对高品质、异质化、体验式消费的需求，将成为阻碍传统电子商务企业实现可持续发展的"硬伤"。特别是在我国居民人均可支配收入不断提高的情况下，人们对购物的关注点已经不再仅仅局限于价格低廉等电子商务曾经引以为傲的优势方面，而是越发注重对消费过程的体验和感受。因此，探索运用"新零售"模式来启动消费购物体验的升级，推进消费购物方式的变革，构建零售业的全渠道生态格局，必将成为传统电子商务企业实现自我创新发展的一次有益尝试。

4. 新零售的特点

(1) 线上线下一体化。在新零售模式下，电子商务平台与实体店打通，电子商务和实体店区别逐渐变小。比如盒马鲜生，不仅有 App 电子商务平台，而且有实体店，只要在实体店 3000 米范围内就可以在网上下单，30 分钟送货(送餐)上门。同时消费者也可以到就近的门店消费，比如海鲜，消费者既可以现场买、现场加工、现场吃，也可以到网上下单。服装店、大卖场甚至购物中心未来都将是线上线下一体化的模式。

(2) 大数据支持。新零售的本质是对传统零售行业进行深度改造，其最为直接的方向就是对传统零售行业进行数字化的改造和升级。从这个角度来看，未来的新零售其实是一个手段。借助新零售，我们可以把大数据、云计算、人工智能、区块链等技术应用到不同的行业当中。从表面上看，这些新技术的表现形态是不同的，但实际上，抛开这些表层的概念，在大数据、云计算、人工智能和区块链的背后其实就是数据。将这些新技术应用于传统行业内，一方面是用互联网时代的数据和资源来改造传统行业的生产和供应方式，另一方面是通过这些改造来获得数据。无论是哪一种方式，其内生动力和作用点都是在数据上，再加上零售本身与诸多行业有着千丝万缕的联系，因此，新零售未来有望成为数字经济的重要组成部分。

(3) 传统零售行业的业态重塑。在新零售模式下，随着新技术的应用，将重构线下实体店的运作方式和业态布局。比如人工智能分拣、大数据赋能、区块链溯源等与新零售相关的新的流程和环节，都是新技术应用到新零售行业的具体例证。随着大数据、云计算、人工智能、区块链等技术不断成熟与完善，其应用范围也将越来越广，必将对传统零售业从整个供应链的角度进行深度改造和升级，从而更好地应对互联网时代的新挑战。

随着"新零售"模式的逐步落地，线上和线下将从原来的相对独立、相互冲突逐渐转化为互为促进、彼此融合，电子商务的表现形式和商业路径必定会发生根本性的转变。当所有实体零售都具有明显的"电商"基因特征之时，传统意义上的"电商"将不复存在，而人们经常抱怨的电子商务给实体经济带来的严重冲击也将成为历史。

> **案例2.7**
>
> "盒马鲜生"的新零售模式

2.5.4 社交电商[①]

1. 社交电商发展背景

(1) 传统电商"人到中年"，红利将尽，获客成本攀升。经历近 20 年的高速发展，中国电商行业已从一个初生的婴儿成长为成熟的中年，网络购物交易规模增速逐渐放缓。无论对于电商平台还是商户，都面临着竞争日益激烈、获客成本不断攀升的困境，亟待找到更高效、更低价、黏性更强的流量来源。

---

① 资料来源：https://www.iresearch.com.cn/Detail/report?id=3402&isfre，《中国社交电商行业研究报告》，有删减。

(2) 移动社交蓬勃发展，流量价值凸显。在移动互联网时代，社交 App 全面普及，成为移动端最主要的流量入口。这些社交平台占据了用户的大量时间，使用频次高、黏性强，流量价值极其丰富。以微信为例，微信生态以其即时通信功能为基础，拥有朋友圈、公众号、小程序等不同形态的流量触点，同时借助微信支付，用户在一个生态内可以完成社交、娱乐、支付等多项活动，为电商降低引流成本提供了良好的解决方案。一方面社交媒体自带传播效应，可以促进用户购买、使用体验等信息高效、自发地在强社交关系群中传递，对用户来说信息由熟人提供，对其真实性更为相信，购买转化率更高；另一方面社交媒体覆盖人群更为全面，能够较好地进行用户群体补充。因此，对社交媒体的有效利用为电商的进一步发展带来新的契机。

2. 社交电商的特征

(1) 行业规模迅速增长。社交电商的高效获客和裂变能力吸引了众多企业加入，艾瑞咨询的统计数据显示，2021 年中国社交电商的交易规模达 23 785.7 亿元，同比增长 15.1%。随着社交流量与电商交易不断深入融合，预计 2023 年中国社交电商行业交易规模将达 34 165.8 亿元。调研数据显示，中国消费者最常使用的社交零售平台是拼多多、京东拼购、国美美店、云集以及洋葱 OMALL 等。

(2) 社交电商的特征及优势。对比传统电商，社交电商将重构"人、货、场"。

① 依托社交裂变实现高效低成本引流，用户既是购买者也是推广者。依托社交流量，社交电商从用户拉新到留存全生命周期进行更高效低成本运营，此过程主要分为 3 个阶段：第一阶段为拉新阶段，依靠用户社交裂变实现增长，降低获客成本；第二阶段为转化阶段，一方面可以基于熟人关系，借助熟人之间的信任关系提高转化效率，另一方面可以通过社群标签对用户做天然化的结构划分，从而实现精细化运营；第三阶段为留存阶段，用户既是购买者也是推荐者，在二次营销的过程中实现更多的用户留存。

② 基于用户个体的去中心化的传播网络，为长尾商品提供广阔空间。传统电商搜索模式下，消费者具备统一的流量入口，使得网络购物呈现"中心化的特征"。在商品供给极丰富的情况下，搜索排名对用户选择几乎产生决定性影响。在马太效应下，流量不断向头部商品汇聚，中小长尾商户则容易淹没在海量的商品大潮之中。社交电商模式下，以社交网络为纽带，商品基于用户个体进行传播，每个社交节点均可以成为流量入口并产生交易，呈现出"去中心化"的结构特点。在他人推荐下，用户对商品的信任过程会减少对品牌的依赖，产品够好性价比够高，就容易通过口碑传播，给长尾商品带来更广阔的发展空间。

③ 从搜索式购物到发现式购物，快速促成购买，提升转化效率。在用户购物的整个流程中，社交电商的作用主要体现在 3 个节点：第一个节点为产生需求阶段，通过社交分享激发用户非计划性购物需求；第二个节点为购买决策阶段，通过信任机制快速促成购买，提高转化效率；第三个节点为分享传播阶段，激发用户主动分享意愿，降低获客成本。

3. 社交电商模式分类

近年来社交电商高速发展，已形成了各具特色的发展模式，如拼购类社交电商、会员制社交电商、社区团购及内容类社交电商等，各模式的对比如表 2.4 所示。

表2.4 社交电商模式分类及对比

电商模式	拼购类社交电商	会员制社交电商	社区团购	内容类社交电商
概念定义	聚集2人及以上的用户，通过拼团减价模式，激发用户分享形成自传播	S2B2C模式，平台负责选品、配送和售后等全供应链流程。通过销售提成刺激用户成为分销商，利用其自有社交关系进行分享裂变，实现"自购省钱，分享赚钱"的模式	以社区为基础，社区居民加入社群后通过微信小程序等工具下单，社区团购平台将商品统一配送至团长处，消费者上门自取或由团长进行最后一公里配送的团购模式	通过形式多样的内容引导消费者进行购物，实现商品与内容的协同，从而提升电商营销效果
模式特点	以低价为核心吸引力，每个用户成为一个传播点，再以大额订单降低上游供应链及物流成本	通过分销机制，让用户主动邀请熟人加入，形成关系链，平台统一提供货、仓、配及售后服务	以团长为基点，降低获客、运营及物流成本；预售制及集采集销的模式提升供应链效率	形成发现—购买—分享的商业闭环，通过内容运营激发用户购买热情，同时反过来进一步了解用户喜好
流量来源	关系链(熟人社交)	关系链(熟人社交)	关系链(熟人社交)	内容链(泛社交)
目标用户	价格敏感型用户	有分销能力及意愿的人群	家庭用户	容易受KOL影响的消费人群/有共同兴趣的社群
适用商品	个性化弱、普遍适用、单价较低的商品	有一定毛利空间的商品	复购率高的日常家庭生活用品	根据平台内容的特征，适应的商品品类不同
典型企业	拼多多、京东拼购、苏宁拼购等	贝店、云集、环球捕手、爱库存、花生日记等	兴盛优选、你我您、松鼠拼拼等	小红书、蘑菇街、小红唇、抖音电商等

4. 社交电商发展趋势分析

(1) 政策监管不断完善。随着社交电商行业的快速发展，国家对相关行业的重视程度也在不断加强，陆续出台了一系列政策，鼓励行业发展的同时明确相关部门责任，规范社交电商行业发展。相关法律法规的颁布，一方面为行业从业者合规化经营提供了参考依据，另一方面也有助于打破公众的偏见和顾虑，为行业建立正面形象。

(2) 围绕社交电商的生态体系逐渐成形。行业快速发展催生新的创业机会，推动一系列服务商出现。社交电商领域的创业者越来越多，大家在经营发展过程中遇到的问题及需求，催生了一批围绕社交电商领域的服务生态。从SaaS服务、培训到财税解决方案，一系列服务商的涌现，为品牌方、商家和中小电商企业进军社交电商领域提供了便利条件，未来随着行业的发展及越来越多的参与方入局，将会出现更多围绕社交电商的服务小生态。

(3) 社交化营销方式将成为电商企业标配。竞争加剧将导致社交流量投入带来用户增长的边际效应迅速降低。社交电商的快速发展让产业链上下游各方都看到了社交流量的巨大价值，品牌方、商家、电商平台都开始尝试通过多样化的社交化营销方式来降低获客成本、提升用户黏性。拼团、分销和内容都逐渐成为电商营销的一种常规手段。越来越多的参与者将迅速耗尽社交平台的流量红利，社交流量的投入带来用户增长边际效应将逐步降低。

(4) 模式本身无法成为竞争壁垒。社交电商本质上是电商行业营销模式与销售渠道的一种创新，凭借社交网络进行引流的商业模式在中短期内为社交电商的高速发展提供了保证。但这种模式的创新并非难以复制，无法成为企业的核心竞争壁垒。社交电商流量来源相对碎片化且受制于社交平台，社交平台的政策或规则变化可能会对其产生毁灭性打击；此外，社交渠道的流量来得快去得也快，消费者在平台产生了交易流水并不代表着消费者和平台产生了黏性，后续如何将这些流量沉淀下来，并激发其购买力将对平台的精细化运营能力提出巨大考验。

对于消费者来说，无论采用什么营销方式，物美价廉的商品和快速高效的配送服务是其对平台产生忠诚度、愿意持续复购的关键。以流量起步的社交电商平台最终将演化成两种不同的路径：一类将仍以流量运营为核心关注点，与电商巨头进行合作，成为电商企业的导流入口，这种发展路径下企业对商品没有把控力，盈利空间相对受限；另一种将不断深化供应链的建设和投入，增强自身的商品履约能力，这种发展路径下需要企业进行较大的投入且发展到一定规模后将不得不直面来自巨头的竞争压力。

2.5.5 直播电商

1. 直播电商的含义

直播电商是以直播为渠道来达成营销目的的电商形式，是数字化时代背景下直播与电商双向融合的产物。直播电商以直播为手段重构"人、货、场"三要素，但本质仍是电商。直播+电商模式是一种新的推销手段，以直播为工具，电商为基础，通过直播为电商带来流量，从而达到为电商销售的目的。

品牌的多元化促使直播电商的类型、形式、组货模式快速演化(如图 2.16 所示)。目前直播电商已经基本形成了一套成熟的模式。首先直播电商形态分为达人播与企业自播，商家对自播的关注度明显提升，开拓长远稳定的出货渠道。组货模式上，达人播可根据产品的品类、调性、功能/功效、价格等与不同品牌商商议不同产品的出场顺序与曝光时间。[①]

目前，"图文+短视频+直播"三位一体的组合营销有着越来越重要的价值。淘宝、快手与抖音三大平台在内容形式与引流方法的发展上不断互补。对于淘宝来说，内容生态成为重要板块，首页下移、猜你喜欢上移、二跳变为无尽浏览，同时用户对宝贝详情页的浏览减少，增加直播与短视频的呈现；而快手与抖音等短视频平台则是增加直播与图文电商的比重，不断缩短直播与商城的触达路径，增加搜索功能与评论功能，提供沉浸式体验的同时，为用户提供更便捷亲民的购物转化路径。这类变革说明"图文+短视频+直播"沉浸式浏览已经成为必备的线上导购场景。信息获取与购买决策转移到更个性化与内容化的短视频与直播上。

---

① 资料来源：2022 年淘宝直播年度新消费趋势报告，艾瑞咨询。

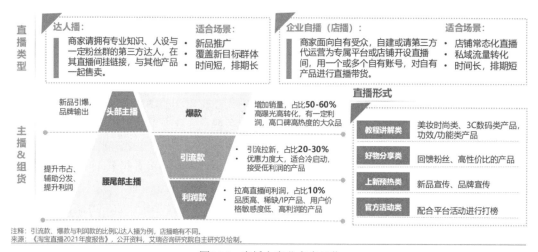

图2.16 直播电商业态多元化

2. 直播电商意义[①]

(1) 国家层面：科技普惠积极助农，实现乡村振兴。

直播电商在各级政府的支持下，为农产品进城打开销路，并促进农产品供应链升级。如淘宝直播于 2022 年 3 月开设阿克苏产品专场，让冰川雪水灌溉的纸皮核桃、原汁原味的无花果干等更多阿克苏特产好物优惠出售并进入千家万户。同时，直播电商的蓬勃发展，也让越来越多"农民主播""村播""助农直播"等群体开始入局，培养更多的当地优秀人才，为实现乡村振兴打好基础。

(2) 地方层面：打造本土化商品、激活地方经济。

① 直播电商对地方"本土化商品"影响积极。从地方特色农产品，到老字号品牌，不少本土化商品都借助直播电商之力，获得了良好的售卖与营销效果。在 2022 淘宝直播年货节期间，400 多个中华老字号品牌参与了进来，并在直播间大放异彩。

② 直播电商强调货品原产地，助力打造本土爆品。在生产地源头的直播，将货品原产地特色与极致的"新鲜"感通过直播呈现了出来。淘宝直播主打产地特色的"源头好物节"，便是通过直播电商打造产地标志性店铺与产地代表性爆款。

③ 直播电商可提升产地品牌形象。通过基地直播+IP 赋能，在提升产地品牌形象的同时，助力当地经济发展，创造就业岗位。

(3) 个人层面：直播电商衍生出的新角色，提供求职新机会。

① 直播电商衍生出许多新兴职业。随着直播电商产业的深入发展，其衍生出不少特色新兴角色，贯穿到产业链的各个环节，推动行业的职业专业化的同时，创造着各类新兴岗位，吸引着各类社会人才。

② 直播电商为跨界求职提供了机会。整个直播行业领域划分也更加精细，不再局限于"娱乐"与"带货"等，服装、房地产、教育、平面设计等行业，不少职员正向直播电商"转行"；更多的岗位需求和工作机会，让从业者有了跨界求职的第二重职业选择。

3. 直播电商的发展现状[①]

据艾瑞咨询数据显示，2020 年中国直播电商市场规模达 1.2 万亿元，年增长率为 197%，预计 2023 年直播电商规模将超过 4.9 万亿元(如图 2.17 所示)。直播已经成为电商市场常态化的营销方式与销售渠道，未来电商下单用户数、下单频次以及客单价均会继续提升，其中下单用户增幅较大，下单频次增幅较小，两者预计会较快趋于饱和，客单价增幅较小，但预计将会长期持续增长。直播电商在社会消费品和网购市场也有较快的渗透，2020 年直播电商在社会消费品零售总额的渗透率为 3.2%，在网络购物零售市场的渗透率为 10.6%，预计 2023 年后者可达 24.3%(如图 2.18 所示)。

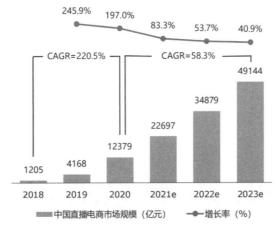

图2.17 2018-2023年中国直播电商市场规模及增速

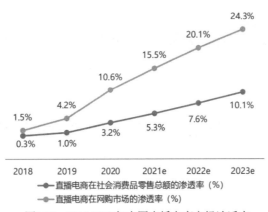

图2.18 2018-2023年中国直播电商市场渗透率

随着直播电商行业生态圈的逐步完善，更多提供细分服务和擅长不同品类的服务商加入到行业竞争中。根据业务侧重的不同，服务商可分为招商服务商、代运营服务商、培训服务商、供应链服务商、MCN 机构、产业带服务商等；根据场景不同，可以分为档口直播服务商、村播服务商等。目前除了达人播与点播机构，其他各类服务商的界限还是比较模糊的，一方面多数服务商提供综合性解决方案，例如 MCN 机构在平台拿到牌照，可以同时作为招商服务商与

[①] 资料、数据来源：2021 年中国直播电商行业报告，艾瑞咨询。

培训服务商开展业务，另一方面服务商未来也会有不同的侧重，并且在垂直赛道更有可能出现头部玩家。图 2.19 为中国直播电商产业图谱。

图2.19 中国直播电商产业图谱

除以上模式外，电子商务的新生模式层出不穷，比如 B2Q、F2C、S2B2C 等。

案例2.8

遥望网络、东方甄选、交个朋友，走在直播转型的前沿

案例2.9

B2B2C 电子商务模式和 B2G 电子商务模式

思政案例

全域兴趣电商发力 国货品牌"出圈"

习题

一、选择题

1. 在电子商务分类中，B2B 是(　　)。
   A. 企业对消费者的电子商务　　B. 企业对企业的电子商务
   C. 消费者对消费者的电子商务　　D. 政府对消费者的电子商务

2. 电子商务交易规模中占比最大的模式是(   )。
   A. B2B   B. B2C   C. C2C   D. B2G
3. 慧聪网属于(   )电子商务模式。
   A. B2C   B. C2C   C. B2B   D. C2G
4. 找钢网属于(   )电子商务模式。
   A. 水平B2B   B. 垂直B2B   C. 水平B2C   D. 垂直B2C
5. 下列属于B2C模式的是(   )。
   A. 淘宝网   B. 网盛生意宝 C. 中国化工网 D. 唯品会
6. B2B电子商务模式主要包括(   )。
   A. 企业与供应商之间的采购
   B. 企业与产品批发商、零售商之间的供货
   C. 企业与仓储、物流公司之间的业务协调
   D. 以上都是
7. C2C议价方式主要包括(   )。
   A. 竞价   B. 一口价   C. 面议   D. 以上都是
8. 下列属于拼购类社交电商的是(   )。
   A. 贝店   B. 云集   C. 环球捕手   D. 拼多多
9. 下列属于会员制社交电商的是(   )。
   A. 兴盛优选   B. 云集   C. 小红书   D. 松鼠拼拼
10. 下列属于内容类社交电商的是(   )。
    A. 兴盛优选   B. 京东拼购   C. 蘑菇街   D. 松鼠拼拼

二、名词解释

1. 电子商务模式
2. O2O
3. C2B
4. 新零售
5. 内容类社交电商

三、简答题

1. 简述商业模式的要素。
2. 简述B2B电子商务的特点。
3. 简述B2B电子商务的价值。
4. 简述B2C电子商务的优势。
5. 简述新零售的本质。

四、论述题

1. 试述社交电商的发展趋势。
2. 试述直播电商的发展趋势。

五、案例分析题

中国电商，谁主沉浮[①]

2023年，依旧是电商行业的丰收年。

1. 跨境电商态势良好

先看跨境电商，面对复杂严峻的国内外形势，跨境电商依旧交出了一份亮眼成绩单。2022年我国跨境电商进出口规模达2.11万亿元，增长9.8%。其中，出口1.55万亿元，增长11.7%；进口0.56万亿元，增长4.9%。

从中国跨境电商的主要形态上看，有以Lazada、shein为代表的国内电商出海，也有以洋码头、蜜芽为代表的独立进口海淘平台，相比以往较为稳定的跨境电商格局，经过这一年的发展，跨境电商的座次发生了新的变化。这就不得不提到2022年跨境电商中最大的黑马——拼多多。2022年9月刚上线的Temu复制了拼多多国内的商业模式，"低价"一招吃遍天下，成功打开美国市场的大门。Temu并没有选择邀请名人为平台做推广，而是用了和拼多多玩法相似的"砍一刀"活动，只要越多人通过邀请链接下载App，邀请人就能得到越多的奖励。在不到4个月的时间里，Temu在美国的安装量达到了1080万次，成为11月1日至12月14日期间美国所有类别中下载次数最多的移动应用程序。Temu正在成为撑起拼多多未来市值的第二张王牌。

在大企业加速拓展海外业务的同时，也有许多跨境电商平台却人去楼空，危机重重，相继出现了不同的困境。从这一系列变化中可以看出，跨境电商已经开启了新一轮的洗牌。

从我国整体进出口的地位上来看，中国已经连续6年保持世界第一货物贸易国的位置，进出口贸易早已发展成熟。据海关统计，2022年中国货物贸易进出口总值42.07万亿元人民币，比2021年增长7.7%，这也是我国进出口总值首次突破40万亿元人民币关口。聚焦到跨境电商看，2022年商务部及各地政府相继出台了多个跨境电商相关的政策，不断释放行业红利，跨境电商在未来的发展大概率会更加顺利。

2. 国内电商平台遍地开花

跨境电商表现优异，国内电商平台也交出了高分答卷。

近日网络曝出了一份2022年国内各平台的电商成交金额估算数据，估算显示：阿里8万亿、京东3万亿、拼多多3万亿、抖音电商1.4万亿、快手电商7000亿、美团2300亿、视频号500亿。按照估算来看，2022年阿里、京东依旧稳坐一二的位置，拼多多也在连续拿出多份亮眼财报后位列前三。除了这些意料之中的强者，我们重点谈一谈"后生"抖音电商和视频号。以万亿成交金额为标志的话，为了完成这个目标，阿里用了10年、京东用了13年、就连被业界称为"增长奇迹"的拼多多也用了近5年时间，但抖音电商破万亿元只用了2年时间。

如果把万亿成交金额视作电商平台跻身头部的标准线，目前可以称作头部电商平台的有淘宝、京东、拼多多和抖音电商，这意味着仅成立两年的抖音电商部门，就改变了电商平台"三分天下"的格局。

早在2018年，抖音就有进军电商的势头，最开始的尝试就是为淘宝等第三方平台带货。

[①] 资料来源：https://mp.weixin.qq.com/s/MlLnSI78hjGEIq3qkas8Tg（微信公众号：电商报Pro），作者：航叔，2023.1.21，有删减

2019年抖音便开始自建抖音小店，2020年正式成立电商部门，此后便一路过五关斩六将，在电商行业做出了十分亮眼的成绩。值得一提的是，抖音电商提出的"兴趣电商"与抖音短视频平台的属性十分贴合，这也帮助其在早期迅速站稳脚跟。

如果说过去两年是"B站大年"和"小红书大年"，那么2023年或许是"视频号大年"。这并不是空穴来风，首先腾讯想做电商的决心人尽皆知，腾讯对视频号寄予厚望；而且2022年腾讯几乎每个季度的财报中都提到了视频号，不难看出2023年腾讯会重点发力视频号。据QuestMobile(北京贵士信息科技有限公司，是中国专业的移动互联网商业智能服务商)数据显示，2022年6月视频号的每月用户活跃数量就已经达到8.13亿，成为用户最多的短视频平台。而在2022年第四季度，视频号仅两个季度的信息流广告收入便高达10.5亿元，这个数据已经远超出朋友圈5个季度收入的总和。

3. 未来电商行业的发展趋势

对跨境电商而言，进入2023年，出入境逐步放开，跨境电商行业也迎来转折点。在电商企业出海热潮以及国家政策的支持下，跨境电商中蕴藏着巨大的商业机会。

而对国内电商而言，当整个行业的发展愈发成熟时，比拼的东西也会比以往更多。

(1) 各大电商平台的用户规模逐渐趋同，更要注重精细化运作，打出差异化。

网络网零售市场每过几年就会有新模式诞生，迭代非常之快。1999年阿里巴巴问世，开创了网购时代；2015年拼多多登场，用低价拼团在电商行业杀出一条血路；2020年抖音电商正式开启，之后还提出"兴趣电商"概念，并通过直播带货和短视频带货跻身头部电商行列。

无论是淘宝的C2C、拼多多的B2C，还是抖音电商的直播模式，都是电商行业进步发展的产物，每种模式都推动着消费者购物方式的改变。刚开始每种模式的主要客群都不一样，有较大的发展空间，但随着各个平台的用户重合度越来越高，就必须精细化运作，加强打造独占型用户才能在时代中存活下来。

(2) 电商平台生态将进一步升级，呈现"立体化竞争"趋势。

立体化竞争，简单来说就是电商平台不只需要在某一方面具有优势，更要全面发展，无论是品类、服务还是供应链，都不能有短板。

从品类上来说，目前中国网购几乎已经覆盖了所有的消费品品类，换而言之，任何商品只要线下能买到，线上就能买到。商品的丰富程度几乎决定着平台用户的覆盖量。以天猫、京东为例，过去这两个平台都是主打价格较高的商品，但在2022年也开始不断下沉，现在也能在这两个平台上找到物美价廉的商品；而主打低价的拼多多，也一直在通过百亿补贴专区上新家电、护肤等高价产品，补齐过去的短板类目，扭转消费者对其的印象。

从服务上来说，各大电商平台不仅在提高自身的服务水平，也在完善服务体系，打造从远到近或从近到远的"三场融合"服务体系。所谓"三场融合"，就是远场、中场、近场。以阿里为例，最开始的淘宝、天猫等平台属于远场服务，即购买的商品需要2~3天可以送达消费者；之后的天猫超市和淘菜菜自提属于中场服务，即购买商品次日达；而饿了么、盒马等则属于近场服务，可享受30分钟极速达。

从交易链条上来说，相比之前的电商平台只专注于用户下单，现在的电商平台几乎可以满足从发现、种草、决策、下单以及售后服务的全链条交付场景。以淘宝为例，不仅推出了"逛逛"向用户种草，还有发展已久的淘宝直播帮助用户拔草，完成了电商平台与内容平台的融合；

有异曲同工之处的还有抖音电商，也正在通过抖音直播、抖音商城等方式实现了内容平台向电商平台的转变。

总的来看，无论是跨境电商还是国内的电商平台，在未来都将迎来新的机会。

问题：

1. 依据案例分析电商领域模式创新的必要性与重要性。
2. 你认为"中国电商，谁主沉浮"？

第 3 章 电子商务技术基础

所谓电子商务技术(technical of electronic commerce)是利用计算机技术、网络技术和远程通信技术，实现整个商务过程中的电子化、数字化和网络化。人们不再是面对面地、看着实实在在的货物、靠纸介质单据进行买卖交易，而是通过网上琳琅满目的商品信息、完善的物流配送系统和方便安全的资金结算系统进行交易。

■ 内容提要
- 计算机网络技术
- 互联网技术及应用
- 电子商务网站建设技术
- EDI技术

3.1 计算机网络技术

计算机网络是由计算机系统、通信链路和网络结点组成的计算机群，它是计算机技术和通信技术紧密结合的产物，承担着数据处理和数据通信两类工作。计算机网络将功能独立的多个计算机系统连接起来，再加上功能完善的网络通信协议、信息交换方式及网络操作系统等，最终实现了网络中硬件、软件资源共享和信息传递。计算机网络的结构如图 3.1 所示。

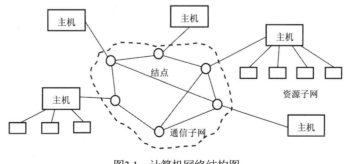

图3.1 计算机网络结构图

3.1.1 网络的特点与分类

1. 计算机网络的特点

计算机网络具有下述主要特点。

(1) 数据交换和通信。计算机网络中的计算机之间或计算机与终端之间,可以快速可靠地互联。我们在现实生活中可以使用电子邮件与异地用户快速准确地相互传递信息,可以利用电子数据交换实现商业文件安全准确的交换,也可以利用文件传输服务实现文件的实时传递。

(2) 资源共享。充分利用计算机网络中提供的硬件、软件和数据资源是计算机网络的主要功能之一。计算机的许多资源是十分昂贵的,不可能为每个用户所拥有。我们在现实生活中可以通过网络共享使用巨型计算机、高速激光打印机等特殊的外部设备,另外也可以通过网络实现远程教育等资源共享,从而极大地提高了计算机资源的利用率。

(3) 提高系统的可靠性。计算机网络能起到提高可靠性的作用。特别是在实时性管理和不间断运行的系统中,建立计算机网络便可保证更高的可靠性。

(4) 分布式网络处理。利用分布式网络技术可以较大地提升计算机解决复杂问题的能力。当网络中某台计算机的任务负荷过重时,可将任务分散到较空闲的计算机上去处理,使得整个网络资源能互相协作,从而降低了费用,同时还提升了安全可靠性。

(5) 易于扩充与维护。由于资源共享,计算机网络可以明显提高整个系统的扩充性和维护性,从而实现系统的规模化。

2. 计算机网络的分类

计算机网络的分类一般按网络的分布地理范围来进行,可以分为局域网、城域网和广域网 3 种类型。

(1) 局域网(local area network,LAN)。局域网的地理分布范围在 0.1~10km 以内,传输速率在 1~10Mb/s,是范围较小的一种网络,一般局域网建立在大学的校园内或在办公室或在实验室网络中。局域网连接这些用户的计算机并共享网络上的设备资源。LAN 是当前计算机网络发展中最活跃的分支,数据速率和带宽也在不断提高。局域网的特点如下:

① 局域网的覆盖范围有限。

② 数据传输率高,一般在 10~100Mb/s,现在的高速 LAN 的数据传输率可达到千兆位;信息传输延迟短,差错率低;局域网易于安装,便于维护。

(2) 城域网(metropolitan area network,MAN)。城域网是局域网的扩展,但规模比局域网大,地理分布范围在 10~100km,数据传输速度一般在 1.2Kb/s~1.554Mb/s,介于局域网和广域网之间,一般覆盖一个城市或地区,也可遍布全球。现在城域网的划分日益淡化。

(3) 广域网(wide area network,WAN)。广域网的涉辖范围很大,可以是一个国家或洲际网络,规模十分庞大且复杂。它的传输媒体由专门负责公共数据通信的机构提供。例如,Internet(国际互联网)就是典型的广域网。

3. 网络拓扑结构

拓扑(topology)是拓扑学中研究由点、线组成几何图形的一种方法，用此方法可以把计算机网络看作由一组结点和链路组成，这些结点和链路所组成的几何图形就是网络的拓扑结构。在建立计算机网络时要根据联网计算机的物理位置、链路的流量等因素来考虑网络所采用的布线结构。图 3.2 所示是网络拓扑结构的几种形式。

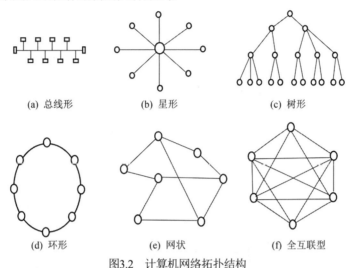

图3.2 计算机网络拓扑结构

(1) 总线型结构。总线型拓扑结构网络采用一般分布式控制方式，各结点都连接在一条共享的总线上，采用广播方式进行通信，无须路由选择功能。它的特点是安装简单，成本较低，扩展方便，但只要总线中的某一结点出现问题，会影响整个网络的通信。小型局域网或中大型局域网的主干网常采用总线型拓扑结构，如图 3.2(a)所示。

(2) 星型结构。星型结构是小型局域网常采用的一种拓扑结构，它采用网络集中控制方式，每个结点都有一条链路和中心结点相连接，结点之间的通信都要经过中心结点控制进行。星型拓扑网络的特点是结构形式较简单，便于管理；当连接点发生故障，只影响一个结点，但当中心结点出现故障时会造成全网瘫痪。另外，星型结构建设费用较高，对中心结点的可靠性要求很高，如图 3.2(b)所示。

(3) 树型结构。树型结构实际上是星型结构的发展和扩充，具有根结点和各分支结点，主要利用集线器(HUB)或交换机(switch)将网络连接成树型拓扑结构。树型网络结构比较灵活，易于进行网络的扩展。但当根结点出现故障时，会影响整个网络。树型结构是中大型局域网常采用的一种拓扑结构，如图 3.2(c)所示。

(4) 环型结构。环型拓扑也叫广播和令牌传递，它是一个封闭的环，各结点之间无主从关系。环中的信息单方向地绕环传送，途经环中的所有结点并回到始发结点。仅当信息中所含的接收方地址与途经结点的地址相同时，该信息才被接收，否则不予理睬。环型拓扑网络的优点在于结构比较简单，安装方便，传输率较高，但可靠性较差。环型结构是组建大型、高速局域网的主干网常采用的拓扑结构，如光纤主干环网，如图 3.2(d)所示。

(5) 网状结构。网状拓扑实际上主要用于广域网。网状拓扑中两任意结点之间的通信线路不是唯一的,若某条通路出现故障或拥挤阻塞时,可绕道其他通路传输信息。网状拓扑结构的可靠性较高,但它的成本也较高。此种结构常用于广域网的主干网中,如图 3.2(e)所示。

另外一种网型拓扑是全互联型的,如图 3.2(f)所示。这种拓扑结构的特点是每一个结点都有一条链路与其他结点相连,所以它的可靠性非常高,但成本太高,除了特殊场合,一般较少使用。

3.1.2 网际互联

局域网在计算机网络中占有非常重要的地位,特别是为了适应办公自动化和信息管理的需要,各机关、团体和企业部门众多的计算机、工作站都可通过 LAN 连接起来,以达到资源共享、信息传递和远程数据通信的目的。由于不同的局域网有不同的网络协议,不同的传输介质也有自己的物理性能,为了使不同的局域网能够互联,必须建立统一的网络互联协议。为此,出现了开放系统互联参考模型,即 OSI(open system interconnection)。OSI 只给出了一些原则性的说明,并不是一个具体的网络。它将整个网络的功能划分成 7 个层次,如图 3.3 所示。

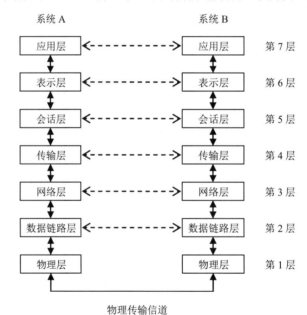

图3.3 ISO的OSI/RM(或称ISO/OSI)7层协议模型图

OSI 最高层为应用层,面向用户提供应用服务;最底层为物理层,连接通信媒体实现真正的数据通信。层与层之间的联系是通过各层之间的接口来进行的,上层通过接口向下层提出服务请求,而下层通过接口向上层提供服务。两个用户计算机通过网络进行通信时,除物理层外,其余各对等层之间均不存在直接的通信关系,而是通过各对等层的协议来进行通信(用虚线连接),只有两物理层之间通过媒体进行真正的数据通信。

3.2 互联网技术及应用

互联网技术是指在计算机技术的基础上开发建立的一种信息技术。互联网技术通过计算机网络的广域网使不同的设备相互连接,加快信息的传输速度,拓宽信息的获取渠道,促进软件应用开发,改变了人们的生活和学习方式。互联网技术的普遍应用,是进入信息社会的标志。

3.2.1 Internet

Internet 的前身是在 20 世纪 60 年代末 70 年代初,由国防部高级技术研究局资助并主持研制的用于支持军事研究的计算机实验网络 ARPANET(阿帕网),在短短的几十年的发展过程中,特别是在近几年的飞速发展中,正逐渐改变着人们的生活。1994 年中国正式加入 Internet,中国的网络地理域名为 cn。

1. Internet 地址

Internet 地址用来唯一确定 Internet 上每台计算机的位置。Internet 地址有两种表示形式:IP 地址和域名。

(1) IP 地址。IP 地址用一个 32 位二进制的值表示,这个值一般用 4 个十进制数组成,每个数之间用"."号分隔,如 192.168.20.68。一个 IP 地址由两部分组成,前面的部分叫网络号,后面的部分叫主机号。网络 ID 表示在同一物理子网上的所有计算机和其他网络设备;主机 ID 在特定网络中代表一个结点(计算机或网络设备)。Internet 上最高一级分配 IP 地址的机构是互联网管理中心(NIC),它为用户分配网络 ID。后面的主机地址由网络管理员分配和管理。目前,Internet 组织将 IP 地址进行了分类以适应不同规模的网络,主要有 A、B、C 三类。

(2) Internet 域名系统。虽然 IP 地址可以区别 Internet 中的每一台主机,但数字不方便记忆,所以利用域名来解决这个问题,用"."分隔的一串英文单词来标识每台主机,将小地址在前、大地址在后为互联网的每一台主机取一个容易识别记忆的地址,例如,清华大学域名 www.tsinghua.edu.cn,其顶级域属于 cn 代表中国,子域 edu 从属于教育机构,最后是主机名 tsinghua,指清华大学。

2. Internet 上的资源服务

Internet 上的资源极其丰富,主要有数字图书文献中心、技术资料中心、公共软件库、科学数据库、地址目录库和信息库等。

(1) WWW 服务。WWW(world wide web)服务指的是网上浏览服务,它是 Internet 提供的基本信息服务,也是目前上网用户使用最多的服务内容。WWW 服务采用客户机/服务器工作模式,由 WWW 客户端软件(浏览器)、Web 服务器和 WWW 协议组成。它是一种基于超文本文件的交互式多媒体信息检索工具,使用它就可以浏览世界各地成千上万计算机上的各种信息资源。

用户要想在众多的网页中指明要获得的网页,就必须借助于统一资源定位符(uniform

resource locators，URL)进行资源定位。URL 由协议、主机名、路径及文件名 3 个部分组成。格式为"协议名称://主机名称[:端口地址/存放目录/文件名称]"。例如，清华大学域名 http://www.tsinghua.edu.cn/index.htm，其中 http 是采用的协议，www.tsinghua.edu.cn 是主机名，index.htm 是要访问的网页的路径及文件名。只要在浏览器中输入地址，便可以浏览该网页。

(2) 电子邮件(E-mail)。电子邮件(electronic mail，E-mail)是利用计算机网络在用户间收发信息的服务。它是 Internet 上使用最广泛的服务之一。

使用电子邮件服务之前，用户需要登录提供电子邮件服务的机构，申请自己的电子信箱地址。电子信箱是为用户提供一个用于存放往来邮件的磁盘存储区域。电子邮件具有方便性、广域性、廉价性和快捷性。电子邮件不仅为用户发送或接收文字，还包括图像和语音等多种形式的信息。

(3) 远程登录(telnet)。远程登录是指用户在网络通信协议 telnet 的支持下，输入远程计算机域名或 IP 地址、账号和口令，作为一个终端来远程登录到某一台主机，这样就可以使用远程计算机对外开放功能和资源。

除了上述的服务外，Internet 上还有许多服务，例如网上聊天、网络会议、网上购物、网上教学和网络游戏等。

3.2.2 物联网

物联网(the internet of things)是通过射频识别(radio frequency identification，RFID)、红外感应器、全球定位系统、激光扫描器等信息传感设备，按约定的协议，把任何物品与互联网连接起来，进行信息交换和通信，以实现智能化识别、定位、跟踪、监控和管理的一种网络。

1. 物联网的特征

物联网具有普通对象设备化、自制终端互联化和普适服务智能化 3 个重要特征。其第 1 个实践方向被称作"智慧尘埃"，主张实现各类传感器设备的互联互通，形成智能化功能的网络。第 2 个实践方向即是广为人知的基于 RFID 技术的物流网，该方向主张通过物品物件的标识，强化物流及物流信息的管理，同时通过信息整合，形成智能信息挖掘。第 3 个实践方向被称作数据"泛在聚合"意义上的物联网，认为互联网造就了庞大的数据海洋，应通过对其中每个数据进行属性的精确标识，全面实现数据的资源化，这既是互联网深入发展的必然要求，也是物联网的使命所在。

2. 物联网的核心技术

物联网的核心技术包括传感器技术、射频识别技术、微机电系统和 GPS 技术。

(1) 传感器技术。传感器技术同计算机技术与通信技术一起被称为信息技术的三大技术。从仿生学观点来看，如果把计算机看成处理和识别信息的"大脑"，把通信系统看成传递信息的"神经系统"的话，那么传感器就是"感觉器官"。微型无线传感技术以及以此组件的传感网是物联网感知层的重要技术手段。

(2) 射频识别技术。射频识别是通过无线电信号识别特定目标并读写相关数据的无线通信技术。在国内，RFID 已经在身份证、电子收费系统和物流管理等领域有了广泛应用。RFID 技术市场应用成熟，标签成本低廉，但 RFID 一般不具备数据采集功能，多用来进行物品的甄别和属性的存储，且在金属和液体环境下应用受限。RFID 技术属于物联网的信息采集层技术。

(3) 微机电系统(MEMS)。微机电系统是指利用大规模集成电路制造工艺，经过微米级加工，得到的集微型传感器、执行器以及信号处理和控制电路、接口电路、通信和电源于一体的微型机电系统。MEMS 技术属于物联网的信息采集层技术。

(4) GPS 技术。GPS 技术又称为全球定位系统，是具有海、陆、空全方位实时三维导航与定位能力的新一代卫星导航与定位系统。GPS 作为移动感知技术，是物联网延伸到移动物体，采集移动物体信息的重要技术，更是物流智能化、智能交通的重要技术。

3.2.3 云计算

1. 云计算的概念

广义的云计算是指服务的交付和使用模式，指通过网络以按需、易扩展的方式获得所需的服务。这种服务可以是 IT 和软件等与互联网相关的，也可以是任意其他的服务。狭义云计算是指 IT 基础设施的交付和使用模式，指通过网络以按需、易扩展的方式获得所需的资源(硬件、平台、软件)。提供资源的网络被称为"云"。"云"中的资源在使用者看来是可以无限扩展的，并且可以随时获取，按需使用，随时扩展，按使用付费。这种特性经常被称为像水电一样使用 IT 基础设施。云计算为什么越来越普及呢？原因是它的高性价比、应用分布性广、高可靠性、可扩展性和高度灵活性，它具有超大规模、虚拟化、可靠安全等独特性。云计算也将在互联网时代扮演一个重要的角色。

云计算(cloud computing)是由分布式计算(distributed computing)、并行计算(parallel computing)、网格计算(grid computing)发展来的，其最基本的概念是通过网络将庞大的计算处理程序自动分拆成无数个较小的子程序，再交由多部服务器所组成的庞大系统经搜寻、计算分析之后将处理结果回传给用户。通过这项技术，网络服务提供者可以在数秒之内，达成处理数以千万计甚至亿计的信息，达到和"超级计算机"同样强大效能的网络服务，是一种新兴的商业计算模型。

2. 云计算所运用的技术

云计算系统运用了许多技术，例如编程模型、数据管理技术、数据存储技术和虚拟化技术等。

(1) 编程模型。MapReduce(映射与归约)是一种简化的分布式编程模型和高效的任务调度模型，用于大规模数据集(大于 1TB)的并行运算。严格的编程模型使云计算环境下的编程十分简单。MapReduce 模式的思想是将要执行的问题分解成 map(映射)和 reduce(归约)的方式，先通过 map 程序将数据切割成不相关的区块，分配(调度)给大量计算机处理，达到分布式运算的效果，再通过 reduce 程序将结果汇总输出。

(2) 海量数据分布存储技术。云计算系统由大量服务器组成，同时为大量用户服务，因此云计算系统采用分布式存储的方式存储数据，用冗余存储的方式保证数据的可靠性。云计算系统中广泛使用的数据存储系统是 GFS(可扩展分布式文件系统)和 HDFS(分布式文件系统)。

(3) 海量数据管理技术。云计算需要对分布的、海量的数据进行处理、分析，因此，数据管理技术必须能够高效地管理大量的数据。云计算系统中的数据管理技术主要是 BT(bigtable) 数据管理技术和开源数据管理模块 HBase。BT 是建立在 GFS、Scheduler、Lock Service 和 MapReduce 之上的一个大型的分布式数据库。与传统的关系型数据库不同，它把所有数据都作为对象来处理，形成一个巨大的表格，用来分布存储大规模结构化数据。

(4) 虚拟化技术。通过虚拟化技术可实现软件应用与底层硬件相隔离，它包括将单个资源划分成多个虚拟资源的裂分模式，也包括将多个资源整合成一个虚拟资源的聚合模式。虚拟化技术根据对象可分成存储虚拟化、计算虚拟化、网络虚拟化等。计算虚拟化又分为系统级虚拟化、应用级虚拟化和桌面虚拟化。

3.2.4 云存储

1. 云存储的概念

云存储是在云计算(cloud computing)概念上延伸和发展出来的一个新的概念，是一种新兴的网络存储技术，是指通过集群应用、网络技术或分布式文件系统等功能，将网络中大量各种不同类型的存储设备通过应用软件集合起来协同工作，共同对外提供数据存储和业务访问功能的一个系统。当云计算系统运算和处理的核心是大量数据的存储和管理时，云计算系统中就需要配置大量的存储设备，那么云计算系统就转变成一个云存储系统，所以云存储是一个以数据存储和管理为核心的云计算系统。简单来说，云存储就是将储存资源放到"云"上供人存取的一种新兴方案。使用者可以在任何时间、任何地方，通过任何可联网的装置连接到"云"上方便地存取数据。

2. 云存储的分类

云存储可分为以下 3 类。

(1) 公共云存储。供应商可以保持每个客户的存储和应用都是独立的、私有的。其中，提供个人云存储服务的较为突出的代表包括：搜狐企业网盘、百度云盘、移动彩云、坚果云、酷盘、115 网盘、华为网盘、360 云盘、新浪微盘和腾讯微云存储等。

(2) 内部云存储。内部云存储和私有云存储比较类似，唯一的不同点是它仍然位于企业防火墙内部。最值得关注的行业领导者包括：华为、新华三、VMware、华云、EasyStack(易捷行云) 5 家企业。

(3) 混合云存储。混合云存储把公共云和私有云及内部云结合在一起。主要用于按客户要求访问，特别是需要临时配置容量的时候，从公共云上划出一部分容量配置一种私有或内部云可以帮助公司面对迅速增长的负载波动或高峰。

3.2.5 互联网+

"互联网+"有六大特征。

(1) 跨界融合。"+"就是跨界，就是变革，就是开放，就是重塑融合。敢于跨界了，创新的基础就更坚实；融合协同了，群体智能才会实现，从研发到产业化的路径才会更垂直。融合本身也指代身份的融合，客户消费转化为投资，伙伴参与创新，等等，不一而足。

(2) 创新驱动。中国粗放的资源驱动型增长方式早就难以为继，必须转变到创新驱动发展这条正确的道路上来。这正是互联网的特质，用所谓的互联网思维来求变、自我革命，也更能发挥创新的力量。

(3) 重塑结构。信息革命、全球化、互联网业已打破了原有的社会结构、经济结构、地缘结构、文化结构。权力、议事规则、话语权不断在发生变化。互联网+社会治理、虚拟社会治理会有很大的不同。

(4) 尊重人性。人性的光辉是推动科技进步、经济增长、社会进步、文化繁荣的最根本的力量，互联网的力量之强大最根本地也来源于对人性的最大限度的尊重、对人体验的敬畏、对人的创造性发挥的重视，例如 UGC、卷入式营销和分享经济。

(5) 开放生态。关于"互联网+"，生态是非常重要的特征，而生态的本身就是开放的。我们推进"互联网+"，其中一个重要的方向就是要把过去制约创新的环节化解掉，把孤岛式创新连接起来，让研发由人性决定的市场驱动，让创业并努力者有机会实现价值。

(6) 连接一切。连接是有层次的，可连接性是有差异的，连接的价值是相差很大的，但是连接一切是"互联网+"的目标。

3.2.6 大数据

1. 概述

大数据(big data)是 IT 行业术语，是指无法在一定时间范围内用常规软件工具进行捕捉、管理和处理的数据集合，是需要新处理模式才能具有更强的决策力、洞察发现力和流程优化能力的海量、高增长率和多样化的信息资产。麦肯锡全球研究所给出的定义是：一种规模大到在获取、存储、管理、分析方面大大超出了传统数据库软件工具能力范围的数据集合，具有海量的数据规模、快速的数据流转、多样的数据类型和价值密度低 4 大特征，即大量(volume)、高速(velocity)、多样(variety)、低价值密度(value)。

大数据的好处就是能够大批量地处理数据。大数据出现颠覆了传统数据处理的一系列技术，如大数据获取方式的改变导致数据规模迅速膨胀，相对于传统的数据库系统，其索引、查询以及存储都面临着严峻的考验，而且怎样快速地完成大数据的分析也是传统数据分析方法无法解决的。学习大数据是为了掌握技术，利用技术更好地完成目标。这就需要了解整个大数据挖掘处理数据的技术体系。大数据处理技术体系主要涉及大数据的采集技术、存储技术、分析及挖掘技术、可视化呈现技术 4 个部分，如图 3.4 所示。目前，大数据的挑战在于数据维度高、呈现需求多样化。大数据处理环节中，各技术功能的相互配合使用，可为大数据价值的有效实现提供技术基础。

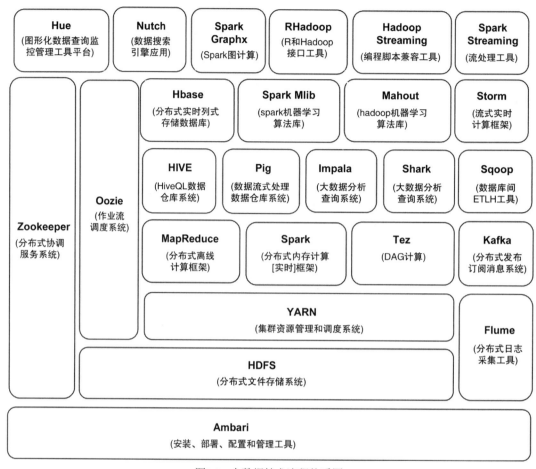

图3.4 大数据技术流程体系图

2. 在电子商务中的具体应用

(1) 通过大数据进行市场营销。通过大数据进行市场营销,能够有效地节约企业或是电子商务平台的营销成本,还能够通过大数据来实现营销的精准化,达成精准营销。通过大数据对消费者的消费偏好进行分析,在消费者输入关键词之后,提供与消费者消费偏好匹配程度较高的产品,节约了消费者寻找商品的时间成本,使交易双方实现快速的对接。同时,还可实现电子商务平台或是企业营销的高效化。在数据化时代,针对消费者进行针对性的营销能提升产品的下单率,提升电子商务的营销效率。

(2) 实现导购服务的个性化。对于电子商务的平台来讲,往往都会针对用户提供一些推荐和导购服务。通过大数据的分析和挖掘能够实现导购服务的个性化。针对消费者的年龄、性别、职业、购买历史、购买商品种类、查询历史等信息,对消费者的消费意向、消费习惯、消费特点进行系统性的分析,根据大数据的分析,针对消费者个人制定个性化的推荐和导购服务。同时,大数据的运用能够抵消电子商务虚拟性所带来的影响,提升竞争力,挖掘更多的潜在消费者。还可以针对消费者的消费偏好,进行适宜的广告推广,提升产品的广告转化率,提升消费者的用户体验,进而提升消费者的忠诚度。

(3) 为商家提供数据服务。大数据的分析不仅仅能够帮助电子商务平台提高下单率和销售额,还能将大数据的分析作为产品和服务向中小型的电子商务商家进行销售。这样不仅仅能够提升平台的收益,还能帮助商家了解消费者的消费偏好以及消费者对于该类产品的喜好等信息,来帮助商家及时针对大部分消费者的消费偏好、市场的动态以及产品的性能等进行研发和调整。

3.3 电子商务网站建设步骤及相关技术

电子商务网站是集销售、服务与资讯一体化的电子商务平台,除具有强大的订购功能之外,还能集批发、零售、团购与在线支付等功能于一体,让消费者与商家进行交易的一个网络平台。

3.3.1 电子商务网站建设

1. 需求分析

在企业电子商务网站建设过程中,需求分析作为建站的第一阶段,它的总任务是回答"企业电子商务网站必须做什么",并不需要回答"企业电子商务网站将如何工作"。电子商务网站系统需求分析过程中要完成的一些具体任务包括:确定企业电子商务网站系统的综合要求、导出企业电子商务网站系统的3种模型、书写文档和审查3项任务。

电子商务网站是公司进行商业活动的工具,它的首要任务是为公司的商业活动提供各种网络服务,此外还要处理商业事务,因此,应该从公司商业需求的角度来设计电子商务网站。这个商业模型的下面有网络技术模型和物理模型的支持,如图3.5所示。

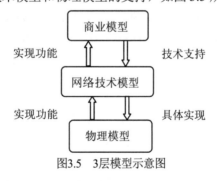

图3.5 3层模型示意图

可以看到商业事务处理系统中应用及计算系统扮演着极为重要的角色。一个公司的商业事务处理是建立在它的数据管理结构、应用结构和网络结构上的。对于网络设计人员来说,开始进行企业网络需求分析之前,应该对公司的业务有总体认识。商业模型也不应该是纯粹的计算模型,而应集中描述公司的业务工作流程,即公司的各种业务是怎样办理的。建立商业模型的步骤也是由整体到细节,先建立公司业务的总流程,然后再细化到公司各个部门的工作流程。尽量细化到由哪个部门的哪个小组来完成某项业务,明确公司不同部门的责任。

2. 技术模型建立

开发电子商务网站的第 2 步是技术模型建立，必须从以下两方面来考虑：

(1) 考察企业已有的计算机系统。大多数公司原来都有大量的事务处理系统，它们一般是分散的，独立地完成各自的任务。

(2) 确定企业电子商务网站的系统需求。电子商务网站的可用性、易用性常常是由网络用户来评价的，故而在建立技术模型时，所确定的系统需求是源于用户需求的。

3. 网站建设项目成本构成及预算

开发电子商务网站的第 3 步是网站建设项目成本构成及测算，网站建设项目的成本测算就是根据待开发的信息系统的成本特征以及当前能够获得的有关数据和情况，运用定量和定性分析方法对项目生命周期各阶段的成本水平和变动趋势作出尽可能科学的预测，对建设项目的时间进度作出尽可能准确的估计。

4. 网站详细设计

开发电子商务网站的第 4 步是网站详细设计。总体设计阶段以比较抽象概括的方式提出了解决问题的办法，详细设计阶段的任务就是把解法具体化。详细设计主要是针对程序开发部分来说的，但这个阶段的任务不是真正编写程序，而是设计出程序的详细规格说明。这种规格说明的作用很类似于其他工程领域中工程师经常使用的工程蓝图，它们应该包含必要的细节，例如程序界面、表单、需要的数据等，程序员可以根据它们写出实际的程序代码。

3.3.2 电子商务网站的体系结构

目前电子商务网站的体系主要分为 C/S(客户机/服务器)与 B/S(浏览器/服务器)结构两大类。

C/S 结构是指 client/server(客户机/服务器)体系结构。C/S 模式是一种两层结构的系统：第 1 层是在客户机系统上结合了表示与业务逻辑；第 2 层是通过网络结合了数据库服务器。通过将任务合理分配到客户端和服务器端，从而降低了系统的通信开销，可以充分利用两端硬件环境的优势。

B/S 结构，即 browser/server(浏览器/服务器)体系结构，是对 C/S 结构的一种变化或者改进，如图 3.6 所示。这种结构，用户界面完全通过 WWW 浏览器实现，一部分事务逻辑在前端实现，主要事务逻辑在服务器端实现，形成所谓 3-Tier 结构(3 层结构)。第 1 层客户机是用户与整个系统的接口。客户的应用程序精简到一个通用的浏览器软件，如 Netscape Navigator、微软公司的 IE 等。浏览器将 HTML 代码转化成图文并茂的网页。第 2 层 Web 服务器将启动相应的进程来响应这一请求，并动态生成一串 HTML 代码，其中嵌入处理的结果，返回给客户机的浏览器。第 3 层数据库服务器的任务类似于 C/S 模式，负责协调不同的 Web 服务器发出的 SQ 请求，管理数据库。

第 3 章 电子商务技术基础

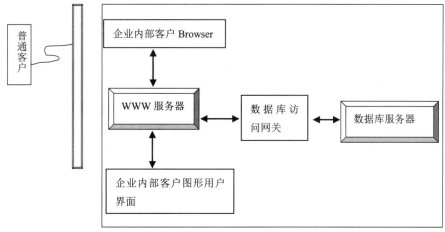

图3.6　B/S体系结构

3.3.3　开发网页语言介绍

1. HTML

HTML(hyper text markup language，超文本语言)是一种简单标记语言，主要就是利用一些基本的语法来描述文本和其他媒体格式。它能独立于各种操作系统平台。HTML 文档通常带有.html 或.htm 的文件扩展名。HTML 语言是通过利用各种标记(tags)来标识文档的结构以及标识超链接(hyperlink)的信息。

2. ASP

ASP(active server pages)是微软(Microsoft)所开发的一种后台脚本语言，它的语法和 Visual Basic 类似，可以像 SSI(server side include)那样把后台脚本代码内嵌到 HTML 页面中。虽然 ASP 简单易用，但是它自身存在着许多缺陷，最重要的就是安全性问题。目前在微软的.NET 战略中新推出的 ASP.NET 借鉴了 Java 技术的优点，使用 C#语言作为 ASP.NET 的推荐语言，同时改进了以前 ASP 的安全性差等缺点。但是，使用 ASP/ASP.NET 仍有一定的局限性，因为从某种角度来说它们只能在微软的 Windows NT/2000/XP + IIS 的服务器平台上良好运行。所以平台的局限性和 ASP 自身的安全性限制了 ASP 的广泛应用。ASP 在执行的时候，是由 IIS 调用程序引擎，解释执行嵌在 HTML 中的 ASP 代码，最终将结果和原来的 HTML 一同送往客户端。

3. PHP

PHP(hypertext preprocessor)是一种 HTML 内嵌式的语言(就像上面讲的 ASP 那样)，而 PHP 独特的语法混合了 C、Java、Perl 以及 PHP 式的新语法。它可以比 CGI 或者 Perl 更快速地执行动态网页。PHP 的源代码完全公开，在开源的今天，它更是这方面的中流砥柱。不断地有新的函数库加入，以及不停地更新，使得 PHP 无论在 UNIX 或是 Win32 的平台上都可以有更多新的功能。它提供丰富的函数，使得在程序设计方面有着更好的资源。

4. JSP

JSP(java server pages/servlet)是 Sun 公司(已被 Oraclve 公司收购)的 J2EE(Java 2 platform enterprise edition)应用体系中的一部分。Servlet 的形式和前面讲的 CGI 差不多，它是 HTML 代码和后台程序分开的。它们的启动原理也差不多，都是服务器接到客户端的请求后，进行应答。不同的是，CGI 对每个客户请求都打开一个进程(process)，而 Servlet 却在响应第一个请求的时候被载入，一旦 Servlet 被载入，便处于已执行状态，对于以后其他用户的请求，它并不打开进程，而是打开一个线程(thread)，将结果发送给客户。由于线程与线程之间可以通过生成自己的父线程(parent thread)来实现资源共享，这样就减轻了服务器的负担，所以，Java Servlet 可以用来做大规模的应用服务。

3.4 EDI技术

电子数据交换(electronic data interchange，EDI)是一种利用计算机进行商务处理的新方法，它是将贸易、运输、保险、银行和海关等行业的信息，用一种国际公认的标准格式，通过计算机通信网络，使各有关部门、公司和企业之间进行数据交换和处理，并完成以贸易为中心的全部业务过程，如图 3.7 所示。由于 EDI 的使用可以完全取代传统的纸张文件的交换，因此也有人称它为"无纸贸易"或"电子贸易"。随着我国经济的飞速发展，各种贸易量逐渐增大，为了适应这种形势，我国陆续实行了与 EDI 相关的"三金"工程，即金卡、金桥、金关工程，这其中的金关工程就是为了适应贸易的发展，加快报关过程而设立的。

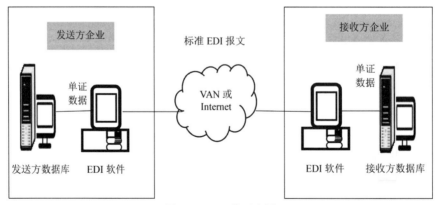

图3.7　EDI工作示意图

3.4.1 EDI原理及工作步骤

EDI 技术是电子信箱技术的自然发展，电子信箱的应用和发展大大提高了人们的办公效率，将它应用于商业事务的愿望促进了 EDI 技术的发展。EDI 和电子信箱之间既有联系又有区别。从通信的角度来说，EDI 和电子信箱是相似的，但是它们也有比较明显的区别。例如电子信箱是通过交换网络将人与人联系起来，使人和人之间可以通过交换网络快速准确地交换信息，而 EDI 则是通过交换网络将两个计算机系统联系起来，例如将服装进出口公司的电脑系统与海关的电脑系统联系起来，以此简化报关手续。

EDI 工作步骤如下。

(1) 买方标明要购买的货物的名称、规格、数量、价格、时间等，这些数据被输入采购应用系统，该系统的翻译软件制作出相应的 EDI 电子订单，这份订单采用电子方式传到卖方。该过程包括两部分内容：一个称为映射或者生成 EDI 平面文件，EDI 平面文件(flat file)是通过应用系统将用户的应用文件(如单证、票据)或数据库中的数据映射而成的一种标准的中间文件。

(2) 卖方的计算机接到订单后，EDI 软件把订单翻译成卖方的格式，同时自动生成一份表明订单已经收到的功能性回执。这份回执以电子方式传递到买方，这一步由计算机通信软件完成。用户通过通信网络，接入 EDI 信箱系统，将 EDI 电子单证投递到对方的信箱中。EDI 信箱系统则自动完成投递和转接，并按照通信协议的要求，为电子单证加上信封、信头、信尾、投送地址、安全要求及其他辅助信息。

(3) 卖方也许还会产生并传递一份接收订单通知给买方，表示供货的可能性。

(4) 买方的计算机收到卖方的功能性回执及接收订单通知后，翻译软件将它们翻译成买方的格式，这时订单被更新了一次。

(5) 买方根据订单的数据，产生一份电子的"了解情况"文件，并传递到卖方。

(6) 卖方的计算机收到了买方的"了解情况"文件，把它翻译成卖方的格式，并核查进展情况。

3.4.2 EDI的优点

(1) EDI 降低了纸张的消费。根据联合国组织的一次调查，进行一次进出口贸易，双方约需交换近 200 份文件和表格，其纸张、行文、打印及差错可能引起的总开销等大约为货物价格的 7%。

(2) EDI 减少了许多重复劳动，提高了工作效率。如果没有 EDI 系统，即使是高度计算机化的公司，也需要经常将外来的资料重新输入本公司的电脑。调查表明，从一部电脑输出的资料有多达 70%的数据需要再输入其他电脑，既费时又容易出错。

(3) EDI 使贸易双方能够以更迅速有效的方式进行贸易，大大简化了订货或存货的过程，使双方能及时地充分利用各自的人力和物力资源。

(4) 通过 EDI 可以改善贸易双方的关系。厂商可以准确地估计日后商品的需求量，货运代理商可以简化大量的出口文书工作，商户可以提高存货的效率，大大提高竞争能力。

📖 **思政案例**

一个电商创始人的传奇故事

习题

一、选择题

1. 在企业 Web 网的创建中，企业不需要专门申请 IP 地址和域名的方式是(　　)。
   A. 自己建设和管理　　　　　　　B. 使用服务器托管
   C. 使用自己的IP地址　　　　　　D. 其他
2. Intranet 和 Internet 的区别是(　　)。
   A. 访问Intranet需要授权　　　　　B. Intranet执行特殊的协议
   C. Intranet软件和协议是独立于硬件的　D. Intranet只在扇部物理范围内运行
3. 教育机构网址的顶层域名是(　　)。
   A. edu　　　　　B. com　　　　　C. net　　　　　D. gov
4. 统一资源定位器的缩写为 (　　)。
   A. URL　　　　　B. HTTP　　　　C. HTML　　　　D. CGI
5. 网络化、信息化技术在电子商务活动中是(　　)。
   A. 目的　　　　B. 工具和手段　　C. 利润源泉　　　D. 商务主体
6. 网站在(　　)之后进入正常运行期。
   A. 网站实现　　B. 网页发布　　　C. 网页调试　　　D. 网页维护
7. IP 地址占用 4 个字节(32 位)，可用 4 组十进数字表示，每组数字取值范围为 0～255。一组数字与另一组数字之间用(　　)作为分隔符。
   A. 逗号(,)　　　B. 圆点(.)　　　C. 句号(。)　　　D. 斜杠(/)
8. 不属于网站建设方式的是(　　)。
   A. 购买应用　　B. 租借　　　　　C. 自建　　　　　D. 主机托管
9. 在自己的计算机上，可以登录到其他远程计算机上的服务是(　　)。
   A. SET　　　　　B. E-mail　　　　C. vsenet　　　　D. Telnet

二、名词解释

1. 云计算
2. 物联网+
3. 大数据技术
4. 区块链技术

三、简答题

1. 简述计算机网络的分类。
2. 简述物联网的概念及具体组成。
3. 简述云存储的基本概念和作用。
4. 简述电子商务网站建设的基本步骤。
5. 举例说明 EDI 技术在实际工作中的具体优点。

四、论述题

1. 论述电子商务网站建设所需的具体技术内容。
2. 论述 C/S(客户机/服务器)与 B/S(浏览器/服务器)结构各自的优缺点。

五、案例分析题

零接触配送：疫情下的无人驾驶[①]

2020 年初，面对这场突如其来、形势严峻的疫情，无人驾驶技术也突然多了一方用武之地，在电商、科技乃至物流公司的方案中亮出了战疫之剑。

虽然往常我们谈到无人驾驶的优势，大多认为是解放了驾驶员、理想情况下比人类操作更安全、便于车队协同配合等，但在这次抗击疫情的场景中，无人驾驶的最大优势则是零接触式地配送、巡逻和通勤等，疫情之下的无人驾驶应用不是传统意义上载着各种高精尖的传感器的商用车于街头或高速路上测试，而是一场广义上的对无人驾驶相关技术的实践和检验——从城市街道到小区到医院内部，从物流车辆到软件方案到云服务。

为了规避配送接触风险，京东便开始在武汉利用无人配送车来承担部分运输任务。武汉第九医院与京东物流武汉仁和站的距离有 600 m，疫情出现后，这个站点开始用智能物流车来配送医院医疗物资，节省人力的同时也避免了接触感染。

在全国各地还有类似案例。位于淄博山东乐物电子物流港，无人配送车"小乐"可以运送将近 1 t 新鲜蔬菜到 2 km 外的傅家镇张冉村，单程约 20 min，满电续航可达 150 km。

问题：
1. 分析实现无人驾驶所用到的主要技术有哪些？
2. 依据案例分析信息技术对电子商务业务的支撑作用。

[①] https://auto.qq.com/a/20200217/001942.htm

第 4 章 电子商务安全

电子商务是通过信息技术将企业、用户、供应商及其他商贸活动涉及的相关机构结合起来的一种信息技术的应用,是完成信息流、物流和资金流转移的一种行之有效的方法。但由于计算机信息有共享和易于扩散等特性,它在处理、存储、传输和使用上有着严重的脆弱性,很容易被干扰、滥用、遗漏和丢失,甚至被泄漏、窃取、篡改、冒充和破坏,还可能受到计算机病毒感染。利用计算机网络进行的各类违法行为逐年递增。故随着电子商务日益普及,网络安全问题显得异常突出,解决安全问题已成为我国电子商务正常发展的当务之急。

■ 内容提要
- 电子商务安全概述
- 电子商务安全保障技术
- 电子商务安全协议
- 电子商务交易用户身份识别

4.1 电子商务安全概述

近年来,虽然电子商务得到了迅速发展,但其发展过程中还存在不少问题,其中安全问题格外突出,已经成为制约其发展的核心问题之一。任何个人、企业或商业机构以及银行都不会通过一个不安全的网络环境进行商务交易,这样会导致商业机密信息或个人隐私的泄露,从而造成巨大的经济损失。所以,研究和分析电子商务的安全问题,特别是针对我国的国情,充分借鉴国外的先进技术和经验,开发和研究出具有独立知识产权的电子商务安全产品,是促进我国电子商务快速发展的关键问题。

4.1.1 电子商务安全现状

运作在 Internet 上的电子商务，每天需要进行千百万次的安全交易。Internet 本身是一个高度开放的网络，这与电子商务所需要的保密性是矛盾的，并且 Internet 没有完整的网络安全体制，因此，基于 Internet 上的电子商务在安全方面无疑会受到严重威胁，电子商务交易的安全问题将是实现电子商务发展的关键。目前电子商务的安全隐患主要表现在以下方面。

1. 安全漏洞

安全漏洞是指在硬件、软件、协议的具体实现或系统安全策略上存在的缺陷，从而可以使攻击者能够在未授权的情况下访问或破坏系统。例如在 2006 年肆虐互联网的"魔鬼波"蠕虫病毒，就是利用 Windows 操作系统的 MS06-040 漏洞进行传播。这是一个操作系统 RPC(remote procedure call protocol，远程调用协议)相互身份验证中的漏洞，可能会存在欺骗现象。漏洞存在的范围十分广泛，包括操作系统本身及其支撑软件、网络客户和服务器软件、网络路由器和安全防火墙等。

2. 病毒危害

根据《中华人民共和国计算机信息系统安全保护条例》中的定义，计算机病毒是指编制或者在计算机程序中插入的破坏计算机功能或者数据，影响计算机使用并且能够自我复制的一组计算机指令或者程序代码。计算机病毒具有危害性、寄生性、传染性、潜伏性和隐蔽性等特性。近年来，病毒的产生和传播产生了新的特征。比如，盗号木马、黑客后门病毒已经成为大多数职业病毒制造的生财工具。木马背后的巨大的灰色产业链给整个互联网带来了更严峻的考验。不管是网银中真实的钱，还是网络游戏中的虚拟财产，都是病毒的制造者窃取的对象。制造木马，传播木马，盗窃账户信息，第三方平台销赃、洗钱，整个过程分工明确，形成了一条非常完整的流水式作业的"产业链条"。

3. 黑客袭击

随着经济信息化进程的加快，计算机网络上黑客的破坏活动也随之猖獗起来。黑客的袭击在计算机网络发达的国家尤为严重。在 Internet 上，黑客组织共享服务器网址、信道，提供免费的黑客工具软件，介绍黑客手法，出版网上黑客杂志和书籍，因此普通人很容易学会网络攻击方式。目前，国际黑客对各国计算机系统中高度敏感保密信息的攻击和窃取正在日益上升。据相关机构估计，在全球有 80%的网站都受到安全威胁，而我国有 90%的电子商务网站都存在安全隐患。

4. 网络仿冒

网络仿冒又称网络欺诈、仿冒邮件或者钓鱼攻击等，是不法分子使用欺诈邮件和虚假网页设计来诱骗收件人提供信用卡账号、用户名、密码或其他有价值的个人信息，随后利用骗得的账号和密码窃取受骗者金钱。近年来，随着电子商务、网上结算、网上银行等业务在日常生活中的普及，网络仿冒事件在我国层出不穷，诸如中国银行网站等多个金融网站被仿冒。网络仿冒已经成为影响互联网应用,特别是电子商务应用的主要威胁之一。

4.1.2 电子商务安全的概念与特性

电子商务安全就是保护在电子商务系统里的企业或个人资产(物理的和电子化的)不受未经授权的访问、使用、篡改或破坏,覆盖整个电子商务链的各个环节。电子商务安全是电子商务的关键和核心。电子商务的一个重要技术特征是利用 IT 技术来传输和处理商业信息,因此,电子商务安全从整体上可分为两大部分:计算机系统安全和商务交易安全。计算机系统安全的内容由大到小主要包括信息安全、互联网安全、网络安全和密码安全,结构如图 4.1 所示。其特征是针对计算机网络本身可能存在的安全问题,实施网络安全增强方案,以保证计算机网络自身的安全为目标。商务交易安全则紧紧围绕传统商务在互联网络上应用时产生的各种安全问题,在计算机网络安全的基础上,保障以电子交易和电子支付为核心的电子商务的顺利进行,即实现电子商务保密性、完整性、可鉴别性、不可伪造性和不可抵赖性等。

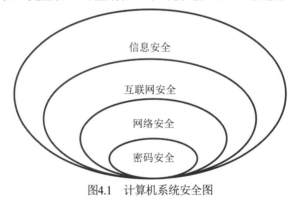

图4.1 计算机系统安全图

电子商务安全是一个复杂的系统问题,在电子商务交易的过程中会涉及保密性、完整性、真实性、不可否认性、不可拒绝性和访问控制性。

4.1.3 电子商务安全的威胁与风险

从安全和信任的角度来看,传统的买卖双方是面对面的,很容易建立起信任关系,保证交易过程的安全性。但在电子商务过程中,买卖双方通过网络来联系,受到距离的限制,因而产生安全感和建立信任关系相当困难,交易双方(销售者和消费者)都面临安全威胁。

1. 卖方面临的安全威胁

卖方(销售者)面临的安全威胁主要有以下方面。

(1) 系统中心安全性被破坏。入侵者假冒成合法用户来改变用户数据(如商品送达地址)、解除用户订单或生成虚假订单。

(2) 竞争者的威胁。恶意竞争者以他人的名义来订购商品,从而了解有关商品的递送状况和货物的库存情况。

(3) 商业机密的安全。客户资料被竞争者获悉。

(4) 假冒的威胁。不诚实的人建立与销售者服务器名字相同或相似的 Web 服务器来假冒销售者；虚假订单；获取另一个人的机密数据。比如，某人想要了解另一人在销售商处的信誉时，以另一人的名字向销售商订购昂贵的商品，然后观察销售商的反应。假如销售商认可该订单，说明被观察者的信誉高；否则，说明被观察者的信誉不高。

(5) 信用的威胁。买方提交订单后不付款。

2. 买方面临的安全威胁

买方面临的安全威胁主要有以下方面。

(1) 虚假订单。一个假冒者可能会用某客户的姓名来订购商品，并有可能收到货，而此时此刻真正的客户却被要求付款或返还商品。

(2) 付款后不能收到商品。在要求客户付款后，销售商中的内部人员不将订单和钱转发给执行部门，因而使客户收不到货。

(3) 机密性丧失。客户有可能将秘密的个人数据或自己的身份数据(个人身份号码或个人识别号、口令等)发送给冒充销售商的机构，这些信息也可能会在传递过程中被窃听。

(4) 拒绝服务。攻击者可能向销售商的服务器发送大量的虚假订单来挤占它的资源，从而使合法用户得不到正常的服务。

3. 黑客攻击电子商务系统的手段

黑客们攻击电子商务系统的手段大致可以分为4种。

(1) 中断。破坏系统中的硬件、硬盘、线路、文件系统等，使系统失常。

(2) 窃听。通过搭线与电磁泄漏等手段造成泄密，或分析业务流量，获取有用情报。

(3) 篡改。篡改系统中数据内容，修正消息次序、时间(延时和重放)。

(4) 伪造(攻击系统的真实性)。将伪造的假消息注入系统，假冒合法人介入系统，重放截获的合法消息来实现非法目的，否认消息的接收和发送等。

从电子商务的交易实施过程的角度来看，存在以下风险：产品识别风险、质量控制风险、网上支付风险、物权转移中的风险和信息传递风险。任何商业活动、复杂计划和挑战变化都会产生风险。要想有效管理电子商务风险，就要考虑风险的3个主要领域：危害性、不确定性和机遇。

电子商务的安全问题主要涉及信息的安全问题、信用的安全问题、安全的管理问题以及电子商务安全的法律保障问题，如表4.1所示。

表4.1 电子商务安全问题

信息安全问题	信用安全问题	安全的管理问题	安全的法律保障问题
1. 信息泄密； 2. 信息篡改； 3. 信息丢失； 4. 信息破坏	1. 来自买方的信用安全问题； 2. 来自卖方的信用安全问题； 3. 买卖双方的抵赖行为	严格管理是降低电子商务风险的重要保证,安全管理的目的其实就是提供从事商务活动的可信的运行环境,需要有完善的管理制度和相关的技术支持	电子商务的技术设计是先进的、超前的,具有强大的生命力,但同时也必须清楚地认识到,在目前的法律上是没有现成的条文来保护电子商务交易中的交易方式的,在网上交易可能会承担由于法律滞后而带来的安全风险

4.1.4 电子商务系统安全的构成

1. 系统实体安全

实体安全是指保护计算机设备、设施以及其他媒体免受自然灾害和其他环境事故(如电磁污染等)破坏的措施、过程。电子商务系统的实体安全由环境安全、设备安全和媒体安全3个部分组成。

(1) 环境安全。环境安全就是要对电子商务系统所在的环境加以安全保护,主要包括灾害保护和区域保护。

(2) 设备安全。设备安全是指对电子商务系统的设备(包括网络)进行安全保护,主要是设备防盗、设备防毁、防电磁信息泄露、防线路截获、抗电磁干扰以及电源保护。

(3) 媒体安全。实体安全中的媒体安全指对媒体数据和媒体本身实施安全保护。

2. 系统运行安全

电子商务系统安全的第2个部分是运行安全,它是指为保障系统功能的安全实现,提供一套安全措施来保护信息处理过程的安全。电子商务系统的运行安全涉及风险分析、审计跟踪、备份与恢复和应急措施4方面。

(1) 风险分析。风险分析就是要对电子商务系统进行人工或自动的风险分析。

(2) 审计跟踪。审计跟踪就是要对电子商务系统进行人工或自动的审计跟踪,保存审计记录和维护详尽的审计日志。

(3) 备份与恢复。运行安全中的备份与恢复,就是要提供对系统设备和系统数据的备份与恢复。

(4) 应急措施。运行安全中的应急措施,是为了在紧急事件或安全事故发生时,提供保障电子商务系统继续运行或紧急恢复所需要的策略。

3. 信息安全

信息安全是指防止信息财产被故意地或偶然地非授权泄露、更改、破坏或使信息被非法的系统辨识、控制。信息安全要确保信息的完整性、保密性、可用性和可控性。

4. 电子商务安全体系的层次结构

电子商务的安全体系结构是保证电子商务中数据安全的一个完整的逻辑结构,同时它也为交易过程的安全提供了基本保障。电子商务的安全体系层次结构如图4.2所示,由网络服务层、加密技术层、安全认证层、交易协议层、电子商务应用层5个层次组成。从图4.2可以看出,下层是上层的基础,为上层提供技术支持;上层是下层的扩展与递进。各层之间相互依赖、相互关联,构成统一整体。网络服务层保障网络安全;加密技术层、安全认证层、交易协议层、电子商务应用层保障商务交易安全。

计算机网络安全和商务交易安全是密不可分的,两者相辅相成、缺一不可。没有计算机网络安全作为基础,商务交易安全无从谈起;没有商务交易安全,即使计算机网络本身再安全,也无法满足电子商务所特有的安全要求,电子商务安全也无法实现。

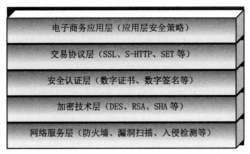

图4.2 电子商务安全体系的层次结构

4.2 电子商务安全保障技术

电子商务安全保障技术是整个电子商务中最重要、最有价值的内容。它始终贯穿于整个电子商务的全过程,具体包括信息加密、安全认证技术、安全交易协议以及安全支付技术,如图4.3所示。

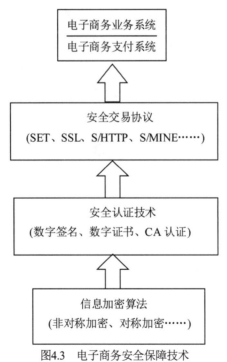

图4.3 电子商务安全保障技术

4.2.1 数据加密技术

在当今互联网蓬勃发展的信息化社会,信息是人们相互联系、相互协作的主要纽带,随之而来的,如何保护信息的安全则成了一项重要的研究课题。人们普遍认为,使用加密技术是保护信息的最基本的方法,密码学是信息安全技术的核心,已被广泛应用到各类信息的交互中。

1. 加密的概念

加密(encryption)就是用基于数学算法的程序和加密的密钥对信息进行编码,生成别人难以理解的符号。研究加密的科学叫密码学(cryptography)。密码学研究信息的加密方法,以便只有接收者和发送者才能复原信息。

加密的目的是对消息或信息进行伪装或改变。原始的、被伪装的消息称作明文 P(plaintext),也称信源 M(message)。通过一个密钥 K(key)和加密算法可将明文 P 变换成一种伪装的形式,称为密文 C(cipher text)。这种变换过程称为加密 E(encryption)。由密文 C 恢复出原明文 P 的过程称为解密 D(decryption)。密钥 K 的所有可能的取值范围叫作密钥空间。对明文进行加密所采用的一组规则,即加密程序的逻辑称作加密算法。消息传送后的预定对象称作接收者,他对密文进行解密时所采用的一组规则称作解密算法。加密和解密算法的操作通常都是在一组密钥(key)的控制下进行的,分别称作加密密钥和解密密钥。加密系统运作如图 4.4 所示:发送者的原始消息称作明文,通过一个密钥使用某种算法加密后,明文变换成外人无法理解的密文;通过传输信道(如计算机网络),把密文送到接收者处,接收方需要使用密钥和解密算法把密文解密,恢复出原先的明文。

图4.4 加密系统运作的示意图

2. 现代加密技术

20 世纪 40 年代电子计算机技术的出现,特别是 20 世纪 60 年代末计算机网络的出现,给通信以及整个社会带来翻天覆地的巨大影响,也使密码学焕发了巨大的青春活力。随着计算机网络技术的深入发展,出现了因特网。但因特网设计之初没有考虑网络通信中所涉及的安全性问题,随着因特网逐渐普及,其安全问题日益突出。为了安全传递信息,必须先要用加密技术处理信息。因特网技术的快速发展极大促进了近代密码学理论的研究与发展,加密理论得到完善,出现了新的加密方法和密码体制。密码体制按不同的标准或方式可以分为多种形式,如果按密钥的数量和使用方式划分,密码体制可分为对称密钥密码体制和非对称密钥密码体制。

(1) 对称密钥密码体制。对称加密算法是应用较早的加密算法,技术成熟。在对称加密算法中,数据发送方将明文(原始数据)和加密密钥一起经过特殊加密算法处理后,使其变成复杂的加密密文发送出去。接收方收到密文后，若想解读原文，则需要使用加密用过的密钥及相同算法的逆算法对密文进行解密，才能使其恢复成可读明文。在对称加密算法中，使用的密钥只有一个，发送方、接收方都使用这个密钥对数据进行加密和解密，这就要求接收方事先必须知道加密密钥。对称密钥密码体制的原理如图 4.5 所示。从对称密钥密码体制示意图可知，双方交换数据的时候，还需要有一种非常安全的方法来传输密钥，否则密钥一旦被泄露，不但加密失去了效果，而且泄露密钥这一事实可能要等很长时间才会被发现，损失是很难估计的。

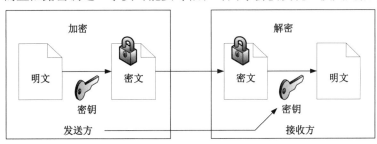

图4.5　对称密钥密码体制示意图

数据加密标准 DES 是密码学史上非常经典的一个对称密钥密码体制，其基本原理是置换和替代操作，但无论是单一的置换还是单一的替代，其安全系数都很低，攻击者通过统计分析等方法很容易攻破密码系统。因此，DES 的设计者在加密过程中使用了置换和替代的多次组合过程，并且使用多轮循环加密来扰乱和扩散明文信息。如图 4.6 所示，DES 算法加解密的基本原理如下：加密过程中，输入 64 bit 的明文，首先经过初始矩阵 IP 置换，然后在 56 bit 的输入密钥控制下，进行 16 轮迭代加密处理过程，最后通过简单的换位和逆置换算法，得到 64 bit 的输出密文；解密的过程与加密过程基本类似，同样需要进行 16 轮迭代解密处理过程，具体的解密处理过程与加密处理过程顺序完全一样，只是控制每一轮迭代的密钥 K′ 与加密过程中的密钥 K 正好相反，即加密过程的第 1 轮控制密钥 K_1 是解密过程的第 16 轮密钥 K'_{16}，即 $K_1 = K'_{16}$；而解密处理过程的第 1 轮控制密钥 K'_1 是加密处理过程的第 16 轮密钥，即 $K'_1 = K_{16}$。每一轮迭代过程中使用的密钥 K 或者 K′ 是由 56 bit 的原始密钥经过变换而得。

(2) 非对称密钥密码体制。1976 年，美国学者 Dime 和 Henman 为解决信息公开传送和密钥管理问题，提出一种新的密钥交换协议，允许在不安全的媒体上的通信双方交换信息，安全地达成一致的密钥，这就是公开密钥系统。相对于对称密钥加密算法，这种方法也叫作非对称密钥加密算法。与对称密钥加密算法不同，非对称密钥加密算法需要两个密钥：公开密钥(public key)和私有密钥(private key)。公开密钥与私有密钥是一对，如果用公开密钥对数据进行加密，只有用对应的私有密钥才能解密；如果用私有密钥对数据进行加密，那么只有用对应的公开密钥才能解密。因为加密和解密使用的是两个不同的密钥，所以这种算法叫作非对称密钥加密算法。

非对称密钥加密机制的原理如图 4.7 所示。公钥和私钥是不同的，公钥可以公开地从接收方传送到发送方。使用的时候，发送方用接收方的公钥将信息加密，然后密文通过网络传送给接收方，接收方用自己的私钥将其解密，除了私钥拥有者以外，没有任何人能将其解密。

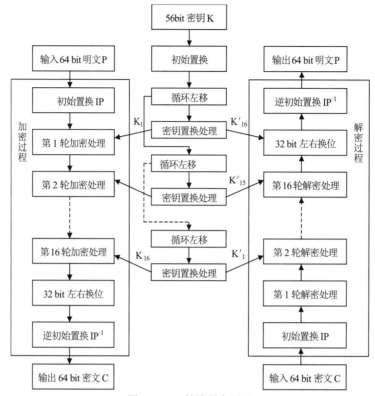

图4.6 DES算法基本原理

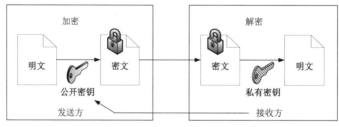

图4.7 非对称密钥密码机制示意图

RSA是目前最有影响力的公钥、最流行的非对称密钥加密算法,使用长度可以变化的密钥。RSA是第一个既能用于数据加密也能用于数字签名的算法,它能够抵抗到目前为止已知的所有密码攻击,已被ISO推荐为公钥数据加密标准。RSA算法基于一个十分简单的数论事实:将两个大素数相乘十分容易,但想要对其乘积进行因式分解却极其困难,因此可以将乘积公开作为加密密钥。RSA是被研究得最广泛的公钥算法,从提出到现在已近20年,经历了各种攻击的考验,逐渐为人们接受,被普遍认为是目前最优秀的公钥方案之一。RSA的安全性依赖于大数的因子分解,但并没有从理论上证明破译RSA的难度与大数分解难度等价。

RSA密码体制原理是独立地选取两个大素数 P_1 和 P_2(各100~200位十进制数字),计算 $n=P_1 \times P_2$,其欧拉函数值为 $z=(P_1-1) \times (P_2-1)$。

随机选一整数 e(e 与 z 为互质的数,称为公开指数), $1 \leqslant e < z$, $(z, e)=1$。因而在模 z 下,e 有逆元 $d=e^{-1}(\bmod z)$,即满足 $(e \times d) \bmod z=1$,d 称为秘密指数。

取公钥为(n, e),私钥为(n, d),而P_1、P_2不再需要,可以销毁。密文 C 从明文 P 和公钥(n, e)取得:$C = P^e \mod n$。利用私钥(n, d)从密文 C 解密得明文 P:$P = C^d \mod n$。

下面以对 hello 加密为例演示 RSA 加密解密的过程。假设字母 h 的代码为 8,相应的 e、l、l、o 分别为 5、12、12、15。取 $P_1=13$,$P_2=19$,则 $n=P_1 \times P_2 = 247$,$z=(P_1-1) \times (P_2-1)=216$。取 $e=7$,则可以找到 $d=31$ 满足 $(e \times d) \mod z =1$。相应地,公钥是$(n, e)=(247, 7)$,私钥是$(n, d)=(247, 31)$。则加密、解密的过程如表 4.2 所示。需要注意的是,在实际使用中,P_1和P_2不是 2 位而是 100 位到 200 位的整数。

表4.2 RSA加解密示例

加密过程 使用公钥(247, 7)			密文 $C = P^e \mod n$	解密过程 使用私钥(247, 31)		
原文	明文 P	P^e		C^d(近似值)	$P = c^d \mod n$	原文
h	8	2 097 152	122	4.75E+64	8	h
e	5	78 125	73	5.79E+57	5	e
l	12	35 831 808	12	2.84E+33	12	l
l	12	35 831 808	12	2.84E+33	12	l
o	15	170 859 375	89	2.69E+60	15	o

3. 量子加密技术

光子是光的最小量度,它们没有静止质量,是一种非常神奇的粒子。它们可以同时存在于所有可能的状态中。量子物理的基础是不可预测性,这种不可预测性很大程度上是由海森堡不确定性原理定义的。这一原理从本质上说,就是不可能同时知道物体的位置和速度。所以,在处理光子进行加密时,海森堡原理可以发挥一定的优势。量子密码学家使用非偏振光源(发光二极管),通过偏振滤光片,可以强迫光子呈现另一种状态,使其偏振。

关于光子的问题是,一旦它们被极化,就不能被精确地测量,除非有一个像最初产生它们当前自旋的滤光片。所以,如果一个垂直自旋的光子是通过一个对角滤波器测量的,要么光子不会通过滤波器,要么滤波器会影响光子的行为,导致产生一个对角自旋。从这个意义上讲,关于光子原始偏振态的信息是丢失的。因此,附加到光子自旋上的任何信息也是丢失的。那么如何将信息附加到光子的自旋上呢?这就是量子密码的本质。量子密码使用光子来传输密钥。一旦密钥被发送,就可以使用普通密钥方法进行编码和解码。但是光子是如何变成钥匙的呢?

这就是二进制代码发挥作用的地方。光子自旋的每种类型都代表一条信息,通常是二进制代码的 1 或 0。这段代码使用 1 和 0 的字符串来创建一个连贯的消息。因此,可以为每个光子分配一个二进制代码。例如,一个具有垂直自旋的光子可以分配给一个 1。具体实例如下:

(1) 小丽可以通过随机选择的过滤器发送光子,并记录每个光子的偏振。她将知道小强应该接收到什么样的光子极化。

(2) 当小强接收到这些光子时,他用滤波器来测量每个光子。小强不知道对每个光子使用什么过滤器,他只是猜测。

(3) 在整个传输之后,小强和小丽对传输进行了非加密的讨论。这个对话可以公开的原因是它被执行的方式。

(4) 小强打电话给小丽,说明他对每个光子使用的是哪种过滤器,小丽告诉他使用哪种过滤器是正确的还是错误的。

(5) 由于小强没有说他的测量值是什么,只是说他使用的过滤器的类型,第三方窃听他们的谈话不能确定实际的光子序列是什么。

(6) 在他们奇怪的谈话之后,小丽和小强都把小强猜错的结果扔掉了。这使得小丽和小强拥有相同的极化质子串。

(7) 对小丽和小强来说,这是一系列毫无意义的光子。但一旦应用了二进制编码,光子就变成了一条信息。

量子密码学是第一种防止被动拦截的密码学。由于我们不能在不影响光子行为的情况下测量光子,因此窃听者在进行窃听测量时就会出现海森堡的不确定性原理。

4.2.2 数字摘要技术

1. 数据的完整性

(1) 什么是数据的完整性。数据完整性是指数据处于"一种未受损的状态"和"保持完整或未被分割的品质或状态"。保持数据完整性是指在有自然或人为干扰的条件下,网络系统保持发送方和接收方传送数据一致性的能力,是保护数据不被未授权者修改、建立、嵌入、删除及重复传送,或防止由于其他原因使原始数据被更改。在存储时,要防止非法篡改和防止网站上的信息被破坏;在传输过程中,如果接收端收到的信息与发送的信息完全一样,说明在传输过程中信息没有遭到破坏,具有完整性。

加密的信息在传输过程中虽能保证其机密性,但并不能保证不被修改。数据完整性和机密性从保护数据这个目的来说是紧密相连的两种要求。

(2) 数据完整性被破坏的后果。在电子商务环境下,大量商业数据在互联网上传递,数据完整性的破坏会带来严重的后果。

① 造成直接的经济损失,如价格、订单数量等被改变。

② 影响一个供应链上许多厂商的经济活动。为了大幅度地提高经营效率,创造出更高的利润,企业对企业(B2B)的电子商务可将不同制造商、供应商、批发商和零售商等商业贸易之间各自的生产管理、物料需求、销售管理、仓库管理和商业 POS 系统有机地结合起来。在运输行业,可以将货运、船运、空运、陆路运输、港口码头、仓库、保险公司等企业的应用系统联系在一起。因而,一个环节上数据完整性被破坏,将使供应链上一连串厂商的经济活动受影响。

③ 可能造成过不了"关"。有的电子商务是与海关、商检、卫检联系的,错误的数据将使一批货物挡在"关口"之外。

④ 会牵涉经济案件中。与税务、银行、保险等贸易链路相连的电子商务,则会因数据完整性被破坏牵连漏税、诈骗等经济案件中。

⑤ 造成电子商务经营的混乱与不信任。

(3) 保证数据完整性的方法。从技术上说,散列函数(hash function)是实现数据完整性的主要手段。实际中也常常借助于纠错检错技术来保证消息的完整性。由散列函数计算出消息摘要,再把它附加到这条消息上,就可以判断此消息有没有被篡改。应用散列函数有几种基本方式。为了保证消息的完整性,除了使用散列函数外,还可能与加密及数字签名结合使用。

2. 数字摘要原理

数字摘要,也称报文摘要(message digest),是指根据报文推导出来的能反映报文特征且具有固定长度的特定信息。由明文推导出报文摘要是由散列函数完成的,散列函数类似于"数据结构"中所讲的哈希函数,输入变长的信息,该函数能够产生定长的输出,因此在网络安全中,有时直接称散列函数为 Hash 函数。

设 H 是散列函数,m 是报文,h 是报文摘要,则 $h=H(m)$。m 的长度远远大于 h,一般来说,h 的长度只有几百个比特,常见的报文摘要是 128 bit。计算报文摘要的散列函数必须满足以下的要求。

(1) 对于任意一个报文,不论其长度多少,都具有报文摘要,并且报文摘要值唯一。

(2) 散列函数具有单向性,即该函数的逆过程非常难以求解,因此,散列函数通常也称为单向散列函数。

(3) 报文摘要具有差错控制能力,报文中任意一个比特或者多个比特发生改动都会导致摘要发生变化,因此报文摘要通常也称为数字指纹,具有唯一性、不变性。

举一个例子,地球上任何人都有自己独一无二的指纹,这常常成为公安机关鉴别罪犯身份最值得信赖的方法。与之类似,数字摘要就是为重要的文件产生一个同样独一无二的"数字指纹",如果任何人对文件做了任何改动,其摘要值也就是对应的"数字指纹"都会发生变化。

数字摘要应用较多的经典散列算法包括 MD5、SHA-1 等。

3. 报文摘要算法(MD5)

(1) MD5 算法概述。报文摘要算法(message digestalgorithm 5,MD5)是麻省理工学院的密码学专家 R. Rivest 教授设计的,Rivest 也是公钥密码 RSA 算法的提出者之一。RSA 的出现使得数字签名成为可能,但是 RSA 算法在报文内容无须保密但需要验证的场合,效率太低,大大影响系统的性能,在这种情况下,Rivest 教授提出了 MD5 算法。

MD5 算法的基本原理是首先将输入的报文分成长度正好等于 512 bit 的若干组,然后从第一组开始利用 4 个扰乱函数进行一系列的运算,最后得到一个长度为 128 bit 的结果,也就是该组的报文摘要。在此基础上,再用同样的方法进行下一组报文的运算,每次得到的报文摘要都作为下一次运算的输入参数。当最后一组报文计算完成后,长度为 128 bit 的计算结果就是整篇报文的 MD5 摘要。

(2) MD5 算法安全性分析。自从 Rivest 提出 MD5 算法以来,由于 MD5 算法具有描述简单、易于实现的特点,被广泛用于各种数字签名以及报文验证。但是 MD5 算法是否真的具有很高强度的安全性,多年来该问题一直受到密码学研究人员的关注。实质上,MD5 的安全性也是依赖于数学难题的计算不可行,这一点与公钥密码体制完全类似。在 1991 年 MD5 首度提出的时候,Rivest 曾估计寻找具有相同摘要值的两个报文需要数量级的时间,因此,很长一段时间以来,MD5 一度被认为是比较安全的。

4. 安全散列算法(SHA-1)

由美国国家标准和技术协会提出的安全散列算法(SHA-1)，是基于MD4算法模型设计的。SHA-1算法对输入报文长度有限制，不能超过比特长度，输出的报文摘要是160 bit。SHA-1与MD5两个散列算法都是从MD4的基础上发展而来的，因此报文摘要的计算过程非常相似，即将报文按512 bit分组，每次处理一个分组，最后一个分组的输出就是所得报文摘要。由于SHA-1的报文摘要比MD5多32 bit，因此，其安全强度较高。

虽然MD5和SHA-1算法在理论上找到了破译的方法，但从实际应用上讲，由于受到计算能力和其他方面的限制，造成损失的MD5和SHA-1的实际破解并没有发生，因此在一段时间内这两种算法还是可以使用的。MD5与SHA-1的区别如表4.3所示。

表4.3 MD5和SHA-1的比较

比较	MD5算法	SHA-1算法
摘要长度	128bit	160bit
输入报文长度	1bit～无穷大	1bit～2^{64} bit
数据格式	Little-endian	Big-endian
分组长度	512bit	512bit
循环步骤	64	80

5. 数字摘要技术在电子商务中的应用

(1) 报文完整性的验证。散列函数提供了输入报文与输出摘要之间的特殊关系，对输入报文做的任何改变，其输出都会发生变化，因此在需要验证报文在传输时是否发生篡改的场合，可以通过验证报文散列函数的输出值是否发生变化，以代替对大量输入报文的验证。在电子商务中，报文的验证非常重要，例如，为了防止电子订单在传递过程中一些重要的数据被篡改，接收者在收到订单之后，必须验证订单数据的完整性。

在计算报文摘要时，除了报文本身之外，需要附加通信双方所共享的信息，比如共享密钥，该密钥并不用来加密信息，而是在计算报文摘要时，作为一个附加的信息并置在报文的头部或尾部。共享密钥并不被传递。如果没有共享信息，则攻击者在截获并修改报文之后，因散列算法本身是公开的，他就可以重新计算报文摘要，附加在修改的报文后面，这样，接收者验证报文摘要时就无法区分报文是否完整，因此直接计算报文摘要是没有实际意义的。如果有共享信息，因为攻击者不知道共享密钥，所以他无法重新计算修改后的报文摘要，通信的接收方可以根据共享密钥以及收到的报文重新计算报文摘要，并与收到的报文摘要进行比较，从而验证报文的完整性。

(2) 双向身份认证。使用数字摘要也可以用来验证身份。网上交易双方事先已经共享了各自的公开密钥。当需要进行身份验证时，他们分别向对方发送对方公开密钥的数字摘要。将收到的数字摘要和自己计算的数字摘要进行对比，就可以测算出对方是否是共享密钥的拥有者。通信双方的共享密钥不是直接传输，而是通过报文摘要的方式传给对方，根据计算报文摘要的散列函数的特征，网络上的攻击者从报文摘要推导出共享密钥的概率是非常小的。

(3) 辅助计算报文的数字签名。为了保证报文的确是由所信任的发送方发送的，通常需要发送报文的一方在发送报文时附加电子签名信息，以便接收方能够验证，最简单的做法就是计算报文的数字签名。但是报文的内容通常都比较庞大，如果对整个报文计算数字签名，不但会影响发送与接收双方的性能效率，而且计算出来的签名也比较大，占用的实际发送报文的比例很多。实际上这个签名只要能反映发送方的特征，同时又能反映报文的特性即可，附加在报文后面的签名占据整个报文的比例应该尽可能地小。报文摘要恰好能反映报文的特征，如果只对报文摘要计算数字签名，因为报文摘要具有固定的长度，且比较小，这样容易计算数字签名，且能满足电子商务应用的要求。

4.2.3 数字签名技术

签名在人们日常生活中随处可见，例如，银行办理账单、签收特快信件等场合，都需要当事人签名。无论在何时，为何事签名，签名的方式都是手工签名或者盖章，签名的目的也是一样的，表明自己已经做了或者已经认可某事，这样在日后遇到问题时能够找到相应的证据。

1. 数字签名概述

在传统的商务活动中，为了保证交易过程真实可靠，通常有一份书面合同或者文件，交易双方达成协议后，负责人或者法人代表分别在合同上签名，然后双方保存带有签名的合同，以后遇到什么问题或者争议时，双方能够根据合同的条款行事，该合同具有法律效力，引起纠纷的时候可通过法院裁决。电子商务的交易环境是虚拟的网络世界，网络中存在更多不安全的因素，为了保证交易安全可靠，通常通信双方在交易之前，也需要签订电子合同或者文件，这些电子合同或文件是以网络报文的方式传递的，因此传统的手工签名或者盖章的方式是不可行的，必须寻找新的技术方案解决该问题，就是采取电子签名的方式。电子签名起到与手工签名同等作用，目的是保证交易的安全性、真实性与不可抵赖性，电子签名需要以电子技术的手段来保证。

实现电子签名的技术手段有很多种，当前，在实际中普遍使用的是数字签名技术。数字签名是目前电子商务中技术最成熟、应用最广泛的一种电子签名方法。

2. 数字签名原理

ISO 对数字签名是这样定义的：数字签名是指附加在数据单元上的一些数据，或是对数据单元所做的密码变换，这种数据或变换允许数据单元的接收者用以确认数据单元的来源和数据单元的完整性，并保护数据，防止被他人(如接收者)伪造。通俗点讲，数字签名是指信息的发送者通过某种签名方法产生的别人无法伪造的一段"特殊报文"，该"特殊报文"就是签名，表明信息是由声称的发送方所发送的，且具有唯一性，他人不可仿造。数字签名与手工签名一样，签名主要起到认证、核准和生效的作用。

(1) 数字签名功能。手工签名是确认书面文件真实可靠的一种手段，数字签名是确认电子商务中传输的电子文件如订单、合同真实可靠的一种手段。数字签名的功能主要体现在以下方面。

① 接收方能够确认报文的来源真实，即能够验证报文的确是由声称的发送方所发送的。

例如，在传输电子订单时，为了防止有冒充的一方发送虚假的订单，必须确保该订单来源可靠，从技术角度来看，若要验证订单不是冒充的第三者发送的，可以通过数字签名技术来实现。

② 发送方对自己发送的报文不能否认。在传统的交易过程中，偶尔会出现交易的某一方抵赖自己曾经所做的操作，如果出现这种现象，另一方可通过其留下的签名凭证反驳。同样，在电子商务交易时，要防止交易中出现抵赖行为，即否认自己发送过某报文，需要数字签名技术解决该问题。数字签名意味着保留发送方发送报文的证据，证实他已经发生了某种行为。

③ 验证报文在传输过程中是否保持完整性。完整性表示报文在传输时未被破坏或者篡改，验证数字签名是否正确的同时，能够验证报文在传输过程中是否保持了完整性。

(2) 数字签名系统构成。数字签名系统包括签名算法、验证算法、签名方、验证方和签名关键值。实际上，数字签名技术是密码学的另外一种应用，因此密码系统的 5 个元素就是数字签名系统的构成要素，其中签名算法对应加密算法，验证算法对应解密算法，签名方与验证方分别对应报文的发送方与接收方，签名关键值是指能够标志签名具有唯一性的关键因素，对应密码系统中的密钥。通常情况下，数字签名技术大多采用公钥密码技术实现，因为公钥密码系统中的私钥具有唯一性，可以唯一地标志签名。

在讲述密码体制算法时，着重强调的是利用密码学原理实现报文的加密与解密，完成报文的隐藏功能；数字签名同样需要利用密码系统的各种加解密算法，是密码学的另外一种应用。但是数字签名与报文加解密之间没有必然的联系，彼此是完全独立的，既可以对报文做数字签名，又可以对报文加密，两者同时进行；也可以任选其一，只签名不加密，或者只加密不签名。从某种程度上来说，要防止网络中的被动攻击(例如窃听)，需要对报文加解密；要防止网络中的主动攻击(例如篡改)，可以通过数字签名技术实现。

(3) 公钥密码体制实现数字签名的原理。公钥密码体制中存在两个密钥：公钥和私钥。其中，私钥是只为某个特定实体所拥有的，他人不可知，基于公钥密码体制的数字签名技术利用私钥的唯一特性。发送信息的签名方首先利用私钥对报文或者报文摘要进行加密，加密后得到的密文作为签名，连同相应的报文一起发送给接收方。接收方利用发送方的公钥对签名解密，并将得到结果与发送的报文或者报文摘要做比较，以确认签名的真实性。由于发送方的私钥不为他人所知，因此第三方无法伪造签名，私钥的唯一性保证了签名的唯一性。公钥是公开的，因此接收方只要知道发送方的公钥，就可以验证签名。为了保证公钥/私钥的可靠性，需要第三方仲裁机构参与，该仲裁结构具有公正合法性，以便发生问题或者争执时，提供相应的证据，做出裁决，例如认证中心(CA)。

4.2.4 数字证书技术

数字证书就是互联网通信中标志通信各方身份信息的一系列数据，提供了一种在 Internet 上验证身份的方式，其作用类似于司机的驾驶执照或日常生活中的身份证。它是由一个权威机构，又称为证书授权中心发行的，人们可以在网上用它来识别对方的身份。

1. 数字证书

(1) 数字证书的概念。数字证书是标志网络用户身份信息的一系列数据，用来在网络通信中识别通信对象的身份,即要在 Internet 上解决"我是谁"的问题,就如同现实中每一个人都要拥有一张证明个人身份的身份证一样,以表明自己的身份。

数字证书是由权威公正的第三方机构即认证中心(CA)签发的,以数字证书为核心的加密技术可以对网络上传输的信息进行加密和解密、数字签名和签名验证,确保网上传递信息的机密性、完整性,以及交易实体身份的真实性、签名信息的不可否认性,从而保障网络应用的安全性。目前,最常用的数字证书是 X.509 证书。

(2) 数字证书的类型,包括以下几种。

① 个人证书(客户证书)。这种证书证实客户(例如一个使用 Netscape Navigator 的个人)的身份和密钥所有权。在某些情况下,服务器可能在建立 SSL(提供网上购物的安全协议)连接时,要求客户证书来证实客户身份。为了取得个人证书,用户可向某一 CA 申请,CA 经过审查后决定是否向用户颁发证书。

② 服务器证书(站点证书)。这种证书证实服务器的身份和公钥。当与客户建立 SSL 连接时,服务器将它的证书传送给客户。当客户收到证书后,客户检查证书是由哪家 CA 发行的,这家 CA 是否被客户所信任。如果客户不信任这家 CA,浏览器会提示用户接受或拒绝这个证书。在 Internet Edge 里,用户可以选择接受某一站点的证书。如果用户接受该证书,这个站点的证书被存在用户电脑的数据库里。用户也可以通过浏览器查看这些证书,如图 4.8 所示。

③ CA 证书。这种证书证实 CA 身份和 CA 的签名密钥(签名密钥被用来签署它所发行的证书)。在 Microsoft Edge 里,用户可以看到浏览器所接受的 CA 证书,并可以对它们进行导入、导出、删除等操作,如图 4.9 所示。

图4.8　在Edge中查看数字证书

图4.9　在Edge中管理数字证书

(3) 数字证书的内容。证书的格式定义在 ITU-T Rec.X.509 标准里。根据这项标准,证书包括申请证书个人的信息和发行证书的 CA 信息。证书由以下部分组成。

① 版本(version)信息:用来区分 X.509 证书格式的版本。

② 证书序列号(serial number):每一个由 CA 发行的证书必须有一个唯一的序列号,用于识别证书。

③ CA 所使用的签名算法(algorithm identifier):CA 的双钥加密体制算法。

④ 发证者识别码(issuer unique identifier):发此证书的 CA 识别码。

⑤ 有效使用期限(period of validity)：本证书的有效起始日期和结束日期。

⑥ 证书主题名称。

⑦ 公钥信息(public key information)：此加密体制的算法名称、公钥的位字符串表示都采用RSA加密体制。

⑧ 使用者(subject)：此公钥的所有者。

⑨ 使用者识别码(subject unique identifier)。

⑩ 额外的特别扩展信息。

(4) 数字证书的有效性。只有下列条件都为真时，证书才有效。

① 证书没有过期。所有的证书都有一个期限，可以通过检查证书的期限来确定证书是否有效。

② 密钥没有被修改。如果密钥被修改，就不应该再继续使用，密钥对应的证书就应当收回。

③ 证书必须不在CA发行的无效证书清单中。

(5) 数字证书的使用。证书帮助证实个人身份。当把证书传送给某人，并将消息用自己的密钥加密，接收者就能用证书里的公钥来证实发送者的身份。

(6) 数字证书的发行。传统的身份证明一般是通过检验"物理物品"的有效性来确认持有者的身份。这类"物理物品"可以是身份证、护照、工作证、信用卡、驾驶执照、徽章等，上面往往含有与个人真实身份相关的、易于识别的照片、指纹、视网膜等，并具有权威机构(如公安机关、部或局等)发证机构的盖章。

在电子商务中，要把传统的身份证书改用数字形式，以便在网络社会上使用。在电子商务中，信息业务是面向全球的，要求验证的对象集合也迅速加大，因而大大增加了身份验证的复杂性和实现的困难性。

证书由发证机构CA发行。这些机构负责在发行证书前证实个人身份和密钥所有权，负责数字证书的发行，如果由于它签发的证书造成不恰当的信任关系，该组织需要负责任。

完整的CA系统并不是只有一个认证中心，它是由多个认证中心共同组成的，各认证中心形成层次关系，最顶层的认证中心是根CA，下面级联多个子CA中心，各子CA中心同时又可携带下一层CA，这样形成一个树状CA结构。比如根CA可以是国家某部门设立的电子商务认证中心，其下一层是各省CA认证中心，各省根据具体情况还可以发展市级CA，如图4.10所示。每一个CA中心都有属于自己的CA证书，根CA证书是由其自身颁发的，然后每一层CA只向其下一级CA颁发数字证书，并且不能越层颁发证书。

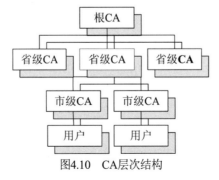

图4.10 CA层次结构

数字证书在保证电子商务安全中是不可缺少和不可替代的。它的使用面很广，重要的安全电子交易协议(SET)、电子邮件安全协议(Secure MINE)都以数字证书为基础。

2. 公钥基础设施、证书政策和证书机构

(1) 公钥基础设施。数字证书能够标识通信对象的身份，但是除了颁发数字证书之外，还需要管理数字证书，例如当用户的数字证书丢失之后的处理。平时，居民身份证丢失了，需要到当地的公安局办理挂失、补办等手续。同样，对于网络上的数字证书也需要有一套完整的管理机构，这就是公钥基础设施(public key infrastructure，PKI)。

发展电子商务的重要基础之一是在推广公钥密码体制的同时，建立相应的公钥基础设施，从技术上和法律上来支持有关业务，如多证书机构、不同证书政策、不同证实链、不同管理协议等。

PKI 系统必须具有权威认证中心 CA、注册机构 RA、数字证书库、密钥备份及恢复系统、证书撤销系统等基本构成部分。

(2) 证书政策。证书政策由一组规定组成，用以指明证书用于特定社团或具有相同安全要求的应用类型。证书政策由发证机构和证书用户共同认可，并且要作为对象标识符进行注册，并公开发布。对象标识符在通信协议中进行传递，作为使用该证书的政策标识。公钥基础设施可以设计成支持不同的证书政策，以满足不同应用、不同需求和不同可信赖模型，个人持有的证书可按一种或几种政策发放。

4.2.5 数字信封技术

数字信封技术用来保证数据在传输过程中的安全。传统的对称加密方法的算法运算效率高，但是密钥不适合通过公共网络传递；而公开密钥加密算法的密钥传递简单，但是公开密钥加密算法的运算效率低，并要求被加密的信息块长度要小于密钥的长度。数字信封技术将传统的对称加密方法与公钥加密算法结合起来，克服了对称加密方法中密钥分发困难，以及公钥加密算法中加密时间较长的缺点。数字信封技术利用了对称加密方法的高效性与公钥加密算法的灵活性，保证了信息在传输过程中的安全性。

在数字信封技术中，信息主要通过对称加密机制进行加密和解密，但对称加密机制需要双方共享密钥(K)。直接进行密钥的传输无法保证安全性，所以使用非对称加密机制加密这个密钥并传输。具体过程如下：

(1) 信息接收方首先共享自己的非对称加密机制的公开密钥(PK)给信息发送方。

(2) 信息发送方用这个公开密钥(PK)加密对称加密机制的密钥(K)，然后把关于密钥的密文传给接收方。

(3) 接收方收到密文后用自己的私有密钥(SK)解密，非对称加密/解密过程结束。接收方这次解密的结果是双方共享的对称加密机制的密钥(K)。

(4) 发送方把真正要传输的消息的明文用对称加密机制的密钥(K)加密，并把密文传给接收方。

(5) 接收方使用刚才得到的密钥(K)解密，得到的是消息的明文。

4.2.6 数字时间戳技术

在电子交易中,需要对交易文件的日期和时间信息采取安全措施,而数字时间戳服务(digital time-stamp service,DTS)就能为电子文件发表时间提供安全保护。数字时间戳服务是网上安全服务项目,由专门机构提供,数字时间戳是一个经加密后形成的证书文件,它包含 3 个部分:相联系文件的摘要;DTS 机构收到文件的日期和时间;DTS 机构的数字签名。

数字时间戳产生的过程为:用户首先将需要加数字时间戳的文件用 Hash 编码加密形成消息摘要,然后将该摘要发送到 DTS 机构,该机构对收到的文件摘要加入日期和时间信息后,再对该文件加密(数字签名),然后送回用户。要注意的是,书面签署文件的时间是由当事人自己填写的,而数字时间戳则不然,它是由第三方数字时间戳服务机构加上的,以其收到文件的时间为依据。因此,时间戳还可以扩展应用到作为科学发明、商标注册、专利登记、文学出版等事项的时间认证上。

在版权纠纷中,谁能提供著作的最早拷贝,谁就会赢得这场官司。在电子商务时代,如何对文件加盖不可篡改的数字时间戳是一项重要的安全技术。数字时间戳应当保证:数据文件加盖的时间戳与存储数据的物理媒体无关,即时间戳信息与物理媒体的独立性;对已加盖时间戳的文件不能做丝毫改动,即时间戳的完整性;要想对某个文件加盖与当前日期和时间不同的时间戳是不可能的,即时间戳认证性。

4.2.7 防火墙

1. 防火墙的定义

防火墙(firewall)是网络安全的第一道屏障,保障网络安全的第一个措施往往是安装和应用防火墙。人们对防火墙的理解伴随着计算机技术的发展逐渐深入。防火墙最原始的含义是:设计一种建筑以防止发生火灾时,火势不至于从一个房间蔓延到另外一个房间。后来,这种称呼延伸到计算机安全领域之中,特别是近年来飞速发展的 Internet 网络之中,所以,防火墙有时也被称为 Internet 防火墙。目前关于防火墙的定义有很多,其中最典型的是:防火墙是在两个网络之间强制实施访问控制策略的一个系统或一组系统。从狭义上来讲,防火墙是指安装了防火墙软件的主机或路由器系统。防火墙被放在两个网络之间,并具有以下特性:所有的从内部到外部或从外部到内部的通信都必须经过它,只有有内部访问策略授权的通信才被允许通过,系统本身具有高可靠性。简而言之,防火墙是保护可信网络,防止黑客通过非可信网络入侵的一种设备,其基本结构如图 4.11 所示。这两种网络最典型的例子是企业内部网和 Internet。

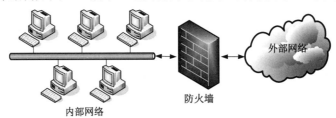

图4.11 防火墙基本结构示意图

2. 防火墙的功能

(1) 过滤不安全的服务和非法用户。所有进出内部网络的信息都必须通过防火墙，防火墙成为一个检查点，禁止未授权的用户访问受保护的网络。

(2) 控制对特殊站点的访问。防火墙可以允许受保护网络中的一部分主机被外部网访问，而另一部分则被保护起来。例如：受保护网中的 Mail、FTP、WWW 服务器等可被外部网访问，而其他访问则被禁止。

(3) 作为网络安全的集中监视点。防火墙可以记录所有通过它的访问，并提供统计数据，提供预警和审计等功能。

3. 防火墙的分类

自从第一个最简单的包过滤路由器防火墙问世以来，在防火墙产品系列中已经出现了应用各种不同技术的不同类型的防火墙。这些技术之间的区分并不是非常明显，但就其处理的对象来说，基本上可以分为三大类：包过滤型防火墙、应用网关型防火墙和代理服务型防火墙。包过滤型防火墙的处理对象是 IP 包，其功能是处理通过网络的 IP 包的信息，实现进出网络的安全控制。应用网关型防火墙的处理对象是各种不同的应用服务，其功能是通过对网络服务的代理，检查进出网络的各种服务。因为网络通信是基于网络通信的层次参考模型来进行的，所以，不同类型的防火墙负责处理不同层次的通信数据。例如，IP 包过滤型防火墙负责处理网络层数据，而应用代理型防火墙负责处理应用层数据。

(1) 包过滤型防火墙。在遵守 TCP/IP 协议的网络中，数据是分解为不同的 IP 包进行传输的。包过滤型防火墙是应用数据包过滤(packet filtering)技术在网络层对数据包进行选择，截获每个通过防火墙的 IP 包，并进行安全检查。如果 IP 包能通过检查，就将该 IP 包正常转发出去，否则，就阻止该 IP 包通过。在这里，进行选择的依据是系统内设置的过滤逻辑，称为访问控制表(access control table)。包过滤防火墙通过检查数据流中每个数据包的源地址、目的地址、所用的端口号、协议状态等因素或它们的组合，来确定是否允许该数据包通过。由于在 Internet 中，提供某些特定服务的服务器一般都使用相对固定的端口，因此，包过滤器只需控制端口就控制了服务。例如，TCP 端口 23 通常提供 Telnet 服务，所以在包过滤器中只要控制了这个端口，就可以控制 Telnet 的服务。大多数防火墙都有 IP 包过滤的功能，其中最常见的是包过滤路由器。它是基于一定的规则来对 IP 包进行安全检查，这些规则可以归纳为以下几方面：协议类型、源地址、目的地址、源端口、目的端口。

其具体的实现原理如下。

① 通过协议类型控制特定的协议。
② 通过 IP 地址控制特定的源和目的主机。
③ 通过控制源和目的端口控制特定的网络服务。
④ 通过源/目的控制入网信息和出网信息，即控制信息方向。

更进一步，还可以通过制定 IP 地址和端口的组合规则，要求某些特定服务必须通过某一特定的 IP 地址进行细致的检查。由于包过滤型防火墙逻辑简单，价格便宜，易于安装和使用，网络性能和透明性好，所以通常安装在路由器上。路由器是内部网络与 Internet 连接必不可少的设备，因此在原有网络上增加这样的防火墙几乎不需要任何额外的费用，适合安全性要求较低的小型电子商务系统。但是，包过滤型防火墙也有其不足之处，主要是：为完成某一项特定任务，包过滤的规则可能比较复杂，且不易验证其正确性；一般的包过滤路由器在审计功能方面显得较弱，因而安全性不足；数据包的源地址、目的地址以及 IP 的端口号都在数据包的头部，很有可能被窃听或假冒，这样就会形成各种安全漏洞。

(2) 应用网关型防火墙。应用级网关是在网络应用层上建立协议过滤和转发功能。它针对特定的网络应用服务协议使用指定的数据过滤逻辑，并在过滤的同时，对数据包进行必要的分析、登记和统计，形成报告。实际中的应用网关通常安装在专用工作站系统上。

包过滤型和应用网关型防火墙有一个共同的特点，就是它们仅仅依靠特定的逻辑来判定是否允许数据包通过。一旦满足逻辑，则防火墙内外的计算机系统就建立起直接联系，防火墙外部的用户便有可能直接了解防火墙内部的网络结构和运行状态，这就很有可能导致非法访问和攻击。

(3) 代理服务型防火墙。代理服务又称链路级网关或 TCP 通道，也有人将它归于应用级网关一类。代理服务型防火墙是针对数据包过滤和应用网关技术存在的缺点而引入的防火墙技术，其特点是将所有跨越防火墙的网络通信链路分为两段。防火墙内外的计算机系统间应用层的"链接"，由两个终止代理服务器上的"链接"来实现，外部计算机的网络链路只能到达代理服务器，从而起到了隔离防火墙内外计算机系统的作用。此外，代理也对过往的数据包进行分析、注册登记、形成报告，同时当发现被攻击迹象向网络管理员发出警报，并保留攻击痕迹。在一个网络中，对于由内向外的请求和由外向内的请求所进行的处理是相同的。一般认为内部网络比较安全，所以需要控制外部网络向内部网络的请求。这时，就由代理程序将外部用户对内部网络的服务请求依据已制定的规则决定是否向内部真实服务器提交。代理服务代替外部用户与内部网的服务器进行连接，所以代理服务类似于应用服务和用户之间的转发器。远程用户请求内部服务时，它首先与这个代理相连，经过认证后，再由代理服务型防火墙到目的主机，同时将服务器的响应传送给所代理的客户。

4.2.8 网络入侵检测

网络入侵检测系统(network intrusion detection system，NIDS)，是指对收集漏洞信息、造成拒绝访问及获取超出合法范围的系统控制权等危害计算机系统安全的行为，进行检测的软件与硬件的组合。

1. 网络入侵检测系统的功能组件

网络入侵检测系统通常包括 3 个必要的功能组件：信息来源、分析引擎和响应组件。

(1) 信息来源。负责收集被检测网络或系统的各种信息，并把这些信息作为资料提供给 IDS 分析引擎组件。

(2) 分析引擎。利用统计或规则的方式找出可能的入侵行为，并将事件提供给下面的响应组件。

(3) 响应组件。根据分析引擎的输出采取应有的行为，通常具有自动化机制，如主动通知系统管理员、中断入侵者的连接和搜集入侵信息等。

2. 网络入侵检测方法

在异常入侵检测系统中常采用以下几种检测方法。

(1) 基于贝叶斯推理检测法。是通过在任何给定的时刻，测量变量值，推理判断系统是否发生入侵事件。

(2) 基于特征选择检测法。指从一组度量中挑选出能检测入侵的度量，用它来对入侵行为进行预测或分类。

(3) 基于贝叶斯网络检测法。用图形方式表示随机变量之间的关系。通过指定的与邻接节点相关的一个小的概率集来计算随机变量的连接概率分布。按给定全部节点组合、所有根节点的先验概率和非根节点概率构成这个集。贝叶斯网络是一个有向图，弧表示父、子结点之间的依赖关系。当随机变量的值变为已知时，就允许将它吸收为证据，为其他的剩余随机变量条件值判断提供计算框架。

(4) 基于模式预测的检测法。事件序列不是随机发生的，而是遵循某种可辨别模式发生的。该方法的特点是考虑到了事件序列及相互联系。同时，只关心少数相关安全事件是该检测法的最大优点。

(5) 基于统计的异常检测法。是根据用户对象的活动为每个用户都建立一个特征轮廓表，通过对当前特征与以前已经建立的特征进行比较，来判断当前行为的异常性。用户特征轮廓表要根据审计记录情况不断更新，这些衡量指标值要根据经验值或一段时间内的统计而得到。

(6) 基于机器学习检测法。是根据离散数据临时序列学习获得网络、系统和个体的行为特征，并提出了一个实例学习法 IBL。IBL 是基于相似度的，该方法通过新的序列相似度计算将原始数据(如离散事件流和无序的记录)转化成可度量的空间。然后，应用 IBL 学习技术和一种新的基于序列的分类方法，发现异常类型事件，从而检测入侵行为。其中，成员分类的概率由阈值的选取来决定。

(7) 数据挖掘检测法。数据挖掘的目的是要从海量的数据中提取出有用的数据信息。网络中会有大量的审计记录存在，审计记录大多都是以文件形式存放的。如果靠手工方法来发现记录中的异常现象是远远不够的，所以将数据挖掘技术应用于入侵检测中，可以从审计数据中提取有用的知识，然后用这些知识去检测异常入侵和已知的入侵。采用的方法有 KDD 算法，其优点是具备处理大量数据与数据关联分析的能力，但是实时性较差。

(8) 基于应用模式的异常检测法。该方法是根据服务请求类型、服务请求长度、服务请求包大小分布计算网络服务的异常值。通过实时计算的异常值和所训练的阈值比较，从而发现异常行为。

(9) 基于文本分类的异常检测法。该方法是将系统产生的进程调用集合转换为"文档"。利用 K 最近邻分类算法计算文档的相似性。

4.3 电子商务安全协议

在开放的 Internet 上进行电子商务，如何保证交易双方传输数据的安全成为电子商务能否普及的最重要的问题。在电子商务的交易过程中，首先是交流信息和需求，进行磋商；接着是交换单证；最后是电子支付。特别是电子支付涉及资金、账户、信用卡、银行等一系列对货币最敏感的部门，因此对安全有着非常高的要求。

迄今为止，国内外已经出现了多种电子支付协议，目前有两种安全在线支付协议被广泛采用，即安全套接层(secure sockets layer，SSL)协议和安全电子交易(SET)协议，两者均是成熟和实用的安全协议。

4.3.1 SSL协议

1. SSL概述

SSL 协议是网景(Netscape Communications)公司于 1994 年 10 月为其产品 Netscape Navigator 而设计的数据传输安全标准。主要是在因特网环境下为交易双方在交易的过程中提供最基本的点对点(end-to-end)通信安全协议，以避免交易信息在通信的过程中被拦截、窃取、伪造及破坏。也就是说，该协议仅是为因特网环境下的通信双方，如 Web 服务器端(server)与客户端(client)提供的安全通信协议，而不是一个完整的安全交易协议。该协议第一个成熟的版本是 SSL 2.0 版，并被集成到网景公司的因特网产品中(如 Navigator 浏览器和 Web 服务器等产品)。SSL 协议的出现，基本解决了 Web 通信协议的安全问题，很快引起了大家的关注。1996 年，Netscape 公司发布了 SSL 3.0，它比 SSL 2.0 更加成熟稳定。1999 年 1 月，IETF(互联网工程任务组)基于 SSL 3.0 协议发布了 TLS 1.0(transport layer security)版本，被视为 SSL 3.1，网景公司宣布支持该开放的标准。

SSL 本身是定位于传输层与应用层间的一个安全通信加密协议。TCP/IP 协议原来只负责连接两台计算机(或是同一计算机上同时执行的两个程序)传送数据流，而 SSL 则为网络收、发双方提供一个"安全"及"可靠"的传输服务。"安全"表示通过 SSL 建立的连接，可防范外界任何可能的窃听或监控。"可靠"表示经由 SSL 连接传输的资料不会被篡改或部分删除，其特点如下：

(1) 与应用的无关性(application independent)。也就是说，任何应用软件均可采用 SSL 协议的优点作为数据传输过程中的加密方法。这些应用软件可无视 SSL 的存在与否，依照往常的方式或不用改写程序仍可正常运行，同时，又确保了传输的安全性。

(2) 身份验证(authentication)。连接双方利用公开密钥技术认证对方的身份，SSL 支持一般的公开密钥算法(如 RSA 和 DES 等)。

(3) 安全保密性(confidentiality)。SSL 连接是受加密保护的，双方于连接建立之初即商定一套对后续连接进行加密的密钥(secret key)及加密算法(如 DES 等)，之后的传输信息将以商定之密钥进行加密保护。

(4) 完整性(integrity)。即连接是可靠的。在所传输的每段消息中均包含一个利用签名私钥加密的报文验证码(message authentication code，MAC)，以保证消息的完整性，防止消息在传输过程中被篡改或部分删除。哈希(HASH)函数(例如 SHA、MD5 等)被用来产生报文验证码 MAC。

2. SSL的结构

SSL 协议包含两个层次：处于较低层的为 SSL 记录层协议，位于某一可靠的传输协议(例如 TCP 协议)之上，用来对其上层的协议进行封装；较高层的协议主要包括 SSL 握手协议(SSL handshake protocol)、修改加密约定协议(change cipher spec protocol)、报警协议(alert protocol)。

SSL 协议允许客户端和服务器彼此认证对方，并且在应用协议发出或收到第一个数据之前协商加密算法和加密密钥。这样做的目的是保证应用协议的独立性，使较低层的协议对高级协议保持透明性。

3. SSL工作流程

SSL 连接总是由客户端启动。在 SSL 会话开始时执行 SSL 握手，此握手产生会话的密码参数。处理 SSL 握手的简单概述如下所述。

(1) 客户端发送列出客户端密码能力的客户端"您好"消息(以客户端首选项顺序排序)，如 SSL 的版本、客户端支持的密码对(加密套件)和客户端支持的数据压缩方法(哈希函数)，消息也包含 28 字节的随机数。

(2) 服务器以服务器"您好"消息响应，此消息包含密码方法(密码对)和由服务器选择的数据压缩方法，以及会话标识和另一个随机数。客户端和服务器至少必须支持一个公共密码对，否则握手失败。服务器一般选择最大的公共密码对。

(3) 服务器发送其 SSL 数字证书。如果服务器使用 SSL V3，而服务器应用程序(如 Web 服务器)需要数字证书进行客户端认证，则客户端会发出"数字证书请求"消息。在"数字证书请求"消息中，服务器发出支持的客户端数字证书类型的列表和可接受的 CA 的名称。

(4) 服务器发出服务器"您好完成"消息并等待客户端响应。

(5) 一接到服务器"您好完成"消息，客户端(Web 浏览器)将验证服务器的 SSL 数字证书的有效性，并检查服务器的"你好"消息参数是否可以接受。如果服务器请求客户端数字证书，客户端将发送其数字证书；或者，如果没有合适的数字证书是可用的，客户端将发送"没有数字证书"警告。此警告仅仅是警告而已，但如果客户端数字证书认证是强制性的话，服务器应用程序将会使会话失败。

(6) 客户端发送"客户端密钥交换"消息。此消息包含 pre-master secret(一个用在对称加密密钥生成中的 46 字节的随机数字)和消息认证代码(MAC)密钥(用服务器的公用密钥加密的)。如果客户端发送客户端数字证书给服务器，客户端将发出签有客户端的专用密钥的"数字证书验证"消息。通过验证此消息的签名，服务器可以显示验证客户端数字证书的所有权。注意：如果服务器没有属于数字证书的专用密钥，它将无法解密 pre-master 密码，也无法创建对称加密算法的正确密钥，且握手将失败。

(7) 客户端使用一系列加密运算将 pre-master secret 转化为 master secret，其中将派生出所有用于加密和消息认证的密钥。然后，客户端发出"更改密码规范"消息，将服务器转换为新协商的密码对。客户端发出的下一个消息("未完成"的消息)为用此密码方法和密钥加密的第一条消息。

(8) 服务器以自己的"更改密码规范"和"已完成"消息响应。

(9) SSL 握手结束，且可以发送加密的应用程序数据。

4.3.2 SET协议

SET(secure electronic transaction,安全电子交易)协议是美国 VISA 和 MasterCard 两大信用卡组织等联合于 1997 年 5 月 31 日推出的用于电子商务的行业规范,其实质是一种应用在因特网上以信用卡为基础的电子付款系统规范,目的是保证网络交易的安全。

SET 妥善地解决了信用卡在电子商务交易中的交易协议、信息保密、资料完整以及身份认证等问题。SET 已获得 IETF(the internet engineering task force,互联网工程任务组)标准的认可,是电子商务的发展方向。

1. SET支付系统的组成

SET 支付系统主要由持卡人(card holder)、商家(merchant)、发卡行(issuing bank)、收单行(acquiring bank)、支付网关(payment gateway)、认证中心(certificate authority) 6 个部分组成。对应地,基于 SET 协议的网上购物系统至少包括电子钱包软件、商家软件、支付网关软件和签发证书软件。

2. SET的工作流程

SET 主要是针对用户、商家和银行之间通过信用卡支付的电子交易类型而设计的,所以在下例中会出现 3 方:用户、网站和银行。对应的就有 6 把"钥匙":用户公钥、用户私钥;网站公钥、网站私钥;银行公钥、银行私钥。

这个三方电子交易的流程如下:

(1) 用户将购物清单、用户银行账号和密码进行数字签名提交给网站,用户账号明文包括用户的银行账号和密码,如图 4.12 所示。

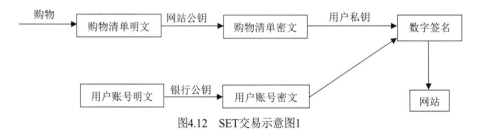

图4.12　SET交易示意图1

(2) 网站签名认证收到的购物清单,如图 4.13 所示。

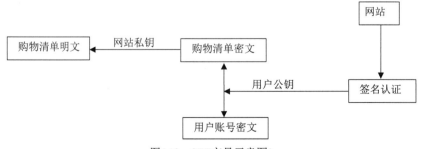

图4.13　SET交易示意图2

(3) 网站将网站申请密文和用户账号密文进行数字签名提交给银行,如图 4.14 所示。网站申请明文包括购物清单款项统计、网站账户和用户需付金额。

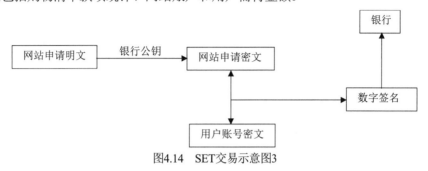

图4.14 SET交易示意图3

(4) 银行签名认证收到的相应明文,如图 4.15 所示。

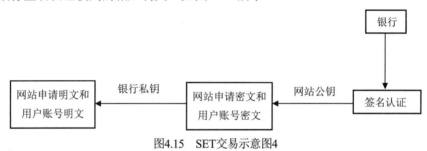

图4.15 SET交易示意图4

从上面的交易过程可知,这个电子商务具有以下几个特点。
(1) 网站无法得知用户的银行账号和密码,只有银行可以看到用户的银行账号和密码。
(2) 银行无法从其他地方得到用户的银行账号和密码的密文。
(3) 由于数字签名技术的使用,从用户到网站到银行的数据,每一个发送端都无法否认。
(4) 由于数字签名技术的使用,从用户到网站到银行的数据,均可保证未被篡改。

可见,这种方式已基本解决电子商务中三方进行安全交易的要求,即便有"四方""五方"等更多方交易,也可以按 SET 协议类完成。

3. SET与SSL协议的比较

SET 与 SSL 协议可以从以下几方面比较其区别。
(1) 在认证要求方面。早期的 SSL 并没有提供商家身份认证机制,虽然在 SSL 3.0 中可以通过数字签名和数字证书实现浏览器和 Web 服务器双方的身份验证,但仍不能实现多方认证;相比之下,SET 的安全要求较高,所有参与 SET 交易的成员(持卡人、商家、发卡行、收单银行和支付网关)都必须申请数字证书进行身份识别。
(2) 在安全性方面。SET 协议规范了整个商务活动的流程,从持卡人到商家,到支付网关,到 CA 认证中心以及信用卡结算中心之间的信息流走向和必须采用的加密、认证都制定了严密的标准,从而最大限度地保证了商务性、服务性、协调性和集成性;而 SSL 只对持卡人与商店端的信息交换进行加密保护,可以看作用于传输的那部分的技术规范。从电子商务特性来看,它并不具备商务性、服务性、协调性和集成性。因此,SET 的安全性比 SSL 高。
(3) 在网络层协议位置方面。SSL 是基于传输层的通用安全协议;而 SET 位于应用层,对网络上其他各层也有涉及。

(4) 在应用领域方面。SSL 主要是和 Web 应用一起工作，而 SET 是为信用卡交易提供安全。因此，如果电子商务应用只是通过 Web 或电子邮件，则可以不要 SET。但如果电子商务应用是一个涉及多方交易的过程，则使用 SET 更安全、更通用。

总之，SSL 协议的优点是实现简单，独立于应用层协议，大部分内置于浏览器和 Web 服务器中，在电子交易中应用便利。但它的缺点是一个面向链接的协议，只能提供交易中客户与服务器间的双方认证，不能实现多方的电子交易。而 SET 协议的最大优点是在保留对客户信用卡认证的前提下增加了对商家身份的认证，安全性进一步提高。但其缺点是实现起来比较复杂，交易过程也比较耗费时间。出于两个协议所处的网络层次不同，为电子商务提供的服务也不相同，因此，在实践中应根据具体情况来选择独立使用或两者混合使用。

4.4 电子商务交易用户身份鉴别

身份识别是指用户向系统出示自己身份证明的过程。身份鉴别是系统查核用户的身份证明的过程，实质上是查明用户是否具有他所请求资源的存储和使用权。人们通常把这两项工作统称为身份鉴别，它是判明和确认通信双方真实身份的两个重要环节。身份鉴别必须做到准确无误地将对方辨认出来，同时还应该提供双向的鉴别，即相互证明自己的身份。信息技术领域的身份鉴别是通过将一个证据与实体身份绑定来实现的。实体可能是用户、主机、应用程序甚至进程。证据与身份之间是一一对应的关系，双方通信过程中，一方实体向另一方提供证据证明自己的身份，另一方通过相应的机制来验证证据，以确定该实体是否与证据所宣称的身份一致。结合电子商务的实际情况，本文对常见的身份鉴别机制进行了探讨，并对它们的安全性进行了分析研究。

1. 基于口令的鉴别技术

这是目前在互联网和计算机领域中最常用的鉴别方法，当用户登录计算机网络时需要输入口令。计算机系统把它的鉴别建立在用户名和口令的基础之上，如果用户把用户名和口令告诉了其他人，则计算机也将给予那个人访问权限，因为鉴别是建立在已知口令之上的，仅仅属于一种模式的鉴别。通过一些措施可以有效地改进口令鉴别的安全性，例如通过增加口令的强度，提高抗穷举攻击和字典攻击的能力；将口令加密，防止在传输中被窃听；采用动态的一次性口令系统，防止口令的重放等。

2. 基于智能卡的鉴别技术

这种方法较为先进一些，因为用户需要一些物理原件，例如楼宇通行卡的鉴别方式，只有在扫描器上划卡并通过验证的人才能进入大楼。这里鉴别是建立在这张卡之上，如果用户把这张卡借给了别人，那个人也能进入这幢大楼。因此如果希望为进入大楼创建一个更加精密的鉴别系统，则可以要求不仅提供通行卡而且要有口令鉴别。在计算机领域中，一个典型例子是智能卡和数字鉴别的混合使用。所有的智能卡都含有一块芯片，芯片中包含了一些持卡人的个人信息，如驾照信息及医疗信息等，一块智能卡与标准信用卡大小相等甚至更大，尺寸大小主要取决于内嵌芯片的功能。有时内嵌芯片包含只读信息，芯片比起信用卡背面的磁条卡含有更多的信息，这种类型的智能卡通常只能开发一次，并且完全依赖于称为智能卡可读器的读卡器来进行操作。还有一种智能卡可以不使用读卡器，它的形状类似于普通的 USB 盘或者硬件加密锁(俗称软件狗，software dongle)，这种智能卡也称作电子钥匙(E-key)，可以直接插在计算机的 USB 接口上使用。这种智能卡具有内置的 CPU，可以进行高强度的加密运算，并能保存秘密信息。使用时，用户需要首先输入 PIN 码(个人身份识别码)，PIN 认证成功后，即可读取智能卡上的秘密信息。

3. 基于人的生理特征的鉴别技术

这种过程通常需要一些物理因素，如基因或其他一些不能复制的个人特征。到目前为止，人们在高级生物学鉴别方面很有经验，并且已在一些高安全环境中进行了实施。这种方法包括指纹、面部、视网膜扫描器和语音分析。

(1) 面相识别技术。身份鉴别机器的摄像头会自动采集来人的照片，并与电脑里的资料进行自动对比确认。这种方法比人工认识更准确，而且速度也更快，与指纹识别、虹膜识别等相比，面相识别技术靠摄像头采集资料，隐蔽性最强，目前美国机场的安检已开始使用这项技术。

(2) 人的指纹或者掌纹的身份鉴别技术。人体某些生物特征具有客观性和唯一性，人各有异，终生不变，绝不遗失，具有无法仿制的特点。特别是采用活体指纹读取技术，使伪造指纹更加不可能发生。基于人的视网膜的身份鉴别技术，该类鉴别技术也是利用人体特有的生物特征来进行身份鉴别，即通过每个人视网膜的特有特征来进行身份鉴别，目前美国 FBI 即采用了基于指纹和视网膜的双重鉴别。

(3) 基于声音的语音识别和语音验证。这种身份鉴别技术通过一次简短的语音注册过程对用户进行登记，在此过程中捕获和存储他们的声波纹。声波纹是一个数据矩阵，描绘了说话者的语音特征。声波纹被加密存储在标准数据库中。在访问该系统的来电者说话时，系统将他们的语音与数据库中的声波纹做比较来进行鉴别。

📖 思政案例

网络真的安全吗

习题

一、选择题

1. 黑客是(　　)。
   A. 利用病毒破坏计算机的人　　B. 穿黑衣的人
   C. 令人害怕的人　　　　　　　D. 非法入侵计算机系统的人

2. 电子商务安全的内容不包括（　　）。
   A. 电子商务系统安全管理制度　　　B. 商务交易安全
   C. 计算机网络安全　　　　　　　　D. 数据安全
3. 下述是防火墙的作用的有（　　）。
   A. 可限制对Internet特殊站点的访问　　B. 对整个网络系统的防火方面起安全作用
   C. 内部网主机无法访问外部网　　　　　D. 可防止计算机因电压过高而引起的起火
4. 下列属于对称加密算法的是（　　）。
   A. DES算法　　　B. RSA算法　　　C. CASH算法　　　D. SAR算法
5. 以下不在证书数据的组成中的有（　　）。
   A. 版本信息　　　B. 有效使用期限　　C. 签名算法　　　D. 版权信息
6. SHA的含义是（　　）。
   A. 加密密钥　　　B. 数字水印　　　C. 安全散列算法　　　D. 消息摘要
7. EDI不具有（　　）安全保密功能。
   A. 银行支付　　　B. 跟踪确认　　　C. 防篡改冒领　　　D. 电子签名
8. 实现源的不可否认业务，在技术手段上必须有（　　）。
   A. 加密措施　　　　　　　　　B. 反映交易者的身份
   C. 数字签名功能　　　　　　　D. 通行字机制
9. 在某些情况下，服务器在建立SSL连接时，要证实用户身份，将使用（　　）。
   A. 客户证书　　　B. 服务器证书　　　C. 安全邮件证书　　　D. CA证书
10. 身份证明系统应该由（　　）方构成。
    A. 2　　　　　　B. 3　　　　　　C. 4　　　　　　D. 5

二、名词解释

1. 网络仿冒
2. 数据加密
3. 网络防火墙
4. 数字时间戳

三、简答题

1. 简述电子商务安全的概念及基本内容。
2. 简述对称加密与非对称加密技术的特点及区别。
3. 简述数字摘要与数字签名技术的作用。
4. 论述SSL及SET协议的区别。
5. 简述电子商务用户身份识别的方法。

四、论述题

1. 论述电子商务安全的威胁与风险。
2. 论述网络入侵检测技术的具体策略。

五、案例分析题

元气森林"价格乌龙"[①]

2021年双十一期间,淘宝店铺的一场运营事故,瞬间让元气森林上了热搜。原价79元每箱(12瓶)的气泡水,却因店铺运营人员的误操作,变成了每箱仅3元,平均每瓶不足3毛钱。这一失误,瞬间被"有心人"发现,并经微博、小红书等平台扩散,迅速吸引超14万"羊毛党",有人甚至一次购买了4万箱。等官方发现失误时,为时已晚。有消息称,这次事故将导致元气森林损失超200万。随后,官方紧急表态,表示因运营员工操作失误,由此造成巨大损失,且已超过店铺承受能力,恳请消费者申请退款,帮助店铺渡过难关。部分媒体指出,在双十一大促的节点出事故多有蹊跷,质疑是否存在元气森林联合经销商搞虚假宣传、联合刷单冲业绩的行为;故意设置低价制造舆论效应,靠卖惨博关注,这样的事例以前也不是没发生过。对于后续操作,元气森林是既不妥协也不逃避。选择给相关消费者每人一箱气泡水的小恩惠以博取消费者的宽容和理解。

问题:

1. 分析元气森林"价格乌龙"事件产生的原因。
2. 结合案例分析如何避免此类事件的发生。

[①] 资料来源:https://www.163.com/dy/article/GNLEBH3T0531NRE2.html

第 5 章　网络金融与网上支付

电子商务的发展需要物流、资金流、信息流的支撑。资金流的完成必定涉及网络银行以及网上支付等问题。电子商务发展与网络金融发展起到了相互促进的作用。

■ 内容提要
- 网络金融的概念、模式
- 网络银行的发展与问题
- 网上支付系统及其类型

5.1　网络金融概述

网络金融(Internet finance，E-finance)是伴随网络经济的发展，金融服务广泛电子化、网络化而形成的产物，同时也是电子商务甚至未来的社会经济发展必不可少的组成部分，对社会经济发展具有不可估量的作用和影响。网络金融是金融部门在网络经济形势下的发展成果，同时也是广泛吸收电子商务技术。

5.1.1　网络金融的定义、模式和具体方式

1. 网络金融的定义

金融是货币流通和信用活动以及与之相联系的经济活动的总称。广义的金融泛指一切与信用货币的发行、保管、兑换、结算、融通有关的经济活动，甚至包括金银的买卖；狭义的金融专指信用货币的融通。金融的内容可概括为货币的发行与回笼，存款的吸收与付出，贷款的发放与回收，金银与外汇的买卖，有价证券的发行与转让，保险、信托、国内、国际的货币结算等。从事金融活动的机构主要有商业银行、信托投资公司、保险公司、证券公司，还有信用合

作社、财务公司、金融租赁公司以及银行、金银、证券、外汇交易所等。

网络金融简单来讲就是网络技术与金融的高度结合而形成的一种新的金融形态。从狭义上理解，网络金融是指通过网络技术实现的信用货币融通模式，是以金融服务提供者的主机为基础，以因特网或者其他通信网络为媒介，通过内嵌金融数据和业务流程的软件平台，以用户终端为操作界面的新型金融运作模式。从广义上理解，网络金融的概念还包括与其运作模式相配套的网络金融机构、网络金融市场，以及相关的监管等外部环境。一句话，网络金融包含了网络金融活动涉及的所有业务和领域。

2. 网络金融的模式

总体来讲，网络金融的模式分为两种。

(1) 传统金融行业网络转型。分为两个阶段：第一个阶段是金融业务的网络化，具体来说就是传统金融机构的业务网络化，实现在线支付结算和数字化、虚拟化，使得传统的金融发展格局发生巨变；第二个阶段是超脱传统金融概念的创新，以第三方支付公司、网络通信公司以及网络中介机构为代表的非金融机构介入网络金融业务，引发一场金融革命。

(2) 跨界金融的发展。随着电子商务的纵深发展，网络经济对金融的需求越来越多，而商业银行的网络化经营明显不能适应这种需求的日益提升，于是，传统金融业以外的企业开始进入这个范畴进行攻城略地。如果跨界金融是一种尝试，那么，网络企业获得有关金融业务牌照后，大举进军传统金融业务的领地，并高举所谓的"互联网思维"的大旗，大力发展"电商金融"，在有限的空间里，不按常理出牌的特征，使得整个网络金融充满新气象，也严重动摇了传统金融业的基础。未来网络金融的走向，完全脱离了既定的方向，被百度、阿里巴巴和腾讯(即社会上流传的 BAT)这些网络巨头引向一个新的空间。眼下的网络金融，可以说是"电商金融"，谁掌握了电子商务的客户资源，谁就是网络金融里的王者，印证了"流量为王"的规律。

3. 网络金融的具体方式

(1) 第三方支付。第三方支付(third-party payment)狭义上是指具备一定实力和信誉保障的非银行机构，借助通信、计算机和信息安全技术，采用与各大银行签约的方式，在用户与银行支付结算系统间建立连接的电子支付模式。

(2) P2P 网贷。P2P(peer-to-peer lending)，即点对点信贷。P2P 网贷是指通过第三方互联网平台进行资金借、贷双方的匹配，需要借贷的人群可以通过网站平台寻找到有出借能力并且愿意基于一定条件出借的人群，帮助贷款人通过和其他贷款人一起分担一笔借款额度来分散风险，也帮助借款人在充分比较的信息中选择有吸引力的利率条件。

通过 P2P 网络融资平台，借款人直接发布借款信息，出借人了解对方的身份信息、信用信息后，可以直接与借款人签署借贷合同，提供小额贷款，并能及时获知借款人的还款进度，获得投资回报。

目前，P2P 出现了两种运营模式：一是纯线上模式，其特点是资金借贷活动都通过线上进行，不结合线下的审核，通常这些企业采取的审核借款人资质的措施有通过视频认证、查看银行流水账单、身份认证等；第二种是线上线下结合的模式，借款人在线上提交借款申请后，平台通过所在城市的代理商采取入户调查的方式审核借款人的资信、还款能力等情况。

(3) 大数据金融。大数据金融是指集合海量非结构化数据，通过对其进行实时分析，可以为互联网金融机构提供客户全方位信息，通过分析和挖掘客户的交易和消费信息掌握客户的消费习惯，并准确预测客户行为，使金融机构和金融服务平台在营销和风险控制方面有的放矢。基于大数据的金融服务平台主要是拥有海量数据的电子商务企业开展的金融服务。大数据的关键是从大量数据中快速获取有用信息的能力，或者是从大数据资产中快速变现的能力。因此，大数据的信息处理往往以云计算为基础。

这种模式通过打造金融产品垂直搜索引擎的方式，把有借款需求的个人和有放款需要的中小银行和小贷机构在一个平台上进行对接，然后通过广告费或者交易佣金的方式获得收入。

(4) 众筹。众筹大意为大众筹资或群众筹资，是指用团购预购的形式，向网友募集项目资金的模式。众筹本意是利用互联网和 SNS 传播的特性，让创业企业、艺术家或个人向公众展示其创意及项目，争取大家的关注和支持，进而获得所需要的资金援助。众筹平台的运作模式大同小异——需要资金的个人或团队将项目策划交给众筹平台，经过相关审核后，便可以在平台的网站上建立属于自己的页面，用来向公众介绍项目情况。众筹平台是指创意人向公众募集小额资金或其他支持，再将创意实施结果反馈给出资人的平台。网站为网友提供发起筹资创意、整理出资人信息、公开创意实施结果的平台，以与筹资人分成为主要盈利模式。

(5) 信息化金融机构。信息化金融机构是指通过采用信息技术，对传统运营流程进行改造或重构，实现经营、管理全面电子化的银行、证券和保险等金融机构。金融信息化是金融业发展趋势之一，而信息化金融机构则是金融创新的产物。从整个金融行业来看，银行的信息化建设一直处于业内领先水平，不仅具有国际领先的金融信息技术平台，建成了由自助银行、电话银行、手机银行和网上银行构成的电子银行立体服务体系，而且以信息化的大手笔——数据集中工程在业内独领风骚，其除了基于互联网的创新金融服务之外，还形成了"门户""网银、金融产品超市、电商"的一拖三的金融电商创新服务模式。

(6) 互联网金融门户。互联网金融门户是指利用互联网进行金融产品的销售以及为金融产品的销售提供第三方服务的平台。它的核心就是"搜索比价"的模式，采用金融产品垂直比价的方式，将各家金融机构的产品放在平台上，用户通过对比挑选合适的金融产品。互联网金融门户多元化创新发展，形成了提供高端理财投资服务和理财产品的第三方理财机构，提供保险产品咨询、比价、购买服务的保险门户网站等。这种模式不存在太多政策风险，因为其平台既不负责金融产品的实际销售，也不承担任何不良的风险，同时资金也完全不通过中间平台。

5.1.2 电子商务与网络金融的相互关系

从电子商务发展至今，其支付方式也发生了很大的变化，从最初的线下邮寄到网上银行再到今天的多种支付方式，极大地方便了网络购物者。考察目前主要的电子商务网站，网上银行、第三方支付等网上支付是最为重要的支付方式(图 5.1 为淘宝网站支付方式，图 5.2 为京东网站支付方式)。而网上银行、第三方是网络金融的重要组成部分，因此可以说，电子商务与网络金融的发展息息相关，电子商务的发展促进了网络金融的发展，而网络金融也极大地助力了电子商务的发展。

第 5 章　网络金融与网上支付

图5.1　淘宝网站支付方式

图5.2　京东网站支付方式

(1) 电子商务体系中网络金融是必不可少的一环。

目前电子商务正在蓬勃发展，这不仅意味着商业机会的大量增加，而且还意味着数字经济时代的来临。完整的电子商务活动表现为信息流、物流和资金流三个方面。银行提供电子支付服务是电子商务中的关键要素，在买卖过程中起着纽带的作用。可见，网络金融将是未来金融业的主要运行模式。这种转变是必然的，因为电子商务开创了一个新的经济环境，这种新的环境需要金融业的积极参与才能较好的发展。另一方面，与其他经济部门的活动相比，金融活动更容易信息化，更适合借助于计算机网络进行，而且也更有经济实力跟上信息网络技术设施对资金的要求。所以，信息网络技术在银行、证券、保险、投资等金融业各个方面有了集中而快速的应用。

(2) 电子商务的发展改变了金融市场的竞争格局。

电子商务是网上交易，摆脱了时间和空间的限制，信息获得的成本比传统商务运行方式大大降低，表现在金融市场上就是直接融资活动比以前大大增加，金融的资金中介作用被削弱，出现了"脱媒"现象。电子商务的出现动摇了传统金融行为在价值链中的地位，使传统金融机构失去了在市场竞争中所具有的信息优势，从而改变了金融市场的竞争格局，促使金融业走向网络化。

> **案例5.1**
>
> 蚂蚁集团的可持续发展

5.2 网络银行

网络金融是网络信息技术与现代金融紧密有机结合的产物，是金融业发展的重要方向。

5.2.1 网络银行概述

网络银行，或称网上银行、电子银行、虚拟银行、E-Bank、Electronic Bank、Netbank、Cyberbank 等，是指利用互联网技术，通过 Internet 或其他公用电信网络与客户建立信息联系，并向客户提供开户、销户、查询、对账、行内转账、跨行转账、信贷、网上证券交易、投资理财等金融产品及金融服务的无形或虚拟银行。

全球第一家网络银行安全第一网络银行(security first network bank，简称 SFNB)于 1995 年 10 月在美国诞生，总部设在亚特兰大市。这家银行没有总部大楼，没有营业部，只有网址，员工也只有 10 人。营业厅就是电脑画面，所有交易都是通过网络进行的。虽然其存款额在全美银行界还是微不足道的，但它的存在却证明了一种理想的实现，给世界金融界带来了极大的震撼，也极大地冲击了传统银行的业务和观念。

在我国，1996 年 6 月，中国银行在国内率先设立网站，向社会提供网络银行服务。1997 年 4 月，招商银行开通网络银行业务。1999 年，建设银行、工商银行开始向客户提供网络银行服务。为了保持有利的竞争地位，网络银行服务已经逐步成为银行必须提供的金融服务之一。

1. 网络银行的模式

网络银行的模式主要有纯网络银行和鼠标+水泥模式两种。

(1) 纯网络银行。它是完全依赖于 Internet 发展起来的真正的网络(虚拟)银行，如安全第一网络银行。这类银行几乎所有的业务都是通过网络进行，它是完全依赖于互联网的无形的电子银行，也叫"虚拟银行"。虚拟银行是指没有实际的物理柜台作为支持的网上银行，这种网上银行一般只有一个办公地址，没有分支机构，也没有营业网点，采用国际互联网等高科技服务手段与客户建立密切的联系，提供全方位的金融服务。目前我们国家百度的百信银行、阿里的浙商银行、腾讯的微众银行等都属于这种模式。有的也叫这种模式为"互联网银行"。

(2) 鼠标+水泥模式。这种模式是指传统银行运用网络技术将业务推向网络,在现有的传统银行的基础上,利用互联网开展传统的银行业务交易服务。即传统银行利用互联网作为新的服务手段为客户提供在线服务,实际上是传统银行服务在互联网上的延伸,这是网上银行存在的主要形式,也是绝大多数商业银行采取的网上银行发展模式。这种模式又可细分为两种,一种是电子银行,是传统银行业务的网络化;另一种是直销银行,是传统银行基于网络的业务拓展,与实体银行业务是两个部门,属于不同的业务范围。当然这样的划分也是会有分歧的,有的也会把直销银行直接划分到纯网络银行范畴里。

2. 网络银行的发展

近年来,电子银行市场规模不断扩展,手机银行越来越成为零售电子银行发展的关键和核心。据中国金融认证中心(CFCA)发布的《2020中国电子银行调查》报告显示,2020年个人网上银行用户比例达59%,较2019年增长3%。个人手机银行用户比例保持较高增速,2020年增长达8%,用户比例达71%,同比增长12%;个人微信银行用户比例持续稳步增长,用户渗透率攀升至45%(见图5.3)。

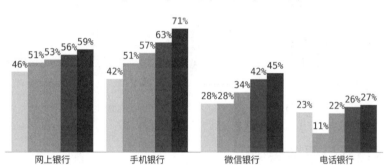

图5.3 2016—2020年个人电子银行各渠道用户比例

(1) 零售用户电子银行移动化需求愈发明晰。2019年9月—2020年8月期间,手机银行App单机月均有效使用时间为26.3 min,增长18.4%,同期网上银行单机月均有效使用时间为31 min,较2018年9月—2019年8月下降5%,已经进入瓶颈期(如图5.4、5.5所示)。手机银行及微信银行的使用频率较高且较为接近,均有50%以上的用户每周使用2次以上。

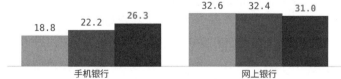

图5.4 2017年9月—2020年8月电子银行用户单机月均有效使用时间

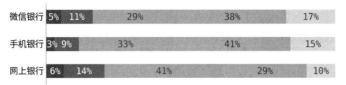

图5.5 2017年9月—2020年8月各电子渠道使用频率

(2) 企业电子银行用户比例呈现小幅度上升趋势。2020年企业网上银行渗透率为83%，相比2019年上升2%；企业微信金融服务的渗透率为45%，上升8%；企业手机银行渗透率为42%，相比上年上升1%，其中大型企业手机银行渗透率最高，达到55%，小微企业手机银行渗透率达到40%(如图5.6所示)。

图5.6 2016—2020年企业电子银行渠道用户比例

5.2.2 网络银行服务类型

1. 个人客户服务

网络银行个人客户业务包括商业银行零售业务电子化B2C在线支付等基础性业务，也包括客户的账务信息查询、信用卡申请、个人理财等增值性业务。具体而言，个人客户业务主要包括以下方面。

(1) 账务信息查询。客户可以通过查询存款余额、存取明细等，了解资金的账务状况。

(2) 转账。网络银行转账业务包括卡账户转账和银证转账。卡账户转账是指通过网络银行系统实现客户自己的卡账户之间资金互转及向其他客户卡转账的资金划转。银证转账是通过网络银行系统实现同名客户的储蓄存款账户或信用卡账户与在证券公司的资金账户的资金互转。

(3) 证券业务。网络银行证券业务包括银证通、基金业务、外汇业务、国债业务。网络银行开办的银证通是由网络银行与证券公司共同合作开发的证券业务平台，汇集证券开户、资金存款和委托交易于一体，实现银行储蓄与股票投资的双重功能，为银行储户提供了一个边界安全的网上理财方式。后三项业务是指客户可以通过网络银行系统在线进行基金、外汇、记账式国债的交易与信息查询。

(4) B2C在线支付。B2C在线支付指企业与个人客户因为进行电子商务活动而由网络银行提供的一种网上资金结算服务。

(5) B2C 代缴费用。客户在线向与网络银行签订协议的收款单位缴纳如税金等各种费用。

(6) 个人贷款。个人贷款指客户在线申请个人贷款，一般仅限于小额贷款。客户在线填写资金的经营业绩、财务状况、不动产信息等，银行则通过在线查询、审核、评估客户资信和偿还能力并审核是否通过。

(7) 个人理财。个人理财主要指网络银行为客户个人理财提供各种便利，如客户可以在线预约服务、查询和签订理财协议等。

(8) 信用卡申请。客户的在线信用卡申请需要在线填写个人财务和收入情况，银行收到客户在线申请后，综合评估后决定是否授信及授信额度。

(9) 客户服务。网络银行提供如账户挂失、客户信息修改等客户服务。在线账户挂失能迅速有效地保护客户资金安全。客户信息修改包括登录密码、信用卡信息及在线银行客户信息的修改及更新。

2. 企业客户服务

企业客户业务既包括 B2B 在线支付等基础性业务，也包括信息查询、集团理财、转账结算等增值性服务。具体而言，企业客户业务主要包括如下方面。

(1) 企业信息查询。网络银行企业信息查询，如查询企业账户余额明细、账户交易明细、分公司或子公司的账务状况，从而方便进行财务控制；查询企业借款借据的清理和债务偿还情况，了解企业信用水平；查询网络银行提供的银行信息和定期存款到期通知，以便于企业提前进行财务安排，等等。

(2) 企业财务管理。网络银行企业财务管理包括集团公司与子公司之间账务往来及统筹管理，也包括企业财务代理，如为企业代发工资、代报销、办理企业内部各账户之间的资金划转及定活期存款互转。

(3) 网上结算。网络银行企业客户通过发出电子付款指令，实现与其他客户之间的资金结算。

(4) B2B 在线支付。B2B 在线支付是企业与企业因为进行电子商务活动而由网络银行提供的一种网上资金结算服务。

(5) 收费。企业借助网络银行的网络系统向缴费客户进行在线收费。如水电费、电话费等公共收费，以及企业因提供其他服务而应收的服务费用。

(6) 电子回执。回执作为交易记录，是企业日后查询的主要依据。电子回执是指企业可以在线查询并逐笔打印的当日明细、历史明细的电子回单。

(7) 证券业务。网络银行证券业务包括紧急业务和国债业务等，即企业通过网络银行系统进行基金申购、认购和信息查询、债券买卖等。

(8) 票据业务。集团企业总公司通过网络银行系统可获得办理票据业务需提交的资料、业务办理程序等信息。

从网络银行的发展历程来看，客户对网络银行服务的要求越来越多元化、精准化和个性化。网络银行能否充分利用先进技术，既能满足客户需求，又能实现安全性要求，是在日益激烈的同行业竞争中取胜的关键。

5.2.3 网络银行的结构

网银业务高速发展的同时,其安全性始终是用户与银行的关注重点。对用户而言,提升防范意识并掌握必要的安全技术措施才能有效规避交易风险。对于银行来说,采用合理的网络安全架构,综合运营各类安全技术手段(如防火墙、入侵检测、数字证书等),才能避免网络安全问题造成的损失。

各商业银行由于自身业务系统的差异,对网银系统应用架构会有不同的设计,但基本的技术构成是类似的,其各部分的功能也相似。图 5.7 是较为典型的网银应用系统结构。

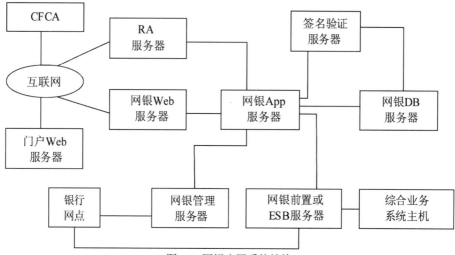

图5.7 网银应用系统结构

1. 网银Web服务器

网银 Web 服务器是网银业务面向互联网客户的主界面,当前互联网上有很多基于 Web 应用的攻击,由于网银 Web 直接暴露在互联网上,因此 Web 服务器不仅要通过防火墙实现基于网络层或传输层的访问控制,通过部署 IPS(intrusion prevention system,入侵防御系统)实现深度安全检测,还需要通过流量清洗设备实现 DDOS 攻击防御。另外,由于安全防护要求不同,建议将网银 Web 服务器与银行门户 Web 服务器部署在不同的网络区域内,以防止门户 Web 的安全漏洞对网银业务的影响。

网银 Web 服务器与用户浏览器间通过 HTTPS 协议保证数据的私密性与完整性,为了降低 Web 服务器进行密钥交换与加解密的工作负担,建议在 Web 服务器前部署 SSL 卸载设备。当前多数厂家生产的服务器负载分担设备兼具 SSL 卸载功能,因此在网银 Web 服务器前部署负载分担设备既可实现 HTTPS 协议加速,又可实现业务负载分担和服务高可用性。

2. 网银App服务器

网银 App 服务器提供网银系统的业务逻辑,包括会话管理、提交后台处理以及向 Web 服务器提交应答页面等。App 服务器与 Web 服务器共同构成网银业务(如网上支付与结算、网银转账、基金交易、网上理财等)运行环境。由于 Web 服务器与互联网客户浏览器之间承载数据的 SSL 协议不具备数字签名功能，所以网银客户端的数字签名通常由浏览器插件程序完成，而服务器端的验签工作则由单独的验签服务器完成。客户签名的交易数据经由 Web 服务器提交给 App 服务器，再由 App 服务器向验签服务器发起验签请求。上述工作流程决定了 App 服务器作为网银系统的核心组件，应保障其服务高可用性与网络访问安全性。

在 App 服务器前部署服务器负载分担设备可实现业务流量在多台服务器间的均匀分配，从而提升业务的响应速度和服务高可用性。另外，部署负载分担设备后，可根据网银业务量的大小动态配置 App 服务器，可提高业务扩展能力。

从安全角度考虑，由于 App 服务器与网银 Web 服务器所处的安全区域不同，因此在网银 Web 服务器与 App 服务器之间应部署防火墙实现访问控制。App 服务器前通常不需要部署 IPS 设备，一个原因是 App 服务器不接受直接来自互联网的访问流量，安全风险较低；另一方面原因是当前市场上各类 IPS 产品的价格都比较高，再部署更多 IPS 设备将增加网银系统的建设成本。

3. 网银DB服务器

网银 DB(数据库)服务器的主要作用是保存、共享各种及时业务数据(如客户支付金额)和静态数据(如利率表)，支持业务信息系统的运作，对登录客户进行合法性检查。DB 服务器通常需要与存储阵列连接，并且 DB 服务器通常采用双机互为备份的方式以保证高可用性。

网银 DB 服务器与网银 App 服务器的安全防护需求基本相同，但 DB 服务器只允许来自 App 服务器的访问，Web 服务器禁止直接访问 DB 服务器。App 服务器与 DB 服务器可以部署在同一个安全区域内，也可分别部署在两个不同的安全区域内。如部署在同一安全区域内，则 App 与 DB 服务器将以同一个防火墙作为安全边界，而 App 与 DB 之间的互访控制可通过接入交换机上的访问控制列表 ACL(access control lists)实现。一般是将 App 与 DB 分别部署于各自独立的安全区域，并以不同的防火墙作为安全边界，这样部署有更高的安全性、更清晰的安全策略以及更好的网络可扩展性。

4. RA服务器、签名验证服务器

RA(registration authority，数字证书注册审批机构)服务器与签名验证(验签)服务器都是与网银交易中数字签名相关的系统。RA 服务器是 PKI 体系中 CA 服务器的延伸，RA 负责向 CFCA 的 CA 或银行自建的 CA 申请审核发放证书。验签服务器负责对用户提交的交易数据进行数字签名验证。

RA 服务器与验签服务器都与 App 服务器间有数据交互，但 RA 服务器还需要通过互联网(或专线)与 CFCA 的 CA 服务器相连，因此 RA 与验签服务器应部署在不同的安全区域内。通常是将 RA 与 Web 服务器部署在一个安全区域内，而将验签服务器与 App 服务器部署在另一个安全区域内，App 服务器与 RA 服务器的访问需要通过防火墙做访问控制。

5. 综合业务系统、网银前置、网银管理服务器

网银的账务处理、客户数据及密码的存放都在综合业务系统中完成。网银前置(或 ESB 系统)负责将 App 服务器提交的业务请求经过协议处理、数据格式转换或加密后转交到综合业务系统的主机进行处理。位于网点的客户端通过访问网银管理服务器实现网银用户管理功能(如开

户、注销、证书下载、密码修改等)。上述业务系统都部署在银行数据中心内网区，App 服务器与业务系统间都存在直接或间接的访问关系，由于网银 App 服务器与数据中心内网区分属不同的网络安全区域，所以两者间的网络通信需要通过防火墙进行访问控制。

5.2.4 网络银行发展中的问题

1. 安全问题依然突出

由于网络银行是一种网络应用，它的所有内容都是以数字的形式流转于 Internet 之上，因此，在网络银行应用中不可避免地存在着由 Internet 的自由、开放所带来的信息安全隐患。网络银行作为庞大资金流动的载体，更易成为非法入侵和恶意攻击的对象，安全风险同时关系到交易的双方。此外，由于网络银行涉及客户个人隐私和银行金融机密，所以网络银行的安全性是系统建设首先要考虑的问题。

2. 网络银行亟待立法保护

尽管目前网络银行被盗的案例越来越多，很多用户也因此将银行告上法庭，但是因为用户不能提供充分证据证明其存款被盗取是因银行过错导致，因而纷纷败诉。银行方面认为网络银行系统没有问题，客户安全意识不强，没有保护好自己的账号、密码等重要信息，是导致存款被盗取的根本原因。

从另一个方面看，面对网络银行被盗，目前并没有相应的法律、法规对此进行规范，这也是网络银行停滞不前的一个非常重要的原因。如果银行网络系统确实存在瑕疵，不能安全保护储户的个人信息，出现被盗事件，银行就应承担责任。由于储户在这方面取证困难，因此诉讼时应使用举证责任倒置原则，由银行举证证明其网络银行是安全可靠的。但事实上，现在这种"举证倒置"原则并没有执行，许多被盗的网络银行用户将银行告上法庭，但结果无一不是用户败诉，因此网络银行安全亟须立法保护。

3. 社会信用环境缺位

网络银行缺乏应有的信用环境。个人信用联合征信制度在西方国家已有 150 年的历史，而在我国，信用系统发育程度还很低。许多企业不愿采取客户提出的信用结算交易方式，而是现金交易、以货易货等更原始的方式退化发展。另外，互联网具有充分开放、管理松散和不设防护等特点，网上交易、支付时双方互不见面，交易的真实性不容易考察和验证。对社会信用的高要求迫使我国必须尽快建立和完善社会信用体系，以支持网络经济的健康发展。其次，在网络经济中，获取信息的速度和对信息的优化配置将成为银行信用的一个重要方面。目前，商业银行网上支付系统各自为政，企业及个人客户资源零散不全，有关信息资源不能共享，其整体优势没有显现出来。

4. 统一的数字认证系统

同银行信用卡的情况相似，身份认证系统不完善、不统一，也影响了网上交易的保密性、真实性、完整性和不可否认性。网络银行数字证书能为电子商务双方提供 3 个保证：一是能保证交易双方身份真实、确定；二能保证交易数据完整、不可篡改；三能保证交易后双方不能抵赖。

数字证书的作用只是保证一对一的网上交易安全可信，而不能保证多家机构统一联网交易的便利。商业银行自建认证中心(CA)系统不利于网络银行信用机制的形成，对网络银行用户而言是不公平的。目前，国内网络银行的安全认证系统多是由各银行自行开发建立的，银行自建CA系统的安全性虽然可以保障，但作为交易一方的银行，同时又是标准制定的一方，一旦银行与用户因网络银行业务产生纠纷，话语权将完全掌控在银行手中。这就需要独立于银行与用户之外的第三方安全认证机构来统一标准。

5.3 网上支付概述

电子商务支付包括线下支付和网上支付两种方式，网上支付是实现电子商务方便快捷运作的主要支付方式。网上支付即在线支付，买方在网上直接完成款项支付。从一定意义上说，网上支付是构成电子商务的一个关键环节，电子商务的突破依赖网上支付的突破。

5.3.1 网上支付的含义

2005年10月，中国人民银行公布《电子支付指引(第一号)》，规定："电子支付是指单位、个人直接或授权他人通过电子终端发出支付指令，实现货币支付与资金转移的行为。电子支付的类型按照电子支付指令发起方式分为网上支付、电话支付、移动支付、销售点终端交易、自动柜员机交易和其他电子支付。"简单来说，电子支付是指电子交易的当事人，包括消费者、厂商和金融机构，使用安全电子支付手段，通过网络进行的货币支付或资金流转。电子支付是电子商务系统的重要组成部分。

网上支付是电子支付的一种，指通过桌式计算机、便携式计算机等设备，通过互联网完成支付的行为和过程，利用金融机构所支持的某种数字金融工具，发生在网上买家和卖家之间的金融交换，从而实现买卖双方的在线货币支付、现金流转、资金清算、查询统计等过程，为电子商务提供金融支持。

5.3.2 网上支付的功能

网上支付的功能主要有以下方面。

(1) 认证交易双方，防止支付欺诈。能够使用数字签名和数字证书等实现对网上商务各方的认证，以防止支付欺诈，对参与网上贸易的各方身份的有效性进行认证，通过认证机构或注册机构向参与各方发放数字证书，以证实其身份的合法性。

(2) 加密信息流。可以采用单密钥体制或双密钥体制进行信息的加密和解密，可以采用数字信封、数字签名等技术加强数据传输的保密性与完整性，防止未被授权的第三者获取信息的真正含义。

(3) 数字摘要算法确认支付电子信息的真伪。为了保护数据不被未授权者建立、嵌入、删除、篡改、重放等，完整无缺地到达接收者一方，可以采用数据摘要技术。

(4) 保证交易行为和业务的不可抵赖性。当网上交易双方出现纠纷，特别是有关支付结算的纠纷时，系统能够保证对相关行为或业务的不可否认性。网络支付系统必须在交易的过程中生成或提供足够充分的证据来迅速辨别纠纷中的是非，可以用数字签名等技术来实现。

(5) 处理网络贸易业务的多边支付问题。支付结算牵涉客户、商家和银行等多方，传送的购货信息与支付指令信息还必须连接在一起，因为商家只有确认了某些支付信息后才会继续交易，银行也只有确认客户具有支付能力后才会提供支付服务。为了保证安全，商家不能读取客户的支付指令，银行不能读取商家的购货信息，这种多边支付的关系能够借用系统提供的诸如双重数字签名等技术来实现。

(6) 提高支付效率。网络支付的手续和过程并不复杂，支付效率很高。

5.3.3　网上支付的流程

基于 Internet 平台的网上支付的一般流程如下。

(1) 客户接入 Internet，通过浏览器在网上浏览商品，选择货物，填写网络订单，选择应用的网络支付结算工具，并且得到银行的授权使用，如银行卡、电子钱包、电子现金、电子支票或网络银行账号等。

(2) 客户机对相关订单信息(如支付信息)进行加密，在网上提交订单。

(3) 商家服务器对客户的订购信息进行检查、确认，并把相关的、经过加密的客户支付信息转发给支付网关，直到银行专用网络的银行后台业务服务器确认，以期从银行等电子货币发行机构验证得到支付资金的授权。

(4) 银行验证确认后，通过建立起来的经由支付网关的加密通信通道，给商家服务器回送确认及支付结算信息，为进一步的安全，给客户回送支付授权请求(也可没有)。

(5) 银行得到客户传来的进一步授权结算信息后，把资金从客户账号上转拨至开展电子商务的商家银行账号上，借助金融专用网进行结算，并分别给商家、客户发送支付结算成功信息。

(6) 商家服务器收到银行发来的结算成功信息后，给客户发送网络付款成功信息和发货通知。至此，一次典型的网络支付结算流程结束。商家和客户可以分别借助网络查询自己的资金余额信息，以进一步核对。

5.3.4　网上支付的发展现状

在实物支付时代，买卖双方必须同时把要交换的物品运输到同一地点，才能完成支付。一般等价物出现以后，使物流和资金流在空间上可以分离，但一般等价物的便携性和标准化程度低，且普及性不足。私营和国营信用中介的出现解决了上述问题，纸币和票据使得支付可以脱离真正的实物，而由信用的方式所表达，支付逐渐变成一种信息的表达。但由于信息不对称，买卖双方之间的时间、空间不一致等原因，经常会导致交易缺乏通畅，效率低下。电子支付的出现，使得支付方式的信息流动更为通畅，从而大大增加了支付的效率，使得货物流动和资金流动同时运转起来。

2000年以前，我国电子支付发展属于探索阶段，发展较缓慢；自2005年以来，我国电子支付市场快速发展，根据中国人民银行数据，从支付业务量情况来看，2021年我国电子支付业务量达到2749.69亿笔，同比增长16.9%。自2014年我国二维码支付的普及，带动电子支付行业业务量飞速发展，2014—2021年年均复合增长速度为35.18%。从电子支付业务金额情况来看，2021年中国电子支付业务金额达2976.22万亿元，同比增长9.75%，年均复合增速为11.32%，保持稳定增长态势(如图5.8、图5.9所示)。

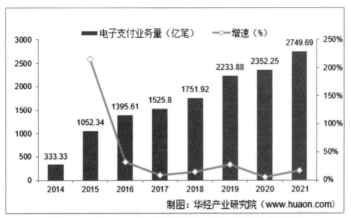

图5.8　2014—2021年中国电子支付业务量及增速情况

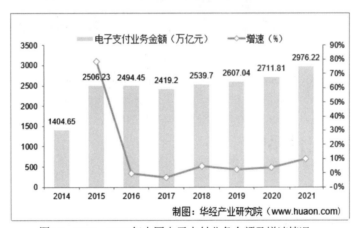

图5.9　2014—2021年中国电子支付业务金额及增速情况

按照中国人民银行对电子支付业务渠道细分，分为网上支付、移动支付、电话支付和其他，其中网上支付和移动支付是我国主要电子支付方式。具体来看，2018年前我国网上支付业务数量远大于移动支付，2018年之后移动支付赶超网上支付业务量。据统计，2021年我国网上支付业务数量为1022.8亿笔，占比37.2%，移动支付为1512.3亿笔，占比55.0%，电话支付2.7亿笔，占比0.1%。从细分渠道支付金额来看，网上支付的业务金额大于移动支付，移动支付凭借"金额小，数量多"特点逐渐拉近距离。据统计，2021年中国网上支付业务金额为2354万亿元，占比79.1%，移动支付为527万亿元，占比17.7%，电话支付11.7万亿元，占比0.4%(如

图 5.10、图 5.11 所示)。

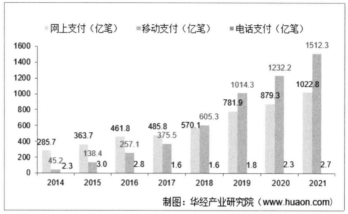

图5.10　2014—2021年中国电子支付细分支付渠道业务数量

图5.11　2014—2021年中国电子支付细分支付渠道业务金额

5.4　网上支付系统

网上支付要借助一定的支付工具通过各自的支付系统来实现。目前主流的网上支付系统包括：银行卡支付系统、电子现金支付系统、电子支票支付系统以及第三方支付系统。

5.4.1　银行卡支付系统

20世纪70年代以来，由于科学技术的飞速发展，特别是电子计算机的运用，使银行卡(bank card)的使用范围不断扩大，不仅减少了现金和支票的流通，而且使银行业务因为突破了时间和空间的限制而发生了根本性变化。银行卡自动结算系统的运用，使一个"无支票、无现金社会"的到来成为现实。

中国银联于2022年9月9日发布的《中国银行卡产业发展蓝皮书(2022)》指出："2021年

银行卡产业总体向好,人均持卡量保持增长,交易规模显著回升,银行卡产业整体风险有所缓和,欺诈率持续下降,境外受理网络规模持续扩大,银联受理网络已拓展至全球 180 个国家和地区,累计覆盖超过 6700 万商户。截至 2021 年末,发卡方面,银行卡累计发卡量 92.5 亿张,当年新增发卡量 2.7 亿张,同比增长 3.0%,增速逐年放缓;交易方面,全国银行卡交易金额 1060.6 万亿元,同比增长 33.8%;受理方面,我国境内受理商户累计 2798.3 万户,同比下降 3.3%,银联卡境外受理商户总数超过 3500 万户,同比增长 9.4%;风险方面,银行卡未偿信贷余额 8.62 万亿元,比上年增长 8.9%;信用卡逾期半年未偿信贷总额 860.4 亿元,同比增长 2.6%;银行卡欺诈率为 0.32BP,较上年下降 0.42BP,实现连续五年下降。"

1. 银行卡的种类

一般情况下,银行卡按是否给予持卡人授信额度分为借记卡和信用卡。

(1) 借记卡。借记卡按功能不同分为转账卡、专用卡、储值卡。借记卡不能透支。转账卡具有转账、存取现金和消费功能;专用卡是在特定区域、专用用途(是指百货、餐饮、娱乐行业以外的用途)使用的借记卡,具有转账、存取现金的功能;储值卡是银行根据持卡人要求将资金转至卡内储存,交易时直接从卡内扣款的预付钱包式借记卡。借记卡可以在网络或 POS 消费或者通过 ATM 转账和提款,卡内的金额按活期存款计付利息。消费或提款时资金直接从储蓄账户划出。借记卡在使用时一般需要密码(PIN)。借记卡按等级可以分为普通卡、金卡和白金卡,按使用范围可以分为国内卡和国际卡。

(2) 信用卡。信用卡分为贷记卡和准贷记卡。贷记卡是指发卡银行给予持卡人一定的信用额度,持卡人可在信用额度内先消费、后还款的信用卡。准贷记卡是指持卡人先按银行要求交存一定金额的备用金,当备用金不足支付时,可在发卡银行规定的信用额度内透支的信用卡。

2. 银行卡支付系统

银行卡支付系统是由银行卡跨行支付系统以及发卡行内银行卡支付系统组成的专门处理银行卡跨行的信息转接和交易清算业务的信息系统,由中国银联建设和运营,具有借记卡和信用卡、密码方式和签名方式共享等特点。2004 年银行卡跨行支付系统成功接入中国人民银行大额实时支付系统,实现了银行卡跨行支付的实时清算。其支付过程如图 5.12 所示。

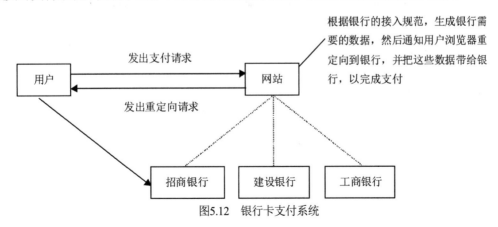

图5.12 银行卡支付系统

此种模式下，网站需要根据不同的银行开发不同的支付系统，编程工作量很大，并且银行接入规范一旦发生变动，网站程序也要跟着改，维护工作量极大。

5.4.2 电子现金系统

电子现金是电子货币的一种纯数字化应用模式，以其多样性的功能，实现了在网络领域的各类支付。电子现金以虚拟化的数字形式存在，通过特殊的应用程序，用户可以自行发布，用于支付。由于在实际使用中的现金特性，电子现金在应用中又属于一种完全的现金模拟电子货币，故应用中管制较为严格。

1. 电子现金的含义

电子现金是一种以数据形式存在的现金货币。它把现金数值转换成为一系列的加密序列数，通过这些序列数来表示现实中各种金额的币值。用户在开展电子现金业务的银行开设账户并在账户内存钱后，就可以在接受电子现金的商店购物。

2. 电子现金的特性

(1) 独立性。电子现金可以在支付系统中传输和流通，支付系统的终端设备在没有银行在线参与的情况下也可以对电子现金的有效性进行验证，并且利用信息安全技术以防止伪造和复制电子现金。

(2) 匿名性。电子现金可以保护用户的交易隐私，就是无法将数字现金与购买行为联系在一起，即使银行和商家相互串通也无法跟踪电子现金的使用情况。

(3) 不可伪造性。利用信息安全加密技术和数字签名技术生成的电子现金具有极高的防伪特性，用户即使拥有多个有效的电子现金也无法伪造出。

(4) 可分性。电子现金不仅可以作为整体使用，而且还可以被分割成若干部分多次使用。

(5) 互通性。电子现金可以在不同国家、不同银行之间流通，也可以与其他支付工具兑换，例如纸币和银行存款。

(6) 可存储性。电子现金可以存储于各类存储介质中，例如计算机硬盘、智能卡或其他移动存储设备。

3. 电子现金系统

电子现金系统利用信息安全技术将银行等额的存款转换为电子现金，并将电子现金存储于智能卡等存储设备中，在电子交易时将电子现金支付给商家。电子现金的工作流程如图 5.13 所示。

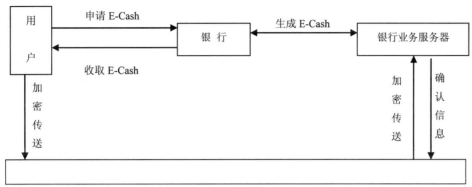

图5.13　电子现金的工作流程

(1) 电子现金的生成。用户向银行申请指定额度的电子现金，银行从用户账户中扣除指定额度的存款，并利用信息安全加密技术和签名技术为用户生成指定额度的电子现金。银行生成的电子现金可以跨行使用，可以在用户、商家之间流通。

(2) 电子现金的存储。银行将生成的电子现金加密后发送给用户，用户利用电子现金终端软件接收并存储银行生成的电子现金，电子现金可以存储于计算机硬盘、智能卡或者其他移动存储设备中。

(3) 电子现金支付。在电子现金支付过程中，电子现金可以被分割成任意额度，用户将指定额度的电子现金加密后支付给商家，商家收到电子现金后对其进行有效性验证，若通过验证，商家发货给用户。

(4) 资金清算。商家定期将收到的电子现金发送给银行进行清算，银行对商家提供的电子现金的有效性进行验证。如果验证通过，银行在商家账户中存入与电子现金额度相当的存款，并给商家发送确认信息。

5.4.3　第三方支付系统

1. 第三方支付的定义

根据中国人民银行 2010 年在《非金融机构支付服务管理办法》中给出的非金融机构支付服务的定义，从广义上讲，第三方支付是指非金融机构作为收、付款人的支付中介所提供的网络支付、预付卡、银行卡收单以及中国人民银行确定的其他支付服务。第三方支付已不仅仅局限于最初的互联网支付，而是成为线上线下全面覆盖、应用场景更为丰富的综合支付工具。即第三方支付是具备一定实力和信誉保障的独立机构，采用与各大银行签约的方式，提供与银行支付结算系统接口的交易支持平台的网络支付模式，如图 5.14 所示。

采用第三方支付，可以安全实现从消费者、金融机构到商家的在线货币支付、现金流转、资金清算、查询统计等流程，为商家开展 B2B、B2C 交易等电子商务服务和其他增值服务提供完善的支持。

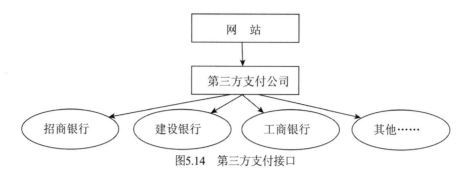

图5.14 第三方支付接口

在第三方支付产生以前,支付清算体系是客户与商业银行建立联系,商业银行与中央银行建立联系,中央银行是所有商业银行支付清算的对手方,能够通过轧差进行清算。在原有支付清算模式下,由于客户不能与中央银行之间直接建立联系,客户必须分别与每一家商业银行建立联系,支付清算的效率较低。

第三方支付诞生以后,客户与第三方支付公司建立联系,第三方支付公司代替客户与商业银行建立联系。这时第三方支付公司成为客户与商业银行支付清算的中介,第三方支付公司通过在不同银行开立的中间账户对大量交易资金实现轧差,少量的跨行支付则通过中央银行的支付清算系统来完成。

第三方支付通过采用二次结算的方式,实现了大量小额交易在第三方支付公司的轧差后清算,在一定程度上承担了类似中央银行的支付清算功能,同时还能起到信用担保的作用。

2. 第三方支付模式

第三方支付模式可以分为两种。

(1) 独立第三方支付模式,是指第三方支付平台完全独立于电子商务网站,不负有担保功能,仅仅为用户提供支付产品和支付系统解决方案,以快钱、易宝支付、汇付天下、拉卡拉等为典型代表。以易宝支付为例,其最初凭借网关模式立足,针对行业做垂直支付,而后以传统行业的信息化转型为契机,凭借自身对具体行业的深刻理解,量身定制全程电子支付解决方案。

(2) 以支付宝、财付通为首的依托于自有B2C、C2C电子商务网站提供担保功能的第三方支付模式。货款暂由平台托管并由平台通知卖家货款到达、进行发货;在此类支付模式中,买方在电商网站选购商品后,使用第三方平台提供的账户进行货款支付,待买方检验物品进行确认后,就可以通知平台付款给卖家,这时第三方支付平台再将款项转至卖方账户。

第三方支付公司主要有交易手续费、行业用户资金信贷利息及服务费收入和沉淀资金利息等收入来源。

比较而言,独立第三方支付立身于B(企业)端,担保模式的第三方支付平台则立身于C(个人消费者)端,前者通过服务于企业客户间接覆盖客户的用户群,后者则凭借用户资源的优势渗入行业。

3. 第三方支付的发展现状及趋势

从中国第三方支付市场整体发展趋势来看，经过了 20 多年的发展壮大，第三方支付市场已成为互联网金融领域最为成熟的行业，并作为基础服务广泛应用于各行业。近年来，第三方支付不仅渗透到 C 端用户生活的方方面面，同时也已深入 B 端各产业全价值链(如图 5.15 所示)。基于云计算、大数据、人工智能、物联网等技术基础，以第三方支付为切入点的金融科技创新爆发着强大的生命力。通过海量支付数据的沉淀与积累，沟通产业资金流与信息流、重塑产业链价值，支付服务商向产业数字化综合服务商转变。在 C 端支付方面，通过打造流量与生态优势，第三方支付企业已快速在 B 端商户数字化升级服务市场打开局面，为餐饮、零售等行业提供贯穿获客、营销、运营等全经营环节的升级服务，是中小微企业数字化的重要推手。在 B 端支付服务方面，第三方支付为中大型企业、集团构建完备的数字支付和账户体系，充分解决"二清"等问题的同时，使企业资金流与信息流更加透明化，大大提升企业内部与供应链上下游资金周转效率，有效激活产业供应链整体交易的活跃程度，第三方支付已然成为产业数字化的有效入口与重要枢纽。

图5.15 中国第三方支付产业图谱示意图

尽管均被称作第三方支付机构，但面向 C 端用户提供支付钱包服务和面向 B 端商户、企业提供支付解决方案是两条截然不同的路径(如图 5.16 所示)。C 端支付钱包服务更加标准化、易形成规模效应，但通常与完善的商业生态相辅相成，入局壁垒高。B 端企业支付服务相对定制化、行业属性更强，先入局者通常具备较强的话语权、可形成标准化解决方案，不同行业通常会涌现出各自行业领域的优质支付服务商。

图5.16　第三方支付机构按服务对象出现明显的角色分化

4. 第三方支付系统

利用第三方支付工具完成的支付系统叫第三方支付系统，其支付流程如图5.17所示。

(1) 顾客浏览检索商户网页并下订单。

(2) 顾客选择第三方支付平台，直接链接到其安全支付服务器上，在支付页面上选择自己适用的支付方式，点击后进入银行支付页面进行支付操作。

(3) 第三方支付平台将网上消费者的支付信息，按照各银行支付网关的技术要求，传递到各相关银行。

(4) 由相关银行(银联)检查网上消费者的支付能力，实行冻结、扣账或划账，并将结果信息传至第三方支付平台和顾客本身。

(5) 第三方支付平台将支付结果通知商户。

(6) 支付成功的，由商户向顾客发货或提供服务。

(7) 各个银行通过第三方支付平台向商户实施清算。

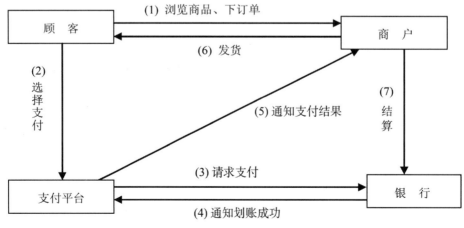

图5.17　第三方支付流程

5.4.4 电子支票系统

1. 电子支票的含义

电子支票(electronic check)是一种借鉴纸张支票转移支付的优点,利用数字传递将钱款从一个账户转移到另一个账户的电子付款形式。

(1) 电子支票支付方式的特点。

① 电子支票与传统支票工作方式相同,易于理解和接受。

② 加密的电子支票比电子现金更易于流通,买卖双方的银行只要用公开密钥认证确认支票即可,数字签名也可以被自动验证。

③ 电子支票适用于各种市场,可以很容易地与电子数据交换系统应用结合,推动电子订货和支付。

④ 电子支票技术将公共网络连入金融支付和银行清算网络。

(2) 电子支票支付方式的优点。

① 处理速度快。电子支票的支付是在与商户及银行相连的网络上高速传递的,它将支票的整个处理过程自动化了,这一支付过程在数秒内即可实现;它为客户提供了快捷的服务,减少了在途资金。在支票使用数量很大时,这一优势特别明显。

② 安全性能好。电子支票是以加密方式传递的,使用了数字签名或个人身份证号码代替手写签名,还运用了数字证书,这三者成为安全可靠的防欺诈手段。

③ 处理成本低。用电子支票进行支付,减轻了银行处理支票的工作压力,节省了人力,降低了事务处理费用。

④ 给金融机构带来了效益。第三方金融服务者不仅可以从交易双方收取固定的交易费用或按一定比例抽取费用,它还可以以银行身份提供存款账目,且电子支票存款账户很可能是无利率的,因此给第三方金融机构带来了收益。而且银行也能为参与电子商务的商户提供标准化的资金信息,因此是最有效率的支付手段。

2. 电子支票系统

电子支票系统是模拟现实支票的交易过程完成的一种电子支付形式。图5.18为纸质支票的支付过程,图5.19为电子支票的支付过程。

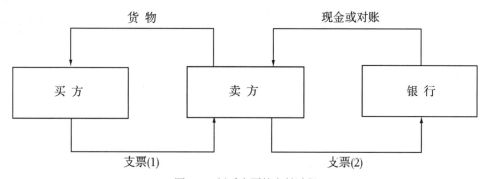

图5.18 纸质支票的支付过程

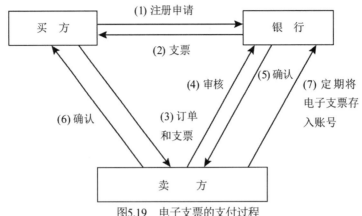

图5.19 电子支票的支付过程

用户使用电子支票系统进行支付和转账的主要工作步骤如下。

(1) 开具电子支票。用户首先需要在提供电子支票服务的银行注册账户，并存入足够的资金，银行根据账户的信用额度开具电子支票，并对开具的电子支票进行数字签名。

(2) 电子支票的支付。电子支票系统利用信息安全加密技术和签名技术来保障支付的安全性。买家购买商品时首先用自己的私钥对电子支票进行数字签名，然后使用卖家的公钥对电子支票进行加密，并通过公共网络将电子支票发送给卖家。卖家收到电子支票后用自己的私钥对电子支票进行解密，并用买家的公钥对其数字签名进行验证，如果通过验证，卖家将电子支票传送给银行并验证，如果验证有效卖家发送商品或服务给买家。

(3) 清算。电子支票清算时，收款人银行首先验证付款人和收款人的数字签名，并核实收款人账号。同时，付款人银行验证付款人的数字签名，并借记付款人账号。然后付款人银行和收款人银行通过银行内部网络进行清算，并将清算结果发送给付款人和收款人。

案例5.2

如何反诈防诈 看看京东金融App怎么说

思政案例

有效防范化解重大经济金融风险

习题

一、选择题

1. 目前主流的网上支付方式是(　　)。
   A. 电子现金　　　B. 第三方支付　　C. 借记卡　　　D. 支票

2. 我国最早开通网上银行业务的机构是(　　)。
   A. 中国银行　　　　B. 建设银行　　　　C. 中国人民银行　　D. 招商银行
3. 以下第三方支付主要担当了信用中介作用的是(　　)。
   A. 快钱　　　　　　B. 云网　　　　　　C. 财付通　　　　　D. 中国银联
4. 以下是独立第三方支付模式的是(　　)。
   A. 快钱　　　　　　B. 支付宝　　　　　C. 财付通　　　　　D. 京东支付
5. 以下是纯网络银行的是(　　)。
   A. 百信银行　　　　B. 招商银行　　　　C. 建设银行　　　　D. 人民银行

二、名词解释

1. 网络金融
2. 第三方支付
3. 电子支票
4. 网上支付
5. 众筹

三、简答题

1. 网络金融有哪些模式？
2. 网络银行发展存在哪些问题？
3. 电子商务与网络金融有什么关系？
4. 第三方支付有哪些模式？
5. 我国电子商务有哪些发展热点和趋势？

四、论述题

1. 第三方支付的出现对网络银行有什么影响？
2. 请为某电子商务公司设计至少3种网络支付方式。

五、案例分析题

揭秘跨境支付独角兽PingPong的第二增长曲线[①]

如果要问未来最具确定性的机会有哪些，品牌出海肯定是其中之一。跨境市场机会多，早已成了共识。行情火热，跨境支付独角兽 PingPong 公司正在计划公司的"二次扬帆"。2015年，PingPong 在杭州成立，成为国内第一家跨境电商收款企业。次年，PingPong 以"了不起的1%"策略直击行业高费率痛点，打破海外支付巨头的垄断，促使整个行业费用降低70%。2019年，PingPong 成长为 10 亿美元以上估值的独角兽。2020 年，PingPong 交易规模超千亿人民币，全球分支机构达 18 家。作为全球最大的跨境贸易数字化服务商之一，PingPong 以遍布全球的运营服务网络、主流国家地区支付牌照和合规资质为依托，围绕跨境电商、外贸 B2B 及大型跨国企业的全球业务拓展需求，建立了涵盖跨境收款、外贸 B2B 收付款、全球收单、全球分发、

[①] 资料来源：界面新闻，https://www.jiemian.com/article/6751294.html，有修改。

供应链融资、海外汇率避险、VAT税务服务、出口退税、VCC、SaaS企业服务等多元化的产品矩阵，可为不同类型的客户提供合规、安全、便捷的一站式数字化服务。PingPong以科技创新为手段，实现了将数字化技术和业务场景的深度融合，形成了独有的以数字化技术为驱动的商业增长模型。PingPong的关键核心技术100%为自主研发，在账户体系、支付流程、资金管理、货币兑换、信用评估、风控防范等核心业务环节都实现了底层技术专利的全面覆盖和保护。并通过布局超200项海内外知识产权，约40项专利及软著，实现及时、高效地根据市场和用户需求、趋势进行产品迭代创新，有效降低了用户成本，提升用户体验。通过数字化技术，PingPong用户跨境支付的成本降低20%，时效性提升近50%。

2021年，新的机遇与挑战摆在了PingPong面前：庞大的跨境电商市场里迎来了更大的客户，相比中小卖家，他们的交易业务场景更复杂，需要更个性化、更深度的全球一体化资金管理解决方案。而无论是客观基础还是主观意愿，PingPong都是接住这块增量的合适角色。2020年底，PingPong着手组建全球机构事业群(Global Institution Group，简称GIG)，以此调动全公司产品与资源，进入跨境的深水区。自此，PingPong正式开启新征程。

1. 外需与内力

二次扬帆无异于再次创业，需要公司审时度势，找到天时地利人和。跨境电商市场多年的红火，造就了一批体量和业务复杂度一并增长的商家。这些商家的生意范围越来越大，遍及亚欧美洲多国。他们既在多个跨境电商平台做生意，也自建了独立站，广泛获取社交媒体流量转化订单的同时，更要做好全球级的贸易安排。相对应地，他们需要更专业的服务，需要的产品也更复杂。除了成长为大玩家的存量卖家，另一类蓬勃发展的需求，来自原本不在跨境电商范畴内的平台。这类平台业态延展性强，有巨大的流量基础，也有相当数量的跨境电商玩家在其生态上运营业务。随着线上流量和实物交易的贴近，流量变现也打开了全新的增长空间。

截至2021年3月31日，PingPong单日交易峰值已达5亿美元，业务覆盖了全球100多个国家和地区，是全球跨境服务的重要力量。而在产品层面，PingPong针对全球大型客户的需求，打造一体化的资金管理平台，其中全球收单一站式解决方案，让客户只需一个账号就能管理全球收单，只需一个API就能实现50多个币种的交易；虚拟卡业务支持美元、港元、欧元、日元等9个币种充值，可批量管理、且可实时掌握交易动态；外汇产品对接了全球顶级外汇银行和专业外汇流动性供应商，能为客户提供具有竞争力的外汇解决方案，帮助客户在全球开展业务的同时实现汇率风险中性。除此以外，PingPong的解决方案"矩阵"还包括跨境收款、外贸收付款、全球分发、供应链金融、出口退税、VAT增值税缴纳等服务，能帮助合作伙伴全面降本增效。PingPong的角色早已超越了单纯的跨境支付服务商角色，它是专注于构建全球跨境基础服务的科技企业，既为客户提供全面的支付解决方案，也深入客户精细化运营的各个环节。在产品丰富、能力全面的基础上，PingPong的产品整合能力和定制化能力是其之于大客户的关键吸引力。大平台和大机构往往业务庞杂，需求复杂且非标，这要求服务商深刻理解客户需求，根据客户需求去定制化地去梳理服务，而不仅仅是把已有产品"打包"出售。

2. "没有杀手锏"背后

电商企业、科技平台、金融机构是GIG的三大目标行业客群。以GIG与A科技公司、B银行的合作为例，A公司坐拥大量搜索流量，诸多品牌都会基于其流量生态做专门的运营，以此获得更多曝光。通过API交互，GIG让平台用户只需绑定平台官方支付工具便可实现一站式购物体验，在这个过程中，GIG 提供的是"底层支撑"，在前端并不会有 PingPong 品牌露出。除了帮助 A 公司打通从搜索到交易的链路，GIG 还为 A 公司提供税费缴纳服务，并通过风险策略和海量风控数据保障资金安全，同时提供完善的争议、拒付处理机制。此外，GIG 还设置了专业运营团队为商户提供一对一服务，为其提供便捷操作后台，让商户能对交易和资金一目了然。

类似的"直连、降损、提效"思路，在 GIG 与 B 机构的合作中也有体现。凭借丰富的海外合作资源，GIG 为 B 银行提供了一套定制化的收款 API 解决方案。该方案让 B 银行的跨境商户获得便捷的海外开户体验，卖家只需在 B 银行提交申请，即可获得覆盖全球四个国家六个币种的本地收款账户，实现批量收款，并借助清晰的账单及订单呈现做好还原申报。

以上两个案例中，GIG 最终都为客户和消费者实现了效率提升和体验优化，但涉及场景多样且复杂，具体的实现路径大不相同，呈现出明显的定制化特点。GIG 需要深刻理解大客户需求，提供全方位、润物细无声的赋能，靠某个"杀手锏"横扫四方的思路并不适用于大客户业务，大客户的业务更迭牵一发而动全身，要顾及上下游，要顾及在生态内经营的商户，要顾及消费者体验。服务商必须足够专业，具备长期合作的态度，踏实做好"底层支撑"角色。

对于 PingPong 来说，GIG 是公司的"第二增长曲线"。对于整个跨境行业，GIG 将把 PingPong 的进一步做深做实。线上平台发展到一定阶段后，"供应链一定会往上"，这是流量变现的过程。在流量平台和实物交易深度融合的过程中，金融机构也会试图给电商公司和科技企业提供支持，而 GIG 恰好有赋能机构的能力。从更大的视角看，GIG 捕捉的是一个确定性趋势，一种结构性红利。跨境支付作为跨境贸易的基础设施，将受益于市场的红利，与之共同增长。如今的跨境支付，早已不是拿个资质就随便上场了。行业进入深水区，业务层次与深度见分晓的时刻到了。

问题：
1. PingPong 的第二增长曲线是什么？
2. 为什么说"如今的跨境支付行业进入深水区，早已不是拿个资质就随便上场了"，试分析其原因。

第6章 电子商务物流

完整的电子商务交易过程包括四种基本要素：商流、物流、资金流和信息流。物流是商流、信息流和资金流最终实现的根本保证。如果没有高效、合理、畅通的物流体系，电子商务的优势就难以有效发挥。因此，物流配送对电子商务发展越来越重要。

■ **内容提要**
- 物流的基本概念与分类
- 物流配送以及配送中心
- 物流系统及其分类
- 物流与电子商务的关系
- 电子商务物流模式
- 物流技术

6.1 物流概述

物流作为电子商务不可缺少的重要环节，包括了货物的仓储、装卸搬运、保管、运输等活动。电子商务的实现是以物流为前提的，物流的存在，保证了商品所有权的顺利转移。近年来，在高速发展的电子商务的推动下，我国的物流业取得了长足的发展。

6.1.1 物流的产生

物流早期是从西方市场学理论中产生的，是指销售过程的物流，即通过对产品的销售输送、保管活动进行管理，达到降低成本、促进销售的目的。

1915 年美国学者阿·奇萧(Arch W. Shaw)在《市场营销中的若干问题》中，首次提出物流(physical distribution，PD)的概念。1935 年美国销售协会进一步阐述了物流概念：物流是包含于销售之中的物质资料和服务在从生产场所到消费场所的流动过程中所伴随的各种经济活动。随着物流在企业中的广泛应用，从内部领域扩展到企业外部经营管理的其他领域，物流管理开始注重外部分销商、顾客、供应商及第三方构成的多维、复杂、立体关系的研究，强调原材料采购、加工生产、产品销售、售后服务直到废旧回收等整个物资流通全过程的管理。

在第二次世界大战中，美国军队为了改善战争中的物资供应状况，研究和建立了"后勤"(logistics)理论，并在战争活动中加以实践和应用。后勤的核心是将战时物资的生产、采购、运输、配给等活动作为一个整体来进行统一布置，以求对战略物资进行补给的费用更低、速度更快、服务更好。实践证明，这一理论的应用取得了很好的效果。第二次世界大战后后勤理论被应用到企业界，其内涵得到了进一步推广，涵盖了整个生产过程和流通过程，包括生产领域的原材料采购、生产过程中的物料搬运与厂内物流到商品流通过程中的物流。因此，在欧美国家中一般所指的 logistics 比 PD 的内涵更为广泛，PD 一般仅指销售物流。

20 世纪 50 年代日本正处于经济高速成长期，生产规模迅速扩大导致流通基础设施严重不足，在这种背景下，日本从美国引入了 PD 理论。1965 年，日本在政府文件中正式采用"物的流通"这个术语，简称为"物流"，包括包装、装卸、保管、库存管理、流通加工、运输、配送等诸多活动。

物流概念引入中国大体历经了以下 3 个阶段。

(1) 20 世纪 80 年代初至 90 年代初。通过日本和欧美的市场营销理论的引入，开始接触物流的概念，尽管当时在中国还尚未形成"物流"的概念，但是类似物流的行业是客观存在的。比如中国的"储运"业与国外的"物流"业就很相似，只是限于这个时期中国的经济体制正处于转轨时期，真正意义上的现代物流尚未形成。

(2) 20 世纪 90 年代中期至 90 年代末期。一方面由于对外开放力度加大，随着大量跨国公司进入中国，将现代物流(modern logistics)的理念传播到中国；另一方面大量"三资"企业的生产和制造活动开始本地化，对现代物流产生了需求。于是，一批传统储运企业开始向开展综合物流业务的现代物流企业转型。

(3) 20 世纪末至今。世纪之交的中国经济，一方面由于世界经济一体化进程的推进，国际政治、经济、技术和管理对中国经济产生了深刻影响，促进了中国物流业的发展；另一方面由于中国特色社会主义市场经济体制建设的进程加快，现代物流发展的客观需求和市场环境基本具备，现代物流开始进入全面发展的新阶段。

6.1.2 物流的定义

关于物流的定义，目前在国内、国际普遍采用的有以下几种。

1. 美国、欧洲、日本关于物流的定义

(1) 美国物流管理协会对物流的定义是：物流是为满足消费者需求而进行的对原材料、中间库存、最终产品及相关资讯从起始地到消费地的有效流动与存储的计划、实施与控制的过程。

(2) 欧洲物流协会将物流定义是：物流是在一个系统内对人员或商品的运输、安排及与此相关的支持活动的计划、执行与控制，以达到特定的目的。

(3) 日本日通综合研究所对物流的定义是：物品从供应地向接收地的物理性移动，创造时间性、场所性价值的经济活动。

2. 我国对物流的定义

《中华人民共和国国家标准物流术语》对物流的定义是："物品从供应地向接收地的实体流动过程。根据实际需要，将运输、储存、装卸、搬运、包装、流通加工、配送、信息处理等基本功能实施有机结合。"其中所指的物品是指经济活动中涉及实体流动的物质资料。该定义有别于美国、欧洲和日本的定义，强调物流是一种实体流动过程，是对物流这一客观经济现象的直观描述。

6.1.3 现代物流

在传统物流中，物流研究的对象主要集中于与商品销售有关的物流活动，着重于物品的存储和运输方面，以弥补商品销售中的时间和空间差异。由于信息技术落后，没有完整的物流系统，物流的各个环节相互独立，无法实现有效连接和协同。随着高新技术的突飞猛进和计算机信息网络的日益普及，传统物流在不断向现代化意义上的物流转变，其主要内涵包括了运输的合理化、仓储的自动化、包装的标准化、装卸的机械化、加工配送的一体化、信息管理的网络化等。

1. 传统物流与现代物流

(1) 传统物流。传统物流的作用领域以商品的销售作为主要对象，具体完成将生产的商品送交消费者的过程中所发生的各种活动，包括公司内部原材料的接收和保管、产成品的接收和保管、工厂或物流中心的运输等。

(2) 现代物流。经济的发展使物流活动向前拓展，扩大到生产领域，物流不再仅限于从产品制造完成才开始，而是扩展到从原材料采购、加工生产，到产品销售、售后服务，直到包装物品、废旧物品回收等整个物流过程。同时，信息技术的迅速发展，为物流的系统化、自动化以及物流活动的整合等提供了有力的支持，物流的运作形式和效率有了快速发展和提升，促使物流进入了现代物流的发展阶段。

现代物流是在传统物流的基础上，引入高科技手段，即运用计算机进行信息联网，并对物流信息进行科学管理，从而使物流速度加快、准确率提高、库存减少、成本降低，以此延伸和放大传统物流的功能。它将运输、仓储、装卸、加工、整理、配送、信息等方面有机结合，形成完整的供应链，为用户提供多功能、一体化的综合性服务。

(3) 传统物流和现代物流的区别。

① 传统物流只是提供简单的位移，现代物流还提供增值服务。传统物流是简单的"仓库＋汽车"到"另一个仓库"，只是按生产和销售部门的要求进行保管和运输。现代物流是现代化的仓库、交叉理货平台和信息网络的结合体，个性化服务特征明显，可以为客户量身定做。物流公司提供的服务不仅包括运送，还增加了一系列增值性服务，如分配、包装、仓储等。客户的不同货品，不管有多复杂，物流公司都可按不同要求分到不同的包裹，准确、及时地运送到

指定地点。比如畅网物流公司免费提供园区仓储，无疑降低了物流运输成本，省去了繁杂的中间环节。

② 传统物流是被动服务，现代物流是主动服务。传统物流是给钱才给传送，货品送达，客户才知道是什么货，它通常只是物品的流动，资金流未参与其中，信息流在物流完成后才发生。现代物流过程是商流、物流、信息流和资金流的统一。打个电话，上一下网，主动将送什么货的信息先于物流发送出去，通过现代通信手段编织出"天罗地网"，对运输、收货和资金可以了如指掌。

③ 传统物流侧重点到点或线到线的服务，而现代物流构建了全球服务网络。传统物流只是由生产企业到批发企业和零售企业的物流运动，它是点到点或线到线的运输，而且运输工具单一。现代物流业是厂商直接与终端用户打交道，物流的领域将扩大到全球的任何一个地方。它提供的是一种门到门的服务，只要消费者需要，通过网络提供全面的服务，通过综合运输将产品送货到位，这就促使现代物流必须构建一个全球服务性网络。比如畅网物流实现川内21个地市州的运输网络全覆盖，深度直达辖下三级地县，首创建立了"成都即四川"的广域货站。

④ 传统物流是单一环节的管理，现代物流是整体系统化的管理。在传统物流业中，受传统体制影响，运输、仓储、货运代理等物流各环节各自为政，相互割裂，互不越界，没有整合。由于这些环节由互不沟通的不同经济实体分别承担，它们之间似乎不存在利益的共生关系，无统一服务标准。现代物流业的首要问题便是整合资源，使之充分、有效、高效而协调地有机连接运行。它有多个环节，通过一个计划、管理、控制的过程，把这几个环节加以组织，以最少的费用、最高的效率、客户最满意的程度把产品送到用户手里。比如畅网物流实现360度资源聚合功能，信息充分交互共享；同时，通过短途货运公司资源整合，解决最后一公里的货运难题。

⑤ 传统物流是人工控制，而现代物流是信息管理。传统的物流过程是由多个业务流程组成的，受人为因素影响和时间影响较大。现代物流业务流程由网络系统连接，实现整个过程实时控制和信息系统管理，给企业带来全新的管理方法。比如畅网物流掌控车源的实时地理位置及载货信息，并使用仓储智能识别系统，24小时监控货物安全，提升仓储管理的现代化和科技化水平，降低物流运作风险。

可见，现代物流是一个全新的系统概念，它包含了产品生命周期的整个物理性位移的全过程；它使传统物流向生产、流通以及消费的全过程延伸，并且增加了新的物流内涵。它将社会物流与企业物流有机地结合起来，即从采购物流到生产物流到销售物流直至消费终端。

2. 现代物流的特点

随着市场经济的发展和科学技术的不断进步，加之世界经济一体化的逐步形成，生产社会化的范围已经超出一个国家的界线。而现代物流作为现代经济发展的一个环节，不仅重视物流各构成要素的整体最佳，而且强调物流活动与其他生产经营活动的整体协同。相较于传统物流要求的安全、切实和经济性，现代物流具有如下特征。

(1) 物流服务社会化。突出表现为第三方物流与物流中心的迅猛发展。随着社会分工的深化和市场需求的日益复杂，生产经营对物流技术和物流管理的要求也越来越高。众多企业逐渐认识到依靠企业自身的力量不可能在每一个领域都获得竞争优势。它们更倾向采用资源外取的方式，将本企业不擅长的物流环节交由专业物流公司，或者在企业内部设立相对独立的物流专业部门，而将有限的资源集中于自己真正的优势领域。专业的物流部门由于具有人才优势、技术优势和信息优势，可以采用更为先进的物流技术和管理方式，取得规模经济效益，从而达到物流合理化——产品从供方到需方全过程中，达到环节最少、时间最短、路程最短、费用最省。

(2) 物流过程一体化。现代物流具有系统综合和总成本控制的思想，它将经济活动中所有供应、生产、销售、运输、库存及相关的信息流动等活动视为一个动态的系统总体，关心的是整个系统的运行效能与费用。目前人们对集约化经营虽然有不同的理解，但是高效率一定是其中的重要因素之一。

(3) 物流技术专业化。现代技术在物流活动中得到了广泛的应用，例如，条形码技术、EDI技术、自动化技术、网络技术、智能化和柔性化技术等。运输、装卸、仓储等也普遍采用专业化、标准化、智能化的物流设施设备。

(4) 物流管理信息化。物流信息化是整个社会信息化的必然需求。现代物流高度依赖于对大量数据、信息的采集、分析、处理和及时更新。在信息技术、网络技术高度发达的现代社会，从客户资料和订单处理的数据化、代码化，物流信息处理的电子化和计算机化，到信息传递的实时化和标准化，信息化渗透至物流的每一个领域。

(5) 物流活动国际化。在产业全球化的浪潮中，跨国公司普遍采取全球化战略，在全世界范围内选择原材料、零部件的来源，选择产品和服务的销售市场。因此，其物流的选择和配置也超出国界，着眼于全球大市场。大型跨国公司普遍的做法是选择一个适应全球分配的分配中心以及关键供应物的集散仓库；在获得原材料以及分配新产品时使用当地现存的物流网络，并且把这种先进的物流技术推广到新的地区。

3. 现代物流的作用

(1) 推动经济增长方式的转变。物流作为市场经济的产物，被喻为"第三利润源泉"，其起源就是在通过简单降低人力、物力投入取得利润的传统经济发展模式受阻的情况下提出的。它的内涵就是在劳动力、资金等不增加甚至减少的情况下，通过运作环节的改善和简化，合理组织运输，减少装卸次数，提高装卸效率，改进包装水平和装卸工具来增加企业利润，增加社会效益。同时，由于物流对生产与市场的双重趋进，成为连接生产与市场的纽带，企业依照市场需求，通过竞争提高产品质量，使通过市场来调节生产规模成为现实。

(2) 促进区域经济发展。在社会主义市场经济体制下，物流可以保证资源在空间上的自由流动，促进资源合理布局，促进区域经济的发展。由于自然条件、环境和经济发展的不平衡，导致了区域经济发展的差异。物流以系统的观点，综合考虑从产品的原材料采购、存储、运输等过程，实现商品降低成本及较好服务效果并举的位移结果。因此，它可以把市场延伸到地球的任何角落，把经济发达地区和欠发达地区直接联系起来，可以把货源从丰富地区带入到贫乏地区，从而带来人员、信息、科技的交流，促进不同资源的相对集中配置，利于形成产业的集聚效益和规模效益，促进区域经济发展。

(3) 加速现代企业制度建立，促进企业结构调整。在现代物流业的发展进程中，较为充分地体现了现代经济发展网络化、集约化、规模化的发展特征和以人为本的经营理念。这为交通运输、仓储等传统产业与现代企业经营理念的有机结合、巩固传统优势带来了新的机遇。传统的交通运输及仓储企业在其以往的经营过程中，积累了较为丰富的经验，在此基础上积极发展物流业，将有利于其企业制度与经营管理体制的现代化发展，为其合理整合现有各类资源，重新调整企业结构，充分发挥交通运输、仓储等传统产业的潜力，合理调整资本流向，为其自身获取新的业务拓展空间和产生新的经济增长点，从而提高经济效益，使自身获得良好的发展。

(4) 提升企业核心竞争能力。随着现代企业经营内容与经营范围的不断扩大，培养企业核心竞争能力已成为现代企业应对日益激烈的市场竞争的重要手段，而发展现代物流服务，则有利于增强企业的竞争能力。现代物流服务的开展，将使物流能力成为构成企业核心竞争能力的重要因素，有利于当地工业、商业企业在提高经营管理、技术及产品开发、市场营销水平的同时，获得物流能力的支持，在较高的层次上提供稳定、高效、安全、及时的各类商业服务，从而提高其竞争能力。物流服务的发展，也将促使从事专业物流服务的企业得以发展壮大，并积累组织和管理现代物流服务的经验与实力，适应竞争的需要。

6.1.4 物流活动的功能要素

物流的整体功能是通过物流各环节活动的有机结合来实现的。物流整体的最优化离不开各个功能要素的合理化。物流要素一般包括运输、仓储、装卸搬运、包装、流通加工、配送和信息处理等。这些功能要素有效地组合、连接在一起，相互平衡，形成密切相关的一个系统，能合理、有效地实现物流系统的总目的。

(1) 运输。运输是对物品进行较长距离的空间移动。运输是物流最重要的功能，是由包括车站、码头的运输结点，运输途径，运输机构等在内的硬件要素，以及运输控制和营运等软件要素组成的有机整体，并通过这个有机整体发挥综合效应。

(2) 仓储。仓储在物流系统中起着缓冲、调节和平衡作用，是物流的另一个重要功能，包括储存、管理、保养、维护等活动。通过调整供给和需求之间的时间间隔，保证和促使经济活动的顺利进行。相对以前强调商品价值维持或储存目的的长期保管来说，保管的主要设施是仓库，在基于商品出入库存信息的基础上进行在库管理。

(3) 装卸搬运。跨越运输机构和物流设施而进行的，发生在运输、保管、包装前后的，对物品进行垂直方向移动为主的物流活动称为装卸，包括商品装入、卸出、分拣、备货等作业活动。搬运是指在同一场所内对物品进行以水平移动为主的物流作业。装卸搬运本身并不产生任何价值，但它起着连接运输、仓储和其他物流活动的重要作用。

(4) 包装。包装是指在商品输送或保管过程中，为保证商品的价值和形态而从事的物流活动。包装是生产的终点，同时也是社会物流的起点。

(5) 流通加工。流通加工是指物品在从生产地到使用地的过程中，根据需要施加包装、分割、计量、分拣、价格贴附、标签贴附、商品检验等简单作业的总称。如今，流通加工作为提高商品附加价值、促进商品差别化的重要手段之一，其重要性越来越强。

(6) 配送。配送是指在经济合理区域范围内，根据客户要求对物品进行分拣、加工、包装、分割、组配等作业，并按时送达指定地点的物流活动。其本质也是物品的位移，但与运输功能相比，配送是区域内的短距离、多品种、小批量的商品送达服务。

(7) 信息处理。信息处理是指对与商品数量、质量、作业管理相关的物流信息，以及与订货、发货和货款支付相关的商流、资金信息的收集、整理与传递等，使物流活动能有效地进行。物流信息与物流活动各个环节都有密切联系，起着神经系统的作用。

6.1.5 物流的分类

社会经济领域中的物流活动无处不在，并起着至关重要的作用。尽管不同领域的物流存在着相同的基本要素，但在不同的生产活动中物流的对象、目的、范围不同，就形成了不同的物流类型。下面按照物流系统中商品运动方式、职能、空间范围等不同的角度对物流进行分类。

1. 按商品运动方式分类

(1) 流通业物流。流通业物流是为了克服产品生产点与消费点之间存在的空间和时间上的间隔而产生的一种物品运动方式。它主要通过运输、储存、包装、流通加工、配送等物流运作手段，以最低的成本，把特定的产品和服务在特定的时间提交给特定的客户。流通业物流的运作对象一般是产成品，除少量的流通加工对物品具有一定的生产性作用以外，流通业物流中，物品自身形态不发生变化，而只是发生空间上的转移和时间上的延迟。

(2) 制造业物流。制造业物流是为了将各种物料、零件、配件等物品从原始形态转成特定的产品形态而产生的一种物品运动方式。制造业物流中，物品形态随着生产加工的进行而不断变化，直至最后成为特定形态的产成品。

2. 按照物流所发挥的职能分类

(1) 供应物流。供应物流指从物资(主要指生产资料)供给者，经过采购、运输、储存、加工、分类或包装、搬运装卸、配送，直到购买者拥有并收到物资过程的物流。

(2) 生产物流。生产物流指从原材料采购、运输、储存，车间送料、装卸搬运、半成品(零部件)流转，成品分类拣选、包装、入库，一直到产品送到中间商或消费者手中全过程的物流，也称工厂物流。

(3) 销售物流。销售物流是指生产工厂或商业企业(批发或零售)从商品采购、运输、储存、装卸搬运、加工、包装、拣选、配送、销售，直到顾客收到商品过程的物流。

(4) 回收物流。回收物流指伴随货物运输或搬运中的包装容器、装卸工具及其他可再用的旧杂物的回收、分类、再加工及复用过程的物流。

(5) 废弃物流。废弃物流指伴随某些厂矿的产品生产，产生的副产品(如钢渣、炉灰等)、废弃物以及生产和生活消费中的废弃物(如垃圾)等的收集、分类、处理过程的物流。

3. 按空间范围分类

(1) 地区物流。地区物流指在地区内运动的物流。地区有不同的划分标准：可以按行政区域划分，如华东地区、华中地区等；可以按经济圈划分，如苏锡常地区、黑龙江边境贸易区等；也可以按地理区域位置划分，如长江三角洲地区、珠江三角洲地区等。

(2) 国内物流。国内物流指在一个国家的范围内所进行的物流。国内物流的运作应遵守国内物流管理部门所制定的行业标准。

(3) 国际物流。国际物流指原材料、再制品、半成品和产成品在国与国之间的流动和移动，包括各种形式的物资在国与国之间的流入和流出，如进(出)口商品、转运物资、过境物资、邮件、援助物资等，以及加工装配所需物料、部件以及退货等在国与国之间的流动等。

4. 其他物流种类

除以上物流种类外,还有精益物流、定制物流、绿色物流、逆向物流、冷链物流、智慧物流等。

(1) 精益物流(lean logistics)。精益物流是指消除物流过程中的无效和不增值作业,用尽量少地投入满足客户需求,实现客户的最大价值的物流服务模式。它是快速响应客户的物流需求,在不影响成本和效率的基础上,为客户进行物流服务的设计和提供物流服务。

(2) 定制物流(customized logistics)。定制物流是根据用户的特定要求而为其专门设计的物流服务模式。物流服务提供者针对客户需求的差异性,视每一位客户为一个单独的细分市场,设计专门的物流服务模式来满足客户的特定需求。

(3) 绿色物流(environmental logistics)。绿色物流是指在物流过程中防止物流对环境造成危害的同时,实现对物流环境的净化,使物流资源得到最充分合理的利用。

(4) 逆向物流(reverse logistics)。逆向物流又称反向物流,是指从供应链下游向上游的运动所引发的物流活动。

(5) 冷链物流(cold chain logistics)。冷链物流泛指冷藏冷冻类食品在生产、储藏运输、销售以及到消费前的各个环节中始终处于规定的低温环境下,以保证食品质量、减少食品损耗的一项系统工程。它是随着科学技术的进步、制冷技术的发展而建立起来的,是以冷冻工艺学为基础、以制冷技术为手段的低温物流过程。冷链物流的要求比较高,相应的管理和资金方面的投入也比普通的常温物流要大。

(6) 智慧物流(intelligent logistics)。智慧物流是利用集成化技术,使物流系统模仿人的智能,具有思维、感知、学习、推理判断和自行解决物流中某些问题的能力。可通过RFID、传感器、移动通信技术等让货物配送自动化、信息化和网络化。智慧物流作为智慧城市建设过程中的一个板块,它的发展也必然从新兴技术的研发开始,其运行基础是数据库,而数据的检测需要通过物联网、互联网等技术来完成。通常,智慧物流由物流数据中心、支撑应用、核心应用、门户应用组成,它们之间通过互联网、物联网、传感网进行联系。

6.1.6 物流配送

物流配送是流通部门联结生产和消费的流通方式,使时间和场所产生效益,提高物流配送运作效率是降低流通成本的关键所在。物流配送是一项复杂的科学系统工程,涉及生产、批发、电子商务、配送和消费者的整体结构。

1. 物流配送的概念

根据中国国家标准《物流术语》(GB/T 18354—2021),物流配送的定义为:"根据客户要求,对物品进行分类、拣选、集货、包装、组配等作业,并按时送达指定地点的物流活动。"配送是以社会分工为基础的综合性、完善化和现代化的送货活动,是物流中一种特殊的、综合的活动。配送是商流与物流的紧密结合,包含了商流活动和物流活动,也包含了物流中若干功能要素。

从物流来讲,配送几乎包括了所有的物流功能要素,是物流的一个缩影或在某小范围内物流全部活动的体现。一般的配送集装卸、包装、保管、运输于一身,通过这一系列活动完成将货物送达目的地。特殊的配送还要以加工活动为支撑,所以包括的范围更广。

配送概念的内涵可以从以下方面来分析。

(1) 配送提供的是物流服务,因此满足顾客对物流服务的需求是配送的前提。由于在买方市场条件下,顾客的需求是灵活多变的,消费特点是多品种、小批量的,单一的送货功能无法较好地满足广大顾客对物流服务的需求,因此配送活动是多项物流活动的统一体。更有些学者认为:配送就是"小物流",只是比大物流系统在程度上有些降低和范围上有些缩小罢了。从这个意义上说,配送活动所包含的物流功能,应比我国《物流术语》提出的功能还要多。

(2) 配送是"配"与"送"的有机结合。所谓"合理配送"是指在送货活动之前必须依据顾客需求对其进行合理的组织与计划。只有"有组织、有计划"地"配",才能实现现代物流管理中所谓的"低成本、快速度"的"送",进而有效满足顾客的需求。

(3) 配送是在合理区域范围内的送货。配送不宜在大范围内实施,通常仅局限在一个城市或地区范围内进行。

2. 配送要素

配送一般由集货、分拣、配货、配装、配送运输、送达服务等要素构成。

(1) 集货。集货是将分散的或小批量的物品集中起来,以便进行运输、配送的作业。集货是配送的重要环节,为了满足特定客户的配送要求,有时需要把从几家甚至数十家供应商处预订的物品集中起来,并将要求的物品分配到指定容器和场所。集货是配送的准备工作或基础工作,配送的优势之一就是可以集中客户进行一定规模的集货。

(2) 分拣。分拣是将物品按品种、出入库先后顺序进行分门别类堆放的作业。分拣是配送不同于其他物流形式的功能要素,也是配送成败的一项重要支持性工作。它是完善送货、支持送货的准备性工作,是不同配送企业在送货时进行竞争和提高自身经济效益的必然延伸,也是送货向高级形式发展的必然要求。

(3) 配货。配货是使用各种拣选设备和传输装置,将存放的物品,按客户要求分拣出来,配备齐全,送入指定发货地点。

(4) 配装。在单个客户配送数量不能达到车辆的有效运载负荷时,就存在如何集中不同客户的配送货物,进行搭配装载以充分利用运能、运力的问题,这就需要配装。与一般送货的不同之处在于,通过配装送货可以大大提高送货水平及降低送货成本,所以配装也是配送系统中有现代特点的功能要素。

(5) 配送运输。与运输中的末端运输、支线运输和一般运输形态的主要区别在于,配送运输是较短距离、较小规模、额度较高的运输形式,一般使用汽车做运输工具;与干线运输的另一个区别是,配送运输的路线选择问题是一般干线运输所没有的,干线运输的干线是唯一的运输线,而配送运输由于配送客户多,一般城市交通路线又较复杂,如何组合成最佳路线,如何使配装和路线有效搭配等,是配送运输的特点,也是难度较大的工作。

(6) 送达服务。将配好的货物运输给客户还不算配送工作的结束,这是因为送达服务和客户接货往往还会出现不协调,使配送前功尽弃。因此,要圆满地实现运输到货物的移交,并有效地、方便地处理相关手续完成结算,还应讲究卸货地点、卸货方式等。

(7) 配送加工。配送加工是按照配送客户的要求所进行的流通加工。在配送中,配送加工这一功能要素不具有普遍性,但往往是有重要作用的功能要素。这是因为通过配送加工,可以大大提高客户的满意程度。配送加工是流通加工的一种,但配送加工有它不同于流通加工的特点,即配送加工一般只取决于客户要求,其加工的目的较为单一。

3. 物流配送的特点

通常物流配送具有如下特点:

(1) 信息化。通过网络使物流配送信息化。实行信息化管理是新型物流配送的基本特征,也是实现物流现代化和社会化的前提保证。

(2) 网络化。物流网络化有两层含义,一是物流实体网络化。指物流企业、物流设施、交通工具、交通枢纽在地理位置上的合理布局而形成的网络。电子商务的物流配送要根据市场情况和现有的运输条件,确定各种物流设施和配送中心的数量及地点,形成覆盖全国的物流配送网络体系。二是物流信息网络化,指物流企业、制造业、商业企业、客户等通过 Internet 等现代信息技术连接而成的信息网。

(3) 现代化。电子商务的物流配送必须使用先进的技术设备为销售提供服务,这些技术包括条码、语音、射频自动识别系统、自动分拣系统、自动存取系统、自动导向、货物自动跟踪系统等,只有采用现代化的配送设施才能提高配送的反应速度,缩短配送的时间。而且随着生产、销售规模的扩大,物流配送对技术、设备的现代化的要求也就随之越来越高。

(4) 社会化。社会化程度的高低是区别新型物流配送和传统物流配送的一个重要特征。很多传统的物流配送中心往往是某一企业为给本企业或本系统提供物流配送服务而建立起来的,有些配送中心虽然也有为社会服务的,但同电子商务下的新型物流配送所具备的真正社会性相比,具有很大的局限性。

4. 配送流程

按照不同产品、不同企业、不同流通环境的要求,经过较长时间的发展,国内外形成了多种形式的配送。但是无论何种形式,配送的一般流程都比较规范:配送中心根据客户要求进货,在配送中心进行加工处理,然后经其他配送中心或直接送给客户。但并不是所有的配送都按统一的过程进行,不同产品的配送可能有独特之处,如燃料油配送就不存在配货、分放、配装工序,水泥及木材配送又多出了一些流通加工的过程,而流通加工又可能在不同环节出现。

在实际工作中,货物的不同造成配送活动有许多独特之处:液体状态的物质资料的配送就不存在配货、配装等工序;金属材料和木材等生产资料的配送常常附加流通加工;新鲜食品不存储在仓库中,直接装车发送等。

5. 配送的分类

在不同的市场环境下,为适应不同的生产和消费需要,配送是以不同的形式实现的,从而表现出不同的形态。根据配送形态上的差异情况,配送可分为以下类型。

(1) 按实施配送的结点不同进行分类,可以分为以下几种配送方式。

① 配送中心配送。一般来说,配送中心的经营规模都比较大,其设施和工艺结构是根据配送活动的特点和要求专门设计和设置的,并且专业化、现代化程度比较高。由于配送中心是专门从事货物配送活动的流通企业,因此,它的设施、设备比较齐全,货物配送能力也比较强。

② 仓库配送。在一般情况下，仓库配送是利用仓库原有的设备、设施(如装卸、搬运工具、库房、场地等)开展配送业务活动。由于传统仓库的设施和设备不是按照配送活动的要求专门设计和专门配置的，所以在利用原有设施和设备时必须对它进行技术改造。

③ 商店配送。在流通实践中，商店配送有两种运作形式：兼营形式和专营形式。兼营配送是指从事销售活动的商店，除了批发、零售商品以外，还兼职从事配送活动。其做法是：根据顾客的要求，将本地经营的商品配齐，或代顾客外购一部分本店平时不经营的商品(配套商品)和本店经营的商品配备在一起，单独或与其他企业合作运送货物给用户。专营配送是指商店不从事销售活动，而是凭借其原有资源渠道等优势专门从事配送活动，为零星需要者提供物流服务。通常是在商店所处的地理位置不好，不适宜门市销售而又有经营优势时，可采用这种经营方式。

④ 生产企业配送。这种形式的配送是直接由本企业进行配送而无须将产品发运到配送中心进行配送。生产企业配送因为避免了多次物流中转，所以有一定的优势。但生产企业，尤其是现代生产企业，往往是进行大批量、低成本生产，品种较单一，因而不能像配送中心那样依靠产品凑整运输取得优势。

(2) 按配送商品的种类和数量的多少进行分类，可以分为以下几种配送方式。

① 单(少)品种大批量配送。生产企业所需要的物资种类繁多，在向这类用户供货时，就发货量而言，有些物资，单独一个品种或几个品种即可凑成一个装卸单元，达到批量标准，这种物资不需要再与其他产品混装，而是由专业性很强的配送组织进行大批量配送，这样的配送活动即为单品种大批量配送。我国开展的"工业配煤"配送活动实际上就属于这种类型的配送。

② 多品种少批量配送。在现代社会，生产消费和市场需求纷繁复杂，不同消费者其需求状况差别很大，有些生产企业，其产品生产所消耗的物资品种很多，但单位时间内每种物资的需求量又都不是很大，呈现出多品种、小批量、多批次的状态。因此，相应的配送体系要按照用户的要求，按需实施。这种配送难度大、技术要求高、设备复杂，因而操作时要求有严格的管理制度和周密的计划进行协调。

③ 配套型配送。这是按照生产企业或建设单位的要求，将其所需要的多种物资(配套产品)配齐后直接运送到生产或建设工地的一种配送形式。通常，生产零配件的企业向总厂供应零件时多采用这种形式配送物资。

(3) 按配送时间和数量的多少进行分类，可以分为以下几种配送方式。

① 定时配送。定时配送指配送企业根据与用户签订的协议，按照商定的时间准时配送货物的一种形式。在物流实践中，定时配送的时间间隔长短不等，短的仅几个小时，长的可达几天。

② 定量配送。定量配送指在一定的时间范围内(配送时间不严格限定)，按照规定的批量配送货物的一种行为方式。定量配送的货物数量是固定的，实际操作中可根据托盘、集装箱的载货量进行测算和定量。由于这种配送方式能够充分利用托盘、集装箱及车辆的装载能力，因而可以大大提高配送的作业效率。

③ 定时定量配送。定时定量配送指按照商定的时间和规定的数量配送货物的形式，它具有定时、定量配送两种配送方式的优点。由于这种形式的配送计划性较强、准确度高，因此，它只适合于在生产稳定、产品批量大的用户中推行。

④ 定时定路线配送。定时定路线配送指按照运行时刻表,沿着规定的运行路线进行配送,实施这种配送,用户须提前提出供货的数量和品种,并且须按规定的时间在确定的路线上收取货物。适用于消费者比较集中的地区,并且一次配送的品种、数量不能太多,所以,这种方式具有一定的局限性。

(4) 按配送组织形式分类,可以分为以下几种配送方式。

① 集中配送。集中配送是由专门从事配送业务的配送中心对多家用户进行配送。集中配送的品种多、数量大,一次可同时对同一线路中的多家用户进行配送,因而配送效果明显。

② 共同配送。共同配送是为提高物流效率,对许多企业一起进行配送。共同配送的主体既可以是作为物流需求方的制造商、批发商和零售商,也可以是作为物流服务供应商的运输企业和仓库企业。共同配送的具体形式有两种:一种是中小生产企业之间分工合作,实行共同配送;另一种是几个中小型配送中心之间实行联合,共同配送。共同配送不仅可以减少企业的配送费用,弥补配送能力薄弱的不足,而且有利于缓解城市交通拥挤状况,提高配送车辆的利用率。由于共同配送涉及的面比较广,涉及的单位较多,因此,组织工作难度大。在靠近、实施这种配送模式时,不但必须建立起庞大的信息网络,而且更需要建立起层次性的管理系统。显然,只有大型的专业流通组织才有能力、有条件组织这类活动。

③ 分散配送。分散配送是指对少量、零星货物或临时需要而进行的配送业务,一般由商业销售网点进行。商业销售网点具有分布广、数量多、服务面宽等特点,比较适合开展对距离近、品种繁多而用量小的货物配送。

(5) 按经营形式分类,可以分为以下几种配送方式。

① 销售配送。销售配送是指配送企业是销售型企业,或销售企业进行的促销型配送。销售配送的对象往往是不固定的,配送的经营状况也取决于市场状况,配送随机性较强,而计划性较差。

② 供应配送。供应配送是指企业为了自己的供应需要所采取的配送形式,往往由企业或企业集团组建配送结点,集中组织大批量进货,然后向本企业配送或向本企业集团的若干企业配送。用配送方式进行供应,是保证供应水平、提高供应能力、降低供应成本的重要方式。

③ 供销一体化配送。供销一体化配送是销售企业对于基本固定的客户和基本确定的配送产品在自己销售的同时承担对客户执行有计划供应的职能,它既是销售者同时又成为客户的供应代理人。供销一体化配送方式能使销售者获得稳定的客户和销售渠道,有利于形成稳定的供需关系,有利于采取先进的计划手段和技术手段,保持流通渠道的畅通稳定。

6.1.7 配送中心

随着电子商务的高速发展,迫切需要尽快加强建设具有信息集成功能的物流配送中心。

1. 配送中心的概念

配送中心是指位于物流结点上专门从事货物配送活动的经营组织,其实质是集货中心、分货中心和流通加工中心为一体的现代化的物流基地,如图6.1所示。

配送中心应基本符合下列要求:①主要为特定的用户服务;②配送功能健全;③完善的

信息网络；④辐射范围小；⑤多品种、小批量；⑥以配送为主、储存为辅。

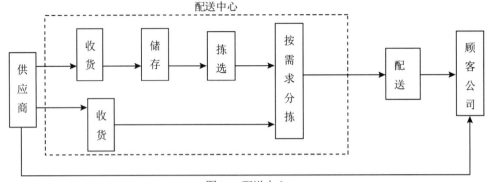

图6.1　配送中心

2. 配送中心的类别

配送中心是专门从事货物配送活动的经济实体。随着商品流通规模的日益扩大，配送中心的数量也在不断增加。在为数众多的配送组织中，由于各自的服务对象、组织形式和服务功能不尽一致，因此，从理论上又把配送中心分成若干种不同类型。

(1) 按经济功能分类，可以分为以下几种。

① 供应型配送中心。供应型配送中心是专门为某个或某些用户(例如联营商店、联合公司)组织供应，充当供应商角色的配送中心。在物流实践中，那些接受客户委托，专门为生产企业配送零部件及专门为大型商业组织供应商品的配送中心即属于供应型配送中心。例如，为大型连锁超级市场组织供应的配送中心；代替零件加工厂送货的零件配送中心，使零件加工厂对装配厂的供应合理化；我国上海地区6家造船厂的配送钢板中心，就属于供应型配送中心。

② 销售型配送中心。销售型配送中心是以销售经营为目的，以配送为手段的配送中心。销售型配送中心大体有3种类型：一种是生产企业为本身产品直接销售给消费者的配送中心，在国外，这种类型的配送中心很多；另一种是流通企业作为本身经营的一种方式，建立配送中心以扩大销售，我国目前拟建的配送中心大多属于这种类型，国外的例证也很多；第三种是流通企业和生产企业联合的协作型的配送中心。

③ 储存型配送中心。这是一种有很强储存功能的配送中心。大范围配送的配送中心，需要有较大库存，也可能是储存型配送中心。我国目前拟建的配送中心，都采用集中库存形式，库存量较大，多为储存型。

(2) 按照服务范围和服务对象分类，可以分为以下几种。

① 城市配送中心。城市配送中心是以城市为配送范围的配送中心，由于城市范围一般处于汽车运输的经济里程，这种配送中心可直接配送到最终用户，且采用汽车进行配送。所以，这种配送中心往往和零售经营相结合。由于运距短，反应能力强，因而从事多品种、少批量、多用户的配送较有优势。我国已建的北京食品配送中心就属于这种类型。

② 区域配送中心。区域配送中心是具有完善的配送基础设施和信息网络，可便捷地连接对外交通运输网络，配送及中转功能齐全，集聚辐射范围大，存储、吞吐能力强，向下游配送中心提供专业化统一配送服务的场所。这种配送中心配送规模较大，一般而言，用户也较多，配送批量也较大，而且往往是配送给下一级的城市配送中心，也配送给营业所、商店、批发商

和企业用户。区域配送中心有3个特征：其一，经营规模比较大，设施设备齐全，并且数量众多，活动能力强；其二，配送的货物批量较大而批次较小；其三，在配送实践中，区域配送中心虽然也从事零星的配送，但不是其主要业务。很多区域配送中心常常向城市配送中心和大的工商企业配送商品，这种配送中心是配送网络或配送体系的支柱结构。

(3) 按照运营主体分类，可以分为以下几种。

① 以制造商为主体的配送中心。这类配送中心里的商品100%是由自己生产制造，用以降低流通费用、提高售后服务质量和及时地将预先配齐的成组元器件运送到规定的加工和装配工位。从商品制造到生产出来后条码和包装的配合等多方面都较易控制，所以按照现代化、自动化的配送中心设计比较容易，但不具备社会化的要求。

② 以批发商为主体的配送中心。这类配送中心一般是按部门或商品类别的不同，把每个制造商的商品集中起来，然后以单一品种或搭配向消费地的零售商进行配送。这种配送中心的商品来自各个制造商，它所进行的一项重要的活动是对商品进行汇总和再销售，而它的全部进货和出货都是社会配送的，社会化程度高。

③ 以零售商为主体的配送中心。零售商发展到一定规模后，就可以考虑建立自己的配送中心，为商品零售店、超级市场、百货商店、建材商场、粮油食品商店、宾馆饭店等服务。社会化程度介于前两者之间。

3. 配送中心的功能

配送中心是集加工、理货、送货等多种功能于一体的物流结点，是集货中心、分货中心、加工中心功能之综合。

(1) 存储功能。配送中心的服务对象是为数众多的生产企业和商业网点，为了能够顺利有序地完成配送任务及更好地发挥保障生产和消费需求的作用，通常，配送中心都要兴建现代化的仓库并配备一定数量的仓储设备，存储一定数量的商品。某些区域性的大型配送中心和开展代理交货配送业务的配送中心，不但要在配送货物的过程中存储货物，而且它所存储的货物数量更大、品种更多。

(2) 分拣功能。作为物流结点的配送中心，其服务对象是各类企业，在这些企业客户中，彼此之间存在着很大差异，不仅各自的性质不尽相同，而且其经营规模也不一样。在订货和进货的时候，不同客户对货物的种类、规格、数量等会提出不同的要求。面对这种情况，为了有效地进行配送，配送中心必须采取适当的方式对组织进来的货物进行拣选，按照配送计划分装和配装。这样，在商品流通实践中，配送中心除了能够储存货物，具备储存功能之外，它还有分拣货物的功能，能发挥分拣中心的作用。

(3) 集散功能。在物流实践中，配送中心凭借其特殊的地位和所拥有的各种先进的设施和设备，能够将分散在各个生产企业的产品集中到一起，经过分拣、配装，向多家用户发送；配送中心也可以把各个用户所需要的多种货物有效地组合在一起，形成经济、合理的货载批量。配送中心在流通过程中所表现出的这种功能亦即集散功能，也称之为配货、分放功能。

(4) 流通加工功能。为了扩大经营范围和提高配送水平，目前国内外许多配送中心都配备了各种加工设备，由此而形成了一定的流通加工功能。这些配送中心能够按照用户提出的要求和根据合理配送商品的原则，将组织进来的货物加工成一定规格、尺寸和形状，由此而形成了加工功能。

4. 配送中心的管理内容

(1) 收货管理。收货管理是配送中心物流管理的第一个环节，其核心任务是将总部订购的来自各个生产厂家的货物汇集到配送中心，经过一系列的收货流程，按照规定的储存方法将货物放置于合适的地点。

(2) 存货管理。存货管理是指对货物的存储管理。商品在仓库里的存放有两种模式：一是商品群系统，二是货位系统。商品群系统是指将同类商品集中放于一处，货位系统包括开放货位系统和统制货位系统。其中，开放货位系统的货位编号固定，某类产品可随机调换货位；而统制货位系统中，商品则被赋予同一编号，改变货位，编号亦随之改变。

(3) 发货管理。发货管理是配送中心物流管理的最后一个环节，目标是把商品准确而又及时地运送到各个连锁店铺。这便要求采用经济科学的配货方法和配货流程，在现代信息管理设备的辅助下，顺利完成这一管理职能。

(4) 退货管理。退货管理是配送中心的一项重要的辅助服务活动，是配送中心提高客户服务水平的重要手段之一。

(5) 信息管理。信息流系统和配送系统是结合在一起发生作用的，是支撑配送中心营运的两个车轮。可以说，信息系统流畅与否直接决定着配送系统的流畅程度，因为信息流直接沟通着配送中心与外界的商务联系，决定着订货与收货的精确性。

(6) 财务管理。配送中心因类型不同承担着不同的财务职能，特别是总部授权进货或参与进货的配送中心，财务管理是其内部职能之一。

(7) 设备管理。设备管理是指为使设备在生命周期内的费用达到最经济的程度，而将用于机器设备的工程技术、设备和财务经营等其他职能综合起来考虑，从设备的选择开始，直到设备报废为止所开展的一系列管理工作。

6.2 物流系统

物流是多部门多功能的集合，强调系统观念和资源整合，它包括运输、储存、包装、装卸搬运、配送、流通加工等一系列环节。

6.2.1 物流系统的概念与组成

物流系统是由相互联系、相互制约的物流各要素组成的综合体。由于受内部环境及外部环境的影响，物流系统整体构成十分复杂。

1. 物流系统的概念

物流系统是指在一定的时间和空间里，由所需输送的物料和包括有关设备、输送工具、仓储设备、人员以及通信联系等若干相互制约的动态要素构成的具有特定功能的有机整体。

物流系统作为一个整体，内部因素是不可分割的，所以只有将物流系统内部的各要素综合考虑，相互配合，服从物流系统整体的功能和目的，才能使作为整体的物流系统达到最优。整体优化的目的就是要使输入最少，即物流成本、消耗的资源最少，而作为输出的物流服务效果最佳。

2. 物流系统的特点

(1) 物流系统是一个大跨度、复杂、动态性系统。大跨度系统带来的主要问题是管理难度较大，对信息的依赖程度高。物流系统构成要素本身就十分复杂，此外，物流系统要素间的关系也不像一般生产系统那样简单和明显，这也增加了系统的复杂性。物流系统由于衔接了多个供方和需方，系统会随着需求、供应、渠道、价格的变化而变化，而且系统内的要素也同样经常发生变化，难以长期稳定。稳定性差、动态性强带来的重要问题是要求系统要有足够的灵活性甚至是柔性，这自然会增加管理和运行的难度。

(2) 物流系统作为其上层系统的子系统而发挥作用。企业物流系统的上层系统是企业的经营系统，物流系统是企业经营大系统的一部分或是其子系统。物流系统目标的设定(如物流服务水平的设定)要以企业总体的经营目标、战略目标为依据，服从企业总体发展的要求。企业物流的最终目的是要促进企业的生产和销售，提高企业的盈利水平。

(3) 物流需要通过信息的反馈加以控制。现代物流管理的显著特点是信息化，物流系统中各个环节的衔接配合离不开信息功能，信息是构成物流系统的核心要素。为使物流系统按预定目标运行，必须对物流系统运行中出现的偏差加以纠正，设计出来的物流系统在运行的过程中也需要不断完善，这些需要建立在对信息充分把握的基础之上。

3. 物流系统的组成

物流系统由"物流作业系统"和"物流信息网络系统"(即支持物流系统的信息流动系统)两个子系统组成，如图6.2所示。

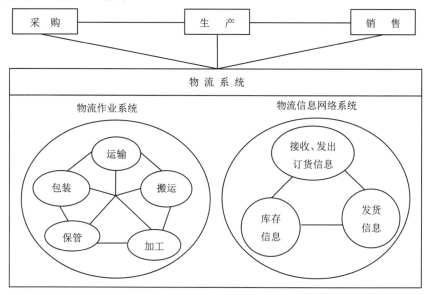

图6.2 物流系统的组成

(1) 物流作业系统。物流作业系统是指在商品的运输、保管、搬运、包装、流通加工等作业中使用各种先进的手段和技术，将商品的生产、物流、运输配送路线和运输手段组成一个合理有效的网络系统，并以此来提高物流活动的效率。

(2) 物流信息网络系统。物流信息网络系统是整个物流系统管理和调度的信息平台，是物流系统的信息基础设施，所有的管理信息、物流信息和客户服务信息都是通过这个数据通信网络平台传输和管理的。同时，物流信息网络应该实现同上下游企业或其他合作伙伴物流企业之间的信息通信连接。这个网络的存在与否，反映了电子商务物流和传统物流的根本区别。物流信息网络系统还应该提供公共的信息服务平台，便于各种客户对系统的访问。该系统的高效运行，是提高物流系统效益的基本条件。物流信息网络系统要使用各种现代网络通信技术，例如移动通信、卫星通信和数据安全等技术。

6.2.2 物流系统的分类

在物流活动中，针对供应链上不同的环节及部门，物流的职能不同，这就要求设计者根据物流企业在供应链上所处的不同位置来设计系统的功能。根据这种面向系统设计的思想，可以把物流系统大体分为以下几种。

(1) 面向生产企业的物流系统。面向生产企业的物流系统包含两部分内容：一方面是对生产原材料的采购时间、路线、储存等进行管理和对产品销售的时间、储存、送至用户的路线等进行管理的外部物流系统；另一方面是对生产过程中的包装、搬运、仓储等进行管理的内部物流系统。在电子商务下，一些生产企业构建自己的网站，直接面对客户，并根据客户的订单进行采购和销售，从而减少了中间流通环节。

(2) 面向零售商、供应商的物流系统。零售商、供应商既为生产企业提供销售的渠道，又为用户提供商品，是生产商与用户的桥梁。面向零售商、供应商的物流系统是对不同商品的进、销、存进行管理的系统。

(3) 面向第三方物流企业的物流系统。第三方物流是整个物流供应链的组织者，相应地，其物流系统将供应链上各个环节及交通运输工具连接起来。

(4) 面向供应链中提供物流单向服务企业的物流系统。有些物流公司附属有航运、仓储、拖车公司等。与能提供有形商品的第三方公司相比，它们只提供供应链中的某一项服务，面对不同的物流公司，可以有仓储物流管理系统、运输物流管理系统等。

案例6.1

天地华宇物流配送系统

6.3 电子商务与物流的关系

在数字经济时代，电子商务与现代物流是互为条件、互为动力、相互制约的关系。一方面，电子商务的实现需要现代物流的支撑；另一方面，为了适应电子商务企业对物流配送的要求，使得现代物流呈现出信息化、自动化和网络化的特征，电子商务相关技术在现代物流业中发挥着关键作用。

6.3.1 电子商务环境下物流的特点

电子商务时代的来临，使物流具备了一系列新特点。

(1) 信息化。物流信息化是电子商务的必然要求。信息化是一切的基础，没有物流的信息化，任何先进的技术设备都不可能应用于物流领域。信息技术及计算机技术在物流中的应用将会彻底改变世界物流的面貌。物流信息化表现为物流信息商品化、物流信息收集数据库化和代码化、物流信息处理电子化和计算机化、物流信息传递标准化和实时化、物流信息存储数字化等。

(2) 自动化。在信息化基础上，自动化的核心是机电一体化，其外在表现是无人化，其效果是省力化。目前，在发达国家已普遍使用的物流自动化设施有很多，如条形码、语音、射频自动识别系统、自动分拣系统、自动存取系统、自动导向车，以及货物自动跟踪系统等。我国也正在研究开发、推广应用这些自动化设施。

(3) 网络化。在信息化基础上，现代物流的网络化有两种趋势：一是物流配送系统的计算机通信网络化，其中包括配送中心与供应商、制造商之间的联网、配送中心与下游顾客之间的联网，订货过程将会使用计算机通信方式，借助于增值网(VAN)上的 EOS 和 EDI 来自动实现；二是物流组织网络化，即在全球范围内将各种制造资源、需求资源、供应资源和人力资源组织起来，得到充分的利用。

(4) 智能化。现代物流的智能化是自动化、信息化的一种更高层次的应用。物流配送中心经营管理的决策支持等问题都需要借助大量的知识才能解决，所以，在物流自动化进程中，物流的智能化是人们不可回避的一种挑战。随着专家系统、人工智能等相关技术在国际上的推广普及，智能化必将是现代物流的一种发展趋势。

(5) 柔性化。柔性化本来是为实现"以顾客为中心"理念而在生产领域提出的，但要真正做到柔性化，即真正地能根据消费者需求的变化来灵活调节生产工艺，没有配套的柔性化的物流系统是不可能达到目的的。

因此，柔性化的物流正是适应生产、流通与消费的需求而发展起来的一种新型物流模式。这就要求物流配送中心要根据消费需求"多品种、小批量、多批次、短周期"的特色，灵活组织和实施物流作业。

6.3.2 电子商务中物流的作用

电子商务是随着计算机网络、通信技术的迅速发展，特别是互联网的普及而出现并迅速发展起来的一种崭新的商务运作方式，是利用网络技术开展的商务活动。交易双方在开始时通过网络查询与交易相关的信息，包括商品的规格、型号、交易双方的信誉等，然后通过网上沟通与交流，确定交易合同，并且通过网上银行等电子方式完成资金划转结算，实现了商品所有权的转移。但是，这还不是一个完整的交易过程，只有伴随着商品使用权的转移——物流，才能完成一个完整的商品交易过程。因此，物流对电子商务的顺利进行具有非常重要的意义。

(1) 物流是促进电子商务发展的重要保证。电子商务的运作过程包括了四流：商流、物流、资金流和信息流。其中，商流是前提，物流是基础，信息流是桥梁，资金流是目的。电子商务的迅速发展引发了交易方式的创新，这种创新集中体现在商品的流通过程上，并由此引起流通模式的变革。通常，人们往往把注意力集中在信息流、资金流的电子化上，忽视了物流的电子化过程，从而制约了电子商务的发展。

无论在传统的贸易方式下，还是电子商务交易模式下，生产都是商品流通之本，而生产顺利进行需要各类物流活动的支持。合理化、现代化的物流，通过降低费用从而降低成本、优化库存结构、减少资金占压、缩短生产周期，保障了现代化生产的顺利进行。相反，缺少了现代化的物流，生产将难以顺利进行，无论电子商务是多么便捷的交易方式，仍将是无米之炊。

(2) 物流是开展电子商务竞争的重要手段。目前，电子商务的发展已进入成熟期，大量的传统企业竞相开展电子商务，同时，许多新兴的电子商务企业也大量出现。因此，面对网络这个新兴市场，企业之间展开了激烈的竞争。运用先进的信息技术是必不可少的，但是如何更好地为顾客服务，降低成本，提高效益，仍是企业研究的重点。并且伴随着我国物流市场的开放，物流业也将成为国外企业竞争的焦点。物流作为"第三利润源泉"，是降低企业成本，提高电子商务经济效率和效益的关键。同时，物流还能够扩大电子商务的市场范围，从而提升企业的竞争力。

(3) 物流是实现个性化服务的基础。电子商务的出现，最大限度地方便了消费者，利用便捷的信息交流手段，消费者可以及时反映出自己的需求。而物流是电子商务实现个性化服务的最终保证，缺少了现代化物流系统，电子商务给消费者带来的购物便捷等于零，消费者必然会对电子商务失去信心，转向他们认为更安全的传统购物方式。

(4) 物流现代化是电子商务发展的基础。物流现代化中最重要的部分是物流信息化，物流的信息化是电子商务物流的基本要求，是企业信息化的重要组成部分，表现为物流信息收集的数据化和代码化、物流信息处理的电子化等。物流信息化能更好地协调生产与销售、运输、储存等环节的联系，对优化供货程序、缩短物流时间及降低库存都具有十分重要的意义。

6.3.3 电子商务环境下物流的发展

物流对于电子商务的发展具有重要的意义，同时，电子商务的出现和发展对于传统的物流也有着重要的影响，使物流的发展呈现出一些新的变化，并且信息技术的应用极大地促进了物流的发展。

(1) 电子商务的全球性使物流需求呈现分散性。电子商务的顾客在地理分布上可能是十分分散的，这就要求送货地点不集中，呈现分散化的特点。因此，如果物流网络不像互联网那样有广泛的覆盖范围，就无法经济合理地组织送货。以互联网为载体，电子商务将整个世界联系在一起，电子商务的推广，加快了全球经济一体化的进程，因此，电子商务的跨区域性，使得物流需求必然呈现跨国性、跨地区性，综合物流特别是国际物流将在整个商务活动中，占有举足轻重的地位。

(2) 电子商务要求物流服务的多样化。电子商务要求物流提供全方位的服务，既包括仓储、运输服务，还包括配货、分发和各种客户需要的配套服务，使物流成为连接生产企业与用户的重要环节。电子商务的物流要求把物流的各个环节作为一个完整的系统进行协调、合理规划，使物流服务的功能多样化，从而更好地满足客户的要求。但是，电子商务需要的不是普通的运输和仓储服务，而是包括一切能够简化手续、简化操作的便利性服务。因此，为了满足电子商务对物流多样化的需求，就需要优化物流中心网络，重新设计适合电子商务的流通渠道，减少物流环节，进一步简化物流过程，提高物流系统的反应速度，以及基础设施和设备的利用率，运用先进的管理模式和方法。

(3) 电子商务要求物流提供延伸的增值服务。电子商务的物流服务可以向上延伸到市场调查与预测、采购及订单处理。物流服务商负责根据物流中心的商品进、出货信息，来预测未来一段时间内的商品进出库量，进而预测市场对商品的需求，从而指导订货。向下可以延伸到配送、物流咨询、物流方案的选择与规划、库存控制、货款回收与结算等，并根据客户的需要提供有关物流系统设计咨询功能。以上这些延伸服务具有增值性，但也是最难提供的服务。

(4) 电子商务促进了物流技术水平的提高。目前在物流领域广泛应用的信息技术较多，包括 GPS(全球卫星定位系统)、GIS(地理信息系统)、EDI、条形码技术、物联网技术等。应用现代信息技术，极大地促进了物流服务水平的提高，并进一步加快了物流信息化的进程。

(5) 电子商务改变了物流的运作方式。传统的物流活动在其运作过程中，不管是以生产为中心，还是以成本或利润为中心，都从属于商流活动，是伴随着商流进行的。而在电子商务下，物流的运作是以信息为中心的，信息不仅决定着物流的运作方向，而且也决定着物流的运作方式。在实际运作过程中，通过网络上的信息传递，可以有效地实现对物流的实时控制，实现物流的合理化。

6.4 电子商务物流模式

在电子商务环境下，主要采用的物流模式有：企业自营物流模式、第三方物流模式、物流联盟、第四方物流模式、绿色物流等。各模式各有优缺点，在实际应用中应结合企业特点及配送要求选择使用。

6.4.1 企业自营物流模式

自营物流是企业物流模式的一种，是指企业建设全资或是控股物流子公司，完成企业物流配送业务，实现企业的长期发展。

1. 企业自营物流的概念

电子商务企业借助自身的物质条件，自行开展经营的物流，称为自营物流，即电子商务企业自己组织物流配送中心为顾客服务。由于各国初期的国内物流公司大多是由传统的储运公司转变而来的，还未能真正满足电子商务的物流需求，因此大多数企业借助它们开展电子商务的先进经验同时开展物流业务，即电子商务企业自营物流。这种自营物流的模式在全球电子商务物流发展初期占主要地位。

2. 企业自营物流的优势

自营物流可以使企业对供应链有较强的控制能力，容易与其他业务环节紧密配合，即自营物流可以使企业的供应链更好地保持协调、简捷与稳定。

(1) 保持协调。供应链的协调包括利益协调和管理协调。利益协调必须在供应链组织构建时将链中各企业之间的利益分配加以明确。管理协调则要求适应供应链组织结构要求的计划和控制管理以及信息技术的支持，协调物流、信息流的有效流动，降低整个供应链的运行成本，提高供应链对市场的响应速度。企业自营物流，与企业经营活动关系密切，它是以服务于本企业的生产经营为主要目标，可以更好地满足企业在物流业务上的时间、空间要求。特别是对于物流配送较频繁的企业，自营物流比较容易协调。

(2) 简化供应链。供应链中每一个环节都必须是价值增值的过程，非价值增值过程不仅增加了供应链管理的难度，还增加了产品(服务)的成本而且降低了供应链的柔性，影响供应链中企业的竞争实力。由于一个企业的物流流程相对比较简单，因此自营物流在设计供应链的组织结构时，可以根据公司的具体情况，简化供应链。

(3) 组织结构稳定。供应链是一种相对稳定的组织结构形式，从供应链的组织结构来看，供应链的环节过多，信息传输过程中就会存在信息扭曲，造成整个供应链的波动，稳定性就差。自营物流使企业对供应链有更多的监控与管理能力，可以更容易地保持供应链的稳定。此外，还有信息安全问题，企业都有自己的商业机密，自营物流可以使企业保证自己的信息安全，避免内部物流与外部物流交叉过多造成企业机密的流失。

(4) 提升企业品牌价值。B2C 企业通过自建物流体系，可以为其多变的营销活动提供柔性的物流配套服务。一方面，可以配合企业品牌推广活动，为顾客提供到家的高水平服务，让顾客进一步了解企业的产品和服务，提升品牌价值和形象；另一方面，企业可以掌握客户需求和市场信息的第一手资料，从而对企业战略作相应的调整，促进企业更好地发展，进一步提升品牌价值，实现良性循环。

3. 企业自营物流的劣势

(1) 增加了企业投资的负担，削弱了企业抵御市场风险的能力。企业为了实施自营物流，就必须投入大量的资金用于物流基础设施建设，必然会减少企业对其他环节的投入，削弱企业的市场竞争力。

(2) 缺乏物流管理能力。对于一个庞大的物流体系，建成之后需要管理人员具有专业化的物流管理能力，否则仅靠硬件是无法经营的。目前我国的物流理论与物流教育比较滞后，导致我国物流人才的短缺。企业内部从事物流管理的人员的综合素质也不高，面对复杂多样的物流问题，经常是凭经验来解决问题，这是企业自营物流一大亟待解决的难题。

(3) 中小企业所开展的自营物流规模有限，物流配送的专业化程度较低。由于中小企业的产品数量有限，采取自营物流配送模式，不能形成规模效应，将会导致物流成本过高，不利于凸显产品的竞争优势。

4. 企业自营物流适合的条件

(1) 业务集中在企业所在城市，送货方式比较单一。由于业务范围不广，企业独立组织配送所耗费的人力不是很大，所涉及的配送设备也仅仅限于汽车以及人力车，如果交由其他企业处理，反而浪费时间，增加配送成本。

(2) 拥有覆盖面很广的代理、分销、连锁店，而企业业务又集中在其覆盖范围内的。这样的企业一般是从传统产业转型或者依然拥有传统产业经营业务的企业，如计算机生产商、家电企业等。

(3) 对于一些规模比较大、资金比较雄厚、货物配送量巨大的企业来说，投入资金建立自己的配送系统以掌握物流配送的主动权也是一种战略选择。例如亚马逊网站斥巨资建立遍布美国重要城市的配送中心，将主动权牢牢地掌握在自己手中。

6.4.2 第三方物流模式

20 世纪 70 年代以后，随着市场竞争的白热化，物流作为联系客户和消费者的最后环节，其质量水平直接影响到企业与客户的关系和企业的市场地位，而生产企业由于专注于技术和产品创新，不可能把太多人力、财力投入到物流系统建设，因此，迫切需要有专门的企业提供高水平的专业化物流服务，第三方物流就是在此背景下产生的。

1. 第三方物流的定义

第三方物流(third party logistics，简称 3PL，也称契约物流、合同物流、物流社会化或物流外部化)是指物流劳务的供方、需方之外的第三方企业，通过契约为客户提供整个物流流通过程的服务，如商品运输、储存配送以及附加值服务等。常见的第三方物流服务内容包括：开发物流策略和物流系统、货物集运、选择承运人、货运代理、海关代理、进行运费谈判和支付、仓储管理、物流信息管理和咨询等。可以看出，第三方物流的服务内容大都集中于传统意义上的运输、仓储范畴之内，运输、仓储企业对这些服务比较有经验，对业务内容有比较深刻的理解，因此运输、仓储企业向第三方物流服务企业转变或转制比较容易，关键是要突破以往单项业务的思维定式，将单项服务内容有机地组合起来，提供物流运输的整体方案。

随着物流技术的不断发展，第三方物流作为一个提高物流速度、节省物流费用和提高物流服务质量的有效手段，将在物流领域和社会经济生活中发挥越来越大的作用。

2. 第三方物流的特点

与传统的物流运作方式相比，第三方物流整合了多项物流功能，使电子商务企业能够将有限的人力、财力集中于核心业务，优化资源的配置；借助第三方物流提供者精心策划的物流计划和适时运送手段，有效减少库存量，减少资本积压，节省费用，增强本企业的行业竞争力；通过第三方物流企业全球性的信息网络，使顾客的供应链管理完全透明化，大大缩短交货期，帮助顾客改进服务，提升企业形象。

第三方物流具有以下特点。

(1) 核心化。第三方物流是适应社会大分工的结果，是企业核心竞争能力的分配与组合的新方式。第三方物流作为一种物流的外包方式,是企业对外部资源进行配置,实现对内部功能服务的目的。配置的不仅是外部的资源,还有外部的核心竞争力。因此,企业可以集中精力着重发展自身的核心能力,而将非核心的物流业务交给在这方面有着丰富经验和专业技能的第三方物流服务商来完成。

(2) 经济化。作为供应链的竞争力来说,成本优势是非常重要的一个因素。物流作为"第三利润源泉",其贡献也主要在于通过优化供应链而带来的成本下降和服务水平的提高。采用第三方物流服务,企业可以减少固定资产投入,而无须将大量的资金投入到物流设施和设备的购买上;可以降低人力资源费用及管理费用,减少物流管理和操作人员的雇佣;避免物流能力的浪费,不会因企业生产规模过小或季节性原因降低物流效率;以较少的投入享受到系统而全面的物流服务,如集装箱运输、国际多式联运等。

(3) 规模化。第三方物流服务商通常不只面对一个客户,它往往是对多个客户物流业务的集成。因此,在规模方面,比单个的客户更能达到规模效应,可以享受到更加优惠的费率,将这部分效益转回客户,是第三方物流服务内容的重要部分。同时,第三方服务商在仓储设施、运输工具、供应链软件、专业技术人员上的大量投资,由于被多个客户的多次服务承担,也达到了规模经济效应。从以上两个特点来看,中小企业尤其适合采用第三方物流服务。

(4) 专业化。第三方物流的服务范围早已超过简单的运输、仓储等活动,而成为一种技术含量较高的专业化行为。从理论方面,与供应链理论体系共同发展,产生零库存、准时制、快速反应等管理策略;从软件方面,随着 ERP(企业资源计划)的普及,CRM、SCM 等工具以及 EDI、互联网等已经成为第三方物流不可缺少的信息基础;从应用技术方面,条形码、射频技术、GPS、GSM(无线移动通信系统)、GIS(地理信息系统)等得到广泛的应用。此外,行业内部的经验、相关的国际贸易和国际惯例等知识,乃至对不同国家、不同地区的社会、经济、法律等环境因素的熟悉等,都是第三方物流专业化的组成部分。

(5) 定制化。由于客户所从事的行业不同,由此带来的客户服务要求也是千差万别。例如,生鲜食品对快速、及时、冷藏条件的要求非常高;而危险化工产品则对安全性措施、专业运输和仓储设备等非常重视。这些要求的差异,是第三方物流市场细分的基础,也使第三方服务商更加注重对客户采取量身定制的服务。另外,随着经济全球化的发展,跨国客户的业务网络辐射到全球范围,对于不同的客户,第三方物流也需要因地制宜,设计不同的运输路线,采取不同的运输、仓储方式,这都加强了定制化服务的需求。

(6) 长期化。第三方物流服务商与客户的关系不是一单对一单的交易方式,而是一种经过合同确认的长期合作的伙伴关系。一般对第三方物流的定义是与客户至少有 1 年以上的合同。这种长期伙伴关系对双方都是一种慎重而关键的选择,它包含着双方对对方业务的深刻理解和企业文化的高度认同,使双方在业务领域共同促进和携手发展。

3. 第三方物流的优势

(1) 物流配送服务范围较广。第三方物流企业配送网络比较发达,网点遍布全国各个主要城市,基本可以实现门到门的配送服务。相对于自营物流配送模式而言,第三方物流配送服务的覆盖区域比较广且灵活,不受自身条件限制。

(2) 减少物流设施投资,减轻企业负担。第三方物流模式可以使电商企业很少甚至不必对物流设施进行投入,从而节省大量资金,专注企业核心业务,加快电商企业资金周转,从长远来看，提供更专业的服务，还可以实现规模经济所带来的低成本和高效率，能够有效降低企业的物流成本。

(3) 帮助企业减少产品库存。电商企业不能承担原料和库存的无限增加，尤其是高价值的部件要求及时送往装配点以保证库存的最小量。第三方物流提供者借助精心策划的物流计划和适时运送手段，最大限度地调配库存，改善企业的现金流。

(4) 利用社会物流资源，培养核心竞争力。电商企业物流外包，避免各个企业各自为政，统一由专业物流公司完成，能充分利用社会物流资源，将有限的人力、物力、技术等资源集中于核心业务，更有利于培养企业核心竞争力。

4. 第三方物流的劣势

(1) 企业容易受制于人。如果合作的第三方物流企业不成熟，电商企业过分依赖供应链伙伴，容易受制于人。因为第三方的介入，电商企业对物流的控制能力必然受到影响，在双方协调出现障碍时很可能导致物流失控的风险，从而影响到企业的客服水平。

(2) 对客户关系管理带来挑战。由于电商企业将部分或全部物流职能外包给第三方企业，与客户的接触必定减少，对于建立长期、稳定、良好的客户关系不利。而且，第三方物流企业不只为一家企业服务，在为企业竞争对手提供服务时存在泄露客户信息的风险。

(3) 容易产生连带经营风险。第三方物流企业与客户之间是一种长期的合作关系，其自身出现经营困境时，电商企业会受到影响，造成经营风险的增加、经营成本的提高。

5. 第三方物流的业务内容

第三方物流的业务内容主要集中在以下方面。

(1) 开发物流系统及提供物流策略。它包括提供物资管理信息系统的设置、配送方案、配装方法、运输方式的选择等。对于第三方物流企业来说，为了增强竞争优势，已不能满足于提供港到港、门到门的服务。一些客户甚至要求提供货架到货架的服务，完全达到零库存销售的要求。随着全球经济一体化进程的加快，国际市场竞争将更加激烈，企业能否立于不败之地将更大程度上取决于物流费用的高低以及对市场的反应速度。这一切与国内、国际运输方式的选择、货物的集运及配装方式、中转及通关的快慢等有着密切的关系。这些物流活动对于一般企业来讲，无论是从精力、时间、财力和能力上都是很难达到的。因此，由第三方物流提供的这种服务最具竞争力。

(2) 信息处理。信息系统是指为了推进企业的交易活动，控制从订货、库存到发货的一系列物流活动，以达到降低物流费用、提高经济效益的信息管理系统。它的目标如下：提高物流的服务水平；降低物流的总成本费用，即减少与物流活动有关的浪费。对于第三方物流企业来说，这两个服务目标看似互相矛盾，即高质量的服务水平和全方位的服务内容必然会引发物流成本的攀升。其实质是通过信息管理系统来控制物流的各个环节，使服务和成本两个目标之间达到最佳的平衡。因此，第三方物流企业的信息处理能力是提供高质量物流服务的一个基本的最为关键的服务平台。这一点从广东宝供储运有限公司的成长经历可以看出，"宝供"最初只是一个个体铁路转运站，在短短几年的时间一跃成长为宝洁、雀巢、格力、麦当劳、嘉士伯等大型企业提供物流服务的物流企业，其成功的关键在于能为客户提供完善的信息反馈和数据处理服务。

(3) 货物的集运。货物的集运包括仓储、铁路运输、公路运输及海运方面的能力。集运能力的高低还与配送中心的选址、布局、设计、功能设置是否合理密切相关。因此，对于第三方物流企业来说，合理规划、设计配送中心对该项服务水平的高低尤为重要。

(4) 选择运输商。在社会化大生产的环境下，第三方物流企业很难依靠自身的力量来为客户提供全方位的服务，这时就需要与其他的战略伙伴来协作完成。因此，选择一个优秀的合作伙伴对保证高质量的物流服务水平也是非常重要的。

(5) 仓储。仓储功能是第三方物流企业的一个基本服务内容。

(6) 咨询。随着与顾客的合作伙伴关系慢慢建立，第三方物流企业所提供的服务还应包括物流咨询。例如，利用第三方物流企业在消费者和货主之间的桥梁作用，为货主提供前期的市场调研及预测；根据不同国家的贸易等级要求，建议货主使用不同的包装材料及包装方法等策略咨询。这些服务拉近了企业与货主的关系，增进了双方的经济利益。

(7) 运费支付。运费支付也称为代垫运费，主要指支付给提供协作的其他第三方物流企业的运费，这符合社会化分工和分工细化的经济规律。

综上所述，第三方物流不仅要提供货物购、运、调、存、管、加工和配送全过程服务，而且还要提供网络设计和整个物流过程最优化的解决方案。

📖 案例6.2
电子商务与第三方物流的关系

6.4.3 物流联盟

中小企业为了提高物流服务水平，通过联盟方式解决自身能力的不足。近年来随着人们消费水平的提高，零售业得到了迅猛的发展，这在给物流业带来了发展机遇的同时，也带来了新的挑战。因物流发展水平的长期滞后，如物流设备、技术落后，资金不足，按行政条块划分物流区域等，很多企业尤其是中小企业很难迅速适应新需求，于是通过联盟的方式来解决这个矛盾。

1. 物流联盟的概念

如果电子商务企业的业务量未达到一定的规模，则不宜自建物流配送系统，否则将形成较多的运输工具回程空驶、装载率低、交通堵塞、环境污染等现象，进而导致物流成本居高不下，影响企业的经济效益。对于此类电子商务企业，其物流运作可以采取企业物流联盟的形式，借助于物流共同化，来实现企业的经营绩效。

联盟是介于独立的企业与市场交易关系之间的一种组织形态，是企业间由于自身某些方面发展的需要而形成的相对稳定的、长期的契约关系。物流联盟是以物流为合作基础的企业战略联盟，它是指两个或多个企业之间，为了实现自己物流战略目标，通过各种协议、契约而结成的优势互补、风险共担、利益共享的松散型网络组织。在现代物流中，是否组建物流联盟，作为企业物流战略的决策之一，其重要性是不言而喻的。在我国，物流水平还处于初级阶段，组建联盟便显得尤为重要。

2. 物流联盟的产生原因

利益是物流联盟产生的最根本原因，企业之间有共享的利益是物流联盟形成的基础。物流市场及其利润空间是巨大的，在我国物流成本占 GDP 的 15%～20%，如此大的市场与我国物流产业的低效率形成鲜明的对比。生产运输企业通过物流或供应链的方式形成联盟有利于提高企业的物流效率，实现物流效益的最大化。

互联网技术的广泛应用使跨地区的物流企业联盟成为可能。由于信息高速公路的建成，使得世界距离大大缩短，异地物流企业利用网络也可以实现信息资源共享，为联盟提供了有利的条件。

我国物流企业面临跨国物流公司的竞争压力，可通过物流联盟形式来应对。经济全球化的大背景下，给国外的投资商带来无限的商机，而具有巨大潜力的物流业当然也成了令其眼红的一块"肥肉"。面对强劲的竞争对手，我国的物流企业只有结成联盟，通过各个行业和从事各环节业务的企业之间的联合，实现物流供应链全过程的有机融合，通过多家企业的共同努力，形成一股强大的力量，共进退、同荣辱，才有可能立于不败之地。

3. 物流联盟的优势

大企业通过物流联盟迅速开拓全球市场，完成全球物流配送，从而使业务在全球范围内展开。

(1) 长期供应链关系发展成为联盟形式，有助于降低企业的风险。单个企业的力量是有限的，它对一个领域的探索失败了损失会很大，如果几个企业联合起来，在不同的领域分头行动，就会减少风险。而且联盟企业在行动上也有一定协同性，因此对于突如其来的风险，能够共同分担，这样便减少了各个企业的风险，提高了抵抗风险的能力。

(2) 企业(尤其是中小企业)通过物流服务提供商，结成联盟，能有效地降低物流成本(通过联盟整合，可节约成本 10%～25%)，提高企业竞争能力。由于我国物流业存在着诸多不利因素，让这些企业进行联盟能够在物流设备、技术、信息、管理、资金等各方面互通有无，优势互补，减少重复劳动，降低成本，达到共同提高、逐步完善的目的，从而使物流业朝着专业化、集约化方向发展，提高整个行业的竞争能力。此外，物流联盟有助于物流合作伙伴之间在交易过程中减少相关交易成本。物流合作伙伴之间通过沟通与合作，互通信息，建立相互信任和承诺，减少履约风险；即使在服务过程中产生冲突，也可通过协商加以解决，从而避免无休止地讨价还价，甚至提起法律诉讼，给双方带来不必要的成本。

(3) 有利于提高服务水平。第三方物流公司通过联盟有利于弥补在业务范围内服务能力的不足。例如，物流公司发现自己在航空运输方面存在明显的不足，可以把一些不是自己核心竞争力的业务外包给航空公司，与航空公司联盟，将航空公司作为它的第三方物流提供商。

4. 物流联盟的劣势

(1) 稳定性不易控制，整合优势不易发挥。虽然物流联盟可以实现双赢，达到整体利益最大化，但在具体实施过程中不一定都能实现，因此，有些企业的积极性不高，导致物流联盟的稳定性不易控制。

(2) 物流配送不易标准化。由于物流联盟有多个合作伙伴，各类商品配送方式的集成化和标准化不易对接。

(3) 资金投入相对较大。由于物流联盟最终要实现共同利益最大化，在联盟的初期需要建设物流相关的各种软硬件设施，需要大量的资金投入。

5. 物流联盟的模式

(1) 虚拟物流联盟模式。由于国内网络覆盖广、物流成本低、信息化程度高、经营理念和服务化水平高的专业物流企业不多，电子商务企业往往难以在众多物流代理企业中选出一家各方面都符合本企业物流业务需求的合作方来实现物流配送，因而，"虚拟物流联盟"的形式为我国电子商务企业组建物流配送体系提出了新的方向。电子商务企业可以在不同地域内选择合适的物流代理公司，通过计算机网络技术将居于各地的仓库、配送中心凭借网络系统连接起来，使之成为"虚拟联盟"，通过各物流代理企业的商流、物流信息之间的共享以及一系列决策支持技术来进行统一调度和管理，使得物流服务半径和货物集散空间变大，从而实现对消费者的配送。企业与物流代理公司之间畅通无阻的信息化高速平台是构建"虚拟物流联盟"的基础。同时，这一虚拟联盟对于企业间物流技术、企业组织结构等要求较高，电子商务企业应建立联盟伙伴之间的评估与淘汰机制，不断优化联盟内的资源组合。这一方式对解决物流配送的跨区域合作、整合物流系统资源优化配置具有重要作用。

(2) 企业+第三方物流共建模式。由于"最后一公里配送"覆盖面极广、运作烦琐，电子商务企业往往将其转由物流代理公司来完成。而出于对库存成本、信息的掌控、防止突发情况带来的缺货损失、企业战略发展等的考虑，电子商务企业往往会考虑建立和管理自己的仓库和配送中心。

以上背景促使电子商务企业采用与第三方物流共建来共同实现物流配送。在这种模式下，电子商务企业一般会在适宜的地方自建大型的存储仓库和配送中心，通过信息化平台和网络技术实现与物流代理公司的合作，将其后环节的物流配送业务交由专业物流公司来完成，共同实现物流配送服务。双方之间沟通、信任机制的构建，双向信息的对接、整合等问题，对电子商务企业提出了新的挑战，电子商务企业可通过灵活发挥自身和代理公司的双重优势来实现低成本、高效率的物流配送。

6.4.4　第四方物流模式

当前，我国物流产业在规模上已经达到了较高水平。但是，由于传统物流产业粗放式的经营方式，成为我国物流发展的瓶颈。随着交通、贸易和科技的不断发展，传统的第一方、第二方、第三方物流已不能满足现有发展现状，因此第四方物流应运而生。

1. 第四方物流概述

第三方物流作为一种新兴的物流方式活跃在流通领域，它的优势如节约物流成本、提高物流效率等已被众多企业认可。随着企业要求的不断提高，第三方物流在整合社会物流资源以解决物流瓶颈、达到最大效率方面开始显得力不从心。虽然从局部来看，第三方物流是高效率的，但从一个地区、一个国家的整体来说，第三方物流企业仍然各自为政，这种局面很难达到全局最优,难以解决经济发展中的物流瓶颈,尤其是电子商务中新出现的物流瓶颈。另外,物流业的发展需要技术专家和管理咨询专家的共同推动,而第三方物流恰恰缺乏高技术、高素质的人才队伍支撑。对此有人提出,必须密切客户和第三方物流的关系并进行规范化管理,于是"第四方物流"(the fourth party logistics,简称4PL)便应运而生。

第四方物流的概念首先是由著名的管理咨询公司埃森哲公司(又名安盛咨询公司)提出的,该公司将第四方物流作为专有的服务商标进行了注册,并定义第四方物流公司为"一个调配和管理组织自身的及具有互补性服务提供商的资源、能力与技术,来提供全面的供应链解决方案的供应链集成商"。尽管其中有业内人士怀疑咨询公司此举有进行圈地和独霸行业的嫌疑,然而,业界的广泛共识是,物流管理的日益复杂和信息技术的爆炸性发展,使得供应链管理的过程中的确需要一个"超级经理"来进行管理协调。而且,学术界、管理顾问公司、第三方物流公司和最终客户都认为对这种实体的需要是越来越强烈。它的主要作用是:对制造企业或分销企业的供应链进行监控,在客户和它的物流和信息供应商之间充当唯一"联系人"的角色。因此,有人把第四方物流称为"总承包商"或"领衔物流服务商"。

第四方物流与第三方物流的最大差异在于提供客户所谓"综合供应链解决方案",重点专注于供应链管理的整体运作,提供对策,它能保证产品"更快、更好、更廉"地送到需求者手中。一般而言,第三方物流在物流运作能力、信息技术应用、多客户管理方面具有优势,在供应链管理方案设计、信息系统开发、变革管理能力方面表现不足,缺乏对整个供应链进行运作的战略性专长和真正整合供应链流程的相关技术。第四方物流公司在管理理念创新、供应链管理方案设计、组织变革管理指导、供应链信息系统开发、信息技术解决方案等方面具有优势,但在实际物流运作能力方面较欠缺。

按照第三方物流的定义,第四方物流仍然属于由发货人和收货人以外的第三方运作形态,所不同的是功能范围更集中于供应链的集成,它是在第三方物流将企业的物流业务外包的基础上,进一步将企业的物流规划能力外包。第四方物流依靠业内最优秀的第三方物流供应商、技术供应商、管理咨询顾问和其他增值服务商,为客户提供独特的和广泛的供应链解决方案,这是任何一家公司都不能单独提供的。

2. 第四方物流的功能

(1) 第四方物流提供一整套完善的供应链解决方案。第四方物流集成了管理咨询和第三方物流服务商的能力。更重要的是,一个前所未有的、使客户价值最大化的统一的技术方案的设计、实施和运作,只有通过咨询公司、技术公司和物流公司的齐心协力才能够实现。

(2) 第四方物流通过其对整个供应链产生影响的能力来增加价值。第四方物流充分利用了一批服务提供商的能力,包括第三方物流、信息技术供应商、合同物流供应商、呼叫中心、电信增值服务商等,再加上客户的能力和第四方物流自身的能力。总之,第四方物流通过提供一个全方位的供应链解决方案来满足今天的公司所面临的广泛而又复杂的需求。这个方案关注供应链管理的各个方面,既提供持续更新和优化的技术方案,同时又能满足客户的独特需求。第三方物流要么独自提供服务,要么通过与自己有密切关系的转包商来为客户提供服务,它不大可能提供技术、仓储和运输服务的最佳整合。因此,第四方物流就成了第三方物流的"协助提供者",也是货主的"物流方案集成商"。

(3) 第四方物流擅长发挥信息技术的重要作用。信息技术所能够提供的实时信息，帮助企业在必要的时候能够重新调整产品流，并且预测内向和外向的流量。它还可以帮助用户对供应链上的各个层次的绩效数据进行量化和对绩效进行跟踪，同时寻找机会进行持续改善。近年来在供应链管理技术方面的突破，使得供应链的参与者可以真正能够对整个供应链有一个全面、实时的"全景式"扫描。信息技术能力已经可以覆盖能影响企业竞争能力的诸多方面，包括产品流的可视性、事件管理和绩效管理等。随着信息管理的日益重要，公司需要制定一个合适的信息技术策略和成熟适用的信息技术解决方案。而这往往是一般企业所不具备的技能，但第四方物流却擅长此技能。

3. 第四方物流的优势

(1) 提供综合性供应链解决方案。第四方物流向客户提供了综合性供应链解决方案，通过供应链的参与者将供应链规划与实施同步进行，或利用独立的供应链参与者的合作提高规模和总量；通过业务流程再造，将客户与供应商信息和技术系统一体化，把人的因素和业务规范有机结合起来，使整个供应链规划和业务流程能够有效地贯彻实施，使物流的集成化上升为供应链的一体化。

(2) 整体功能转化。通过战略调整、流程再造、整体性改变管理和技术，使客户间的供应链运作一体化；通过改善销售和运作规划、配送管理、物资采购、客户响应以及供应链技术等，有效地适应需方多样化和复杂的需求，提高了客户的满意度和忠诚度。

(3) 降低物流成本。利用运作效率提高、采购成本降低来实现物流企业的低成本策略。流程一体化、供应链规划的改善和实施将使运营成本和产品销售成本降低。通过采用现代信息技术、科学的管理流程和标准化管理，使存货减少从而降低成本，使物流企业的综合经济效益得到最大幅度提高。

6.4.5 绿色物流模式

物流业作为现代新兴产业，有赖于社会化大生产的专业分工和经济的高速发展。而物流要发展，一定要与绿色生产、绿色营销、绿色消费等绿色经济活动紧密衔接。人类的经济活动不能因物流而过分地消耗资源、破坏环境，以至于造成重复污染。绿色物流是现代物流可持续发展的必然。

1. 绿色物流的概念

绿色物流是指以减少物流活动造成的环境污染和降低资源消耗为目标，利用先进的物流技术，规划和实施运输、存储、包装、装卸、流通加工等的物流活动。绿色物流的行为主体主要是专业物流企业，同时也涉及有关生产企业和消费者。绿色物流是可持续发展的一个重要环节，它与绿色制造、绿色消费共同构成了一个节约环境、保护环境的绿色经济循环系统。

绿色物流是一个多层次的概念，微观上指企业的绿色物流活动；而宏观上指社会对绿色物流活动的管理、规范和调控，按照绿色物流活动的内容来分，它既包括各项的绿色物流作业(如绿色运输、绿色包装、绿色流通加工等)，也包括实现废弃物循环利用的逆向物流。

2. 绿色物流的特点

除了具有一般物流的特点外，绿色物流还具有一般物流所不具备的特点，如多重目标性、跨时域性和跨地域性。

(1) 多重目标性。绿色物流的多重目标性是指企业的物流活动既要以可持续发展的战略目标为指导，还要注重物流活动中保护生态环境和节约资源，注重经济发展与生态环境的协调一致，追求企业经济效益、社会效益、生态环境效益和消费者利益多个目标的统一。

(2) 跨时域性和跨地域性。跨时域性是从产品生命周期的角度来讲的，指绿色物流的各项功能贯穿于整个产品生命周期，包括从原材料的采购、企业内部物流、企业外部物流，直至产品报废和回收再用的逆向物流。跨地域性包括两方面的含义：一是指物流活动的范围随着经济的全球化和信息化而不断扩展和扩大，呈现出跨地区、跨国界的发展趋势；二是指供应链上下游企业，绿色物流的实现和发展需要供应链上所有企业的参与和配合。

3. 绿色物流的运作模式

(1) 基于产品生命周期的企业绿色物流运作模式。该模式下企业既要在宏观上把握物流绿色化的策略和途径，还要在微观上从物流活动的各个环节入手，实现采购、制造、分销、回收再用等环节的绿色化，即从产品整个生命周期来保证绿色物流的实现。

(2) 基于供应链的循环物流系统运作模式。基于循环经济的绿色物流模式是对传统正向物流模式的补充和完善，在继续发展正向物流即"采购—制造—分销"的基础上，还注重发展逆向物流，加强废弃物回收和再生资源循环利用，将正、逆向物流有机结合起来，形成循环绿色物流模式，即"绿色采购—绿色生产—绿色消费—绿色回收—绿色再生产"。这一循环过程包括原材料副产品的再循环、包装物的再循环、废弃物和资源垃圾的回收再用和再资源化等。对于另一类物流派生物，如废弃物、最终废物、噪声等，则直接流向了自然环境。具体运作模式如图6.3所示。

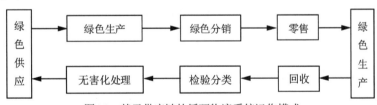

图6.3 基于供应链的循环物流系统运作模式

📖 案例6.3

菜鸟物流

6.5 物流技术

电子商务环境下的物流技术是指在物流配送活动中采用的各种信息技术的总称，主要包括射频及标签识别技术、条形码技术、地理信息系统、GPS 技术、EDI 技术、物联网技术等。通过各类信息技术，可最大限度地降低配送成本，提高配送效率。

6.5.1　射频及标签识别技术

射频及标签识别技术又叫无线电频率识别技术，简称射频识别(radio frequency identification，RFID)，是从 20 世纪 80 年代兴起并逐渐走向成熟的一项自动识别技术，随着超大规模集成电路技术的发展，射频识别系统的体积大大缩小，应用也越来越广泛。

1. 射频识别的基本知识

RFID 是自动识别技术的一种，通过无线射频方式进行非接触双向数据通信，利用无线射频方式对记录媒体(电子标签或射频卡)进行读写，从而达到识别目标和数据交换的目的，被认为是 21 世纪最具发展潜力的信息技术之一。

RFID 技术的基本工作原理：标签进入阅读器后，接收阅读器发出的射频信号，凭借感应电流所获得的能量发送出存储在芯片中的产品信息，或者由标签主动发送某一频率的信号，阅读器读取信息并解码后，送至中央信息系统进行有关数据处理。

2. RFID系统的组成

RFID 系统在具体的应用过程中，根据不同的应用目的和应用环境，系统的组成会有所不同。但系统一般都由阅读器和标签两部分组成。

(1) 阅读器。系统的阅读器有 3 个主要组成部分：收发模块、控制模块和天线。收发模块用于发送和接收数据信号。控制模块具有很强的数字信号处理能力，除完成控制标签工作外，还要实现相互认证、数据加密与解密、差错控制及与计算机通信等功能。天线主要是感应线圈，用于建立电磁场。若标签内不含电池，则标签工作所需的能量由阅读器天线建立的电磁场提供。

(2) 标签。系统的标签有 4 个主要组成部分：收发模块、控制模块、天线和存储器。收发模块、控制模块及天线的功能与阅读器的对应模块功能相似，而存储器则用来存放数据信息。

3. RFID系统的种类

根据 RFID 系统完成功能的不同，可以粗略地把 RFID 系统分成 4 种类型。

(1) EAS 系统。EAS(electronic article surveillance)是一种设置在需要控制物品出入门口的 RFID 技术。这种技术的典型应用场合是商店、图书馆、数据中心等，当未被授权的人从这些地方非法取走物品时，系统会发出警告。

(2) 便携式数据采集系统。便携式数据采集系统是使用带有 RFID 阅读器的手持式数据采集器采集 RFID 标签上的数据。这种系统具有比较大的灵活性，适用于不宜安装固定式 RFID 系统的应用环境。

(3) 物流控制系统。在物流控制系统中，RFID 阅读器分散布置在特定的区域，并且阅读器直接与数据管理信息系统相连，标签是移动的，一般安装在移动的物体或人身上。当物体、人流经阅读器时，阅读器会自动扫描标签上的信息，并把数据信息输入数据管理系统存储、分析、处理，达到控制物流的目的。

(4) 定位系统。定位系统用于自动化加工系统中的定位以及对车辆、轮船等进行运行定位支持。如高速公路的收费站口，使用射频技术可以不停车收费。

4. 射频识别技术在物流管理中的应用

物流仓储是 RFID 最有潜力的应用领域之一，UPS、DHL、Fedex 等国际物流巨头都在积极实验 RFID 技术，以期在将来大规模应用于提升其物流能力。

6.5.2 条形码技术

条形码技术是最早、最成功、最常用的自动识别技术，它是在计算机技术与信息技术基础上发展起来的一门集编码、印刷、识别、数据采集和处理于一身的新兴技术。条形码技术的核心内容是利用光电扫描设备读条形码符号，从而实现机器的自动识别，并快速准确地将信息录入计算机进行数据处理，以达到自动化管理的目的。由于条形码技术具有输入速度快、信息量大、准确率高、成本低、可靠性强等特点，因而发展十分迅速，目前广泛应用于商业流通、邮电通信、物流仓储、交通运输和工业生产控制等诸多领域，尤其为物流供应链管理提供了强有力的技术支持。

1. 条形码基础知识

条形码简称条码，是由一组按特定规则排列的条、空及其对应的字符、数字、字母组成的表示一定信息的符号。条形码中的条、空分别由深浅不同且满足一定光学对比度要求的两种颜色(通常为黑、白色)表示。条为深色，空为浅色。这些条和空可以有各种不同的组合方法，从而构成不同的图形符号，即各种符号体系，也称码制，以适用于不同的场合。

(1) 条形码的结构。条形码通常是一组黑白相间的条纹。其中，黑色的"条"对光线的反射率较低，白色的"空"对光线的反射率较高。因"条"和"空"的宽度不同，光线扫描设备的扫描光线便产生不同的反射接收效果，从而转换成不同的电脉冲，形成可在计算机中处理的数字信息。

(2) 几种常用的码制。目前，国际上广泛使用的条形码种类有 EAN 码和 UPC 码(在超市中常见的就是这种码，它们用于在世界范围内唯一标识一种商品)、Code39 码(可表示数字和字母，主要用于工业、图书及票据的自动化管理)、ITF25 码(即交叉二五码，在物流管理中应用较多)、Code bar 码(多用于医疗、图书领域)等。上述条形码均属于一维条形码。二维条形码也在迅速发展，并在许多领域得到了应用，如 Code49、Code16k、PDF417 等。

2. 条形码的识别装置

(1) 手持式扫描器。能手持、移动使用的扫描器，常用于静态物品扫描。

(2) 台式自动扫描器。常固定安装，使用时将有条形码的物品在扫描器上移动以完成扫描工作。

(3) 卡式阅读器。将有条形码的卡式证件插入滑槽区，自动沿轨道做直线运动，在卡片前进过程中，扫描光线将条形码信息读入。

(4) 固定式光电及激光快速扫描器。一般安装在物品运动的通道边，对物品进行逐个扫描。这些扫描设备与光电转换、信号放大及计算机系统一起形成一套完整的扫描阅读系统，完成条形码信息的采集及自动识别等处理。

3. 商品条形码与物流条形码的区别

商业是最早应用条形码技术的领域之一，在商业自动化管理过程中，商品条形码的普及显得尤为关键。美国的食品零售业为了提高销售率，从 20 世纪 70 年代初，在全行业开始试用条形码。EAN(欧洲物品编码协会)刚成立时，把条形码的应用主要集中在具有快速流通特性的产品上，但目标是将条形码的应用推广到各个领域，所以不限制在其他的领域中使用条形码。推广商品条形码的目的在于实现商业信息的自动交换，通过 EDI 系统及时、准确地获得所需要的商业信息，从而提高生产和经营效率。比如应用在商品销售的 POS 系统中，往商品上附加条形码的目的是要实现商店管理的自动化，是建立供应链和仓储自动化管理的基本条件。

物流条形码用以显示物流过程中货运单元的相关信息，可被识读设备自动识别，自动完成数据采集。运用物流条形码可使信息的传递更加方便、快捷、准确，充分发挥物流系统的功能。

4. 条形码在物流领域中的作用

条形码在原材料采购、生产和货物的运输、配送、零售等供应链的诸多结点上都扮演重要的角色，而且发挥着越来越重要的作用。

(1) 物料管理。企业按照生产计划向产品物料供应商下达采购订单，对采购的物料按照行业及企业规则建立统一的物料编码，对需要进行标识的物料打印其条形码标识，这样有助于对物料的跟踪管理。

(2) 生产线上产品跟踪管理。在生产任务单上粘贴条形码标签，在每一个生产环节开始时，用生产线条形码终端扫描任务单上的条形码，获取生产工艺、所需的物料和零件信息，产品下线包装时，打印并粘贴产品的客户信息条码，由此实现对各工序产品数据的采集和整个生产过程的监控跟踪，保证产品质量。

(3) 产品入库管理。产品入库时，首先通过识读产品条形码标签，采集货物单件信息，同时制作库存位条形码，记录产品的存放信息，如库区位、货架、货位等，以形成完整的库存信息，从而实现对库存单件产品的跟踪管理。

(4) 产品出库管理。产品出库时，通过扫描产品上的条形码，对出库货物进行信息确认，依据库存货物的库存时间进行有效的先进先出管理及批次管理，同时更改其库存状态。

(5) 市场销售链管理。在市场销售链中应用条形码技术，目的是跟踪向批发商销售的产品品种或产品单件信息。通过在销售、配送过程中采集产品的单件条形码信息，记录产品的销售过程，有助于实现对销售商的分区、分级管理，保证市场健康有序地发展，促进产品的市场销售。

(6) 产品售后跟踪服务管理。产品一经出库，即根据产品条形码建立产品销售档案，以记录产品信息、重要零部件信息、用户信息及产品售后维修信息。通过对以上信息的采集、反馈，准确了解、判断产品的使用情况，帮助企业制定出合理的服务战略，进一步提高产品质量及信誉度，增强企业产品的竞争力。

(7) 货物配送管理。利用条形码技术，可高效、准确地完成商品的配送。配送前配送商品资料和客户订单资料下载到移动条形码终端中；送达配送客户后，调出客户相应的订单，再根据订单信息挑选货物并验证其条形码标签；确认送完货物后，移动条形码终端会自动校验配送情况，并作出相应的提示。

(8) 分货拣选管理。在配送和仓库出货时，采用分货、拣选方式，需要快速处理大量的货物，利用条形码技术便可自动进行分货拣选，提高工作效率。

6.5.3 地理信息系统

地理信息系统(geographic information system，GIS)有时又称为"地学信息系统"或"资源与环境信息系统"，是多种学科交叉的产物，它以地理空间数据为基础，采用地理模型分析方法，适时地提供多种空间的和动态的地理信息，是一种为地理研究和地理决策服务的计算机技术系统。地理信息系统的基本功能是将表格型数据(无论它来自数据库、电子表格文件或直接从程序中输入)转换为地理图形显示，然后对显示结果浏览、操作和分析，其显示范围可以从洲际地区到非常详细的街区地图。

1. GIS的作用

在具体的应用领域中，GIS 可以帮助分析解决下列问题。

(1) 定位(location)。研究的对象位于何处？周围的环境如何？研究对象相互之间的地理位置关系如何？

(2) 条件(condition)。有哪些地方符合某项事物(或业务)发生(或进行)所设定的特定经济地理条件？

(3) 趋势(trends)。研究对象或环境从某个时间起发生了什么样的变化？今后演变的趋势是怎样的？

(4) 模式(patterns)。研究对象的分布存在哪些空间模式？

(5) 模拟(modeling)。当发生假设条件时，研究对象会发生哪些变化？会引起怎样的结果？

2. GIS的组成

GIS 由计算机硬件设备、计算机软件系统、地理空间数据、系统的组织管理人员及规范 5 个主要部分组成。

(1) 计算机硬件设备。计算机硬件设备为 GIS 提供运行环境，用于存储、处理、输入输出数字地图及数据。

(2) 计算机软件系统。计算机软件系统负责执行系统的各项操作与分析的功能，包括：信息数据输入和处理软件，数据库管理系统(DBMS)，空间查询、分析与视觉化工具，数据输出软件等。

(3) 地理空间数据。地理空间数据是 GIS 系统中最重要的部件，反映了 GIS 的管理内容，是系统的操作对象和原料。主要有两类数据：一类是图形数据(空间数据)，以空间三维坐标 (x，y，z)或地理坐标(经纬度和海拔高度)来表示；另一类是属性数据(非空间数据)，是空间实体的描述数据，如名称、面积、位置等。

(4) 系统的组织管理人员。系统的组织管理人员包括系统的建设管理人员和用户，是 GIS 系统设计、建库、管理、运行、分析决策处理系统中最重要的部分。

(5) 规范。规范是 GIS 的标准，成功的 GIS 系统具有良好的设计计划和本身的事务规律。规范对一个企业来说是具体的、独特的操作实践。

3. GIS在物流中的应用

GIS 在物流领域中的应用主要是指利用 GIS 强大的地理数据功能来完善物流分析技术，合理调整物流路线和流量，合理设置仓储设施，科学调配运力，提高物流业的效率。目前，已开发出了专门的物流分析软件用于物流分析。完整的 GIS 物流软件集成了车辆路线模型、最短路径模型、网络物流模型、分配集合模型和设施定位模型等。

(1) 车辆路线模型。用于解决一个起始点、多个终点的货物运输中如何降低物流作业费用，并保证服务质量的问题，包括决定使用多少辆车、每辆车的路线等。

(2) 网络物流模型。用于解决寻求最有效的分配货物路径问题，也就是物流网点布局问题。如将货物从 N 个仓库运往到 M 个商店，每个商店都有固定的需求量，因此需要确定由哪个仓库提货送给哪个商店，所耗的运输代价最小。

(3) 分配集合模型。可以根据各个要素的相似点把同一层的所有或部分要素分为几个组，用以解决确定服务范围和销售市场范围等问题。如某一公司要设立多个分销点，要求这些分销点要覆盖某一地区，而且要使每个分销点的顾客数目大致相等。

(4) 设施定位模型。用于确定一个或多个设施的位置。在物流系统中，仓库和运输线共同组成了物流网络，仓库处于网络的结点上，结点决定着线路，如何根据供求的实际需要并结合经济效益等原则，在既定区域内设立多少个仓库、每个仓库的位置、每个仓库的规模以及仓库之间的物流关系等问题，运用此模型均能很容易地得到解决。

6.5.4 GPS技术

GPS 是全球定位系统(global positioning system)的简称。GPS 是 20 世纪 70 年代由美国陆海空三军联合研制的新一代空间卫星导航定位系统，其主要目的是为陆、海、空三大领域提供实时、全天候和全球性的导航服务，被用于情报收集、核爆监测和应急通信等一些军事目的。

随着全球定位系统的不断改进，软、硬件的不断完善，其应用领域正在不断地开拓，已遍及国民经济各部门，并开始逐步深入人们的日常生活，尤其是物流管理和运输领域。

1. GPS系统的组成

GPS 系统主要有三大组成部分，即空间星座部分、地面监控部分和用户设备部分。GPS 的空间星座部分中 24 颗卫星基本均匀分布在 6 个轨道平面内，轨道平面相对赤道平面的倾角为 55°，各轨道平面之间的交角为 60°，每个轨道平面内的卫星相差 90°，任何轨道平面上的卫星比两边相邻轨道平面上的相应卫星超前 30°。卫星轨道平均高度为 20 200 km，卫星运行周期为 11 h 58 min。每颗卫星每天约有 5 h 在地平线以上。同时位于地平线以上的卫星数随时间和地点而不同，可为 4～11 颗；GPS 的地面监控部分目前主要由分布在全球的 5 个地面站组成，其中包括卫星检测站、主控站和信息注入站。GPS 的空间部分和地面监控部分是用户广泛应用该系统进行导航和定位的基础，均为美国所控制。GPS 的用户设备主要由接收机硬件和处理软件组成。通过用户设备接收 GPS 卫星信号，经信号处理而获得用户位置、速度等信息，最终实现利用 GPS 进行导航和定位的目的。

2. GPS 系统的特点

(1) 全球化。GPS 实现全天候工作，全球地面连续覆盖。由于 GPS 卫星数目较多且分布合理，所以在地球上任何地点均可连续同步地观测到至少 4 颗卫星，从而保障了全球、全天候连续实时导航与定位的需要。而且能为用户提供连续、实时的三维位置，处理速度和时间不受天气的影响。

(2) 实时定位速度快，定位精度高。目前 GPS 接收机的一次定位和测速工作在 1s 甚至更少的时间内便可完成，这对高动态用户来讲尤其重要。单机定位精度优于 l0m，采用差分定位，精度可达厘米级和毫米级。

(3) 功能多，耐用广。随着人们对 GPS 认识的加深，GPS 不仅在测量、导航、测速、测时等方面得到更广泛的应用，而且其应用领域不断扩大。

(4) 抗干扰性能好、保密性强。由于 GPS 系统采用了伪码扩频技术，因而 GPS 卫星所发送的信号具有良好的抗干扰性和保密性。

3. GPS 在物流中的应用

(1) 实时监控。可以在任意时刻通过 GPS 发出指令查询运输工具所在地理位置(经度、纬度、速度等信息)并在电子地图上直观地显示出来。

(2) 双向通信。GPS 的客户可使用 GSM 的话音功能与司机进行通话或使用本系统安装在运输工具上的移动设备的汉字液晶显示终端进行汉字消息收发对话。

(3) 动态调度。调度人员能在任意时刻通过调度中心发出文字调度指令，并得到确认信息；可进行运输工具待命计划管理，操作人员通过在途信息的反馈，运输工具未返回车队前即做好待命计划；可提前下达运输任务，减少等待时间，加快运输工具周转速度。

(4) 数据存储与分析。实现路线规划及路线优化，事先规划车辆的运行路线、运行区域，何时应该到达什么地方等，并将该信息记录在数据库中，以备以后查询、分析使用。

6.5.5 物联网技术

物联网是新一代信息技术的重要组成部分，IT 行业又叫泛互联，意指物物相连，万物万联，是一个基于互联网、传统电信网等的信息承载体，它让所有能够被独立寻址的普通物理对象形成互联互通的网络。

1. 物联网技术的基本知识

物联网(the internet of things，IoT)，广义上指的是将各种信息传感设备，如射频识别装置、红外感应器、全球定位系统、激光扫描器等种种装置与互联网结合起来所形成的一个巨大网络。

物联网技术是多学科高度交叉的新兴前沿研究热点领域，综合了传感器技术、嵌入式计算技术、现代网络及无线通信技术、分布式信息处理技术等，通过各类集成化的微型传感器协作地实时监测、感知和采集各种环境或监测对象的信息，利用嵌入式系统对信息进行处理，并通过随机自组织无线通信网络以多跳中继方式将所感知的信息传送到用户终端。狭义上，物联网可以理解为以电子标签和 EPC(产品电子代码)为基础，建立在互联网基础上的实物互联网络，其宗旨是实现全球物品信息的实时共享和互通。

2. 物联网技术在物流中的应用

(1) 智能托盘。在托盘等装载设备上加装 RFID 标签后，有利于托盘等装载设备的管理及监控。如使用射频识别标签，标识自动化立体仓库中流通使用的托盘，对托盘进行动态跟踪，通过视频监控系统，对仓储作业中各流程的作业时间点进行信息采集及记录，实现仓储作业环节的自动化管理。目前，在烟草行业、医药行业、农产品领域及食品行业已经有很多成功应用的例子。在信息采集与管理，货物的识别、追踪和查询等方面发挥作用，保障了药品及食品的安全。

(2) 智能运输。依托 RFID、GPRS、全球卫星定位系统及地理信息系统等技术的集成，构建物流货运及配载信息化监控管理平台，提供实时的货物信息、导航信息及流通过程中的配货信息进行联网监测等。通过识别出货品、货箱及托盘，RFID 标签使运营者及时了解销售环节，从而能识别出商品，显示出货品的来源及运输状态，最后成功将商品发送到指定目的地。

(3) 智能仓储。通过在配送中心收货处、仓库出入库口、托盘、货架及其他物流关卡安装固定式 RFID 读写器，在货物包装箱上加装 RFID 标签并在搬运设备上安装移动式的 RFID 读写器，以及使用手持读写器，能够实现对配送中心货物的自动化的入库、盘点、分拣和出库，实现物品库存的信息化管理。企业能够实时掌握商品的库存信息，结合自动化补货系统及时进行货物的补充，提高库存管理能力。

(4) 智能搬运。目前在我国汽车物流、烟草物流以及医药物流等先进的物流系统都使用了智能机器人。这些智能机器人执行自动化搬运的指令和堆垛作业指令。而激光和红外也应用于物流系统的智能搬运中，实现对机器人的引导。随着信息技术和传感技术的发展，可实现物流领域的智能作业与管理。而机器人将具备远程遥控、温感、光感等新型智能特性，将来可作为物联网作业中的一个执行者，进行高效分拣等作业。

6.5.6 区块链技术

区块链技术(blockchain technology，BT)也称分布式账本技术，是一种互联网数据库技术，其特点是去中心化、公开透明，让每个人均可参与数据库记录。是融合了分布式数据存储、点对点传输、共识机制、加密算法等计算机技术的新型应用模式。

1. 区块链技术的特点

(1) 去中心化。由于使用分布式核算和存储，不存在中心化的硬件或管理机构，任意节点的权利和义务都是均等的，系统中的数据块由整个系统中具有维护功能的节点来共同维护。

(2) 开放性。系统是开放的,除了交易各方的私有信息被加密外,区块链的数据对所有人公开,任何人都可以通过公开的接口查询区块链数据和开发相关应用,因此整个系统信息高度透明。

(3) 自治性。区块链采用基于协商一致的规范和协议(比如一套公开透明的算法)使得整个系统中的所有节点能够在去信任的环境自由安全地交换数据,使得对"人"的信任变成了对机器的信任,任何人为的干预不起作用。

(4) 信息不可篡改。一旦信息经过验证并添加至区块链,就会永久地存储起来,除非能够同时控制住系统中超过51%的节点,否则单个节点上对数据库的修改是无效的,因此区块链的数据稳定性和可靠性极高。

(5) 匿名性。由于节点之间的交换遵循固定的算法,其数据交互是无需信任的(区块链中的程序规则会自行判断活动是否有效),因此交易对手无须通过公开身份的方式让对方自己产生信任,对信用的累积非常有帮助。

2. 区块链技术在物流方面的应用

通过区块链网络实现物流与供应链各环节凭证签收无纸化,将单据流转及电子签收过程写入区块链存证,实现交易过程中的信息流与单据流一致,为计费提供真实准确的数据基础。

在对账环节,双方将各自计费账单上的关键信息(货品、数量、货值、运费等)写入区块链,通过智能合约完成自动对账,同时将异常调账过程上链,整个对账过程是高度智能化并且是高度信任的。

通过区块链网络将供应链上下游核心企业、供应商、经销商等进行联网,各参与方共同维护一个共享账本,让数据在各方进行存储、共享和流转,保证了链上所有企业能够可信、高效地同步信息。

📖 **思政案例**

《"十四五"现代物流发展规划总体要求》

习题

一、选择题

1. 对物品进行较长距离的空间移动是属于物流的(　　)功能。
   A. 配送　　　　B. 包装　　　　C. 流通加工　　　　D. 运输
2. 生产企业、流通企业售出产品或商品的物流过程称为(　　)。
   A. 供应物流　　B. 生产物流　　C. 销售物流　　　　D. 回收物流
3. (　　)是指物品从生产地到使用地的过程中,根据需要施加包装、分割、计量、分拣、刷标签、组装等简单作业的总称。
   A. 装卸搬运　　B. 流通加工　　C. 包装　　　　　　D. 运输

4. (　　)是指企业把部分或全部物流业务交由专业的物流企业运作的一种交易方式。
   A. 第一方物流　　　B. 第二方物流　　　C. 第三方物流　　　D. 第四方物流
5. 电子商务实施的基本保证是(　　)。
   A. 信息流　　　　　B. 商流　　　　　　C. 资金流　　　　　D. 物流
6. 第三方物流也称为(　　)。
   A. 合同物流　　　　B. 企业物流　　　　C. 精益物流　　　　D. 回收物流
7. 以下不属于第三方物流产生的原因的是(　　)。
   A. 社会分工　　　　　　　　　　　　　B. 信息技术发展
   C. 经济自由化和贸易全球化　　　　　　D. 看板管理
8. 物流运输的功能体现在(　　)。
   A. 产品转移　　　　B. 临时储存　　　　C. 价值增加　　　　D. 简单加工
9. 自建物流实体网络的优点是(　　)。
   A. 运营成本低　　　B. 控制力强　　　　C. 经营风险小　　　D. 资金压力小
10. 物流的价值在于(　　)。
    A. 时间价值　　　　B. 空间价值　　　　C. 加工附加价值　　D. 以上皆是

二、名词解释

1. 现代物流
2. 配送中心
3. 物流系统
4. 第三方物流
5. 物联网

三、简答题

1. 简述电子商务对物流活动的影响。
2. 简述物流系统的组成要素。
3. 简述物流的基本功能。
4. 简述第三方物流的优劣势。
5. 简述物联网技术的具体应用。

四、论述题

1. 论述电子商务与物流的关系。
2. 论述我国第三方物流发展中存在的主要问题。

五、案例分析题

京东的物流模式[①]

1. 企业概况

京东集团2007年开始自建物流，2017年4月正式成立京东物流集团，2021年5月，京东物流于香港联交所主板上市。京东物流是中国领先的技术驱动的供应链解决方案及物流服务商，以"技术驱动，引领全球高效流通和可持续发展"为使命，致力于成为全球最值得信赖的供应链基础设施服务商。一体化供应链物流服务是京东物流的核心赛道。京东物流主要聚焦于快消、服装、家电家具、3C、汽车、生鲜等六大行业，为客户提供一体化供应链解决方案和物流服务，帮助客户优化存货管理、减少运营成本、高效分配内部资源、实现新的增长。同时，京东物流将长期积累的解决方案、产品和能力模块化，以更加灵活、可调用与组合的方式，满足不同行业的中小客户需求。京东物流建立了包含仓储网络、综合运输网络、最后一公里配送网络、大件网络、冷链物流网络和跨境物流网络在内的高度协同的六大网络，具备数字化、广泛和灵活的特点，服务范围覆盖了中国几乎所有地区、城镇和人口，不仅建立了中国电商与消费者之间的信赖关系，还通过211限时达等时效产品和上门服务，重新定义了物流服务标准。在2021年，京东物流助力约90%的京东线上零售订单实现当日和次日达，客户体验持续领先行业。截至2022年3月31日，京东物流运营约1400个仓库，含云仓生态平台的管理面积在内，京东物流仓储总面积超过2500万平方米。

2. 物流模式

业界人士一致认为，配送一直是电子商务发展的瓶颈，而京东持续高速的发展正是得益于其在配送等方面的主动提升，并且业务的扩大也离不开其核心竞争力之一的物流体系的支持。目前京东主要有两套物流配送系统：一套是自建物流体系，另一套体系是与第三方物流企业合作。

(1) 自建物流体系

京东自营物流发展历程：2007年京东物流作为集团内部物流部门成立，主要为京东商城提供履约服务；2010年，推出211限时达；2014年10月，上海"亚洲一号"正式投入运营；2016年5月，X事业部成立，专注互联网+物流；同年，大件物流完成中国大陆地区2851个行政区县全覆盖；2017年4月，京东物流集团成立，全面开放外部服务；2020年8月，30亿元收购跨越速运55%股权；2019年10月，启动供应链产业平台(OPDS)；2021年5月，港股上市；2022年3月，收购德邦物流。

现阶段，京东自营物流在技术上持续创新，打造智能仓储物流系统，研发无人机、无人车、无人仓，并建成全球首个全流程无人仓以及国内规模最大物流机器人仓群。同时，构建AI、大数据、云计算、机器人，实现操作无人化、运营数字化、决策智能化的智能供应链，以技术投入推动效率的提高。

京东自营物流的建立是在深刻考虑利润最大化和经营理念的前提下制定的物流模式，是一种大型仓储式物流模式，将仓库、商家以及分拣中心、运输体系、提货系统、配送系统等进行了良好的整合，实现了同城当日达或者次日达的高效物流系统。京东选择这样的自营物流使得

[①] 资料来源：https://baike.baidu.com/item/%E4%BA%AC%E4%B8%9C%E7%89%A9%E6%B5%81/20476410?fr=ge_ala。

它对供应链各个环节都有较强的控制能力,可以保证在物流方面拥有良好的服务质量。由于覆盖范围广,可以使顾客更快地收到自己所购买的商品,从而提高顾客的满意度和忠诚度,使企业更具有竞争力。

(2) 自建体系+第三方物流相结合

由于我国地域广阔,京东自营物流在建设初期难免有无法送达的地方,所以,京东为了保证全国各地的客户都能在京东购物,将自营配送无法送达的订单委托专业的第三方快递公司进行配送,这种模式灵活性比较大,符合京东的实际情况。第一,京东与第三方物流公司合作节约了物流配送的成本。在配送偏远地区或者没有网点的地区过程中,京东选择将物流外包给第三方物流公司,这样除了大大减少物流配送成本,同时可以通过信息监控,对第三方物流公司的配送进行实时管理;第二,京东利用与第三方物流公司合作来扩展自己的物流业务:从一级城市到二三级城市以及偏远地区。二三级城市以及偏远地区的物流配送成本是不利于京东建立自己的物流配送网点的,所以通过第三方物流公司的物流配送可以进一步扩大全国范围内的物流配送;第三,京东在选择第三方物流公司时具有很强的灵活性。京东可以考察每个地区的第三方物流的普及率以及好评率来选择在不同地区的第三方物流公司。这样可以最大化地满足消费者的购物体验,也有利于提高京东在消费者心中的企业形象。

与第三方物流企业合作让京东对物流控制力增强,它跟多家物流企业有深入的战略性合作,议价能力更强,并且这些合作的物流企业还可以专门针对这种大客户进行服务质量的优化。

此外,京东还有一些其他物流模式,如高校代理等。发展高校代理是京东为满足特定人群需求而特殊定制的服务。

围绕"短链、智能、共生",京东物流坚持"体验为本、效率制胜、成本最优",当前正携手社会各界共建全球智能供应链基础网络(GSSC),打造供应链产业平台,为客户提供全供应链服务和技术解决方案,为消费者提供"有速度更有温度"的高品质物流服务。目前,京东是全球唯一拥有中小件、大件、冷链、B2B、跨境和众包六大物流网络的企业,凭借这六张大网在全球范围内的覆盖以及大数据、云计算、智能设备的投入应用,京东物流打造了一个从产品销量分析预测,到入库出库,再到运输配送各个环节,实现无所不包、综合效率最优、算法最先进的智能供应链服务系统。

问题:

1. 结合案例分析京东自建物流模式的利弊。
2. 分析京东物流模式对我国电子商务物流的启示。

第 7 章　网络营销

互联网已经渗透到人们生活和工作的各个层面，以互联网为主要手段的网络营销在企业经营活动中也逐渐占据主导地位。网络营销的内容和形式非常丰富且仍在快速发展之中。本章将通过对网络营销的发展历程的介绍，提出网络营销的定义，系统分析网络营销的特点及其常用的工具和方法。

■ 内容提要
- 网络营销的起源及含义
- 网络营销的职能、特点
- 网络营销理论基础
- 网络营销常用工具和方法
- 网络营销策划与实施

7.1　网络营销概述

网络营销是借助电子商务，在传统营销的基础上产生的。经过 30 多年的发展，已经形成了比较成熟的理论体系和主要内容。它与传统营销有机结合，相互交融，共同构成了企业的市场营销系统。

7.1.1　网络营销的起源及含义

1. 网络营销的起源

网络营销在国外有许多译法，如 cyber marketing、Internet marketing、network marketing、E-marketing 等。不同的单词词组有着不同的含义，目前，比较习惯采用的翻译方法是

E-marketing，E 表示电子化、信息化、网络化的含义，既简洁又直观明了，而且与电子商务 (E-business)、电子虚拟市场 (E-market) 等相对应。网络营销是伴随互联网进入商业应用和信息技术的发展逐渐诞生与发展的，尤其是万维网 (WWW)、电子邮件、搜索引擎等得到广泛应用之后，网络营销的价值才越来越明显，以互联网为基础的在线教育、网络医疗、网络租车也已成规模。同时，移动互联网塑造了全新的社会生活形态，"互联网+"行动计划不断助力企业发展，互联网对于整体社会的影响已进入到新的阶段。互联网不再是单一的辅助工具，企业开始将"互联网+"行动计划纳入企业战略规划的重要组成部分，这突出表现在企业对互联网专业人才的重视、开展网上销售和采购业务，以及运用移动端进行企业营销推广等。随着移动互联网的广泛使用，移动营销成为企业推广的重要渠道。在移动营销模式中，微信营销由于用户数量众多，成为最受企业欢迎的移动营销推广方式。2019 年以来，我国个人互联网应用发展迅速，除论坛外，其他应用的用户规模均呈上升趋势。即时通信、搜索引擎、网络新闻和社交作为基础的互联网应用，用户规模一直保持稳中有升的趋势，商务交易类应用经过多年的高速增长，进入稳健发展时期，互联网理财走红，网络支付快速向线下支付场景拓展。种种迹象表明，网络营销在社会的发展过程中扮演着重要角色。

其实，网络营销产生的时间并不长，部分网络营销模式自 1994 年才开始陆续出现，并且在 2000 年之前，网络营销的内容都很简单，进入 21 世纪之后，网络营销才进入爆发性发展阶段。早在 1971 年就已经诞生了电子邮件，但在互联网普及应用之前，电子邮件并没有被应用于营销领域，直到 1993 年，才出现基于互联网的搜索引擎，1994 年 10 月网络广告诞生，1995 年 7 月，全球最大的网上商店亚马逊成立。这些事件在互联网及网络营销发展历史上都具有里程碑式的意义。

现在公认的是，1994 年被称为网络营销发展重要的一年，因为在网络广告诞生的同时，基于互联网的知名搜索引擎 Yahoo!、Webcrawler、Infoseek、Lycos 等也相继在 1994 年诞生，另外，美国亚利桑那州两位从事移民签证咨询服务的律师 Laurcncc Cantcr 和 Martha Siegel 通过互联网发布 E-mail 广告只花费了 20 美元的上网通信费用就吸引来了 25 000 名客户，赚了 10 万美元，这个"第一起利用互联网赚钱"的"律师事件"促使人们开始对 E-mail 营销进行深入思考，也直接促成了网络营销概念的形成。从这些历史事件来看，可以认为网络营销诞生于 1994 年。由于这次事件所产生的影响，人们才开始认真思考和研究网络营销的有关问题，网络营销的概念也逐渐开始形成。此后，随着企业网站数量和上网人数的日益增加，各种网络营销方法也开始陆续出现，网络营销进入了快速发展时期，许多企业开始尝试利用网络营销手段来开拓市场。纵观企业营销观念的演变史，最具革命性的进步意义就在于突出消费者利益和走向世界，而网络营销恰恰迎合并突出了这种特征，它直接、高效、低成本地实现了营销观念的两大主要目标，已经成为市场营销的重要形式。

伴随着我国互联网络的更新迭代及消费市场规模稳步扩大，消费需求从排浪式、模仿性向个性化、多样化转型，新的网络营销平台和资源不断涌现，现如今网络营销从封闭式向开放式转变，以企业自有网站为核心到多平台的综合利用，行业内企业网络营销竞争加剧，传统网络营销方法不断调整以适应环境的新发展新变化。尽管许多传统的网络营销方法在今后相当长时间内仍然有效，但在不断变化的互联网环境中也需要进行适当的调整和修正。今天的主流网络营销模式，几年后也可能失去自己的核心地位，总之，没有一成不变、永远有效的网络营销方法。

2. 网络营销的含义

与许多新兴学科一样，网络营销是一个快速发展中的概念，目前还没有一个统一的、公认的、完善的定义，不同的专家学者在不同时期、从不同角度对网络营销的认识也存在一定差异。这主要是因为网络营销环境在不断发展变化，各种网络营销模式不断出现，并且网络营销涉及多个学科的知识，不同研究人员具有不同的知识背景，因此在对网络营销的研究方法和研究内容方面有一定差异。

国内学者在不同时期、从不同角度对网络营销的定义如下。

(1) 网络营销是在网络虚拟市场上用新策略和新方式实现营销目标(黄敏学，2000)。

(2) 网络营销是借助于互联网完成一系列营销环节以达到营销目标的过程(杨坚争，2002)。

(3) 网络营销是企业整体营销战略的一个组成部分，是建立在互联网基础之上，借助互联网特性来实现一定营销目标的一种营销手段(孔伟成，2002)。

(4) 网络营销是企业整体营销战略的一个组成部分，是建立在互联网基础之上，借助互联网来实现企业总体经营目标所进行的以互联网为基本手段营造网上经营环境的各种活动(冯英健，2003)。

(5) 网络营销就是利用互联网在更大程度上更有利润地满足顾客需求的过程(刘向晖，2005)。

(6) 网络营销是企业利用当代网络技术来整合多种媒体，实现营销传播的方法、策略和过程(姜旭平，2011)。

以上这些定义都从某些方面反映出网络营销的部分内容。2021年国内网络营销创始人冯英健学者提出了新的网络营销概念：网络营销是企业为了满足用户获取有价值的信息和服务，通过互联网络及社会关系网络连接企业、用户及公众，为实现顾客价值及企业营销目标所进行的规划、实施及运营管理活动(见图7.1)。其核心思想是：用户是网络营销的起点，也是网络营销的最终目的。

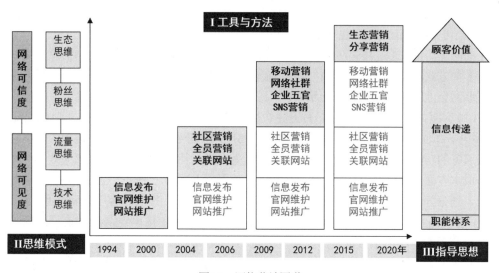

图7.1 网络营销图谱

7.1.2 网络营销的职能

为了更好地理解网络营销的概念，本节用网络营销的职能来体现网络营销的组成，同时也说明网络营销所包含的基本内容。通过对网络营销应用的归纳总结，网络营销的基本职能表现在八个方面：网络品牌、网络推广、信息发布、销售促进、销售渠道、顾客服务、客户关系和网上调研。

(1) 网络品牌。网络营销的重要任务之一就是利用互联网建立并推广企业的品牌。网络营销为企业利用互联网建立评判形象提供了有利条件，无论是大中型企业或是小微企业、其他机构或者个人都可以选择恰当的方式展现品牌形象。移动互联网的快速发展为网络品牌提供了更多展示机会，如建立在各种社交网络平台的企业账户、企业 App 等。网络品牌价值是网络营销效果的表现方式之一，通过网络品牌的价值转化提升品牌的影响力及顾客的忠诚度。

(2) 网络推广。网络推广的对象可以是企业网站、企业 App 或是各类企业自主运行的官方信息平台。这些对象获得必要的访问量是网络营销取得成效的基础，因此，网络推广是网络营销最基本的职能之一，是网络营销的基础工作，是实现流量思维与粉丝思维同步发展的关键。

(3) 信息发布。网络营销的基本方法就是将发布在网上的企业营销信息以高效的互联网手段传递到目标用户、合作伙伴、公众等群体。发布信息渠道包括企业资源(如官方网站、官方 App、官方社交网络等)以及第三方信息发布平台(如开放式网络百科平台、文档共享平台、B2B 信息平台等)，充分利用企业内部资源及外部资源发布信息，是扩大企业信息网络可见度，实现网络信息传递的基础。

(4) 销售促进。市场营销的基本目的是为最终增加销售提供支持，网络营销也不例外，各种网络营销方法大都直接或间接具有促进销售的效果，同时还有许多针对性的网上促进手段(如网络优惠券、团购、积分等)。这些促销方法并不限于对网上销售的支持，事实上，网络营销对于促进线下销售同样很有价值，这也是为什么一些没有开展网上销售业务的企业一样有必要开展网络营销的原因。

(5) 销售渠道。销售渠道包括企业自建的官方网站、官方 App 以及建立在第三方电子商务平台上的网上店铺、通过社交网络销售的店铺、O2O 模式中通过线上获取营销信息到线下店铺消费等多种方式。与早期网络营销中线上销售处于次要地位相比，当前的线上销售成为主导，很多互联网企业甚至完全依靠线上销售。

(6) 顾客服务。互联网提供了多种方便快捷的顾客服务手段，从形式简单的 FAQ(常见问题解答)到电子邮件、即时信息、网络电话(视频)、SNS 社交网络等，均具有不同形式、不同功能的在线服务的功能。在线顾客服务具有成本低且效率高的特点，在提升顾客服务效率、降低顾客服务成本方面具有显著效果。在当前，顾客服务职能不断分工细化，通常针对电子商务的不同阶段，划分为售前、售中、售后类型提供多样化顾客服务，提高顾客服务满意度。

(7) 客户关系。网络营销的基础是连接，尤其在网络营销的粉丝思维及生态思维模式下，顾客是社交关系网络中最终的环节，对于促进销售及开发顾客的长期价值具有至关重要的作用。建立顾客关系的方式，从早期的电子邮件、邮件列表、论坛等到当前的微信、微博、微社群、抖音、小红书等社会化网络，连接更加紧密，沟通更加便捷。顾客关系资源是企业网络营销资源的重要组成部分，也是创造顾客价值、发挥企业竞争优势的基础保证。

(8) 网上调研。市场调研是研究市场活动的重要手段，在网上进行市场调研具有调查周期短、成本低廉的显著优势。网上调研与网络营销的其他职能具有同等地位，既可以依靠其他职能的支持而开展，同时也可以相对独立进行，网上调研的结果反过来又可以为其他职能的更好发挥提供支持。

7.1.3 网络营销的特点

市场营销中最重要也最本质的是在组织和个人之间进行信息的广泛传播和有效交换，如果没有信息的交换，任何交易都会变成无源之水。互联网技术发展的成熟及其方便性和成本低廉性，使得任何企业和个人都可以很容易地将自己的计算机或计算机网络连接到网上。遍布全球的各种企业、团体、组织以及个人通过网络跨时空地连接在一起，使得相互之间信息的交换变得"唾手可得"。由于互联网具有营销所要求的某些特性，使得网络营销呈现出以下一些特点。

(1) 交互性。企业通过网络向顾客发布非常生动的、即时的产品信息和相关资料，进行市场调查、产品设计调查、产品测试与消费者满意调查、售后服务等营销活动的同时，消费者可以通过网站、搜索引擎、E-mail 或其他软件工具方便地了解和比较所需信息，理智地选择商品，作出购物决策，甚至提出自己对商品从设计到服务的要求和定制要求。因此，在网络中企业和顾客的信息沟通是主动的、及时的。这种交互性既提高了用户的参与性和积极性，满足了个性化的需要，同时也提高了企业营销策略的针对性。另外，交互性要求网络营销以顾客为导向，顾客有选择的权利，处于中心地位，而企业或商品处于被选择的地位。

(2) 跨时空性。通过互联网进行交易，企业突破了营业场所大小、地域、距离、营业时间和国别的限制，可以用低廉的价格开展全球营销；消费者也突破了地域和距离的制约，拥有了更大的灵活性、更多的选择时间和空间。

(3) 个性化。网络营销具有鲜明的个性化特征，其促销和交易方式是一对一的、理性的、消费者主导的，与以强势推销为主要手段的传统营销方式有很大的区别。当今买方市场的形成也促使企业充分考虑消费者的个性化需求，并通过一定的方式与消费者建立长期良好的关系。现代的电子商务技术和柔性化制造技术已经为消费者的个性化消费提供了良好的技术基础。

(4) 整合性。互联网上的营销可由商品信息的收集和发布至收款、售后服务一气呵成，因此也是一种全程的营销渠道，这使得网络营销具有整合的特点。企业可以借助互联网络将不同的传播营销活动进行统一设计规划和协调实施，如网上广告和电视广播广告相结合；发送电子邮件和邮政信件相结合，以统一的传播渠道向消费者传达信息，避免传播不一致产生的消极影响，提高整体营销的效果，这也就是通常所称的网上网下间的整合。即在网络营销的过程中，将对多种资源进行整合，对多种营销手段和营销方法进行整合，对有形资产和无形资产的交叉运作和交叉延伸进行整合。这种整合具有复杂性、多样性、包容性、变动性和增值性等丰富的理论内涵，是对传统市场营销理念的重大突破和重要发展，需要我们下功夫、花力气进行深入的研究。

(5) 经济性。在互联网上无论是存储信息、处理信息、发布信息、获得信息的成本，还是渠道费用，与传统方式进行比较，都是非常低廉的。因此，网络技术的应用为企业营销活动和消费者购买商品提供了降低成本的基础。首先，企业利用网络既可以加强与主要供应商之间的协作联系，也可以将原材料与产品制造过程有机地结合起来，降低企业的库存和采购成本；其次，网络营销的直销性降低了传统营销迂回式、多层次流通的损耗和费用。另外，网络营销在市场调查、宣传促销费、经营管理等方面也降低了费用。

(6) 高效性。网络营销的高效性主要表现在网络海量的数据存储能力、快速准确的数据处理和传输能力、信息的可测量性和交互能力。由于网络营销是由网络通信技术和计算机技术为其技术支撑，可传送的信息数量与精确度表现出来的商业智能和个性化，远远超过现有的其他媒体和营销手段，同时，现代银行电子支付技术的完善，使整个交易过程更加简单、高效，适宜于电子商务和网络营销的发展。现代的企业竞争必须是高效能的，必须对市场需求作出快速反应，及时更新产品或调整价格，及时有效地了解并满足顾客的需求，这些都要求企业必须是在高效的平台上运作。

(7) 成长性。随着互联网络基础建设的日趋完善，互联网技术的日趋普及，互联网络正在成为一种功能强大的营销工具，它同时兼具渠道、促销、电子交易、互动顾客服务、市场信息分析与提供的多种功能。它所具备的一对一营销能力，正是符合个性化营销与直复营销的未来趋势。

(8) 技术性。网络营销是建立在高技术作为支撑的互联网络基础上的，它包括网络通信技术、信息处理技术、多媒体技术、数据库技术、人工智能技术等计算机硬件和软件技术，极大地丰富了网络营销的手段和表现形式。高技术性不等于高复杂性，实际上，技术的进步体现在使用技术的方便性和简单化。网络营销的技术性要求企业必须有一定的技术投入和技术支持，必须改变企业传统的组织形态，提升信息管理部门的功能，引进懂营销与计算机技术的复合型人才，未来才能具备和增强企业在市场上的竞争优势。

(9) 可测试性。能明确地知道营销的效果，是公司调整、改进营销管理决策的基础。网络营销的互动性及网络的可追踪性和计算机技术及数据库技术的发展，决定了网络营销的效果是可测试的。网络营销的可测试性在准确性和成本方面是传统营销不可比拟的。因此，如何形成一套完整的、公认的网络营销效果衡量指标和评价方法体系，是网络营销需要解决的重要问题。

(10) 实践性。网络营销是一门实践性很强的学科，其理论根底深深扎在网络营销实践的沃土中。网络营销的每一步发展，都呼唤着网络经济理论研究的深入。但是，这种呼唤，只有在网络营销的实践中攀登和开拓的人，才可以听到、感受到、体验到。闭门造车，是拿不出像样的网络营销理论成果的。网络营销的实践性还突出地表现在：它对以往营销理念的审视性和对新论断广泛的检验性。

7.1.4 电子商务与网络营销

1. 网络营销是电子商务的组成部分

电子商务的内涵比网络营销更广，网络营销是电子商务的组成部分，开展网络营销并不等于一定实现了电子商务，但实现电子商务一般是以开展网络营销为前提的。网络营销是企业电子商务整体战略的核心环节，网络营销整体战略的实现也需要电子商务其他环节的密切配合。电子商务的核心是电子化交易，它强调的是交易方式和交易过程的各个环节，而网络营销注意的是以互联网为主要手段的营销活动。网络营销的重点在于交易前阶段的宣传和推广，电子商务的标志之一则是实现电子化交易。网络营销研究的是怎样在网上卖出去东西,而电子商务研究的则是在网上卖东西的整个过程。

2. 网络营销推进电子商务的发展

随着消费需求多元性、求异性和即时性等特征的出现,电子商务环境下网络营销观念也在不断发展变化,形成了直复营销、关系营销、软营销、数据库营销等一些新的营销观念和方法策略。网络营销成为推进我国企业电子商务进程的最重要、最直接的力量。商务部、中央网信办、发展改革委 2021 年 10 月印发的《"十四五"电子商务发展规划》中指出:"发挥电子商务对价值链重构的引领作用,鼓励电子商务企业挖掘用户需求,推动社交电商、直播电商、内容电商、生鲜电商等新业态健康发展。"

7.2 网络营销理论基础

客观现实和技术是现有市场营销理论形成和发展的基础。随着网络带来的营销手段和性质的变化,传统营销理论需要进一步发展和完善,通过对网络特性和新型消费者的需求和购买行为的重新考虑,形成具有网络特色的营销理论。当前的网络营销理论仍不是很成熟,往往强调网络营销实践的可操作性和创新性,但是网络营销理论对实践仍具有一定的指导作用。

7.2.1 网络直复营销理论

1. 直复营销的定义

直复营销是指依靠产品目录、印刷邮件、电话或附有直接反馈的广告以及其他相互交流形式的媒体进行大范围营销活动。美国直复营销协会(ADMA)为直复营销下的定义是:直复营销是一种为了在任何地方产生可度量的反应和达成交易,而使用一种或多种广告媒体的相互作用的市场营销体系。直复营销中的"直"是指不通过中间分销渠道而直接通过媒体连接消费者;"复"指企业和消费者的信息交互,包括企业和消费者的信息交互、产品信息以及交易和支付信息的交互等。

2. 直复营销的特点

直复营销作为一种相互作用的体系,一般而言,具有如下特点。
(1) 强调与目标顾客之间的"双向信息交流",克服了传统市场营销中"单向信息交流"方式的缺陷。
(2) 为每一个目标顾客提供直接向营销人员反映的渠道,企业可以凭借顾客反映找出不足,为下一次直复营销活动做准备。
(3) 强调在任何时间、任何地点都可以实现企业与顾客的"信息双向交流"。
(4) 营销活动范围一般较大。

(5) 直复营销活动的效果是可测定的。

3. 直复营销与传统营销的比较

与传统营销相比较，网络直复营销具有如下特点。
(1) 产需直接见面，使企业既满足了消费者的需求，又减少了盲目生产的后果。
(2) 减少了迂回经济多层次批发中介的费用。
(3) 企业能够及时了解用户对产品的意见和建议，加强了企业和消费者之间的联系。
(4) 减少整个社会的费用和能源消费结构。
(5) 营销的效果可以快速测定，以便于企业指导和改变计划。

7.2.2 关系营销理论

1. 关系营销的概念

关系营销是把营销活动看成一个企业与消费者、供应商、分销商、竞争者、政府机构及其他公众发生互动作用的过程。其核心是建立和发展与这些公众的长期、稳定的良好关系，通过为顾客提供高度满意的产品，提供有效的服务来加强与顾客的联系，保持与顾客的长期关系，培育顾客忠诚度，并在与顾客保持长期关系的基础上开展营销活动，实现企业的营销目标。

2. 关系营销的特点

(1) 双向沟通。在关系营销中，沟通应该是双向而非单向的。双向沟通意味着更广泛的信息交流和信息共享，意味着企业与顾客之间更多的理解，也才有可能赢得双方的合作和支持。

(2) 合作。关系营销强调以人为本，以客户为中心，每一次交易都看作双方互惠的合作，并期待未来更多的合作。

(3) 双赢。关系营销不是通过损害其中一方或多方的利益来增加其他各方的利益，而是通过合作增加关系各方的利益。

(4) 亲密。关系营销不只是要实现物质利益的互惠，还必须让参与各方能从关系中获得情感的需求满足。实际上，与客户建立亲密的关系是对客户心理和更高级需求的满足，亲密的关系也是合作和协调的基础。

(5) 承诺。企业为获得多方的信任，满足多方的需求，必须作出高度的承诺，并在营销过程中检查承诺的执行情况，真正兑现承诺。

(6) 控制。关系营销要求建立专门的部门，用以跟踪顾客、分销商、供应商及营销系统中其他参与者的态度，由此了解关系的动态变化，检查承诺履行情况和多方的反馈意见，及时采取措施消除关系中的不稳定因素和不利于关系各方利益共同增长因素，及时改进产品和服务，更好地满足市场的需求。

3. 关系营销的工作

从企业与顾客互动的角度看，关系营销的主要工作大致如下：
(1) 分析和寻找客户。
(2) 向客户提供售后产品和服务以及承诺。
(3) 不折不扣地履行承诺并尽可能地满足顾客的需要。

(4) 检查对顾客的承诺的实现情况,认真总结顾客的反馈意见,并拿出解决办法。
(5) 加强与客户的沟通和联系,加强合作联系。
(6) 千方百计留住老客户。

7.2.3 网络整合营销理论

1. 网络整合营销的概念

网络整合营销是一种对各种营销工具和手段的系统化结合,根据网络环境进行即时性的动态修正,以使交换双方在交互中实现价值增值的营销理论与营销方法。网络整合营销就是为了建立、维护和传播品牌,加强客户关系,而对品牌进行计划、实施和监督的一系列营销工作。其以市场为调节方式,以价值为联系方式,以互动为行为方式,是现代企业面对动态复杂环境的有效选择,并强调将营销中的各种要素组合,使各种作用力统一方向,形成合力,产生协同效应,共同为企业的营销目标服务。

2. 4P理论

在传统的营销中,产品(product)、价格(price)、渠道(place)、促销(promotion)是企业营销策略中的关键因素,这些内容归纳为市场营销组合策略中的 4P 组合。

4P 理论的基本出发点是企业的利润最大化,它的理论基础仍然是厂商理论,以产品为中心,其实际的决策是:市场调研→营销战略→营销策略→反向营销控制。4P 营销这样一个单向链,最大的问题是没有把顾客整合到整个营销决策过程中去,它是将厂商利润置于满足消费者需求之上。

3. 4C理论

在网络营销中消费者处于优势地位,或者说处于中心地位。因为在互联网环境下,网络上信息丰富的特征使顾客的选择余地变得很大,不仅参与的主动性增强,而且选择的主动性也得到加强。产品交易的实现关键在于消费者的选择,归根结底在于企业或产品是否满足消费者的需求,特别是个性化需求的满足。因此,企业必须树立新的营销观念,即在营销中充分考虑消费者的个性化需求、消费者的价值取向、消费者的接受程度,以及如何方便和取悦消费者。以上这些因素,意味着传统强势营销的影响力在减弱,4P 理论不完全适合网络营销,网络营销应该把顾客整合到整个营销过程中来,从他们的需求出发开始并贯穿整个营销过程。

因此,以传统的 4P 理论为典型代表的营销管理方法必须做进一步的扩展。一批营销学者从顾客需求的角度出发研究市场营销理论,把消费者的需求放在首位,提出了 4C 组合,即顾客的需求和期望(customer)、顾客的费用(cost)、顾客购买的方便性(convenience)、顾客和企业的沟通(communication)。简言之,即产品应满足消费者的需求,企业的利润和产品的定价应符合消费者的意愿,产品的分销应考虑消费者的便利性,促销形式应实现企业与消费者真诚有效的双向沟通。

以上的营销模式称为网络整合营销模式,实际上,是利用互联网将传统的 4P 营销组合与更好地体现以顾客为中心的 4C 理论相结合。

7.2.4 网络软营销理论

以传统广告和人员推销为主要特征的"强势营销"是工业化大规模生产时代的基本营销方式,这种方式只注重在满足顾客基本需求的前提下更多地考虑本企业自身营销目标需求。但是在经济过剩条件下,尤其在网络营销中,网络本身的特点和消费者个性化需求的回归,造成顾客在购买产品时不仅要考虑满足基本的生理需求,还要满足高层的精神和心理需求,于是"网络软营销"理论便应运而生。

"网络软营销"是相对"传统强势营销"而言的,传统营销中最能体现"强势营销"特征的两种促销手段是广告和人员推销。传统广告企图以一种信息灌输方式在客户心中留下深刻印象,它根本就不考虑顾客是否需要这类信息;而人员推销根本就不是事先征求推销对象的允许或请求,而是企业推销人员主动地敲开客户的门。在网络上这种以企业为主动方的强势推销,无论是有直接商业利润目的的推销行为还是没有直接商业目标的主动服务,都难以发挥作用。而网络发展的根本原因是信息共享,降低信息交流的成本,这一点与强势营销是不相容的。"网络软营销"则是网络营销中有关消费者心理学的另一个理论基础。网络软营销理论认为,在网络模式下,过多考虑企业自身营销目标,只能引起客户的逆反心理,客户大多不欢迎不请自到的广告,而喜欢在个性化需求驱动下自己到网上寻求相关信息、广告。因此,网络营销的基本规则是"网络礼仪",即只能遵守网络礼仪同时通过对网络礼仪的巧妙运用而获得良好的营销效果。企业不要过多地打搅消费者,而要努力吸引客户,一旦发现消费者有与你联络的欲望,就应当立即主动、热情地尽最大努力把他吸引住。

用一句话概括,网络软营销与传统强势营销的一个根本区别在于:软营销的主动方是消费者,而强势营销的主动方是企业。个性化消费需求的回归也使消费者在心理上要求自己成为主动方,而网络的主动特征又使它成为主动方真正有了可能。

7.2.5 数据库营销理论

1. 数据库营销的概念

数据库营销是企业通过搜集和积累消费者的大量信息,经过处理后预测消费者有多大可能性去购买某种产品,以及利用这些信息给产品以精确定位,有针对性地制作营销信息,以达到说服消费者去购买产品的目的。数据库是指营销数据库,其作用是存储客户、产品、市场、人口统计、销售趋势、竞争和交易等信息,企业可以通过一定的数据模型和软件对数据进行分析和利用,以便更好地进行消费者分析,确定目标市场,跟踪市场领导者以及进行销售管理等。

传统的营销主要建立在定性的基础上,企业对市场的了解往往是经验,而不是实际数据。而数据库的引入,使营销工作建立在准确的、海量的数据基础上,不但可以使用多种计算和决策方法,更加充分地了解顾客需求、了解顾客价值、评估顾客价值、分析顾客需求和交易行为,更准确地及时进行市场调查和预测,改善企业决策的准确性,并且由于数据库能够不断更新,能够及时反映市场迅速变化的实际状况,使企业营销决策更符合现实。

2. 数据库营销的过程

(1) 数据收集。数据收集的任务是收集各种顾客、产品、交易、市场调查、产品维修等原始信息，也包括各种渠道积累和发布数据，如信用卡记录、天气数据、人口统计数据、患者病历记录、通信簿等。

(2) 数据存储。将各种数据录入，建立营销数据库。

(3) 数据处理。运用统计技术，通过编制相应软件，导出产品开发部门、营销部门、公共关系等部门所需要的详细数据。

(4) 寻找目标顾客。根据产品的参数和消费者特征，利用一定的经验模型和数据模型，以此查找和分析目标顾客，作为营销工作的目标。

(5) 数据深加工。对隐藏在数据库中的规律和知识进行挖掘，分析营销中各因素对营销目标的影响，使营销工作更科学，营销效果最大化。

(6) 数据库维护。完成对数据库中数据的添加、删除、修改操作，并对数据库的性能进行改善。

大部分的网页数据存储在各种数据库中，无论是对网页的更新，对市场调查数据的存储，还是对客户数据的收集、处理等，最有效、成本最低的方法仍然是数据库技术。因此，数据库技术注定与企业网络营销连在一起。网络数据库营销具有数据库营销的所有特点和优点，因互联网的作用放大了数据海量存储、数据共享、互动和沟通的功能，使得在网络上可以动态地采集数据，更快、更准确地反映市场的变化。

7.3 网络营销常用工具和方法

几乎每一种常用的互联网工具和服务都有一定的网络营销作用，如 Web 1.0 时代常用的搜索引擎、电子邮件、QQ 即时通信工具等，Web 2.0 时代常用的博客、微博、SNS、网络视频等，Web 3.0 时代常用的 App、O2O、LBS、微信、短视频等，而以每一种工具为基础都会相应地产生一种或多种网络营销方法，而网络营销方法也需要借助各种网络营销工具。因此，有效利用网络营销的工具和方法，成为实现网络营销价值的基础。

7.3.1 搜索引擎营销

搜索引擎营销(search engine marketing，SEM)就是基于搜索引擎平台的网络营销，利用人们对搜索引擎的依赖和使用习惯，在人们检索信息的时候尽可能将营销信息传递给目标客户，它是目前最常见、效果最明显的网络营销方法之一。

1. 搜索引擎分类

按照信息搜索的方法不同，搜索引擎可以分为目录索引搜索引擎(search index/directory)、全文搜索引擎(full text search engine)和元搜索引擎(meta search engine)三大类。

(1) 目录索引搜索引擎。目录索引搜索引擎以人工或半人工的方式，或依靠用户提交注册来搜索信息，由搜索引擎的工程师对信息进行整理分类，形成信息摘要，然后按照信息的类别归属到网站的分类树框架中。大部分的目录索引是链接站点的主页，提供目录浏览服务和直接检索服务。用户在查询信息时，可选择关键词搜索，也可按分类目录逐层查找。如果以关键词搜索，返回的结果根据一定的算法按信息关联程度排列；如果按分层目录查找，某一目录中的网站的排名则是由标题字母的先后顺序决定。目录搜索引擎主要由人工进行分类，所以它的优点是信息准确，导航质量高；缺点是信息量少，信息更新不及时。典型的目录索引搜索引擎有搜狐、新浪、Yahoo 等。

(2) 全文搜索引擎。全文搜索引擎也称为机器人搜索引擎，所谓"机器人"是指某个能以人类无法达到的速度不断地执行某项任务的软件程序，这里"机器人"指在网络中搜索网页信息的程序。因为该程序像蜘蛛一样在网络间爬来爬去，因此又被形象地称为"蜘蛛"程序。全文搜索引擎就是通过"机器人"程序对一定 IP 地址范围内的互联网进行访问和检索，一旦发现新的网站或链接，它会自动提取信息，这些信息主要以网页文字为主，按照一定的算法，加入到搜索引擎的网页数据库中，并由搜索引擎为其建立索引，提高查找效率。

当用户以关键词查找信息时，全文搜索引擎会在网页数据库中进行搜寻，如果检索到与用户查询条件匹配的相关记录时，便会采用某种计算方法，通常是根据网页中关键字的匹配程度、出现的位置、频次、链接质量等，然后计算出各网页的相关度及排名等级，最后根据关联度高低，按顺序将这些网页链接返回给客户。

从搜索结果来源的角度，全文搜索引擎又可细分为两种：一种是拥有自己的检索程序即"机器人"程序，并自建网页数据库及索引，搜索结果直接从自身的数据库中检索并返回给客户，如百度；另一种则是使用其他引擎的数据库，但按照自定的格式和相关程序排列搜索结果，如 Lycos 引擎。

全文搜索引擎的搜索范围和时效性都优于目录索引搜索引擎，该类搜索引擎的主要优点是信息量大、更新及时、自动化、无须人工干预，其缺点是返回信息过多，例如，返回信息常常达到数万条，用户必须对返回的信息进行再次筛选和查找。典型的全文搜索引擎有 AltaVista、Excite、Infoseek、Lycos、Inktomi、百度等。

(3) 元搜索引擎。元搜索引擎没有自己的数据库，在接受用户查询请求时，同时将查询信息向多个搜索引擎递交，即在多个引擎上进行搜索，将返回的中间结果进行整理，重新排序后，作为自己的结果返回给用户。由于每个搜索引擎收录的网站不同，搜索的结果也会不一样，但如果采用元搜索引擎，就可以取得同时搜索多个著名网站的大型数据库的效果，既避免了操作上的烦琐，又节约了时间。这类搜索引擎的优点是信息量大，能够综合多种搜索引擎的优势；缺点是不能充分利用元搜索引擎的功能，可能用户需要做更多的筛选工作。典型的元搜索引擎有 InfoSpace、Dogpile、Vivisimo 等。

(4) 其他搜索引擎。除上述三大类引擎外，还有以下几种非主流搜索引擎：

① 如 Hot Bot 在 2002 年底推出的集合式搜索引擎，该引擎类似 META 搜索引擎，但区别在于不是同时调用多个引擎进行搜索，而是由用户从提供的 4 个引擎当中选择。

② 门户搜索引擎，如 AOL Search、MSN Search 等虽然提供搜索服务，但自身既没有分类目录也没有网页数据库，其搜索结果完全来自于其他引擎。

③ 免费链接列表(free for all links，FFA)，这类网站一般只简单地滚动排列链接条目，少部

分有简单的分类目录，不过规模比起 Yahoo 等目录索引要小很多。

2. 搜索引擎营销方式

(1) 搜索引擎优化(SEO)。为了使自己公司的网站显示在搜索引擎搜索结果的前列，对网站结构和网页进行搜索引擎优化(SEO)是很有必要的。

① 使用更容易搜索的单词。如果使用 Internet 上的搜索网站，大多时候搜索结果会高达几百项，并且多数用户常常只参照前面显示的信息。为了增加对 Web 网站的访问量，使自己公司的网站显示在搜索结果的前列是相当重要的。为使自己公司网站的 URL 显示在搜索结果前列所采取的行动就是 SEO，就是在 Web 网页里使用更易于终端用户搜索的单词，对 Web 网页间的链接进行调整和完善。多数企业采取的措施是改变 Web 网页内包含的单词。比如，柯达是对 Web 网页中的 IMG 标签、标题、META Tag 等进行了改进，在 IMG 标签中，在显示图像文件内容的 Alt 属性中，设置了柯达的公司名称，将其改为显示图像内容的记述。

② 网页之间的链接等也有影响。SEO 的对象不仅仅是单词，完善网页的链接作业也是 SEO 的内容。如果 Web 网站内的各网页之间没有很好的链接，搜索 Robot(能以人类无法达到的速度不断进行检索的程序)无法找到网页，也就无法制作包含有详细信息的 Web 网页索引。例如柯达对网页重新进行了设计，使记载有重要信息的网页位于网站"树"形结构的顶端。在许多情况下，搜索 Robot 无法对诸如 ASP(动态服务器网页)那样的动态网页进行巡查，这时，就要预先制作静态 Web 网页。考虑怎样被不同的搜索网站和用户访问量大的网站链接，可以决定显示的顺序。因此，被其他的网站链接也是很有必要的。

③ 咨询服务蓬勃发展。实际中的 SEO 并没有那么简单，比如说普通用户很难弄懂"如何改变网页中包含的单词才会收到效果"之类的问题。因此，提供 SEO 技巧的咨询服务就蓬勃发展起来。作为 SEO 的一个环节，各家服务商甚至还提供 Web 网页制作服务。实际上，实施 SEO 的用户多数都接受了这样的咨询服务，如索尼使用了 ePromote，柯达使用了 Aandg 的服务。不论在哪种情况下，服务商都在对 Web 网页内容作出评估后，找出可能会有效果的关键词，并在 Web 网页中反映出来。

(2) 关键词竞价排名。关键词竞价排名是采用竞价方式来提高网站在有关竞价关键词搜索结果中的排名位置，价格是决定排名的重要因素，它们的搜索结果实质上是一种关键词广告，广告主根据用户的点击来付费，每次点击的价格由排名位置来决定，排名越高，广告主支付给付费搜索引擎的费用也就越高，但其可以马上得到流量，所以只能是一种作为短期目标来进行的搜索引擎营销方式。

(3) 关键词广告。关键词广告是付费搜索引擎营销的一种形式，简单来说就是在搜索引擎的搜索结果中发布广告的一种方式。与一般网络广告不同之处仅仅在于，关键词广告出现的位置不是固定在某些方面，而是当有用户检索到企业所购买的关键词时，才会出现在搜索结果页面的显著位置，它是目前搜索引擎营销方法中发展最快的模式。

(4) 免费登录分类目录。搜索引擎营销在 2001 年之前为免费搜索引擎营销阶段，以免费分类目录登录为主要方式。目前多数重要的搜索引擎都已开始收费，仍有少数搜索引擎可以免费登录，如 Yahoo。免费登录搜索引擎没有经济付出看似更好，但是这种服务却存在着很大的不足。如加注速度慢，不能保证一次加注就成功；不能自主决定介绍内容，必须由对方的编辑进行审核等。从搜索引擎的发展趋势来看，免费搜索引擎登录的方式已经逐步退出网络营销舞台。

(5) 收费登录分类目录。收费登录搜索引擎营销与网站设计本身没有太大关系，主要取决于费用，只要缴费，一般情况下都可以登录。相比之下，有偿加注服务的好处就显而易见了，如加注受理工作速度快，自己有权制定宣传内容等。因此，为了有一个好的效果，建议企业最后选择有偿加注服务。提供收费登录搜索引擎的主要有搜狐、新浪、网易等。

7.3.2 电子邮件营销

1. 电子邮件营销概述

E-mail 出现于 1972 年，带来了人类通信史上革命性的变化，现在不仅成为人们生活中不可缺少的一部分，而且是一个非常重要的营销工具。研究发现，网民学历越高，电子邮件使用率越高。办公室职员、管理者、大学生等电子邮件的使用率明显高于其他人群，也是最具消费潜力和营销价值的群体。

从形式上看，发送的邮件是否事先获得许可，是区分许可邮件与垃圾邮件的重要标志；从内涵上看，邮件所提供的价值和利益，才是决定邮件能否获得客户欢迎的关键所在。真正意义上的电子邮件推广是指许可电子邮件推广。垃圾邮件不仅不符合网上商业伦理，对用户造成极大的伤害，同时也违反有关的法律法规。

许可营销的原理很简单，企业在推广产品或服务前，事先须征得顾客的"许可"，然后再通过 E-mail 的方式向顾客发送产品或服务信息。因此，许可营销也就是许可 E-mail 营销。例如，一些公司在要求你注册为会员或者填写在线表单时，会询问你"是否希望收到本公司不定期发送的最新产品的信息"，或者给出一个列表让你选择自己希望收到的信息类型。

许可营销的主要方法是通过邮件列表、新闻邮件、电子刊物等形式，向目标客户提供有价值的信息的同时附带一定数量的商业广告。在传统营销方式中，许可营销很难行得通，但是互联网的交互性使得许可营销成为可能。

2. 电子邮件营销的模式

(1) 通过专业邮件列表服务商投放邮件广告。邮件列表(mailing list)起源于 1975 年，是互联网上最早的社区形式之一，也是互联网上的一种重要的工具，用于各种群体之间的信息交流和信息发布。专业的邮件列表服务商通常提供某类型的电子杂志、新闻邮件、商业信息等吸引用户参与，然后在邮件内容中投放广告主的商业信息。广告主可借助邮件列表服务商的用户资源开展宣传、促销等活动。

邮件列表的好处体现在以下几方面：一是企业不需要配备专业的 E-mail 营销队伍；二是可以利用比较丰富的潜在用户资料；三是可以在最短时间内将信息发到订户的电子邮箱中，而不像自己经营邮件列表那样需要长时间的积累过程。它的不足之处有两点：一是不可能完全了解潜在客户的资料，邮件接收者是否是公司期望的目标用户，也就是说定向选择受众的程度有多高，事先很难准确判断；二是要支付相应的广告费，邮件列表服务商拥有的用户数量越多，或者定位程度越高，收费也越高。目前，几乎所有的邮件列表服务商都承接邮件列表广告，如国内知名的邮件列表服务商有希网(http://www.cn99.com)等。根据行业机构发布的《中国企业邮箱安全性研究报告》数据显示，办公自动化的不断提升，不仅没有降低电子邮件的重要性，反而显著的提升了企业邮箱的使用范围和使用率。截至 2022 年底，国内注册的企业邮箱独立域名约为 537 万个，活跃的国内企业邮箱用户规模约为 1.8 亿。从电子邮箱的使用情况来看，2022 年，全国企业邮箱用户共收发各类电子邮件为 7660.6 亿封，相比 2021 年企业及电子邮箱用户收发邮件数量增长 0.3%，平均每天收发电子邮件约 21.0 亿封。不断增长的邮箱用户规模和使用率是企业服务选择电子邮件营销的重要因素。

(2) 利用自己建立的邮件列表发送邮件广告。拥有自己的邮件列表始终是企业的追求，越来越多的传统企业意识到使用电子邮件和互联网来维系顾客关系的边际成本是相当低的，而且，越来越多的人开始使用电子邮件，所以我们经常可以看到网站上充满了"请订阅本站 E-mail 通告"等要求访问者留下电子邮件地址的文字。

一般而言，企业或者网站建立自己的邮件列表主要有以下目标：作为公司产品和服务的促销工具；方便和顾客交流，增进顾客关系；获得赞助或出售广告空间；提供收费信息服务。前两种目标是作为营销或公关工具，间接达到增加销售收入目的；后两种目标则直接反映了网站希望通过邮件列表获得利润的目的。就目前环境来看，大部分网站的邮件列表主要是前两种目标，因为一般网站的邮件列表规模都比较小，靠出售广告空间获利的可能性较小，而收费信息服务的条件还不太成熟。不过，这些目标也不是相互孤立的，有时可能是几种目标的组合。

7.3.3 网络广告营销

1. 网络广告的概念

简单地说，网络广告就是在网络上做的广告，利用网站上的广告横幅、文本链接、多媒体的方法，在互联网刊登或发布广告，通过网络传递到互联网用户的一种高科技广告运作方式。与传统的四大传播媒体(报纸、杂志、电视、广播)广告及近来备受青睐的户外广告相比，网络广告具有得天独厚的优势，是实施现代营销媒体战略的重要部分。目前网络广告的市场正在以惊人的速度增长，网络广告发挥的营销效用越来越明显。

2. 网络广告的主要形式

(1) 文字广告。文字广告就是以文字的形式扩大企业或产品的知名度，可以放在 Web 页上，一般是企业的名称，点击后链接到广告主的主页上。这种文字链接形式的广告通常出现在网页的一些分类栏目中。文字广告也可以通过电子邮件的形式定期传送给客户，还可以采用在新闻组或电子公告板上发布的方式。在分类广告中，往往以文字的形式出现，如图 7.2 所示的搜狐网站文字广告。

(2) 横幅(banner)广告。横幅广告是各广告主网络广告的首选，一般做成动画，表现的内容丰富、形式生动，最容易引起网民的注意。它具有如下特点：广告位置明显(一般在页面的顶部、底部或醒目位置)，信息传播面广，采用动态广告图片，视觉冲击范围大，广告记忆度明显。该类广告对于品牌、产品的推广有显著的效果，适于品牌、形象宣传及促销等大型活动，如图 7.3 所示。

图7.2　文字广告

图7.3　横幅广告

(3) 按钮(button)广告。按钮广告又称为鼠标响应图标广告。这种广告可以是一个企业的标志，也可以是一个形象图表，有的就是一个按钮形状。它们都采取与有关信息超链接的互动方式，用鼠标点击它时，可链接到广告主的站点或相关信息页面上。按照网络广告署的标准，按钮广告的尺寸一般为120×90像素、120×60像素、125×125像素，如图7.4所示。

图7.4　按钮广告

(4) 竖幅广告。竖幅广告又称为对联广告，出现在主页面两侧，如图 7.5 所示。

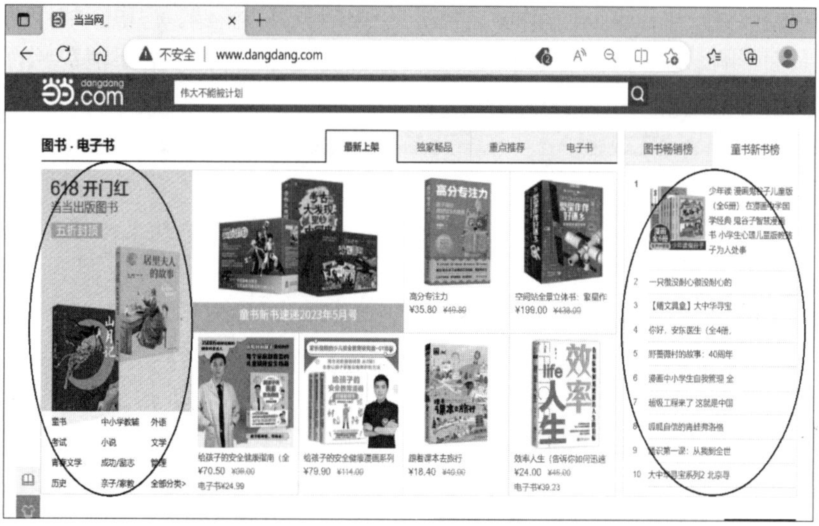

图7.5 竖幅广告

(5) 关键字广告。该广告有两种基本形式：一种是关键字搜索结果页面上方的广告横幅，可以由客户买断，这种广告针对性强、品牌效应更好、点击率更高；二是在关键字搜索结果的网站中，客户可以根据需要购买相应的排名，以便提高自己网站被搜索者点击的概率。当广告主买下流行搜索引擎的流行关键字，凡是输入这个关键字的用户都可以被吸引到他的网站(网页)上去，如图 7.6 所示。

图7.6 关键字广告

(6) 画中画广告。此类广告又叫跳出广告，它出现在原有的网页上，形成画中画。

(7) 分类广告。它类似于报纸杂志中的分类广告，是一种专门提供广告信息服务的站点，在站点中提供按照产品或者企业等方法可以分类检索的深度广告信息，这种形式的广告对于那些想了解信息的访问者提供了一种快捷有效的途径。

(8) E-mail 广告。电子邮件广告是一种重要的网络广告形式。电子邮件广告往往以邮件列表的形式发送,如图 7.7 所示。一个广告发布者可以同时向多个信箱发布广告邮件,成本低廉、效果直接、强制性强,这种不期而至的广告比上门推销员更难拒绝。但电子邮件广告既有正面影响,也有负面影响,许多人深受电子邮件广告的骚扰之苦,如果不尊重消费者的个人意愿和个人隐私,将触怒消费者,结果会适得其反。

图7.7　电子邮件广告

(9) 直播或插播广告。Internet 直播广告是模仿电视广告的形式,内容简练,精心制作,加上声音和动画,且能相互交流。插播广告是一种全屏广告,既可以在用户调用网页等待出现的间隔时间在屏幕弹出,也可以像电视广告那样在节目中间插播,广告公司制作播放一些长度为十几秒的广告,广告费用比电视广告低很多。

(10) 游戏广告。游戏广告是利用互动游戏技术将嵌入其中的广告信息传达给受众的广告形式。比较许多网站提供免费游戏或将横幅广告张贴在游戏四周来吸引网民的做法,游戏广告直接把品牌信息融合在游戏环境中,产生了更强的广告效果,如图 7.8 所示。

图7.8　游戏广告

7.3.4　博客营销

1. 博客营销的概念

博客就是网络日记,英文单词为 Blog(web log)的缩写。博客这种网络日记的内容通常是公开的,自己可以发表自己的网络日记,也可以阅读别人的网络日记,因此可以理解为一种个人思想、观点、知识等在互联网上的共享。博客营销就是利用博客这种网络应用形式开展网络营销。博客具有知识性、自主性、共享性等基本特征，正是博客的这种性质，决定了博客营销是一种基于个人知识资源(包括思想、体验等表现形式)的网络信息，并通过对知识的传播达到营销信息传递的目的。

与博客营销相关的概念还有企业博客、营销博客等，这些也都是从博客具体应用的角度来界定描述，主要区别于那些出于个人兴趣甚至以个人隐私为内容的个人博客。其实无论叫企业博客也好，还是叫营销博客也好，一般来说博客都是个人行为，也不排除有某个公司集体写作同一博客主题的可能，只不过在写作内容和出发点上有所区别。博客文章中或多或少会带有企业营销的色彩。

2. 博客营销的特征

(1) 博客是一个信息发布和传递的工具。在信息发布方面，博客与其他工具有一定相似的地方，即博客所发挥的同样是传递网络营销信息的作用，这是认识博客营销的基础。网络营销信息传递实际上也是整个网络营销活动的基础。

(2) 与企业网站相比，博客文章的内容题材和发布方式更为灵活。

(3) 与门户网站发布广告和新闻相比，博客传播具有更大的自主性，并且无须直接承担费用。

(4) 与供求信息平台的信息发布方式相比，博客的信息量更大，表现形式更灵活，而且完全可以用"中立"的观点来对自己的企业和产品进行推广。

(5) 与论坛营销的信息发布方式相比，博客文章显得更正式，可信度更高。

3. 博客营销的模式

(1) 选择博客托管网站，开设博客账号。选择适合本企业的博客营销平台，并获得发布博客文章的资源。一般来说，应选择访问量比较大、知名度较高的博客托管网站，这些资料可以根据 alexa(www.alexa.com)全球网站排名系统等信息进行分析判断。对于某一领域的专业博客网站，则应在考虑其访问量的同时还要考虑其在该领域的影响力，影响力较高的网站，其博客内容的可信度也相应较高。如果必要，也可以选择在多个博客托管网站进行注册。

(2) 定制一个中长期博客营销计划。这一计划的主要内容包括从事博客写作的人员计划、每个人的写作领域选择、博客文章的发布周期等。由于博客写作内容有较大的灵活性和随意性，因此博客营销计划实际上并不是一个严格的"企业营销文章发布时刻表"，而是一个从较长时期来评价博客营销工作的参考。

(3) 创建合适的博客环境，坚持博客写作。无论一个人还是一个博客团队，要保证发挥博客营销的长期价值，就需要坚持不懈地写作，一个企业的一两个博客发表几篇企业新闻或者博客文章不足以达到博客营销的目的，因此如果真正将博客营销纳入企业营销战略体系中，企业创建适合的博客环境、采用合适的激励机制是很有必要的。

(4) 综合利用博客资源与其他营销资源。博客营销并非是独立的，只是企业营销活动的一个组成部分，同时博客营销的资源也可以发挥更多的作用，如将博客文章的内容与企业网站的内容策略和其他媒体资源相结合，因此对于博客内容资源的合理利用也就会成为博客营销不可或缺的工作内容。

(5) 对博客营销的效果进行评价。与其他营销策略一样，对博客营销的效果也有必要进行跟踪评价，并根据发现的问题不断完善博客营销计划，让博客营销在企业的营销战略体系中发挥应有的作用。至于对博客营销的效果评价方法，目前同样没有完整的评价模式，不过可参考网络营销其他方法的评价方式来进行。

7.3.5 微博营销

1. 微博营销及特点

微博，即微博客的简称，是一个基于用户关系的信息分享、传播以及获取的平台，用户可以通过 Web 以及各种渠道访问微博，以 140 字左右的文字更新信息，并实现即时分享。2010 年 8 月新浪网推出"新浪微博"内测版，成为门户网站中第一家提供微博服务的网站，微博正式进入中文上网主流人群视野。"每一个微博用户后面，都是一位活生生的消费者。"微博平台成为企业猎取品牌形象与产品销售的重要渠道。微博营销具有如下特征。

(1) 门槛低。140 个字发布信息，远比博客发布容易，可以方便地利用文字、图片、视频等多种展现形式。

(2) 多平台。支持手机等平台，可以在手机上发布信息。

(3) 传播快。信息传播的方式有多样性，转发非常方便，例如利用名人效应能够使事件的传播量呈几何级放大。

(4) 见效快。微博营销是投资少、见效快的一种新型的网络营销模式，可以在短期内获得最大的效益。

2. 与博客营销的区别

(1) 信息源的表现形式差异。博客营销以博客文章的价值为基础，并且以个人观点表述为主要模式，每篇博客文章表现为独立的一个网页，因此对内容的数量和质量有一定的要求，这也是博客营销的瓶颈之一。微博内容则短小精悍，重点在于表达现在发生了什么有趣(有价值)的事情，而不是系统的、严谨的企业新闻或产品介绍。

(2) 信息传播模式的差异。微博注重时效性，3 天前发布的信息可能很少会有人再去问津，同时，微博的传播渠道除了互相关注的好友(粉丝)直接浏览之外，还可以通过好友的转发向更多的人群传播，因此是一个快速传播简短信息的方式。博客营销除了用户直接进入网站或者 RSS 订阅浏览之外，往往还可以通过搜索引擎搜索获得持续的浏览，博客对时效性要求不高的特点，决定了博客可以获得多个渠道用户的长期关注，因此建立多渠道的传播对博客营销是非常有价值的，而对于未知群体进行没有目的的"微博营销"通常是没有任何意义的。

(3) 用户获取信息及行为的差异。用户可以利用计算机、手机等多种终端方便地获取微博信息，发挥了"碎片时间资源集合"的价值，也正因为是信息碎片化以及时间碎片化，用户通常不会立即作出某种购买决策或者其他转化行为，因此作为硬性推广手段只能适得其反。

3. 微博营销的技巧

企业在开展微博营销时应注意使用以下几个技巧。

(1) 注重价值的传递和写作技巧。微博的数量数以亿计,只有那些能为浏览者创造价值的微博才具有商业价值,此时微博营销才有可能达到期望的商业目的。要想把企业微博运营得有声有色,单纯传递内容价值还不够,还必须讲求一些技巧和方法。例如,微博话题的设定和表达方法很重要。如果博文是提问性的或悬念性的,能引导粉丝思考与参与,那么浏览和回复的人自然就多,也容易给人留下印象。反之,新闻稿一样的博文会让粉丝想参与都无从下手。

"活动内容+奖品+关注(转发/评论)"的活动形式一直是微博互动的主要方式,但实质上奖品比企业所想宣传的内容更吸引粉丝的眼球。与赠送奖品相比,微博的博主认真回复留言,用心感受粉丝的思想,更能换取情感上的认同。如果情感与"利益"(奖品)共存,那就更完美了。

(2) 加强互动,使微博持续发展。微博的魅力在于互动,拥有一群不说话的粉丝是很危险的,因为他们会慢慢变成不看你内容的粉丝,最后就可能离开。因此,互动性是微博持续发展的关键。最应注意的问题是,企业的宣传信息不能超过微博信息的10%,最佳比例是3%~5%,更多的信息应该是粉丝感兴趣的内容。

(3) 注重准确的定位和粉丝的质量。微博粉丝数量众多当然是好事,但对于企业微博来说,粉丝的质量则更重要。因为企业微博最终商业价值的实现,需要这些有价值的粉丝的参与。

7.3.6 微信营销

1. 微信营销的概念

微信是腾讯公司于2011年初推出的一款通过网络快速发送语音短信、视频、图片和文字,支持多人群聊的手机聊天软件。用户可以通过微信与好友进行形式上更加丰富的类似于短信、彩信等方式的联系。微信软件本身完全免费,使用任何功能都不会收取费用,微信使用时产生的上网流量费由网络运营商收取。因为是通过网络传送,因此微信不存在距离的限制,即使是在国外的好友,也可以使用微信对讲。

微信营销是网络经济时代对企业营销模式的重大挑战。微信不存在距离的限制,用户注册微信后,可与周围同样注册的"朋友"形成一种联系,用户订阅自己所需的信息,商家通过提供用户需要的信息,推广自己的产品。

作为一对一的互动交流方式,微信具有良好的互动性,精准推送信息的同时,更能形成一种朋友关系。和微博比较,微信具有如下特点。

(1) 微博是自媒体,微信则是兼具自媒体和用户管理的双重身份。
(2) 微博是一对多,微信是一对一,更具有针对性。
(3) 微博更像传统广告,微信则是真正的对话。
(4) 微博的曝光率极低,微信的曝光率几乎是100%。
(5) 微博是开放的扩散传播,微信是私密空间内的闭环交流。
(6) 微博是弱关系,微信是强关系,用户价值更高。
(7) 微博是一种展示工具,微信是一种联络工具。

2. 微信营销的模式

(1) 签名位置。微信集成了 LBS 功能，在微信的"朋友们"选项卡中，有个"查看附近的人"的插件，用户可以查找自己所在地理位置附近的微信用户。系统除了显示附近用户的姓名等基本信息外，还会显示用户签名档的内容。商家可以利用这个免费的广告位为自己做宣传，甚至打广告。

(2) 漂流瓶。漂流瓶本来是 QQ 邮箱的一款应用，广受用户好评，许多用户喜欢这种和陌生人的简单互动方式。漂流瓶的主要功能和玩法如下所述：

① "扔一个"——用户可以选择发布语音或者文字然后投入大海中，如果有其他用户"捞"到，则可以展开对话。

② "捡一个"——顾名思义则是"捞"大海中无数个用户投放的漂流瓶，"捞"到后，也可以和对方展开对话。每个用户每天只有 20 次捡漂流瓶的机会。

(3) 开放平台。利用微信开放平台，可通过微信开放接口接入第三方应用，还可以将应用的 logo 放入微信附件栏中，让微信用户方便地调用第三方应用进行内容选择与分享。其中比较成功的有美丽说(一家目前国内知名的社区型女性时尚网站，致力于为女性用户解决穿衣打扮、美容护肤等问题)。2013 年 4 月 24 日，美丽说宣布成为首批登录微信开放平台的用户之一，用户可以将自己在美丽说中的内容分享到微信中。用户通过微信，可以使一件美丽说上面的商品得到不断的传播，通过微信做口碑营销。

(4) 公众平台。2013 年开放的微信公众平台，真正做到无门槛。每一个人都可以用一个 QQ 号码，打造自己的一个微信公众号，并在微信平台上实现和特定群体的文字、图片、语音的全方位沟通和互动。

微信公众账号是可以通过后台的用户分组和地域控制，实现精准的消息推送。普通公众账号，可以群发文字、图片、语音 3 个类别的内容。认证的账号则有更高的权限，不仅能推送单条图文信息，还能推送专题信息。

(5) 语音。用户偶尔会厌倦发短信打字，发视频又过于耗费流量，因此，用微信发送音频信息，就确实是省时省力又省钱的信息传递方式。

(6) 二维码扫描。二维码(2-dimensional bar code)又称二维条码，是用特定的几何图形按一定规律在平面上分布的黑白相间的图形，它是企业所有信息数据的一把钥匙。

手机二维码是 3G 时代网络浏览、应用下载、网上购物、网上支付等服务的重要入口。手机二维码可以印刷在报纸、杂志、图书及个人名片等多种载体上，用户通过手机摄像头扫描二维码，即可实现快速手机上网，下载图文、音乐、视频，获取优惠券，参与抽奖，了解企业产品信息等。

在现代商业活动中，二维码的应用十分广泛，如产品防伪/溯源、广告推送、网站链接、数据下载、商品交易、定位/导航、电子凭证、车辆管理等。在微信中，用户可以通过扫描识别二维码身份来添加朋友、关注企业账号。企业可以设定自己品牌的二维码，用折扣和优惠来吸引用户关注，开拓 O2O 的营销模式。

📖 **案例7.1**

快团团、拼多多在微信的另一门生意

7.3.7 O2O营销

1. O2O营销的含义

2010年,美国TrialPay公司的创始人Alex Rampell首次提出了O2O的概念。O2O(online to offline)是指从线上到线下,即充分利用互联网挖掘线下的商务机会,让互联网成为线下交易的前台,达成线上用户与线下商品、服务的交易,主要包括O2O电子商务平台、线下实体商家、消费者、在线支付等要素,其核心是利用网络寻找消费者,之后将他们带到实体商店进行消费。主要适用于适合在线上进行宣传展示、具有线下和线上的结合性,并且在消费完后回头率较大的产品,例如餐饮、电影、美发、住宿、家政以及休闲娱乐等行业产品。

2. O2O营销的特点

O2O营销是一种利用网络抢夺线下用户和市场的新兴商业模式,一般具有以下几个特点。

(1) 商品及服务由线下的实体商店提供,质量有保障。O2O营销模式中,消费者一般根据需求在网络上选择合适的商品或服务,线上下单,到线下实体店进行消费。烘焙小屋就是一个典型的O2O应用案例。消费者只需要通过扫描二维码在微商城线上下单,然后到店里取走早餐即可。由于O2O营销平台上的商品及服务均由实体店提供,因此产品质量有一定的保证。

(2) 营销效果可查,交易流程可跟踪。O2O营销可以较快地帮助实体店提高知名度。O2O订单通过网络达成,在销售平台中留有记录,商家可以通过网络追踪每一笔交易,因而商品推广的效果透明度高。

(3) 交易商品即时到达,无物流限制。B2B、B2C等模式下,消费者需要在1~3天才能收到购买的商品,然而通过O2O营销平台,消费者一般足不出户就可以在两小时内享用所购商品,也可以及时到店消费,方便快捷。

(4) 商品信息丰富、全面,方便消费者"货比三家"。O2O营销平台可以将餐饮、酒店、美发以及休闲娱乐等各类型的实体店集为一体,为消费者提供丰富的商品信息,并且平台上还有消费者点评及推荐菜品,为新的消费者选择商家提供参考。

(5) 宣传及展示机会更多,帮助商家寻找客户,降低经营成本。O2O有利于盘活实体资源,为商家提供了更多宣传、展示的机会,吸引新客户。O2O宣传及送货上门服务,降低了商家对黄金地段的依赖,以及商家的经营成本。

3. O2O营销的模式

O2O电子商务模式的实质是将用户引流到实体店,为实体店做推广。从广义上来讲,O2O的范围特别广泛,只要涉及互联网线上,又涉及线下实体店的模式,均可被称为O2O。随着O2O模式的发展,形成了下面两种营销模式。

(1) 线上到线下(online to offline)模式。这是O2O商业模式的普遍形式,将消费者从线上引流到线下实体店进行消费。实体商家与线上平台(如网站、手机App等)合作,在线上平台发布商品信息,消费者利用互联网在线上平台搜索相关商品,在线购买心仪的商品,完成在线支付,线上平台向其手机发送密码或者二维码等数字凭证,消费者持该数字凭证到实体店消费。大众点评、百度外卖等平台是这种O2O模式的典型代表。

(2) 线下到线上(offline to online)模式。这种模式是在O2O发展的过程中逐步兴起的，又被称为反向O2O。它是将消费者从线下吸引到线上，即消费者在实体店体验后，选择好商品，在线上平台进行交易完成支付。例如，可口可乐开盖礼、麦当劳支付宝付款、母婴店扫二维码加会员下单等都是反向O2O的典型案例。

📖 **案例7.2**

不眠海推出联名茶饮新品 打造O2O营销年轻化新玩法

7.3.8 App营销

1. App营销的概念

App是英语application的缩写，一般是指手机软件。手机软件的下载，首先要判断手机使用的操作系统。早期智能手机主要操作系统有：Symbian、Research in Motion、Windows Mobile等，2007年以后，手机操作系统的主要市场份额被苹果公司的IOS和谷歌公司的Android占领，所以绝大部分App软件也都是基于这两个平台开发。App营销是指在移动互联网的条件下，利用手机App进行营销活动的过程。App营销是企业发展的必然产物，App营销不断发展的主要动力源自于企业对客户移动端营销的逐步重视，如今，各大公司纷纷开发并推出App应用程序，App营销正在逐步引领并开创移动营销的新时代。

2. App营销的特点

App营销的本质是利用企业的App将企业的产品、服务等相关信息展现在消费者面前，利用移动互联网平台开展营销活动。和其他营销方式相比，App营销具有以下特点。

(1) App营销的成本低。App营销的模式，比传统的电视、报纸广告甚至网络宣传都要低，商家只要开发出一个适合本企业的App投放到应用市场，等待用户自己下载安装使用即可。

(2) 用户对App的使用持续性强。好的App会在应用市场上下载数量靠前，能够赢得更多更好的用户口碑，形成良性互动，让金融App营销开展得更加顺利。用户使用App时的用户体验好，就会一直使用下去并成为习惯，同时还可能向身边的人群进行推荐，这样，企业的营销就能在用户使用App过程中获得收益。

(3) App包含的信息全面而广泛。App对企业产品信息的展示是全方位的，不仅包括详细的商品介绍、尺寸等规格参数、包装售后等服务信息，还包括消费者对商品的各种评价。借助以上信息，消费者可以从销量、价格、上市时间等多种条件进行搜索和排列，方便从海量数据中挑选出自己心仪的商品。

(4) App营销灵活度高。用户可以通过手机应用市场、企业网站推送甚至扫描二维码等多种方式来下载企业的App软件，在家可以随时在App程序中推送最新的产品信息、促销优惠，针对消费者的互动活动，开展产品的宣传，针对老用户的问馈服务等。

(5) 利用App实现精准营销。随着大数据、云计算等信息技术的迅猛发展，其已被应用到我们日常生活的方方面面。用户的每一次查询浏览,每一次点击关注,每一次购买行为都会被大数据所记录,企业通过大数据分析,对消费者的购物偏好、喜欢的颜色款式、能接受的价格、习惯使用的支付方式等信息进行精准定位,在消费者下一次打开 App 时,就会向消费者推荐符合其审美喜好的相关商品,实现精准营销。企业还可以在 App 的用户界面提供丰富的个性化信息,针对每一位消费者提供适合其偏好的促销信息、优惠礼券、个性服务等,让广告效果最大化。大众点评 App 就是其中典型的代表。

> **案例7.3**
>
> 平安口袋银行 App 6.0 体验升级 开启省心省时省钱"金融+生活"

7.3.9 大数据营销

大数据时代,数据无孔不入,谁掌握了数据,谁才有可能把握成功。在云计算、物联网、社交网络等新兴服务的影响下,人与人之间、人与机器之间以及机器与机器之间产生的数据信息正在以前所未有的态势增长,人类社会步入大数据时代。数据从简单的处理对象开始转变为一种基础性资源。通过对大数据的挖掘与分析,企业能够发掘用户消费偏好,以便进行精准营销,并能充分发现潜在用户,扩大营销范围,增强营销效果。运用大数据营销,还可以有效帮助企业进行市场预测,及时发现市场机会,加快业务决策。

1. 大数据

大数据是近几年来最热的词汇之一,美国政府将大数据定义为"未来的新石油",我国也在国家层面对于大数据投入了足够的重视。其已经超越商业行为,上升为国家战略,成为我们商业生态环境和日常工作生活中不可或缺的部分。那么什么是大数据呢?大数据又称巨量资料,是指无法在一定时间内使用传统数据库软件对其内容进行获取、管理和处理的数据集合,需要新处理模式才能具有更强的决策力、洞察力和流程优化能力的海量、高增长率和多样化的信息资产,相比于传统处理的小数据,大数据具有规模大(volume)、多样性(variety)、时效性(velocity)、准确性(veracity)和价值低密度(value)等特点。

大数据既是数据量的一个激增,同时也是数据复杂性的提升。大数据的数据类型丰富多样,既有像原有的数据库数据等结构化信息,又有文本、视频等非结构化信息,而且数据的采集和处理速度要求也越来越快。大数据包括交易和交互数据集在内的所有数据集,主要由海量交易数据、海量交互数据和海量数据处理 3 部分构成,其规模或复杂程度超出了常用技术按照合理的成本和时限捕捉、管理及处理这些数据集的能力。

2. 大数据营销的内涵及特征

大数据营销是通过大数据技术,对由多平台所获得的海量数据进行分析,并依据分析结果改善营销策略的一种应用于互联网广告的营销方式。按照大数据处理的一般流程,大数据技术可以分为大数据采集技术、大数据存储和管理技术、大数据分析技术和大数据应用技术 4 类。

社交网络的扩张使得数据在急速增长,将消费者在社交网络中的行为轨迹串联,进行分析,就可以了解用户行为习惯，理解用户需求。亚马逊通过从客户身上捕获的大量数据，研发了个性化推荐系统，根据客户曾有的购物喜好，为其推荐具体的书籍、产品以及感兴趣的内容。2020年初，中山大学数据科学与计算机学院几位教授利用百度、谷歌等大众搜索趋势大数据，预测了国内刚刚爆发的新冠肺炎的传染趋势。大数据带来的营销变革日益凸显，与传统营销相比，大数据营销具有以下特征。

(1) 全样本调查。大数据技术的发展，使得人们对由感应器、移动终端、网站点击等所采集的大数据进行分析，从中获取有价值的信息成为现实。在大数据时代，商务数据分析不再以抽样调查的方式降低数据处理难度，而是对所采集的全部数据进行分析，能够有效避免抽样自身存在的误差，甚至以偏概全等缺陷。

(2) 数据化决策。"无测量，无管理。"英国学者舍恩伯格和库克耶在其经典著作《大数据时代》一书中强调，大数据时代探索的不是"为什么"的问题，而是"是什么"的问题。在大数据时代，事物之间的因果关系已不是数据分析的重点，识别需求才是信息的价值所在。"一切皆可量化"，大数据营销将让一切消费行为与营销决策数据化，最终形成一个营销的闭环体系，即"消费—数据分析—营销活动—效果评估—消费"。预测分析成为大数据营销的核心。全面、及时的大数据分析，能够为企业营销决策制定提供更好的支撑，从而提高企业的营销竞争力。

(3) 强调时效性。在网络时代，网民的消费行为和购买方式极易在很短的时间内发生变化。在网民需求点最高时及时进行营销非常重要。全球领先的大数据营销企业 AdTime 对此提出了时间营销策略，它可通过技术手段充分了解网民的需求，并及时响应每一个网民当前的需求，让用户在决策购买的"黄金时间"内及时接收到商品广告。

(4) 个性化营销。所谓个性化营销(personalization marketing)，最简单的理解就是量体裁衣，就是企业面向消费者，直接服务于顾客，并按照顾客的特殊要求制作个性化产品的新型营销方式。互联网提供了大量消费者信息数据，企业可以利用网络资源对顾客的各渠道行为，消费者生命周期各阶段的行为数据进行记录，制定高度精准、绩效可高度量化的营销策略。对于既有消费者，企业可以通过分析所采集到的消费者信息，推断其购物偏好或倾向，进而进行定制化推送。同时，企业也可以根据消费者不同的特性对其进行细分，然后用不同的侧重方式和定制化活动对这些类群进行定向的精准营销。而对于潜在消费者，企业可以根据大数据分析获得消费者对产品特性的倾向，进而对产品精确定位，改善产品，进行有针对性的营销。

案例7.4

飞租出行借助大数据改变出行市场

7.3.10　自媒体营销

1. 自媒体营销的概念

自媒体营销又称社会化营销，是利用社会化网络、在线社区、博客、百科、短视频、微博、微信、今日头条、百度、搜狐、凤凰、UC 等平台或者其他互联网协作平台和媒体来传播和发布资讯，从而形成的营销、销售、公共关系处理和客户关系服务维护及开拓的一种方式。一般自媒体营销工具包括论坛、短视频、微博、微信、今日头条、百度、搜狐、凤凰、UC、博客、SNS 社区，内容、图片和视频通过自媒体平台或者组织媒体平台进行发布和传播。

网络营销中的自媒体主要是指具有网络性质的综合站点，其主要特点是网站内容大多由用户自愿提供(UGC)，而用户与站点不存在直接的雇佣关系。传播的内容量大且形式多样，强调内容性与互动技巧，每时每刻都处在营销状态、与消费者的互动状态；需要对营销过程进行实时监测、分析、总结与管理；需要根据市场与消费者的实时反馈调整营销目标等。自媒体的崛起是近些年来互联网的一个发展趋势。不管是国外的 Facebook 和 Twitter，还是国内的人人网或微博，都极大地改变了人们的生活，将我们带入了一个社交网络的时代。社交网络属于网络媒体的一种，而我们营销人在社交网络时代迅速来临之际，也不可逃避地要面对社交化媒体给营销带来的深刻变革。

2. 常见的自媒体营销平台

对于营销者来说，若想顺利地展开自媒体平台营销活动，首要条件就是选择适合自己的自媒体营销平台。下面是几种较为常见的自媒体营销平台。

(1) 百度百家。在百度百家发布文章，审核通过率一般较高，而且在百度平台上具有较好的排名，容易取得不错的宣传推广效果。此外，所发文章末尾能够带上联系方式和文本链接，这样可以方便用户主动联系运营者。

(2) 今日头条。今日头条的人气极高，具有庞大的关注用户群，其中的单篇文章甚至可以达到数十万的阅读量，所以是一个很好的自媒体平台选择。但是需要注意的是，它在搜索引擎中的收录不太及时，而且排名并不很高。

(3) 搜狐自媒体。搜狐自媒体的优势在于审核通过率极高，文章中能够出现文本链接。此外，它还具有较好的搜索引擎排名，是较为热门的自媒体宣传平台。

(4) 微信公众平台。微信公众平台不但具有很高的受众量，而且其受众多为移动端用户和新生代用户，所以发展潜力极大。可以利用公众号的各类功能，展开相应的营销活动。

(5) 新浪微博粉丝平台。新浪微博的用户数量极多，传播速度极快，是一个影响巨大的自媒体营销平台。当然，由于新浪旗下公众账号仅允许获得认证用户入驻，在所有自媒体营销平台中要求最为严格，因此它的门槛也比较高，不太适合一般用户使用。

3. 自媒体营销的推广

对于营销者而言，在找到适合自己的自媒体营销推广平台之后，接下来就是使用科学、有效的自媒体推广方法。一般来说，自媒体推广方法分为线上推广法和线下推广法。

(1) 线上推广法。在进行线上推广时，可以充分利用贴吧、QQ 群和一些本地论坛。

① 贴吧。在贴吧中发布一些推广类帖子或视频，以此吸引更多用户的关注。需要注意的是，标题不要太过广告化，以免引起用户反感，如某美食商家发布的"××美食做法，3 分钟速会"，就是一个不错的标题。

② QQ 群。在一些同类别的 QQ 群中，聚集着很多潜在客户。充分利用这一点，主动加入群中，并定时向群成员分享一些资料链接和心灵感悟，以此获取成员的关注与好感，达到推广目的。

③ 视频网站。视频网站是一个不错的网络推广平台，将要营销推广的信息制作成视频形式，发布到各大视频站点中(爱奇艺、优酷、腾讯等)，从而在最大程度上吸引用户关注。

(2) 线下推广法。线下推广法主要分为两种。

① 与商家进行合作。与线下商家展开合作，可以有效借助商家的资源(资金、场所等)，达到取长补短、合作双赢的目的。例如，营销者在商家营业场所进行扫二维码赠送小商品的活动，既可以吸引用户主动关注营销者，又可以推广商家的商品，可谓一举两得。

② 线下体验活动。这是一种借助自有平台，如微信公众号，进行线上通知、线下体验的活动。如某经营美食的商家可以在公众平台发布招募信息，招募线下成员参加免费试吃活动，这样做既可以获得这些成员的好感，还可以促使他们主动分享相关信息，从而吸引其周边的亲朋好友来关注商家，达到病毒传播的效果。

7.3.11　直播和短视频营销

网络直播和短视频营销是移动互联网普及过程中的产物，发展势头迅猛。

1. 直播营销的概念

网络直播即指互联网直播。按照国家互联网信息办公室发布的《互联网直播服务管理规定》中的定义，互联网直播是指基于互联网，以视频、音频、图文等形式向公众持续发布实时信息的活动。直播按照表现形式，可以分为文字、图文、语音、视频4种，其中视频直播是最主要的形式。视频直播按照播出的内容，又可分为电竞游戏直播、体育赛事/演出直播、秀场娱乐直播、生活直播等。随着智能手机、平板电脑的普及，移动直播迅速崛起。移动直播是指直播发布者以智能手机、平板电脑等手持终端为主要录制设备，依托直播平台以网页或客户端技术搭建的虚拟网络直播间，主播提供娱乐形式的实时表演，网络直播间支持主播与用户之间互动和用户向主播打赏。目前活跃用户较多的移动直播平台有映客、YYLIVE、花椒、一直播、秀色、六间房等。

网络直播营销是企业以视频、音频直播为手段，以广播、电视、互联网为媒介，在现场随着事件的发生与发展进程同时制作和播出节目，最终达到品牌提升或产品销售的目的。直播营销是一种营销形式上的重要创新，是网络视频营销的延伸，让用户有与企业零距离接触的感觉，使企业形象深入人心。这种"即时视频"与"互联网"的结合，创造了一种对企业非常有用的营销方式。它的核心价值在于它聚集注意力的能力，这使其成为企业品牌提升或产品营销推广的标配。

2. 直播营销的优势

(1) 实时互动性。直播作为一个可以和用户面对面交流的平台，开播前通过多种造势手段，将网络上分散于各个角落的目光集中吸引到某个时段中的某个平台。在直播过程中，主播不会只顾自己，而会让用户获得参与感。例如，发弹幕、喜欢谁就直接献花或打赏，主播也会对用户的提问给予及时的回复，对用户的打赏表示感谢，这满足了用户更为多元化的需求。与传统的营销模式相比，直播营销的社交性更强，实时互动的形式更能抓住当下的用户，用户对企业或品牌的黏性也在无形中得到增强。

(2) 用户精准性。用户在观看直播时，需要在一个特定的时间共同进入播放页面。这种播出时间上的限制，能够让主播识别并抓住对企业及产品具有忠诚度的精准目标人群。

(3) 高效性。相对于其他的营销方式，直播营销让用户和主播直接接触，企业可以在短时间内完成产品或品牌特性的宣传、产品使用效果的传递，并能及时解答用户的疑问。用户能够在直播过程中直接下单购买，营销的效果自然成倍增长。

(4) 情感共鸣性。移动互联网的发展，使我们处于一个去中心化、碎片化的时代，这让人们在日常生活中的交集越来越少，情感交流越来越浅。直播能让一批志趣相投的人聚集在一起，聚焦在相同的爱好、兴趣上，情绪相互感染，形成情感共鸣。

3. 直播营销的模式

(1) 企业自主创造型直播。企业通过网络直播营销可以将产品发布会搬到网上，通过直播软件或直播网站跟用户进行即时互动，让用户亲身体验新产品的魅力，既能使产品形象深入人心，同时也能使用户与企业进行平等对话，让用户感觉自己受到尊重，使用户对公司更加友好，从而促成即时成交。

(2) 病毒营销型直播。视频营销的厉害之处在于传播精准，它首先会使用户产生兴趣，关注视频，再让用户由关注者变为传播分享者，而被传播对象势必是有着和他一样兴趣特征的人，这一系列的过程就是由目标消费者在做筛选和传播。如果直播营销结合视频营销的这种特点一起使用，当视频传播到一定程度，积累了一定数量的粉丝之后，再来一场直播，把这批人一次性地聚集在一起，然后主播再与这批忠实的粉丝进行互动，加深感情，那么对后面的产品或服务的进一步推广就大有裨益了。

(3) 事件营销型直播。事件营销一直是线下活动的热点，国内很多品牌都依靠事件营销取得了成功。其实，策划有影响力的事件，编制一个有意思的故事，再将这个事件拍摄成视频，也是一种非常好的营销方式，而且，有事件内容的视频更容易被网民传播，然后将事件的最后结局进行一场现场直播，让之前积累的关注度全部聚集在一起，并在事件营销中合理植入产品信息，这样做往往会事半功倍。

(4) 与其他传媒型直播结合模式。由于每一个用户接触互联网的媒介和方式不同，单一的视频传播很难有好的效果。因此，在做直播前，企业需要通过制作一定数量的视频短片，并首先需要在公司的网站上开辟专区，吸引目标客户的关注。其次，也应该跟主流的门户、视频网站合作，以提升这些视频的影响力。而且，对于互联网用户来说，线下活动和线下参与也是重要的一部分。企业适时地把关注这些视频的用户聚集在一起，进行一场网络直播，再配合线下活动，这样就有可能将聚集的粉丝真正转化为企业的忠实用户。

淘宝、京东等电商企业已经率先开始利用网络直播做营销活动。最为典型的一种"内容+电商"直播互动媒介，已经和电商场景实现了高度融合，成为网站增强用户黏性的手段之一。许多直播平台，如斗鱼、一直播、陌陌等陆续上线了电商功能，符合条件的主播们都能将商品放入直播间售卖。

📖 案例7.5

透过直播镜头探究黄天鹅可生食鸡蛋的秘密

7.3.12 软文营销

1. 软文营销的概念

软文营销是指通过特定的概念诉求,以摆事实、讲道理的方式使消费者走进企业设定的"思维圈",以强有力的、有针对性的心理攻击迅速实现产品销售的文字模式和口头传播,如新闻、第三方评论、访谈、采访等。软文是基于特定产品的概念诉求与问题分析,对消费者进行有针对性的心理引导的一种文字模式。从本质上说,它是企业软性渗透的商业策略在广告形式上的实现,通常借助文字表达与舆论传播使消费者认同某种概念、观点和分析思路,从而达到企业品牌宣传、产品销售的目的。软文营销往往都是与新闻营销、博客营销或者论坛营销相互配合使用的,如果将这些方法组合出击,效果将会大幅度提升。

2. 软文营销的技巧

营销产品不同,受众群体不同,软文的写作模式也不同。要想写好一篇优秀的互联网软文,需要掌握以下技巧。

(1) 具有吸引力的标题是软文营销成功的基础。就整篇软文而言,文章的标题犹如企业的logo,代表着文章的核心内容。标题不但要能够吸引读者的注意力,还应该让读者动心,产生"让我瞧瞧"的欲望。类似"保肝价太高,市民怎么办?""奥普浴霸何以'霸'京城?"等标题曾经风靡一时,为什么?因为其不但像新闻标题,而且比新闻标题更吸引人。

(2) 抓住时事热点,以热门事件和流行词为话题。时事热点是指那些具有时效性、最新鲜、最热门的新闻。软文的成功发布需要依赖天时、地利。"天时"主要表现在企业发布软文时对发布契机的把握和对当时新闻热点的巧妙跟随。当新闻媒体在连续炒某个重要话题时,企业要快速作出应变,撰写并发布与此话题相关的软文。"地利"主要指软文发布的版面位置。软文写作时要学会使用网络流行词,如"给力""浮云""out"等,这样能使读者在阅读时产生亲近感。

(3) 广告内容自然植入,切勿令用户反感。一篇高质量的软文能让读者读起来感受不到一点广告的味道,读完之后还会觉得受益匪浅,认为为他提供了不少帮助。作者要在写软文之前就想好广告的内容和目的,如果软文的写作能力不是很强,最好把文章中的软文部分放在开头第二段。如果作者没有高超的写作技巧,切勿将软文中的广告放在最后,因为文章内容如果不够吸引人,读者可能不等读完就已经关闭了网页。

(4) 软文内容契合用户口味,精准定位受众。软文写作的目的绝不是简单地为企业品牌或产品做广告。要想真正发挥软文的营销价值,需要认真调研目标用户的兴趣爱好、习惯特征等,从而了解用户的口味和需求,精准定位目标受众。只有这样,才能写出满足用户需求的内容,为用户提供一定的价值,进而引起受众的关注,促其进行阅读和传播。

7.4 网络营销策划与实施

若想取得良好的网络营销效果，就必须进行精心的营销策划。求生存、发展是任何一个企业的本能。能否在市场上求得发展，在很大程度上取决于其营销活动能否适应外部环境的变化，并作出积极准确的反应。联结企业与环境的则是企业的营销策划。

7.4.1 网络营销策划

策划就是谋划。任何策划活动，都是根据外部环境条件与内部实际情况对未来活动作出的系统的、科学的安排，企业网络营销策划也是如此。企业为了搞好网络营销，取得良好的营销效果，必须进行精心的策划。

1. 网络营销策划的概念

网络营销策划是企业以市场需求为导向，在激烈的市场竞争中，为了充分利用市场机会，避免环境威胁，求得企业持续、稳定、健康、高效发展，在对企业内外营销环境分析的基础上，对企业网络营销的业务、目标及实现目标的方案、重点和措施作出总体的、长远的谋划，并付诸实施与控制的过程。

2. 网络营销策划的特点

(1) 网络营销策划是事前行为。策划是对具体业务提出的基本原则和战略指导，是在整个经营活动开始之前，对将要开始的经营活动的预先谋划与部署。

(2) 网络营销策划是指导性行为。如果没有策划，企业经营活动的各个环节就是分开的，各部门就会各自为战，在战略与战术的配合上难免出现不和谐，整体效果也将难以体现。策划为整个企业提供奋斗的目标、行为的依据、评价的标准，对策划中的全部经营活动起着重要的指导作用。离开了策划的指导，所有活动都将失去方向和依据，并失去评价自身成败的标准。

(3) 网络营销策划是全局性行为。策划涉及营销活动的每一个环节，并贯穿于活动全过程，常常体现为组合型或系列化活动。它要求对全局都有具体的设计和得力的把握，因此，网络营销策划是一种全局性行为。它所制定的目标要贯彻到全部业务环节中去。各种战术、战略都要协调一致，服从于统一的产品形象、企业形象及营销战略。

(4) 网络营销策划是以网络为主要工具。网络营销将产品、顾客意见调查、促销、广告、公共关系、顾客服务等各种营销活动整合在一起，进行一对一的沟通，真正达成营销组合所追求的综合效益。它可以不受地域的限制，结合文字、声音、影像、图片及视讯，用动态或静态的方式发展，可以节省大量的营销成本。因此，网络营销策划的思想、方针、策略最终要落实到对网络的策划上来。

3. 网络营销策划的基本原则

(1) 客户导向原则。网络营销的目的是增加客户对企业商品或服务的认同，从而扩大企业的市场占有率，增加销售和利润。因此，网络营销方案的出发点是客户需求或潜在的需求，网络营销方案的成功与否，要以客户认同和满意程度提高为判断标准，并要求根据客户的反应对网络营销方案及时作出调整。

(2) 系统性原则。网络营销是以网络为工具的、系统性的企业经营活动，它是在网络环境下对市场营销的信息流、商流、制造流、物流、资金流和服务流进行管理的。因此，网络营销方案的策划，是一项复杂的系统工程。策划人员必须以系统论为指导，对企业网络营销活动的各种要素进行整合和优化，使"六流"皆备，相得益彰。

(3) 创新性原则。网络为顾客对不同企业的产品和服务所带来的效用和价值进行比较带来了极大的便利。在个性化消费需求日益明显的网络环境中，通过创新，创造和顾客的个性化需求相适应的产品特色和服务特色，是提高效用和价值的关键。在网络营销方案的策划过程中，必须在深入了解网络营销环境尤其是顾客需求和竞争者动向的基础上，努力营造旨在增加顾客价值和效用、受顾客欢迎的产品特色和服务特色。

(4) 操作性原则。网络营销策划的第一个结果是形成网络营销方案。网络营销方案必须具有可操作性，否则毫无价值可言。这种可操作性，表现为在网络营销方案中，策划者根据企业网络营销的目标和环境条件，就企业在未来的网络营销活动中做什么、何时做、何地做、何人做、如何做的问题进行周密的部署、详细的阐述和具体的安排。

(5) 经济性原则。网络营销策划必须以经济效益为核心。网络营销策划不仅本身消耗一定的资源，而且通过网络营销方案的实施，改变企业营销资源的配置状态和利用效率。网络营销策划的经济效益，是策划所带来的经济收益与策划和方案实施成本之间的比率。成功的网络营销策划，应当是在策划和方案实施成本既定的情况下花费最少所取得的最大经济效益。

4. 制定网络营销策划的步骤

(1) 界定问题，明确主题。界定问题是策划的第一步，即面对复杂的问题进行深入透彻的分析，找出问题的关键点，从而明确计划主题，做到有的放矢。在明确目标的过程中，应注意以下3点。

① 要有强烈的主题意识。

② 要有辩证的思维方式。有些问题可能很难解决，但换个角度考虑，便会"柳暗花明"。

③ 要掌握整体合理的原则。在分析问题时，不能仅局限于特定的问题探索解决的办法，而要从整体结构协调上来确定解决局部问题的方案。不能急于求成，有些问题要在解决过程中逐步明朗。要量力而行，先易后难，确定合适的工作范围，避免盲目行动。

(2) 收集信息，分析资料。信息是策划的基础。信息开发的水平，决定着策划的水平。信息的来源有两种：一是收集现成资料，二是进行市场调查。收集现成资料是一种既迅速又经济的方法。通过对收集和市场调查得到的资料进行定期的整理和分析，将其变成有价值的信息。先期的调查对策划是十分重要的，它是策划的基础，决定着策划的科学性、可行性、可信性，也是策划成败的关键。在分析研究阶段，将调查来的资料汇总、综合、分析、归纳，得出初步结果，然后再将调查结果进行研究、权衡比较、甄别筛选之后，供下一步实施使用。

7.4.2 网络营销实施

网络营销实施是一项系统工程，需要有专门的组织机构进行组织和管理。企业实施网络营销不单单是技术方面的问题，更多的是管理和组织方面的问题，涉及企业高层的战略决策和业务流程。

1. 网络营销的实施过程

企业实施网络营销是为了更有效地实现企业的整体发展战略，更好地达到企业预期的经营目标。网络营销实施过程包含若干环节，企业必须了解其内部经营状况和市场竞争环境，分析实施网络营销的可能性和可行性，同时还要分析其必要性和重要性。企业要了解网络营销实施的运作过程，必须先了解其在网络时代的生产、销售循环过程，这一过程可概括为：通过网络收集各方面的信息、技术、用户需求等，并将这些信息整理分析后反馈给企业；企业根据上述信息开发新技术、新思路、新产品，并通过网络进行宣传，与需求者进行沟通；通过网络收集订单；根据订单完成产品设计、物料调配、人员调动、生产制造；通过网络进行产品宣传与发布、在线交易、获得客户的信息反馈，完成客户支持，积累经验，为下一个生产、销售循环做好准备。

根据上述的企业在网络时代的生产周期，网络营销的内容应包括网上信息收集、网上商业宣传、网上市场调研、网上广告投放与发布、网上销售、网上客户支持服务等。一个完整的网络营销实施的运作过程包括以下基本步骤。

(1) 通过确定合理的目标，明确界定网络营销的任务。
(2) 根据营销任务，确定营销活动的内容。
(3) 申请域名，设计和建立网站。
(4) 与互联网连接。
(5) 发掘信息资源，广泛收集网上信息。
(6) 实现企业内外部的网络营销集成。依靠网络与供应商、制造商、消费者建立密切联系，并通过网络收集传递信息，从而根据消费需求，充分利用网络伙伴的生产能力，实现产品设计、制造及销售服务的全过程，这种模式就是网络营销集成。

上述对网络营销实施的运作过程基本步骤的概括，并不是每个企业都能实现的。由于技术上的限制和企业应用能力的不同，目前有许多中小企业的网络营销活动还仅仅停留在网上宣传活动，并未实现销售服务，更别说集成了。

2. 网络营销实施过程中的决策

网络营销的实施可以大大增加企业的竞争优势，但实施网络营销是一项投资比较大、涉及高新技术、有很大风险的决策，涉及如下具体内容。

(1) 目标决策。网络营销实施的最终目标是促进企业的网上销售，还是提高企业的形象、顾客的忠诚度，或是收集相关信息、发展联盟、降低成本。
(2) 时机决策。要掌握实施网络营销的时机，必须能够判断出行业竞争、消费行为、经济与社会在 2～7 年间的变化趋势，具体包括行业内竞争对手的饱和程度、网络营销能给企业带来的竞争优势、企业的管理和技术能力、网上销售的情况等。

(3) 投资决策。网络的建立为网络营销活动的开展带来无可比拟的优势，但网络技术的建立与应用所需的投资却不可小视。如何在投入最低成本的情况下，确定企业的投资方向和方案也就成为投资决策所面临和要解决的问题。例如，当企业决定投资100万元用于新的网络系统开发时，该企业必须准备好在未来的5年内至少再投入300万元的巨资。一般而言，在软硬件开发上每1元的花费，意味着今后每年将造成0.2元的营运成本以及0.4元的维修成本，即100万元的初始投资将造成每年60万元的额外开销。因此，任何一家企业都不得不考虑为开展网络营销进行如此高的投资是否值得。

(4) 组织结构决策。以互联网为基础的网络营销打破了传统职能部门依赖于分工与协作完成整个工作的过程，发展了一种新的管理模式，即企业间的业务单元不再是封闭式的金字塔层次结构，而是相互沟通、相互学习的网状结构，这种结构打破了原来业务单元之间的壁垒，业务单元之间广泛进行信息交流，共享信息资源，减少了内部摩擦，提高了工作效率。而且在网络营销架构下，企业组织信息传递方式由单向的一对多向双向的多对多转换，企业结构重组由集权制向分权制转换，企业的决策由跨部门、跨职能的多功能型组织单元来制定，这种多组织单元共同参与、共担责任并由共同利益驱使的决策过程使员工的参与感和决策能力大大提高，充分发挥了员工的主观能动性，从而提高了整个企业的决策能力。

(5) 业务流程决策。企业的Extranet系统是企业对外设立的一个营销运作的虚拟网络平台，在这个平台上，企业可以宣传产品品牌、企业形象、服务内容，沟通外界的商贸联系，开展网络营销业务等，网络营销策略中的相当一部分内容要通过Extranet来实现，因此相应地必须对企业业务流程进行重组。即重新策划顾客服务流程，加强企业内外部全方位的信息沟通，并利用网络双向、动态的特点，分析市场消费趋势、竞争对手的营销策略等，对市场变化快速反应，并将其反馈到企业的整个管理层，从整体上制定营销策略。

📖 思政案例

人民网评：守护网络诚信，共筑美好网络家园

习题

一、选择题

1. 企业可以在互联网上展示商品目录，提供有关商品信息的查询，还可以和客户做双向沟通。这指的是网络营销的(　　)特点。
   A. 跨时空性　　B. 个性化　　C. 交互性　　D. 经济性
2. 追本溯源，网络广告产生于(　　)。
   A. 美国　　B. 英国　　C. 法国　　D. 中国
3. 4P策略不包括(　　)。
   A. 产品策略　　B. 渠道策略　　C. 消费者策略　　D. 促销策略

4. 下列各项中，(　　)是网络广告。
   A. 横幅广告　　B. 路牌广告　　C. 灯箱广告　　D. 公交车车身广告
5. 戴尔的消费者可以向戴尔提出自己的个性化需求，如各种个性化配置等，戴尔再根据消费者的个性化需求进行产品设计和生产。这是网络营销产品策略中产品整体概念的(　　)层次。
   A. 核心利益　　B. 有形产品　　C. 期望产品　　D. 延伸产品
6. 下列对网络营销的认识中，(　　)是正确的。
   A. 网络营销就是网上销售　　　　B. 网络营销等于电子商务
   C. 网络营销不是孤立存在的　　　D. 网络营销仅限于网上营销
7. 按照内容特点的不同对软文分类，类型不包括(　　)。
   A. 新闻类软文　B. 故事类软文　C. 科普类软文　D. 服务类软文
8. 网络营销策划的基本原则不包括(　　)。
   A. 客户导向原则　B. 系统性原则　C. 创新性原则　D. 服务性原则
9. 网络市场调研的第一步是(　　)。
   A. 收集一二手信息　　　　　　　B. 制订调研计划
   C. 确定调研内容　　　　　　　　D. 明确调研目标
10. (　　)是指企业通过向目标市场提供各种满足消费需求的有形和无形产品来实现其营销目的。
    A. 定价策略　　B. 产品策略　　C. 分销策略　　D. 促销策略

二、名词解释

1. 软营销理论
2. 搜索引擎优化
3. O2O 营销
4. 自媒体营销
5. 直播营销

三、简答题

1. 简述网络营销的含义。
2. 什么是搜索引擎营销？搜索引擎优化的内容有哪些？
3. 微信营销有哪些常见的方式和营销技巧？
4. 常见的自媒体平台有哪些？如何利用其进行营销推广？
5. 什么是短视频营销？短视频营销的模式有哪些？

四、论述题

1. 论述 O2O 营销的具体营销策略和方法。
2. 论述大数据结合营销新思维的营销策略。

五、案例分析题

多元营销玩法助力品牌升级 林氏家居获"2022年度整合营销金案"[①]

从完成"售卖家居产品"向"售卖生活方式"的转变,15岁的林氏家居收获了一份特殊"荣耀"。2022年12月21日,第29届中国国际广告节·2022广告主盛典在厦门国际会议展览中心成功举办,林氏家居因"林氏家居品牌战略升级整合营销"获"2022年度整合营销金案"一奖,这也是林氏家居品牌战略升级后,获得的第一个关于品牌营销传播类的奖项,本次奖项不仅反映了社会各界对林氏家居品牌升级整合营销的认可,更意味着林氏家居的成功离不开"两种新""三次变"的品牌战略升级。

1. 一个奖:"2022年度整合营销金案"

2022年12月21日,林氏家居凭借林氏家居品牌战略升级整合营销获"中国国际广告节2022广告主盛典·年度整合营销金案"奖,这是林氏家居完成从"林氏木业"更名为"林氏家居"、签约代言人等品牌战略升级后的首份品牌营销传播类奖项,不仅展示了林氏家居在营销领域的实力,也代表了林氏家居在品牌升级和传播、广告创意等方面所做的探索与努力的认可。

广告主年度盛典已经历时16年,是在中国广告业率先开创的针对广告主和品牌营销传播专业服务机构的高规格活动,是对企业广告领军人及营销传播案例的盘点、梳理和表彰,是中国广告人、企业营销在品牌推广、产品行销一线工作中成果的最真实反映。中国国际广告节是中国广告行业最具影响力的盛会之一,每年吸引了数十万广告人参会。作为中国广告界历史最悠久、规模最浩大、影响最广泛的广告主奖评选,一年一度的广告主盛典,旨在促使传媒、广告行业更清晰和准确地了解广告主在营销和广告传播领域中的积极推动作用,表彰广告主为广告行业作出的积极贡献。

据了解,本届广告主盛典历时4个多月征集,年度案例候选2000多个,评审团由中国传媒业、广告界各路精英组成,只有获得评审一致认可的作品,才能进入榜单,因而每一座奖杯都一定程度上代表着年度品牌营销的风向标。对于林氏家居而言,收获"中国国际广告节2022广告主盛典·年度整合营销金案"奖,不仅成为了优秀营销案例的代表,更是成为了家居行业的成功典范。

2. 两种新:新起点、新玩法

随着越来越多"95后""00后"掌握家庭消费的话语权,以"Z世代"为代表的年轻消费群体正在强势崛起,迫使品牌主动创新求变。根据麦肯锡此前公布的调查数据,我国"Z世代"人口消费高达4万亿元,约占全国家庭总支出的13%,消费增速远高于其他年龄段。因此,把握住"Z世代"的消费主力军,催生了品牌抢占该市场就需要创造更多玩法。在众多参赛案例中脱颖而出,林氏家居在品牌战略升级整合营销中做到了两种"新"。

一种是"起点"新,借势发力。自2022年8月以来,林氏家居先后进行了两次官宣,每一次官宣都在为品牌注入"新动力"。一是官宣品牌更名,全渠道信息覆盖,提升品牌认知。8月10日,林氏家居官宣"林氏木业"正式更名为"林氏家居",新品牌Logo中的翻转图形以"切换灵感,翻转潮居"为设计出发点,通过多维焕变的"翻转"动作,触发每一个多元化的生活方式,传达"热爱、灵感、美好、时尚、年轻"的品牌理念,这也意味着林氏家居将以

[①] 资料来源:艾瑞网,https://news.iresearch.cn/yx/2022/12/456942.shtml,有删减。

全品类、全风格、全场景的产品布局，满足消费者时尚、多元化生活方式的新定位，成为品牌走向全球化的新起点。二是官宣代言人，借助代言人形象提升品牌时尚调性，加速人群渗透，提升品牌声量。在官宣更名后第三天，林氏家居在官方微博官宣全能艺人为品牌全球代言人，借由中国当代青年不断突破自我的典型代表，实现与年轻人情感上的联结共鸣。据林氏家居相关人透露，此次品牌活动的社交媒体话题阅读量破10亿人次，其中有关艺人代言林氏家居的微博话题总阅读量超9.5亿，抖音阅读量超1.5亿，线上互动量超1000万。

一种是"玩法"新，迎合"Z世代"社交热梗打造超级符号持续破圈。8月18日，林氏家居在"2022年林氏家居品牌战略升级暨新品发布会"中通过多维度诠释新品牌理念与消费者建立品牌共鸣，打造出多元时尚的全球化家居品牌，所建立的时尚家居品牌的定位基调，成为家居行业时尚创意的标杆。"双11"前夕，林氏家居以"真划算"的谐音梗，输出超级视觉符号，打造契合年轻人沟通语境的"划得来"品牌营销事件及病毒视频，成功实现"行为艺术+谐音符号"出圈，向年轻人精准传达林氏家居双11"真的！划得来"。该事件吸引了众多路人围观，并引爆互联网社交平台。在天猫"双十一"首波尾款支付开启时，#林氏家居双11真的划得来#这一事件策划仅在社交媒体平台就已获得超3000万的全网曝光量和60万+的话题讨论度。在第14届"双11"中，林氏家居总成交额达18.2亿元，多渠道、全品类热销登顶多个行业榜单TOP1。

3. 三次变：助力品牌升级

当然，林氏家居获"2022年度整合营销金案"奖是社会各界的认同，同时也反映了消费者对品牌升级的认可，但营销事件只是一时的，品牌升级才是一个长期的策略。对于林氏家居而言，在助力其品牌战略升级的过程中，主要做到了定位、产品、渠道方面的"三次求变"。

(1) 品牌定位求变。从"品牌更名"到"代言人官宣"，其官宣的背后，不仅是林氏家居顺应市场发展的选择，更是林氏家居的一次战略跃迁。从"林氏木业"变更为"林氏家居"，品牌名称的变更不仅是字面意思的变化，更使林氏家居完成从"售卖家居产品"向"售卖生活方式"的身份转变，意味着企业品牌立足全球化视野，聚焦"时尚、多元、舒适"的差异化优势，成为满足消费者多元生活方式的时尚家居品牌。而全能艺人与时尚多元家居品牌的强强联合，更是品牌旨在通过代言人具备的多元化、时尚等符号，向品牌的目标受众精准传递品牌信号，依靠"全场景、全风格、全品类"的布局，林氏家居能够做到紧贴年轻人的时尚审美与个性偏好，鼓励年轻人追求自己偏爱的生活方式，寻求与年轻人的价值共鸣，从而释放品牌面向全球市场长远发展的势能。

(2) 产品设计求变。与中国传统色跨界合作，推出明星产品，其新品发布的背后，更诠释了林氏家居始终瞄准"Z世代"的喜好与生活需求方式。以"怎么坐都可椅"为例，在配色方面，"怎么坐都可椅"提供桥下春波、杏仁黄、玄米茶白等四色选择，颇具传统诗意的颜色；在功能方面，"怎么坐都可椅"不仅是一把沙发，还能自动调节、可坐可躺，有USB插孔、手机支架、氛围灯、蓝牙音箱，还有语音操控，这把沙发的功能与外形设计均基于大数据洞察，围绕年轻人宅家的追剧、休息、撸猫、带娃、电竞、办公等多生活场景的设计。

(3) 向全渠道求变。按照"做产品到卖场景"的逻辑，林氏家居由单一互联网渠道向全渠道蓄力布局。通过对"人货场"的全链升级，林氏家居突破家居行业品牌内容传播同质化、竞价车轮战等问题，通过提升消费体验的方式创造产品的品牌价值感。基于互联网的基因，将线上数据分析出的用户画像赋能到线下场景的打造。线上，林氏家居将直播场景的覆盖面从直播间扩展到客餐厅、卧室书房、儿童区等生活空间，针对性地面向消费者种草新产品。线下，从3.0阶段的成品零售门店到4.0阶段的"成品家具+定制家具+家居用品"融合形态，林氏家居都力争为消费者提供真实生活场景，不断强化门店的场景展示力。截至2022年12月，林氏家居已开出超900家新零售门店，线上电商和线下门店的营收占比已达到1∶1。

　　从更名等一系列的品牌战略升级行动中，可以发现林氏家居所做的事情，无非是瞄准"Z世代"的需求和生活方式，面向全球市场而打造生活场景的产品内容。对于林氏家居而言，品牌战略升级的整合营销案例的成功，只是完成了与消费者的沟通碰撞与情感共鸣，但要持续为企业品牌赋能，一次成功的品牌传播并不是结束，而是品牌战略升级后的全新开始。

　　问题：

　　1. 从"林氏木业"变更为"林氏家居"，试从营销角度分析品牌更名的原因。

　　2. 线下门店运营成本高，为什么林氏家居仍选择由单一互联网渠道向全渠道营销的转变，开出超900家新零售门店？

第8章 电子商务发展的重要领域

若说当前电子商务发展的重要领域,非农村电子商务和跨境电子商务莫属,阿里巴巴、京东、拼多多等电商巨头纷纷投身其中,促进了这些领域的快速发展。

■ 内容提要
- 农村电子商务
- 跨境电子商务

8.1 农村电子商务

近年来,随着互联网的普及和农村基础设施的逐步完善,我国农村电子商务发展迅猛,交易量持续增长,取得了可喜的成绩。

8.1.1 农村电子商务概述

1. 农村电子商务的概念

农村电子商务是指利用互联网、计算机、多媒体等现代信息技术,为从事涉农领域的生产经营主体提供在网上完成产品或服务的销售、购买和电子支付等业务交易的过程。这种新的电子模式能推动农产品的生产和销售,提高农产品的知名度和竞争力,是做好"三农"工作的催化剂。大力发展农村电子商务,有利于改变农村生产经营模式,节约生产及销售成本;有利于农产品市场资源的优化配置,提高农民的生活质量。

面对日益饱和的一、二线城市电子商务,农村电子商务似乎成为各大电子商务企业新的战场,农村正在被电子商务所改变。"互联网+农业"模式的出现,并不仅仅是农产品进城和工业品下乡,而是以农村为中心构建一个生态体系,并通过鼓励创业的方式积极带动农村就业。

近年来，国家出台了一系列政策促进农村电子商务的发展。如2015年10月14日召开的国务院常务会议，部署加快发展农村电子商务，使实体经济和互联网产生叠加效应；2015年11月9日，国务院办公厅发布《关于促进农村电子商务加快发展的指导意见》，提出培育农村电子商务市场主体、扩大电子商务在农业农村的应用、改善农村电子商务发展环境三方面的重点任务，全面部署指导农村电子商务的开展；2016年1月，国务院印发了《关于落实发展新理念加快农业现代化实现全面小康目标的若干意见》，提出加强农产品流通设施和市场建设；2016年5月，国家发展改革委等8部门共同印发了《"互联网+"现代农业三年行动实施方案》，出台了支持农村电子商务发展的具体扶持政策，为贫困地区农村电子商务发展提供良好的政策环境；2016年11月，国家16个部委联合印发《关于促进电商精准扶贫的指导意见》，指出"在当地政府的推动下，引导和鼓励第三方电商企业建立服务平台，注重农产品上行，促进商品流通，拓宽贫困地区特色优质农副产品销售渠道和贫困人口增收脱贫渠道"；2017年2月，《中共中央、国务院关于深入推进农业供给侧结构性改革，加快培育农业农村发展新动能的若干意见》中专设一节，从多个方面强调"推进农村电商发展"；2017年8月，商务部联合农业部印发《关于深化农商协作大力发展农产品电子商务的通知》，要求开展农产品出村试点和农产品电子商务标准化试点，打造农产品电商供应链；2018年8月，中国电商扶贫联盟正式成立，确定了414个重点推介产品，帮助6000多种来自贫困地区的产品实现了上网销售；2019年2月，党中央、国务院出台了《关于促进小农户和现代农业发展有机衔接的意见》，支持小农户发展康养农业、创意农业、休闲农业及农产品初加工、农村电商等，延伸产业链和价值链。开展电商服务小农户专项行动，推动贫困地区农特产品与知名电商企业对接；2020年5月财办建[①]发布了《关于做好2020年电子商务进农村综合示范工作的通知》，指出聚焦脱贫攻坚和乡村振兴，落实高质量发展要求，充分运用电商发展成果，以创新引领农产品流通领域的转型升级，以信息化驱动农业农村现代化，夯实农村物流设施设备基础，健全农村电商公共服务体系，培育壮大农村市场主体，促进农产品进城和工业品下乡，满足人民群众美好生活需要；2021年1月商务部发布了《关于推动电子商务企业绿色发展工作的通知》，提出绿色发展是构建现代化经济体系的必然要求，是电子商务高质量发展的重要内容，要求持续推动电商企业节能增效，协同推进快递包装绿色供应链管理，发挥平台优势培育绿色发展生态；为深入贯彻落实党中央、国务院关于发展数字经济、建设数字中国的总体要求；2022年，商务部、中央网信办、发展改革委编制印发了《"十四五"电子商务发展规划》，进一步推进电子商务高速发展。

2. 农村电子商务的特点

从脱贫攻坚衔接过渡到乡村振兴，农村电商也已进入新的发展阶段。展望下一个十年，以下"5个特点"值得我们重视[②]。

(1) 战略性。商务部作为电子商务的主管部门，对新发展阶段的农村电商提出了新的战略性的要求。这集中体现在"数商兴农"任务和一系列战略部署上，主要反映在"农""商"两方面。前者是指农村电商作为数字乡村的标配助力乡村振兴，在兴产业、美农村、富农民、促进农业农村信息化、数字化上发挥战略性作用；后者是指农村电商在加强县域商业体系和农村

---

① 全称：财政部办公厅经济建设司
② 资料来源：https://mp.weixin.qq.com/s/N3gTNp7st7b0dnGGnXaE3Q(微信公众号：阿里研究院)，作者：汪向东，2021.12.21，有删改。

现代流通体系建设，补短板、促转型、扩内需、畅流通，助力夯实构建国内大循环、国内国际双循环新发展格局的战略基础。

概括来说，脱贫攻坚收官衔接乡村振兴，农村电商的战略意义更加凸显，以农村电商升级引领"数商兴农"、以"数商兴农"助力乡村振兴，服务构建新发展格局的要求也更加明确。

(2) 引领性。无论是"农"还是"商"，数字化转型的共同要求，都包括灵敏感知、灵活应变、赋能创新和提高绩效4个方面。农村电商不仅是县域乡村"农"和"商"数字产业化的新增量，也是引领乡村产业数字化存量转型的重要力量。

电商打破了传统商业的时空界限，让农户和农企足不出户就可以对接广域大市场，极大地拓展了市场空间；电商具备数据优势，用好数据，有助于实现精准对接，智能决策，高效运营。同时，电商凭借以上渠道优势和数据优势，可以赋能"农""商"主体前所未有的能力，倒逼供给侧结构性改革，促进创新，最终达到提升绩效的目的。

(3) 广域性。农村电商广域性的特点，是由主流化、全局化趋势带来的必然结果。继续助力巩固和扩大脱贫成果、纳入和促进乡村振兴、服务构建新发展格局和农村生产生活的在线化趋势，以及国内主流互联网平台、电商、新媒体和"三农"服务商围绕数字乡村制订和发布了新计划：腾讯为村、阿里数字乡村、字节乡村计划、益农信息社都将为农村电商提供更加广阔的用武之地。

从助力限期脱贫到稳定致富，从聚焦精准到全面助力，从产品电商到服务叠加，从注重农产品上行到促进农村消费，从增量创新到存量转型，农村电商的业务领域将不断延展，"+电商"和"电商+"将成为县域乡村数字经济的新常态。

(4) 纵深性。农村电商不是仅停留在交易端，未来会越来越多地向供给侧纵深延展。消费电商向产业电商延展、to C 向 to B 延展，是未来农村电商的重要看点和特点。

此前电商扶贫，要求聚焦建档立卡贫困主体，包括采用消费扶贫措施，帮助解决"卖得掉"的问题，未来巩固扩大脱贫成果、衔接乡村振兴，要越来越多地通过深化供给侧结构性改革，解决"卖得好"和"卖得久"的问题。这就要求电商从交易端向供应链、产业链纵深深化。

目前，我国农产品网络销售占比还不高，大约10%。如果说 to C 的消费电商是农村电商增量创新、复制成长的"开阔地"，那么 to B 的产业电商就是未来存量转型、规模突破的"制高点"。攻克 B2B 电商，将成为农村电商未来的主攻方向。由此，农村产业电商的纵深性，将成为它未来发展的重要特点之一。

(5) 长效性。政府主推的电商进农村综合示范是一项阶段性的工作，而农村电商是没有终点的"马拉松"。农村电商经过上一个十年快速覆盖、星火燎原，现已转入高质量发展的新阶段，增强市场主体的自我造血能力，长效高效发展成为必然要求。

农村电商要把阶段性和长期性结合好，需采取"一体两翼"策略。"一体"是绩效，即坚持绩效导向，把"成规模、可持续、见实效、获得感"作为根本要求；"两翼"是供给侧结构性改革和机制创新，即一边不断优化渠道对接、网货产品、支撑服务和政策资源的供给，一边创新资源整合方式，将农村电商的动力机制切换到以市场为主上来，不断培育市场及市场主体，不断增强其自我造血能力。

3. 农村电子商务的发展阶段

实践证明，农村电商是发展数字经济，实现乡村振兴和数字乡村建设的重要抓手，其发展历程大体可分为三个阶段[①]。

第一阶段(2003—2015年)：农村电商发展路径探索阶段。2005年中央一号文件首次提及电子商务，其后国家主要从流通方式、交易方式和平台建设等角度部署农村电商的发展。

第二阶段(2016—2020年)：农村电商进入规模化、专业化发展阶段。国家加大对农村电商的部署力度，逐步提出更高要求，明确农村电商的主要工作方向是：加大物流基础设施建设和完善县乡村三级农村物流体系，开展电子商务进农村综合示范，健全农村电商服务体系，支持涉农电商载体建设和新模式发展等。

第三阶段(2021年以后)：农村电商进入"数商兴农"高质量发展新阶段。2021年印发的《"十四五"电子商务发展规划》突出电子商务与一、二、三产业的融合，推动乡村产业振兴、数字乡村建设，大力实施"数商兴农"行动，加快完善农村电商生态体系。2022年中央一号文件进一步明确实施"数商兴农"工程，这是发展农村电商的新举措，也是农村电商发展新方向。

4. 农村电子商务的发展现状

(1) 农村电子商务市场整体情况。根据国家统计局公布的数字，截至2021年底，我国农村常住人口有5.57亿，占总人口的40.42%。近年来，随着城镇化进程的推进，我国农村人口在总人口中的占比持续下降，但农村网民在总体网民中的占比却保持上升，农村地区已经成为目前我国网民规模增长的重要来源。互联网的逐渐普及和农村网民数量的攀升，增加了农村电子商务市场的发展潜力。

随着社会各界的重视与推动，我国的农村电商取得了可喜的成绩。截至2021年9月底，全国农村网商(店)已达1640万家。2020年全国返乡入乡创业人员首次突破1000万人，达1010万人左右，比2019年增加160万人，其中，30岁及以下返乡创业人员，创业项目涉及农村电商的达7.7%。[②]可见，农村电商的蓬勃发展吸引了大量青年返乡创业，为乡村振兴奠定了良好的人才基础。

同时，农村地区网络零售额实现了跨越式发展。根据商务部的统计数据显示，2021年全国农村网络零售额达2.05万亿元，占全国网络零售额的15.66%，同比增长11.3%；2022年上半年，全国农村网络零售额9759.3亿元，同比增长2.5%(如图8.1所示)。其中，农村实物商品网络零售额8904.4亿元，同比增长3.6%。[③]

(2) 农产品上行模式不断创新。农产品上行是指以农村电商为媒介，打开本地特色农产品的销售渠道，让其从田间地头直达消费者的新型商业运营模式。在推动农产品上行过程中，经历了以下两个发展阶段。

---

① https://www.thepaper.cn/newsDetail_forward_18929791
② https://column.chinadaily.com.cn/a/202203/04/WS622173f2a3107be497a090ea.html
③ https://view.inews.qq.com/a/20221101A08S7300

图8.1 2016-2022年我国农村网络零售额[①]

第一阶段是以淘宝、京东为代表的传统电商平台开展的农产品上行活动,产生于2014年。在该模式下,全网农产品年销售额稳定在1000亿元人民币左右,培养了居民网上购买农产品的习惯。在此过程中,各地政府纷纷投资建立电商孵化园,出台各类扶持政策。其中,京东提出了3F战略(工业品进农村战略、农村金融战略和生鲜电商战略);阿里计划在3~5年内投资100亿元,建立1000个县级服务中心和10万个村级服务站等。在联动效应的推动下,农产品网上销售额实现大幅增长。

第二阶段是以拼多多、抖音、快手为主要平台,以社交裂变、直播、短视频为主要展现方式的农产品上行活动,兴起于2017年,目前已成为电商兴农业态中的主要运营模式。

(3) 农村电子商务消费市场情况。目前农村电子商务正处于快速增长阶段,相比城市电子商务来说,虽然占比相对较小,但是伴随着移动互联网终端设备的普及和农村经济的发展,农村居民利用网络购物的同时,也开始通过网络平台出售自己的农产品,而且这种需求正在不断扩大。与此同时,越来越多的农村居民进城务工,成为网购生活的应用与普及者,也促进了农村电子商务市场的发展。

① 与城镇网购人群相比,农村网购消费者更加年轻化。据统计,30岁以下的农村网民比例均高于城镇网民,其中,20~29岁是农村网民的最大群体,占比为32%。[②]农村网民在整体网民中的占比增加,规模增长速度是城镇的两倍,反映出近年来农村互联网普及工作的成效。

② 农村居民对网购模式接受率达84.41%,人均年网购消费金额在500~2000元,主要集中在日用品、服装、家电等品类。[③]

③ 进城农民工拉动网络购物的增长。清华大学社会学系调查显示,新生代农民工,10%以上收入用来购买服饰,且以网购为主。[②]另外,返乡农民工不仅继续网购,甚至发展成为网商。

(4) 加强国家电子商务进农村综合示范县建设。

从2014年开始,为了进一步促进农村电商的快速发展,商务部会同财政部,开展电子商

---

① 数据来源:商务大数据
② https://www.sohu.com/a/216809064_99891998
③ http://media.people.com.cn/n/2015/1021/c40606-27723823.html

务进农村综合示范工作。截至2021年末，全国共有1554[①]个县(市)被评定为示范县，国家电子商务进农村综合示范县建设仍在逐步推进。

可见，我国农村电子商务在社会各界的广泛重视下，目前发展迅速，也取得了丰硕成果，但是从全局来看，还存在不少问题，如电子商务体系不健全、信息不平衡、人才匮乏、缺乏预警监督措施等因素，都制约和影响着农村电子商务的发展。未来各级政府部门要从多角度对农村电子商务的发展提供更多的支持和鼓励。

8.1.2 农村电子商务模式

因地域的差异，各地在开展农村电商方面既有共同点，又有差异化，总体而言，主要有一县一品生态经济模式、集散地生态经济模式和产业链生态经济模式。

1. 一县一品生态经济模式

一县一品生态经济模式是一个县(区)在农村电商起步阶段，以某一品类特色规模化产品或品牌为起点，以县区企业、政府、社会组织、区域带头人为宣传载体，多维度、系统化地通过在线上线下塑造本地化地域品牌，即风采一品、领先一品、创新一品、榜样一品，通过一县一品为切入点，树立县域品牌，从而推动当地经济发展，将当地的特色产品通过电子商务推向全国乃至全球。一县一品生态经济模式从结果导向来讲，该县的县域经济是以某一品类产品为主，而且该品类产品(含原材料及其加工产品)的销售额达到了该县域经济总额的50%以上视为成熟期。

例如：遂昌模式。遂昌县是一个典型的山区县，位于浙江省西南部，山地占县域总面积的88.83%，总人口数23万，各方面条件都不占优势，工业经济也不发达，但独特的自然环境，使得遂昌拥有丰富的农林特色产品。自2005年开始，遂昌县就有网商开始在淘宝网上售卖农产品，网商发展壮大后成立了电子商务协会。经过县政府与电子商务协会的积极研究，探索出了一条以销售特色农林产品为主的电子商务发展道路，遂昌电子商务由此进入了快速发展期，并形成了遂昌模式。

遂昌模式的主要做法经验如下。

(1) 成立网店协会，促进当地网商实现集群式发展。作为非营利组织，网商协会在构建县域电子商务生态、帮扶网商成长、规范电子商务市场、整合供应商资源、组织网货售卖等方面起到了积极作用。

(2) 打造特色农产品电子商务，以传统优势产业加快电子商务发展进程。建立农产品分销平台，通过平台对接合作社等农产品生产企业，极大降低了农产品的网络销售成本。

(3) 与淘宝网紧密合作，在县城中心区域开设淘宝"特色中国"第一个县级馆，用于推广本县名优土特产和宣传本县名优企业，极大地提升了遂昌县的知名度。

(4) 县政府积极完善电子商务的软硬件环境。政府投入大量资金，开通了多条交通支线，加快发展以宽带为核心的通信基础设施建设，电商产业园的规划建设，实现了网商的集聚和抱团发展。同时，投资兴建的农产品检测中心，完善了食品安全生产线，实现了农产品的全方位

[①] https://dzswgf.mofcom.gov.cn/news/23/2021/12/1639442498268.html、https://zhuanlan.zhihu.com/p/404420530

品质控制。

2. 集散地生态经济模式

集散地生态经济模式是利用该县(区)的区位和交通便利的优势，以物流快递、仓储、包装分拣等电商基础配套服务发展物流产业，通过建立以电子商务为依托的基础物流快递设施，凭借物流发货的高性价比，吸引大批有实力的企业聚集于此发展电商产业，从而形成集散的模式，带动当地电商及区域经济的快速发展。该模式的主要特征有：独特的区位优势、发达的仓储物流、完善的电商体系、较强的整合当地资源的能力。

例如：武功模式。位于关中平原地区的武功县，地处新疆、青海和甘肃三省区东出的重要通道上，作为历史悠久的交通枢纽站，武功县充分发挥交通网络发达的特点，成为附近省市重要的物资集散地。依托物流产业的高度发展，武功县整合西北三省的产品资源，以中转站的形式，将三省货物卖到了全球的各个角落，形成独特的武功模式。

武功县的发展经验做法如下。

(1) 通过电子产业园区的承载作用，实现产业的高度集群化，加大基础设施建设力度，吸引附近省市多种类特色农产品进入园区。

(2) 以特色龙头企业引领电商发展。通过"西域美农"的引进，产生了较强的辐射带动作用，形成了大小企业相结合，内外经济共发展的竞争性发展格局。

(3) 以专业人才为产业支撑，促进当地电商快速发展。电商作为新事物，缺少相关专业性人才，因此武功县通过电商孵化中心和淘宝大学的落户，以培训、讲座及不间断举办交流会和沙龙活动为手段，加强专业人才的培养。

(4) 充分发挥政府的政策导向和引领作用。县政府一手推动设立 500 万元电商产业奖励基金，扶持中小电商企业发展，以优惠、制度化的政策和良好的政府服务来吸引更多的电商企业落户。

(5) 不断完善配套设施。武功县一边吸引电商企业入驻，一边强化自身的特色物流产业发展，在保证低廉物流成本的同时，形成成熟的冷链物流体系。同时，建立农产品质检系统，以保证农产品质量安全。

3. 产业链生态经济模式

产业链生态经济模式又称为"跨域整合某一品类生态经济模式"，是以某一品类的产品为切入点，所有与该产品有关的县(区)共同参与，制定产品分类标准、建立溯源体系(农产品类)和服务标准(服务业)，按统一的标准进行产品加工，统一进行品牌宣传，打通该产品产前、产中、产后全产业链(生产/种植、加工、质检、追溯、仓储、物流、销售、售后等)。该模式的要点就是抱团发展，建立品牌，打通产业链，带动配套产业生态发展。

例如：清河模式。拥有着"中国羊绒之都"称号的清河县处于河北省东南部，这个县域面积 502 平方千米的平原县具有实力雄厚的特色羊绒产业体系。受 2008 年全球金融危机影响，清河以前以出口国外为主的羊绒销量严重下滑，羊绒产品积压。为改变困局，清河县政府大力改革，其中一项重大举措就是发展电子商务产业，实现羊绒产品的出口转内销，由此走出一条线上网店和线下实体店融合、虚拟经济和实体经济互补的特色电子商务发展道路。

清河县的发展经验做法如下：

(1) 发挥强势产业引领作用，搭建强势电商发展平台。清河县电子商务销售产品主要是当地特色羊绒产品。在组建电商协会后，依靠电商协会引进电商服务机构，给予相关政策倾斜，以政府为主导，搭建 B2C 模式的清河羊绒网和羊绒制品专业供货平台——百绒汇网站。并由政府出资，打造具有较大规模的专业化电子商务示范基地。

(2) 加强专业化培训，储备电商人才，提高整体电商从业人员水平。电子商务的发展基础是人才，缺口也是人才，特别是优秀的网络营销技术人才。为切实加强电商培训服务工作，该县对县、镇、村三级服务机构的网商，实现"一条龙"式培训服务，并根据各个网商特点和自身需求，安排到县职教中心不同班次学习。开设"淘宝营销培训班"，免费向村一级基层群众传授电商相关知识，实现了基层电商人才的储备。

(3) 打造模范电商商户，复制发展经验。通过加大宣传电子商务典型成功事例，树立像东高庄村、黄金庄村等多个淘宝专业村典型，号召广大农民投入电商发展道路，以一带多，复制发展，做到村村有典型，户户懂电商，从而打造全国知名的羊绒制品网络销售基地。

目前的农村电子商务还处在发展的初级阶段，新模式、新应用将会层出不穷，各地应因地制宜，结合自己的实际情况探索出适合自己的模式，从而促进农村电子商务的快速发展。

8.1.3 各大电商平台的农村电商实践

1. 阿里巴巴：抛出"三板斧"，建立专属的农村电商生态系统

阿里对农村的巨大潜在价值有着清晰的认识，对于农村电商的布局已经准备了许久。

(1) 三板斧："特色中国"+"淘宝村"+"千县万村"。早在 2010 年，阿里就在淘宝网上线了"特色中国"板块，尝试着让农民将具有地方特色的产品在网上售卖。2014 年 10 月底，阿里启动"千县万村"计划，计划在 3~5 年内投资 100 亿元，建立 1000 个县级运营中心和 10 万个村级服务站。近年来"淘宝村""淘宝镇"的数量增长迅速，截至 2022 年底"淘宝村"数量达 7780 个，"淘宝镇"数量达 2429 个。[①]

阿里进行了一系列的农村电商布局，意在形成一个农村电商生态系统。通过引进技术与人才，建设仓储设施，与政府合作加强农村基础设施建设。其菜鸟物流、阿里旅行、淘宝大学等对农村电商的发展具有重要的意义。

(2) 通过"天网"+"地网"+"人网"，合力打造中国智慧物流骨干网——菜鸟物流网。菜鸟物流网可拆分成"天网""地网"和"人网"3 大板块。其中，"天网"是由数据驱动的云供应链协同平台，强调电子商务及物流数据的交互和分享；"地网"是借由庞大的地面网络不断聚集货物、人气，让"天网"的数据能力落地；"人网"是主打"最后一公里"物流服务和基于消费者真实生活中各种场景下的便民服务。阿里通过"天网""地网""人网"融合，合力打造中国智慧物流骨干网，解决好农村电商物流"最后一公里"的问题。

---

① https://swt.fj.gov.cn/xxgk/jgzn/jgcs/sctxjsc/gzdt_386/202212/t20221219_6081123.htm

2. 京东：从直播助农走向科技助农，开拓农村电商新模式

从 2020 年开始，京东直播的"京源助农"项目打造的全国重点 10 余个产业直播基地，解决了近万家商户的农产品、手工业产品等滞留问题，产品和服务覆盖了超 10 万个家庭的餐桌和 100 余万从业者。通过挖掘源头好货，打造生鲜产业带，孵化产业带品牌，落地全国农村产业直播基地。通过"京源助农"项目带动当地生态建设，赋能农村经济发展。

(1) 快速拓展，产业带直播基地持续落地中。首先落地产业带。通过直播为抓手以一个区域为中心，向周边辐射，形成一个较大的产业带；随后，"京源助农"会专门投入各种资源进行官方扶持，组织京东生态机构和平台达人深入基地直播赋能。同时，通过组织各种直播营销活动，如产业带直播节、城市直播节等，让京东直播更下沉到地方产业带中，也让产业带的好产品利用营销活动参与到整个京东电商平台的营销活动中。

(2) 开放平台，积极响应乡村振兴战略。巩固脱贫攻坚成果，全面推进乡村振兴战略的实施，是我国在"十四五"时期的重要发展目标。为做好巩固拓展脱贫攻坚成果同乡村振兴有效衔接，继续推进脱贫地区的发展，为乡村振兴提供持久动力。2021 年，京东直播进行了"京源助农"的 IP 升级；同时，联动全国各地入驻平台的营销执行机构，共同开拓各地产业带直播基地的市场，加大对直播基地授牌的审核和建设。截至 2021 年 6 月，京东已正式授牌 60 多家产业带直播基地，基地的招募和培养在持续进行中。

(3) 技术加持，促进农村数字经济发展。以直播助农为代表的农业数字化发展，正逐渐成为推动农副产品销售的"新引擎"。在京东直播"京源助农"项目的背后，依托了京东集团云计算、大数据、人工智能、物联网等多方面的技术积淀，为促进农村经济的快速发展奠定了坚实的基础。

3. 苏宁：发挥实体门店优势，推动农村电商O2O模式落地

与京东、阿里等互联网巨头不同，作为传统商家的苏宁，利用其拥有的大量实体门店优势，通过互联网转型，借助 O2O 的电商模式，推动渠道顺利下沉至区县和乡村，做到了当前很多电商巨头没有做到的事情。

(1) 创新 O2O 连接内容，为电商落地提供资金支持。O2O 是通过人、商品与服务的有效连接创造价值。在大多数商家的 O2O 战略中，商品主要是指日常生活用品和家电等产品等；服务则主要是指送货到家的线下配送、安装等内容。与传统 O2O 模式的产品和服务内容不同，苏宁云商联合中信证券，创造性地推出了 REITs(real estate investment trusts，房地产信托投资基金)产品，将企业的门店、物业等不动产也作为商品进行交易。

REITs 是一种以发行收益凭证的方式汇集特定多数投资者的资金，由专门投资机构进行房地产投资经营管理，并将投资综合收益按比例分配给投资者的一种信托基金。REITs 是房地产证券化的重要手段，有助于把流动性低、非证券化的房地产投资，直接转化为资本市场上证券资产的金融交易。就苏宁的 REITs 产品来看，其独特之处在于，以苏宁 11 家门店为基础，但又并非直接持有苏宁云商的门店物业等资产，而是通过私募基金持有这些物业后，把私募资金的份额作为基础资产来支持证券。通过这种交易机制，苏宁可以有效盘活流动性低的房地产投资，降低资产负债率，增加营运资金，从而为企业落地农村电商提供大量的资金支持。

(2) 自营与加盟两种模式并举，推动渠道进一步下沉。农村电商的发展不是简单地"刷墙"

和快递送达，关键是要借助各种线下资源，为村民提供更优质的服务，以此实现渠道真正下沉至农村。

2020年，苏宁已在全国111个国家级贫困县开设了116家扶贫实训店。直接解决当地贫困人员就业5017人，实现农产品上行近4亿元，工业品下行6亿元。同时，在农村市场开设苏宁易购零售云、直营店6600余家，共覆盖了388个国家级贫困县。①

在线上，依托477家苏宁易购中华特色馆、苏宁拼购、苏鲜生、苏宁超市等频道，惠及全国约1万余个贫困村，761万贫困人口。其中作为消费扶贫的主要渠道中华特色馆，覆盖县市1082个，含国家级贫困县384个。全渠道累计实现农产品销售额超过140亿元。②

(3) 传统门店不断优化与升级，门店O2O模式推动电商落地。苏宁云商上线以来，不断利用互联网思维对传统门店进行优化与升级，通过O2O模式打通展示、体验、支付、配送等一系列线上线下的全流程购物体验，以更好地为客户服务，实现线下门店的互联网转型。在区县乡镇市场，则主要是将原有的售后维修点升级为新式乡村服务站，为村民提供销售、物流、售后、客服等服务，推动渠道的进一步下沉。

4. 拼多多：电商助农，重塑农产品供应链模式

拼多多通过"拼农货"模式，将分散的农产品整合出了一条直达4.185亿用户的快速通道，成功建立起一套可持续扶贫助农机制，目前已验证了这一机制的成功及高效。该机制依托创新的"拼农货"式，解决了传统搜索电商场景下，农货被动等待搜索、销量难以持续的普遍性难题。通过主动向4亿消费者呈现"产地直发"优质水果的方式，帮助"小农户"连接"大市场"。

在投身扶贫助农的过程中，拼多多还结合中国农业的发展状况，通过大数据、云计算和分布式人工智能技术，将分散的农业产能和农产品需求在"云端"拼在一起，基于开拓性的"农地云拼"体系带动农产品上行，让贫困地区的农产品突破传统流通模式的限制，直连全国大市场。

5. 抖音平台：信息赋能精准扶贫

2020年2月，抖音联合今日头条、西瓜视频发起"战疫助农"公益项目，开展"县长来直播"等活动，截至2020年5月31日，已有101位市长、县长走进直播间，联合多位平台创作者销售农产品超过220.7万件，销售额超1.16亿元(其中贫困县销量120万件，销售额达6163万元)，直播带货已累计帮扶建档立卡贫困人口超10万。③

抖音平台通过信息赋能精准扶贫，帮助贫困地区打响了农产品和文旅品牌，推动相关产业加快发展，助力贫困地区优质内容生产、传播和新媒体技能人才培养，并出资搭建优质直播平台，缓解了新冠肺炎疫情带来的不利影响，促进了贫困地区扶贫产业健康发展，推动了消费扶贫再上新台阶，为答好决战决胜脱贫攻坚"加试题"给出了新的求解思路。

例如：云南省怒江州福贡县，草果是当地极具特色的农产品，有食用和药用价值，但并不为消费者所熟知，缺乏品牌建设。针对草果的特性，抖音组织平台优秀创作者讲述草果优质的生长环境及具体使用范围，让更多用户了解其功效和味道，并利用领先的信息分发技术进行精

---

① http://tech.ce.cn/news/202009/02/t20200902_35655642.shtml
② http://tech.ce.cn/news/202009/02/t20200902_35655642.shtml
③ http://rmfp.people.com.cn/n1/2020/0922/c433051-31870715.html

准推送。同时，联合知名餐饮企业以草果为原料打造特色菜品，为品牌宣传打造新的形式和手段，推动互联网经济赋能实体经济。信息赋能和品牌打造让绿色、优质的草果进入各大餐饮企业、走进寻常百姓家，让"来自云南深山的香料精灵"的品牌定位更深入人心。

8.1.4　农村电子商务发展中存在的问题

(1) 农民思想观念较为保守，对电子商务认识不足。由于我国农村生活水平较为落后，农民的思想观念保守，因而使得广大农民接受新鲜事物存在一定的难度，发展农村电子商务也成为一项全新的挑战。而农民文化水平普遍不高，再加上思想封闭，因而并不十分认可电子商务。除此之外，针对农村电子商务业务开展相应服务的单位及组织也比较少，难以向广大农民群众及时传播先进的农业科学信息及市场信息。作为一项新型的在线支付交易方式，电子商务买卖双方无须见面交谈，只通过网络便进行交易，存在一定的风险性。再加上农民每年的收入十分有限，难以承担风险导致的经济损失，小农意识强烈，十分惧怕风险，因而不敢去尝试电子商务这一新型的交易方式。除此之外，因电子商务交易存在许多不安全性因素，农民对其存有怀疑乃至排斥的态度，使得电子商务在农村的运作与发展受到了较为严重的阻碍。

(2) 信息化基础设施落后，缺乏必要的网络知识。从城乡互联网的普及率来看，由于各地经济发展水平、互联网基础设施建设方面存在差异，各省、区、市的互联网普及率参差不齐，数字鸿沟现象依然存在。且农村互联网发展速度慢于城镇，互联网在城乡的发展差距较大。

大部分农村的信息化基础设施落后，在一些偏远的贫困山区，甚至都未能普及电话，这给农村电子商务的发展带来了非常大的困难。此外，我国缺乏致力于农业信息化建设的专业人才，并且农民对电子商务及信息技术等相关知识的了解比较少，极大程度上降低了农民对农村电子商务建设及发展的主观积极性。

(3) 缺乏健全的物流体系。农村物流网络不发达、配送成本高，农村电子商务"最后一公里"配送难度较大。除中国邮政外，顺丰、"四通一达"等主要快递企业的营业网点大多只建到县城。一方面我国大部分农村地广人稀，导致了农村的交通运输落后、基础设施较差，许多物流公司的配送范围未能延伸至乡镇地区，一些比较偏远的农村地区更是在物流配送范围以外；另一方面农产品有着易腐烂、易变化、季节性强等特点，在物流过程中对运输设施要求较高，比如冷链物流等。由于缺乏健全的物流体系，同时农村现有的物流技术装备比较落后，生鲜农产品极易发生腐坏，再加上农村交通不发达，配送点分散等，直接影响了农村电子商务的发展。

(4) 农村电子商务的生产规模有待加强。当前我国农村土地以承包或农民个体生产为主，家庭仍然是我国农业的基本生产单位，每家农户就是一个生产经营单位，农产品生产存在着分散性和规模小的特点。因此，农村电子商务的发展必须考虑到农产品生产的特点。由于农村居民人口众多而且居住较为分散，从而导致一方面，农村消费市场的分布面广，服务对象绝大部分是千千万万的个体农户，数量庞大，从生产资料到生活资料，品种繁多，规模较小；另一方面，具体到每家每户，其品种规模却又很小。此外，在运输农产品的过程中，还需确保产品的新鲜，不但交易的成本偏高，且买卖过程缺乏有效的透明度。由于指导农民学习农业信息技术等活动比较少，小规模的农业组织及农民个体的市场信息收集与分析能力不高，不利于农村电子商务业务的发展。

(5) 对农村电子商务的关注度和重视度不够。虽然国家和相关部门积极推广农村电子商务，但个别地方政府部门没有深刻认识到电子商务的重要性和发展的紧迫性、必要性，没有采取更有力的措施来发展农村电子商务。而且农村电子商务存在前期建设成本大、回收慢的特点，一些企业认识不足，只追求短期利益而延误了农村电子商务的建设，另外相关媒体对农村电子商务发展和交易方面的宣传力度不足，这一系列的因素都直接制约了农村电子商务的发展。

(6) 农村电子商务人才缺乏。农村电子商务要求既懂互联网技术又精通农产品市场营销的复合型、应用型及创新型人才。目前，因为农村各方面条件的限制，此类人才短缺，严重制约了农村电子商务的快速发展。

8.1.5 农村电子商务发展的对策

1. 加大宣传力度，提高农民对电子商务的认识

各级相关部门，特别是县、乡、镇等政府部门，通过多种渠道加大宣传力度，让农村的党员干部以及农民了解认识电子商务。同时，为企业和农户介绍、提供网上交易的平台，降低企业和农户从事电子商务的资金门槛，培育、扶持农业电子商务企业。通过大规模的相关培训，让农民参与到电子商务的交易活动中，感受电子商务带来的实实在在的好处，加深其对电子商务的理解，进而对电子商务有较全面、系统的把握。

2. 加强基础设施建设

(1) 强化网络基础设施建设。乡镇政府应将网络知识与计算机硬件的普及提到日常工作中来，积极实施"宽带中国"行动计划，加快推进"乡村振兴""数字乡村""百县宽带乡村工程"等项目，大力推广物联网、互联网、云计算、大数据的应用。政府应给予广泛而有力的引导和支持，加大农业信息基础设施建设力度，加快宽带网络建设，提高城乡宽带网络普及和接入能力，建立起综合性农村信息化网站，利用互联网、移动通信、广播电视、电话等多种通信手段，建立起覆盖郊区县、乡镇、村的农业信息网络。建立各级信息咨询服务机构，引导和培训农民使用各类信息设施，掌握电子商务的各项技能。建设农业电子商务平台，为农业产业化提供大量的多元化信息服务，为农业生产者、经营者、管理者提供及时、准确、完整的农业产业化的资源、市场、生产、政策法规、实用科技、人才、减灾防灾等信息。引导广大农民积极主动进入市场当中，并参与电子商务活动，对电子商务操作流程进行亲自体验，并将自己种植的农产品发布在网上，与商家就产品信息进行交流，在吸取其他电子商务商家成功经验的基础上，为电子商务业务的开展创造有利的条件，让广大农民群体真正感受到电子商务的优势。

(2) 加快物流配送基础设施建设。为促进农村电子商务的长远发展，建立健全的现代农村物流配送体系，并利用先进的网络技术完善农产品流通模式。建立跨区域分拨中心、公共配送中心和末端配送三级网络体系，推动解决物流配送"最后一公里"的问题。支持重点企业建设物流配送系统，支持村镇开设网络购物投递场所，引进品牌快递物流企业，设立大型仓储配送中心。优化物流配送布局，规划好农产品的运输路线，将配送距离尽量缩短，在降低运输成本的同时，实现经营效益的提升。通过电子商务高效集约的流程再造，实现信息流、物流、商流、

资金流"四流合一"。推动农村流通设施和农产品批发市场信息化提升工程,鼓励和支持电子商务企业参与农产品流通和农村物流体系建设。

3. 加大政策支持力度

(1) 加强组织领导。政府部门应充分发挥职能作用,加强统筹协调,及时研究解决电子商务发展中遇到的困难和问题。各地、各部门要按照职责分工,协同推进,制定实施方案,切实抓好各项政策措施的贯彻落实,推进农村电子商务产业快速发展。

(2) 加大财政投入。各级政府要统筹安排人才培养资金、就业资金、产业扶持资金,重点支持农村电子商务公共服务平台建设,加大对农村网络的资金支持和技术支持,使网络系统有效升级,引进优质的软硬件设备,促进网络的发展与普及,加快传统企业电子商务化转型升级和农村电子商务应用普及推广,加大对乡村公共设施建设的投资力度,保证物流有效到达。

(3) 加大政策扶持。商务、扶贫、共青团等相关部门和组织要认真落实大学生村官、农村青年致富带头人、"两后生"、进城务工青年技能培训补助政策;人社部门要将农村电子商务人才培训纳入全省城乡职业技能培训范围,及时落实引进人才政策,对促进产业进步的项目给予扶持;工商部门要认真落实注册资本登记制度改革的政策规定,鼓励支持中小微企业和自然人从事网上经营;税务部门要落实国家税收优惠政策,扶持行业发展。

(4) 创新金融扶持。金融机构在利用传统信贷业务支持农村电子商务企业发展的基础上,扩大农村电子商务企业贷款抵押品范围,缓解农村电子商务企业融资难的问题,提高中小企业信贷审批和发放效率。

(5) 因地制宜发展农村电子商务。应根据各地区农业经济发展的特点,采用适应本地区发展的农业电子商务切入模式。经济发达地区可通过电子商务平台实现接洽、合同和货款支付的电子化交易,除物流之外,商流、信息流、资金流都在网上进行,以真正体现电子商务的优势。不发达地区可以采用通过农业信息网的信息发布平台在网上发布供销信息,网下完成交易的初级电子商务模式。

同时,农产品的对外销售,可以考虑深加工后再销售,从而提高农产品的经济性和价值性。要推行多元化的物流模式,让当地有兴趣的农民参与物流配送,这样既增加了农民的收入,又使农产品更快地进入物流领域,提高了配送的速度。

4. 建立完善的发展规划

(1) 制定发展规划。遵循产业发展规律,坚持分类施策,编制农村电子商务发展规划,将重点农村电子商务项目纳入全省重大项目实施范围,统筹平台建设、重点项目和物流企业布局等工作。鼓励和支持市政府在城市规划、仓储设施建设等方面,为农村电子商务企业提供配套服务,保障开展农村电子商务所需的仓储配送用地。

(2) 建立激励机制。相关政府管理部门研究制定具体奖补办法,对网上销售业绩突出、促进就业和带动经济发展作用明显的农村电子商务企业给予奖励,资金从现有渠道中解决。

(3) 完善统计体系。研究建立农村电子商务统计制度,将农村电子商务带动物流发展、消费增长、农民增收、就业增加纳入统计体系,进行日常监测、分析,客观准确地反映农村电子商务发展的实际情况,切实为农村电子商务健康发展提供决策依据。

(4) 加强舆论宣传。加大农村电子商务相关法规政策宣传和舆论引导,总结推广在发展农村电子商务方面的典型经验和做法，努力为加快推进农村电子商务发展营造良好环境和氛围。

(5) 壮大农村电子商务经营主体。支持农村电子商务龙头企业做大做强，引导有条件的企业和金融机构提供农村电子商务交易服务、第三方支付、物流配送等支撑服务和互联网金融、农村电子商务代运营等衍生服务。鼓励个体工商户、下岗职工、农村致富带头人、大学生、"两后生"等，通过开设网店、网上直播等方式，实现创业就业。积极推广"一村一店"模式，鼓励大学生村官进行网络直播、开设网店等，壮大农村电子商务经营主体规模。

(6) 着力培育自营农村电子商务平台。支持企业建设具有地方特色的农村电子商务自营平台，支持有条件的大型龙头企业的农产品电子商务平台向行业平台转化。通过培育电子商务综合平台、专业平台、公共服务平台和建设产业基地、孵化园、直播基地，增强集群聚合效应，提高电子商务企业、网店的组织化程度和联合发展能力，变松散型经营为有组织发展，将小规模经营整合成大规模发展。

5. 加强人才培训和引进

加强对省、市、县三级领导干部农村电子商务知识培训，让他们掌握电子商务的基础理论，提高乡村干部信息素养，带动大家开展电子商务活动。办好淘宝大学等专业培训机构，支持有条件的电子商务企业与科研院所、高等院校合作建立教育实践和培训基地，推进实用型电子商务人才培养。鼓励和动员社会力量组织开展面向农民和农村电商创业者的电子商务技能培训，利用社会力量探索建立农村电子商务网络学校，开展网上培训。研究制定电子商务职业认证制度，建立后备人才资源库。鼓励相关专业的大学生及人才积极投身农村基层当中，指导农民应用电子商务积极开展网络交易，从而为农村电子商务的发展提供可靠保障。大力引进电子商务高层次人才和优秀团队，努力构建国内领先的电子商务人才集聚地。

📖 **案例8.1**

多多农园

8.1.6 农村电子商务发展前景与趋势

1. 发展前景

农村电子商务不仅仅在农产品领域，还可在"三农"服务领域发挥较大的价值。例如：农业投资需求供给信息服务、农村山水风光休闲旅游业的营销推广、农村传统手工工艺品的营销推广、新农村建设设计理念的推广、农村新兴产业(面向农村的各种服务业)营销推广、农村劳动力需求供给信息服务等。可见，农村电子商务包括"三农"全部产业链条的内容，广泛复杂，前景巨大。

(1) 农村电子商务的领域将越来越广泛。在"新农人"的带领下、新农业的发展需求的强力推动下以及乡村振兴的大环境下，农村电子商务将大有作为。电子商务将成为人们生活的一部分，随着"新农人"的增加，农村网络及交通环境的改善，电子商务将会在农村成熟起来，并将为"三农"发展提供更加广泛的服务。如一些相对落后的山区，有许多好的生态产品及资源，需要推广开发，通过开展农村电子商务这一手段，可以起到事半功倍的效果。

(2) 农村电子商务的服务类型将越来越多样化。农村电子商务目前还是以某一特定的产品输出型为主，将来会有输入型发展。针对"三农"服务的许多产业也会以电子商务形式进行，即为农民服务的产业、为农村建设服务的产业、为农业发展服务的产业均可以电子商务的形式向"三农"领域进行输入式服务。

(3) 农村电子商务的参与者将越来越多样化。随着农村电子商务的大力发展，将会有大量的电子商务专业人才进入，因为目前电子商务还处于发展期，有诸如电子商务个体登记、电子商务经营税收、电子商务诚信、电子商务领域的法律、电子商务经营产品质量监督等问题，均需要不同的专业人才才能解决。

(4) 农村电子商务的资金投入将会越来越充裕。目前，农村电子商务涉及面小，但随着农村电子商务的全面开展及广泛流行，许多配套设施及服务要尽快完善起来，这必须有大量的投资保障。比如农产品电子商务发展就需要产品保鲜、产品运输、产品质量监测等配套服务，这就需要不少投入。因此，大力开展农村电子商务将需要大规模的资金投入。

2. 行业趋势

随着农村电子商务的快速增长，利用互联网、移动互联网开展电子商务已经成为主流。根据相关研究成果显示，未来农村电子商务的发展将呈现以下趋势[①]：

(1) **主流化趋势。**无论从国家倡导、大力推动，还是电商由小到大、由弱变强，或是从电商在国民经济和社会生活中的地位作用观察，电商的主流化都是有目共睹的。电商主流化，事实上经历了一个由城及乡、由东及西的发展过程。过去的十年，农村电商从当时的几个淘宝村和最早的一批草根电商创业者，发展到今天农村网络零售额成长到上万亿级的规模。农村电商的星火燎原，其实就是电商主流化的重要内容和生动体现。当然，农村电商主流化的进程方兴未艾。前期助力脱贫攻坚，在初步实现电商进农村县域全覆盖后，电商业务还将继续向乡镇和村级下沉。特别是农村电商从业务载体的能力建设转向业务应用的深度拓展和高质量发展才刚刚开始。

(2) **全局化趋势。**规模大了，作用和意义就变得不一样。农村电商通过强产业、开民智、惠民生、促双创、建基础、融资源等，其作用、意义已不仅限于多卖几件产品，而是越来越关系全局性的战略目标，关系"三农"、关系脱贫攻坚、关系经济转型升级、关系绿色发展，甚至关系农村社会安定等。农村电商在地方发展全局中的地位也在上升。过去，人们呼吁把它作为"一把手工程"；现在，更多的地方真正把它放在了重要的战略地位。例如，在甘肃陇南，农村电商被当成"衣领子""抓电商，就是抓扶贫、就是抓经济、就是抓发展"，得到高度重视。因此，下一步在乡村振兴战略中，农村电商已成为数字乡村的"标配"。除此之外，它还将发挥"先导""基础"和"助推器"的作用。

(3) **多样化趋势。**以沙集模式为代表的淘宝村，是农村电商最早的成功模式。过去十年，多地区、多主体、多技术的参与，特别是传统平台电商流量红利期结束、社交电商和新媒体电商兴起，推动农村电商模式从一花独放转向千姿百态。同时，平台电商和淘宝村自身也在转型。农村电商已呈现出政府、平台、创业者、服务商和其他各类社会团体多主体推动、多资源投入、

[①] 资料来源：https://mp.weixin.qq.com/s/N3gTNp7st7b0dnGGnXaE3Q（微信公众号：阿里研究院），作者：汪向东，2021.12.21

多路径通达、多模式并存的局面。未来，各种更新的数字技术与农村实体经济深度融合，农村电商从"规定动作"转向"自选动作"，农村电商多样化的未来更值得期待。

(4) 多级化趋势。目前农村电商发展不平衡，各地呈现多级化态势。农村电商难度本来就大，电商扶贫更是如此。近年来，以政府主推、财政支持和以"规定动作"限期完成的方式，优先在原贫困县开展电商进农村示范项目。这是一个先解决"有没有"能力，再解决能力应用"好不好"的发展过程。农村电商在覆盖范围、交易规模快速成长的同时，也带来发展质量和效益不高的问题。接下来，拓展已建成能力的应用，提高绩效，既是高质量发展的要求，也是农村电商发展阶段转换的必然。

(5) 规范化趋势。我国《电子商务法》已于2019年1月1日起正式施行。包括农村电商在内，电子商务的发展环境已经发生了重大变化，进入规范发展阶段。在制定"十三五"电子商务发展规划时，就有一个非常重要的基本判断，认为电子商务已进入"成年期"。据此，政府部门的电商政策由此前"鼓励发展为主"，调整为"发展与规范并重"。尽管农村电商进入"成年期"较晚，但农村电商也必须尽快"学会成年"，规范发展，要适应"成年"的环境，发挥"成年"的作用，履行"成年"的义务。

可见，我国农村电子商务虽起步较晚，但近年来发展迅速。在高速发展的背后也隐藏着许多亟须解决的问题。但我们坚信，在各级政府部门的高度重视下，在各领域的广泛参与下，我国的农村电子商务将会迈上新的台阶，取得更大的成就。

> 思政案例
>
> 青年创业案例

8.2 跨境电子商务

随着互联网的快速发展，为了实现不同国家之间的贸易合作，跨境电子商务应运而生。它构建了开放、立体的多边经贸合作模式，拓宽了企业进入国际市场的渠道，同时，还为消费者购买其他国家的商品提供了便利的通道。

8.2.1 跨境电子商务概述

1. 跨境电子商务的概念

跨境电子商务的概念可以从广义和狭义两个角度来理解。

(1) 从狭义的角度，跨境电子商务基本等同于跨境零售。跨境电子商务是指分属不同关境的交易主体通过电子商务平台达成交易，进行支付结算，并通过跨境物流送达商品、完成交易的一种国际商业活动。跨境电子商务在国际上流行的说法叫 cross-border e-commerce，其实指的就是跨境零售，通常跨境电子商务从海关来说等同于在网上进行小包的买卖，基本上针对消费者。从严格意义上说，随着跨境电子商务的发展，跨境零售消费者中也会含有一部分碎片化小额买卖的 B 类商家用户，但现实中这类 B 商家和 C 类个人消费者很难区分，也很难界定 B 商家和 C 类个人消费者之间的严格界限，所以，从总体来讲，这部分针对 B 商家的销售也归属于跨境零售部分。

(2) 从广义的角度，跨境电子商务基本等同于外贸电子商务。跨境电子商务是指分属不同关境的交易主体，通过电子商务的手段将传统进出口贸易中的展示、洽谈和成交环节电子化，并通过跨境物流送达商品、完成交易的一种国际商业活动。从更广意义上看，跨境电子商务指电子商务在进出口贸易中的应用，是传统国际贸易商务流程的电子化、数字化和网络化。它涉及许多方面的活动，包括货物的电子贸易、在线数据传递、电子资金划拨、电子货运单证等内容。从这个意义上看，在国际贸易环节中只要涉及电子商务应用都可以纳入这个范畴内。

与境内电子商务相比，跨境电商的业务环节还需要经过海关通关、检验检疫、外汇结算、出口退税、进口征税等多个环节。在商品运输上，跨境电商的商品需要通过跨境物流出境，与境内电子商务相比，跨境电商的商品从售出到送达消费者手中所用的时间更长。

2. 跨境电子商务的发展现状

跨境电子商务作为基于互联网的运营模式，正在重塑中小企业国际贸易链条。其打破了传统外贸模式下国外渠道如进口商、批发商、分销商甚至零售商的垄断，使得企业可以直接面对个体批发商、零售商，甚至是消费者，有效减少了贸易中间环节和商品流转成本，为企业获利能力提升及消费者获得实惠提供了可能。

(1) 发展历程。

跨境电商的发展经历了萌芽期、成长期、发展期及成熟期等阶段，各阶段的特征如图 8.2 所示。

1999—2003年	2004—2012年	2013—2017年	2018年至今
萌芽期	成长期	发展期	成熟期
这一阶段的主要商业模式是网上展示、线下交易的外贸信息服务模式。主要代表平台：阿里巴巴国际站、环球资源网等。	这一阶段，跨境电商平台开始摆脱纯信息黄页的展示行为，将线下交易、支付、物流等流程实现电子化。主要代表事件：敦煌网的成立，它是国内首个允许中小企业参与国际贸易的平台。	在该阶段中，跨境电商正式走入大众视野，国内企业看到其发展后劲，纷纷入局，跨境电商在线交易量在整个电商市场中占有绝对优势，在线交易量增加，跨境电商的发展速度随之加快。	2018年以来，跨境电商逐步进入多模式融合发展阶段。一方面，《电子商务法》的正式通过促进跨境电商行业走向规范化，另一方面各地政府也加快跨境电商综合示范区的建设力度。

图8.2 跨境电子商务发展历程

(2) 整体规模[①]。

据网经社发布报告《这十年：2012—2022 年中国电子商务发展数据报告》显示，2012 年我国跨境电商市场规模 2.1 万亿元，而 2021 年市场规模达到了 14.2 万亿元，十年间我国跨境电商市场规模增加了 12.1 万亿元(达 5.7 倍)，如图 8.3 所示。

---

① 数据来源：网经社旗下国内知名电商智库电子商务研究中心。

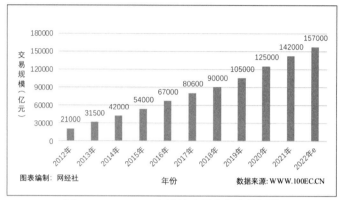

图8.3 2012—2022年跨境电子商务交易规模

在出口跨境电商方面,2012年我国出口跨境电商市场规模1.86万亿元,而2021年市场规模达11万亿元,十年间我国出口跨境电商市场规模,增加了91400亿元(达4.9倍);进口跨境电商方面,2012年我国进口跨境电商市场规模2400亿元,而2021年市场规模达32000亿元,十年间我国进口跨境电商市场规模增加了29600亿元(达12.3倍),如图8.4所示。

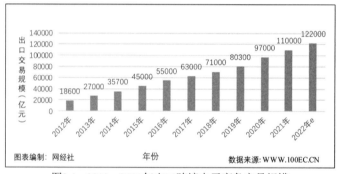

图8.4 2012—2022年出口跨境电子商务交易规模

在进口跨境电商用户规模方面,2012年我国进口跨境电商用户规模1000万人,而2021年用户规模达1.55亿人,近十年我国进口跨境电商用户规模增加了1.45亿人(达14.5倍),如图8.5所示。

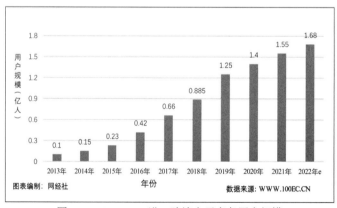

图8.5 2012—2022进口跨境电子商务用户规模

8.2.2 跨境电子商务的交易模式

我国跨境电子商务的交易模式主要分为跨境一般贸易模式 B2B 和跨境零售模式，其中跨境零售包括 B2C 和 C2C。根据商品流向可将以上 3 种不同的跨境电商交易模式分为跨境进口和跨境出口。

1. 跨境进口

跨境进口的传统模式是海淘，即中国国内消费者直接到国外 B2C 电商网站上购物，然后通过转运或直邮等方式把商品邮寄回国的购物方式。除直邮品类之外，中国消费者只能借助转运物流的方式完成收货。简单讲，就是在海外设有转运仓库的转运公司代消费者在位于国外的转运仓地址收货，之后再通过第三方/转运公司自营的跨国物流将商品发送至中国口岸。

跨境进口主要的模式有直购进口模式和保税进口模式。

(1) 自购进口。自购进口模式是指符合条件的电商平台与海关联网，境内消费者跨境网购后，电子订单、支付凭证、电子运单等由企业实时传输给海关，商品通过海关跨境电商专门监管场所入境，按照个人邮递物品征税。与传统的"海淘"模式相比，直购进口模式货物符合国家海关监管政策，清关操作更为阳光，消费者信息也更透明，同时，商品来源和服务都会比较有保障。

(2) 保税进口。保税进口模式则是指国外商品整批抵达国内海关监管场所——保税港区，消费者下单后，商品从保税区直接发出，在海关、国检等监管部门的监管下实现快速通关，能在几天内配送到消费者手中。与传统的"海淘"模式相比，保税进出口模式则借助了保税港区特殊监管园区的政策优势，采取"整批入区、B2C 邮快件缴纳行邮税区"的方式，大大降低了电商企业进口货品的价格，同时，从国内发货的形式也缩短了消费者从下单到收货的时间。

直购进口与保税进口是两种并行的跨境电商进口模式，适用于不同类型的电商企业。其中，直购进口模式对代购类、品类较宽泛的电商平台及海外电商来说比较适用，可从海外直接发货，在商品种类的多样性上具有优势。保税进口模式则在价格和时效上具有优势，适用于品类相对专注、备货量大的电商企业。

2. 跨境出口

跨境出口是指国内电子商务企业通过电子商务平台达成出口交易、进行支付结算，并通过跨境物流送达商品，完成交易的一种国际商业活动。可分为跨境一般贸易和跨境零售。

(1) 跨境一般贸易。跨境一般贸易也称为跨境 B2B 贸易，是指分属不同关境的企业对企业的交易，通过电商平台达成交易、进行支付结算，并通过跨境物流送达商品、完成交易的一种国际商业活动。

B2B 跨境电商或平台所面对的最终客户为企业或集团客户，提供企业、产品、服务等相关信息。在跨境电商市场中，企业级市场始终处于主导地位。

(2) 跨境零售。跨境零售又可分为跨境 B2C 和跨境 C2C。

跨境 B2C 电商是指分属不同关境的企业直接面向消费者个人开展在线销售产品和服务，通过电商平台达成交易、进行支付结算，并通过跨境物流送达商品、完成交易的一种国际商业活动。B2C 跨境电商所面对的最终客户为个人消费者，针对最终客户以网上零售的方式，将产品售卖给个人消费者。B2C 模式下，我国企业直接面对国外消费者，以销售个人消费品为主，物流方面主要采用邮政物流、商业快递、专业及海外仓储等方式，其报关主体是邮政或快递公司。

跨境 C2C 电商是指分属不同关境的个人卖方对个人买方开展在线销售产品和服务，由个人卖家通过第三方电商平台发布产品和服务售卖的产品信息、价格等内容，个人买方进行筛选，最终通过电商平台达成交易、进行支付结算，并通过跨境物流送达商品、完成交易的一种国际商业活动。C2C 跨境电商所面对的最终客户为个人消费者，商家也是个人卖方。

8.2.3 跨境电子商务的商业模式

下面以几家跨境电子商务平台为例，来说明其商业模式。

1. 敦煌网：跨境电子商务B2B平台

敦煌网创立于2004年，专注小额 B2B 赛道，整合关检、物流、支付、金融等领域生态圈合作伙伴，打造集相关服务于一体的全平台、线上化外贸闭环模式，在帮助国内中小企业直连国际市场的同时，也帮助海外中小零售商获得质优价廉的货源，实现对供应端和采购端的双向赋能，让"买全球，卖全球"成为现实。作为一家专注小额 B2B 跨境出口的电商平台，截至2020 年底，敦煌网累计注册买家超过 3640 万，覆盖全球 223 个国家及地区。敦煌网作为一个交易平台，为买卖双方提供交易服务，以促使双方在网上达成交易。基于这个定位，敦煌网主要有两种营利模式(如表 8.1 所示)。

表8.1 敦煌网商业模式

交易：交易佣金模式	服务：服务费模式
1. 交易佣金。敦煌网自 2019 年 2 月 20 日起对新卖家注册开始收取费用，买卖双方交易成功后按交易额收取费用。 2. 敦煌网采用统一佣金率模式，按照平台类目分别设定固定佣金比例来收取佣金，并实行"阶梯佣金"政策，当单笔订单金额少于\$300，平台佣金率为 12.5%~19.5%；当单笔订单金额大于等于\$300 且小于\$1000，平台佣金率为 4.0%~6.0%；当单笔订单金额大于等于\$1000，平台佣金率 0.5%~1.5%	1. 服务费。敦煌网在商家入驻开店、平台运营、营销推广、资金结算等方面提供一系列的服务。 2. 营销推广。为卖家提供提高产品曝光的营销工具，包括定价广告、竞价广告、展示计划等，采取购买敦煌币的方式付费。 3. 代运营服务。针对商家提供的培训、店铺装修及优化、账号托管等服务，根据服务类型不同收取一定的费用。 4. 一体化外贸服务。提供互联网金融服务、物流集约化品牌、国内仓和海外仓的仓储服务、通关、退税、质检等服务，并收取一定的服务费

(1) 佣金收入。作为平台，敦煌网提供一个交易市场，买家和卖家可以在这个平台上交易，交易成功之后，向买家收取一定比例的交易佣金。

(2) 服务费收入。由于跨境电子商务面向全球 200 多个国家及十几万个城市，复杂程度远远高于内贸电子商务，同时，跨境电子商务整个交易流程较长，买卖双方对交易中涉及的服务有较高要求。因此，敦煌网向企业提供集约化物流、金融服务、代运营服务等业务，并收取一定的服务费。

2. 兰亭集势：跨境电子商务B2C平台

兰亭集势成立于 2007 年 6 月，最初以销售定制婚纱礼服为主，后来进行品类扩张，目前销售产品品类涵盖服装、电子产品、玩具、饰品、家居用品等 14 个大类，共 50 多万种商品，主要市场为欧洲、北美洲等。兰亭集势的客户来自 200 多个国家，注册客户数千万人，累计发货目的地国家多达 200 个，遍布北美洲、亚洲、欧洲、中东、南美洲和东南亚。兰亭集势业务包括：兰亭主站、兰亭 MINI 站、兰亭全球买家平台、兰亭智通、鲁智深云 ERP 软件平台、移动端互联网购物 App、共享海外仓等。兰亭集势的发展历程如图 8.6 所示。

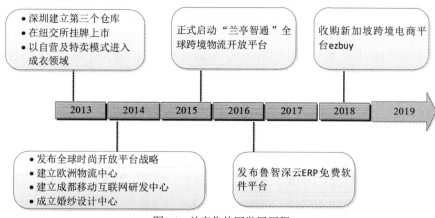

图8.6　兰亭集势网发展历程

兰亭集势作为外贸 B2C 网站，主要的运营模式是将中国本土的商品售卖到海外个人消费者手中，目前兰亭集势主要靠产品采购及销售产品中间的差价来赢利。2014 年 5 月，兰亭集势发布全球时尚开放平台战略，在全国招商，吸引商家入驻平台，承诺向接入平台的卖家提供全球本地化、订单履行、客户服务、开放数据 4 项服务。在收入模式方面，兰亭集势对商家不收取年费，以一定比例的销售分成获取收入。目前，兰亭集势的收入依然以自营商品进销差价为主，其商业模式如表 8.2 所示。

表8.2　兰亭集势商业模式

自营：进销差价模式	平台：佣金模式
1. 采购。兰亭集势绕过层层中间贸易环节，70%的商品直接从工厂进货，节约进货成本。	1. 招商对象。国内线下传统品牌、互联网品牌和外贸工厂。
2. 销售。产品销售方面，直接将工厂进货以海外市场的定价标准直接卖到 C 端消费者手中，获得了高毛利的优势。	2. 开放品类。只开放服装品类(主要是成衣)，不包括兰亭的核心品类婚纱。未来平台成熟后，不排除开放更多的品类。
3. 毛利。兰亭集势在保持一定毛利水平的基础上，进行一定规模的扩张，以获得规模效应	3. 收费方式。平台卖家自己定价销售，兰亭不收取入驻费，抽取 15%佣金和 3%的交易手续费

2022 年 6 月，兰亭集势公布 2022 年一季度业绩，营收实现 9380 万美元，服装品类销售额占总营收 71.7%，较 2021 年同期的 5910 万美元，增长 13.7% 至 6720 万美元。服饰成为主

要增长引擎。①

3. 大龙网：跨境电子商务O2O平台

大龙网成立于 2010 年 3 月，是国家商务部首批跨境电商试点企业之一，博鳌亚洲论坛官方合作伙伴，是 1500 万家中国制造企业成为全球品牌商、全球供应商、全球跨境电商的孵化平台。大龙网借助"一带一路"政策优势和全球资源，在与海外渠道圈结盟形成海外本土化跨境服务平台，用大数据和跨境供应链金融产品整合资源，同时在国内寻找细分行业合适的产能圈落地合作，在国内落户中国"集采中心"，与国内产能圈领袖企业形成产业园，跨境产业小镇等平台公司，两个平台互通互联。以共享经济模式聚合目标市场国家有实力的合作伙伴，为中国出口企业打造覆盖整个目标市场国家的分销网络，并推出全新的 FBO(Fulfillment By OSell)即跨境全程订单履行服务，以一站式整体出口解决方案助力中国制造实现一步跨境。大龙网集团旗下的 OSell 跨境 B2B 本土化服务中心、OConnect 跨境品牌集采中心、龙工场跨境电商产业园形式三大业务板块。

大龙网采用的是跨境 O2O 模式，如图 8.7 所示。从产品供应看，除了自营部分自己采购外，平台部分通过 18985 中国供应商平台和 OSell 跨境 O2O 网贸会进行招商。中国供应商既可通过 18985 平台系统实现一站式新品上架、订单管理、客户管理及电子钱包收付款等，也可通过参展跨境 O2O 网贸会将商品直接推送给海外零售圈。从产品销售看，对海外采用 OSell 跨境 O2O 平台，建立并联盟海外零售体系，解决跨境销售"最后一公里"售后服务的问题。从整体来看，大龙网的盈利模式包括两种(如表 8.3 所示)：①自营部分，主要靠销售商品的进销差价盈利；②平台部分，主要靠提供服务的服务费收入盈利。

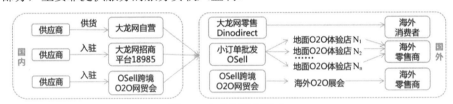

图8.7　大龙网发展模式

表8.3　大龙网经营模式

自营：进销差价模式	平台：服务收费模式
1. 品类。服装、鞋及配件、手机、计算机网络用品、汽车及摩托车配件产品、照相机、摄像机等。 2. 销售。直接从供货商进货以海外市场的定价标准卖给海外商家或个人消费者，从中赚取差价	1. 云库房服务。针对云库房提供产品收货、分拣、打码、质检等预加工处理、订单配送及仓储服务，按重量、数量、时间等不同标准收取相应的费用。 2. 其他服务。如跨国贸易结算、通关代理等服务费收入

📖 **案例8.2**

京东全球购的价值链管理

---

① 数据来源：https://baike.baidu.com/item/%E5%85%B0%E4%BA%AD%E9%9B%86%E5%8A%BF/11050499?fr=aladdin

8.2.4 跨境电子商务物流

1. 跨境电子商务物流概念

跨境物流指在两个或两个以上国家之间进行的物流服务，是物流服务发展到高级阶段的一种表现形式。由于跨境电子商务的交易双方分属不同的国家，商品需要从供应方国家通过跨境物流方式实现空间位置转移，在需求方所在国家内实现最后的物流配送。

跨境电子商务的迅猛发展，给国际物流业带来了机遇和挑战。而跨境物流是在跨境电子商务的基础上发展起来的，并且在跨境电子商务中，物流发挥着重要的作用，是跨境电子商务发展的核心链条，其在很大程度上决定了跨境电子商务的运作效率。随着近几年跨境电子商务业务量的迅速增长，下游客户从早期的注重产品价格、品质等基本需求逐渐上升到注重物流、售后等综合服务的高层次需求，而发展相对较缓慢的跨境物流已成为制约跨境电子商务发展的主要瓶颈。因此，进行跨境物流管理，提高物流效率和服务能力，成为跨境电子商务企业提升核心竞争力的关键内容之一。

2. 跨境电子商务物流特征

(1) 服务功能多样化与目标的系统化。单一物流服务功能与单一物流环节最优化已不能满足消费者和企业对进出口业务的需求，因此在进行物流作业时，除了需要考虑运输、仓储等环节的协调外，还要考虑物流与境外用户、口岸清关等供应链中其他环节的相互配合，不仅要实现单个物流环节最优化，而且要追求物流活动的整体最优化，从而保证物流需求方整体经营目标最优化。

(2) 物流作业标准化与服务的个性化。一方面，标准化作业流程可以使复杂的作业变得简单化，不仅有利于不同国家和地区物流协同与沟通，也有利于操作过程监控与对物流信息的追踪查询；另一方面，受经营产品、经营方式及自身能力的影响，物流需求方除了获得传统的物流服务外，还希望针对自身经营产品的特点与要求获得量身定制的个性化服务与增值服务，比如市场调查与预测、采购及订单处理、物流咨询、物流方案的选择与规划、库存控制策略建议以及货款回收与结算等方面的服务。因此物流企业不仅仅要注重精细化的物流运作，更要能提供个性化的增值服务。

(3) 以先进物流系统为基础的高效快速反应能力。快速反应能力是指企业在竞争环境突变中迅速作出反应的能力，其重要性不亚于产品质量。当物流过程涉及的包装、装卸、运输、仓储和配送等系列环节出现不协调时，就可能导致全部或部分链条运转停滞，直接影响物流效率或造成巨大的损失。伴随市场范围空间延伸与产品生命周期的缩短，企业为了达到扩大市场份额和降低成本的双重目的，不仅需要建立完善的全球产供销经营体系，还需要提高及时供应、减少库存以降低成本等方面的能力，因此物流管理也就成为企业管理的重要环节。

(4) 物流技术先进化。国际物流作业的各个环节广泛应用先进的物流技术，不仅提高了每个作业环节的效率，而且确保整个经营目标的实现。比如，根据电子商务服务平台指令，物流供应商按照运输计划，组织提货、仓储、包装、报关、国际运输和国外配送等。在整个物流链中，参与各方有效地利用了电子数据信息交换系统(EDI)，实现了信息的即时交换和资源共享，使参与各方及时了解货物的流向与下一步操作，避免了由于信息滞后而造成操作环节的延误，从而确保整个物流链的顺畅。在跨境电子商务交易中，物流公司起到了一个桥梁的作用，它利用其丰富的物流管理技术和运作经验，促使交易顺利完成。

(5) 物流系统信息化与服务网络全球化。一方面，由于跨境交易范围是在全球范围内，物流服务网络覆盖范围越广，越有利于商家根据市场变化储存、调配商品，从而更能满足商家的物流需求；另一方面，先进的物流网络不仅能够做到物流网点间物流活动的一致性，使整个物流网络的库存总水平、库存分布、运输与配送最优化，同时可以通过物流信息系统加强供应与销售环节在组织物流过程中的协调和配合，从而强化对物流的控制。

3. 跨境电子商务物流与传统物流的对比

跨境电子商务物流的运作过程一般包括境内物流、出境清关、国际物流、目的国清关与商检、目的国物流、目的国配送等。再从物流作业环节进行细化，则包括接单、收货、仓储、分类、编码、理货、分拣、转运、包装、贴标、装卸等，还会涉及支付、报关、纳税、售后服务、退换货物流等。该运作流程还会涉及多个国家、多个物流企业，其复杂性要远超国内物流。为适应跨境电子商务发展的需求，更好地服务跨境电子商务，商业快递、邮政快递、国际物流专线、海外仓等跨境电子商务物流模式不断衍生出来。

跨境电子商务物流与传统物流的差异性主要体现在以下几方面。

(1) 运营模式的不同使得对物流服务的要求发生改变。传统商业模式"少品种、大批量、少批次、长周期"的运营模式，决定了传统物流的固化性和单一性。而跨境电子商务"多品种、小批量、多批次、短周期"的运营模式，对物流的响应性和柔性提出了更高的要求。跨境电子商务网上交易后对物流信息的更新强调了库存商品快速分拣配送的原则，体现了跨境电子商务物流快速响应的特点，多元化物流渠道的选择也符合跨境电子商务的柔性要求。

(2) 物流功能性的附加价值不同。传统物流除了运输功能外，附加价值体现并不明显。跨境电子商务物流的附加价值不仅体现在实现物品在空间上的跨境转移，更强调了终端客户的时效体验以及物流成本在产品价格上的竞争优势体现。

(3) 物流服务的层次不同。传统物流主要强调"门到门""点到点"的服务，而跨境电子商务物流强调物流的整合和全球化。

(4) 对信息化和智能化的要求不同。传统物流的作业流程相对固定，对信息技术的重视程度和智能化程度低于跨境电子商务物流。跨境电子商务的物流、信息流、资金流以主动的方式推送给客户，并实时监控，因此"三流"的统一是跨境电子商务物流的本质要求。

跨境电子商务物流更关注利用信息技术对物流的全过程进行优化。各大物流服务提供商也都致力于开发先进的信息系统，以提供更全面、简单的物流信息操作模式，实现跨境电子商务的一体化和智能化。

4. 跨境电子商务物流模式

在跨境电商背景下，跨境物流亟须改变传统的大订单、大批量、规模化的运营管理模式，符合跨境电商物流的小批量、多批次、周期短等特点，对其国际物流系统中的运输、仓储、管理等环节进行优化升级。同时，跨境电商企业应结合自身能力，合理选择跨境物流模式，降低物流成本，提高服务效率。以下是我国跨境物流的几种常规模式。

(1) 跨境电商出口物流模式，主要有以下几种。

① 国际邮政小包。国际邮政小包是指通过万国邮政联盟体系实现货物的进出口运输，多采用个人邮包形式进行发货，以邮政体系作为商品实现跨国物流的载体。国际邮政小包在目前跨境电子商务中使用较多，也是海淘与海外代购最常用的跨境物流模式。国际邮政小包的优势较显著，其价格便宜，并方便个人操作以实现通关。但是劣势也较为明显，主要有递送时间久、包裹丢失率高、非挂号件难以追溯进度等。

② 国际快递。联邦快递(FedEx)、联合包裹(UPS)、DHL、TNT 等国际物流快递公司是跨境包裹的主要承运商。除快递公司外，还有马士基等国际海运公司也参与其中。中国邮政速递物流开通"国际e邮宝"服务，顺丰速运上线"SFBuy"，进入海淘转运市场。自2013年6月起，顺丰速运对中国出口至美国、日本、马来西亚、韩国、新加坡的正式报关快件免收代理报关费。2017年，顺丰控股联合UPS布局国际市场，通过双方优势结合为中国企业和全球消费者提供更多进入海外市场的新机会。国内几大快递企业均纷纷在海外布局，包括主流的京东物流、三通一达、顺丰等，通过自建网点或寻找当地合作伙伴，为国内外跨境电商提供跨境快递物流服务，形式包括自营+代理、专线代理、加盟、派件合作等，收购兼并案例也不在少数。比如申通收购美国优晟速递，中通收购美国天马迅达，圆通收购中国香港上市公司先达国际物流控股等。

③ 国际物流专线。国际物流专线主要是指以航空包舱方式，将货物运送到境外目的地后，再通过专业的第三方物流公司完成至目的地的配送。比如，拥有运力优势的东方航空公司，通过东航物流自主开发出电子商务平台"东航产地直达"，采取B2B2C的模式，进行国外生鲜类食品、蔬菜类食品、新鲜奶制品类的采购和国内销售。

④ 海外仓。海外仓储是指在除本国地区外的其他国家建立的海外仓库，货物从本国出口，通过海运、货运、空运的形式储存到该国的仓库，买家通过网上下单购买所需物品，卖家只需在网上操作，即可对海外的仓库下达指令完成订单履行。货物从买家所在国发出，大大缩短了从本国发货物流所需要的时间。

(2) 跨境电商进口物流模式。进口跨境电商物流是关乎用户体验的重要内容。目前适用于进口跨境电商的物流模式有3种，分别是保税模式、直邮模式和集货模式。

① 保税模式。保税模式适用于大宗货物，必须报关，其服务商也是大宗货物物流服务商。在清关政策上，保税区理论上不属于入境，所以货物进入保税区时可暂不报关及缴纳税费，只有在用户下单后以零售包裹入境时再报关缴税，适合于自营模式及批量采购的卖家。

保税模式优点：
- 从下单到收货的物流时间短，短则当天，最长不超过5天。
- 境内的人工费用低，可以节省大量物流成本。
- 商品质量有保证，退换货较跨境电商的其他模式也更便捷。

保税模式缺点：
- SKU有限，对于保税模式来说，保税仓的规模是有限的，在竞争激烈的情况下，对于保税仓的争夺也会很激烈，所以，有限的仓储就成了一个蹩脚的难题。
- 资金回流慢，保税模式商品量很大，短期内销售完的难度很高，一般都需要较长的周期。
- 选品要求高，保税区对入库商品有严格的审核，海关会定期进行检查，通常只适合于优质商品。
- 跨境电商的政策波动很大，新兴行业的发展走向不明确，政府需要及时地予以调整，对于卖家来说，需要随时把握相关政策。

② 直邮模式。直邮模式在入境时便需要清关，但不用全部报关，海关会对商品进行抽查。目前，进口跨境电商中涉及直邮模式的物流服务商有国际快递(DHL、UPS、FEDEX、TNT、EMS)和中国邮政、香港邮政等。若通过快递入境，监管比较严，而通过邮政系统则要宽松一些，因此该模式适合于跨境电商平台以及商品种类多且零散、个性化较强的卖家。

直邮模式优点：
- 品类无限制，无须等待资金回流。
- 快递渠道，物流速度较快、丢包率低。
- 邮政渠道，价格便宜，被税率低。

直邮模式缺点：
- 质量缺乏保障，境外的人工成本高。
- 快递渠道，以空运为主，价格高，速度慢，并且没有专门的通道，通关不方便。
- 邮政渠道，政策不稳定，速度慢，丢包率高而且服务质量差。

③ 集货模式。集货模式如今更受青睐，尤其是有实力的跨境电商平台，纷纷布局跨境快递业务，力图开展集货模式下的国际转运业务。在通关上，集货模式和直邮模式一致。

集货模式优点：
- 品类无限制。
- 集运成本低于直邮。

集货模式缺点：
- 须有境外仓，仓租成本高。
- 境外人工费用高。

以上是跨境进口物流的3种物流模式，跨境电商卖家可以结合各种模式的优缺点进行匹配，选择适合自己的物流模式。

8.2.5 跨境电子商务支付

1. 概述

跨境电子商务支付(cross-border payment)是指两个或两个以上的国家或地区之间因国际贸易、国际投资或其他经济活动所发生的国际债权债务，借助一定的结算工具和支付系统实现资金跨国或者跨地区转移的行为。

跨境支付也是跨境电商经营活动的主要环节。在跨境电商领域，银行转账、信用卡支付和第三方支付等多种支付方式并存。电子商务的发展带动了第三方支付的快速发展，使人们在切身感到商品贸易全球化的便利的同时，对跨境支付的需求也日益增多。

据易观数据平台发布的《中国跨境支付行业年度专题分析2022》显示，从2021年、2022年的数据来看，我国第三方跨境支付规模已突破万亿元，预计2023年跨境支付市场将迎来大幅度的增长，规模达16875.72亿元(见图8.8)。

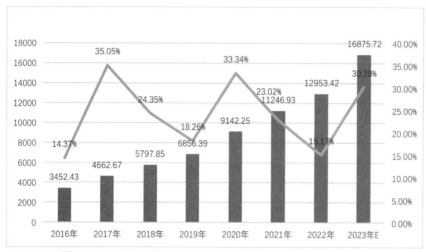

图8.8 2016—2023年中国第三方跨境支付市场规模及同比增速

2. 跨境电子商务支付市场概况

在跨境电子商务发展的刺激下，跨境支付不断创新，银行转账、信用卡支付、第三方支付等方式并存。在跨境电子商务交易中，非现金支付愈发频繁，使用比重也逐渐增大，许多发展中国家正在加快电子商务支付系统的建设。如墨西哥政府正在竭力改进支付系统，旨在推动网络零售商的便捷经营；澳大利亚推动Eftpos系统应用在电子商务中；印度银行机构纷纷开通网上银行业务及手机银行业务；尼日利亚政府在首都拉各斯推动了"无现金交易"政策，实现了电子支付方式使用率的快速提升。2013年，国务院出台《关于实施跨境电子商务零售出口有关政策意见的通知》，明确提出"鼓励银行机构与支付机构为跨境电子商务提供支付服务"，旨在完善包括电子支付、清算、结算体系在内的支付服务。此外，PayPal、支付宝、财付通等第三方支付机构已发力拓展跨境支付业务，Facebook、微信、QQ、Twitter等社交平台也增加了金融支付功能。

3. 跨境电子商务支付类型

相对于国内电商，跨境电商的收款方式需要考虑更多因素。不同的跨境电商结算方式差别很大，而且各自都有优缺点和适用范围。在贸易过程中，结算方式的选择关系着收款的安全性，尤其是大额订单。

伴随着跨境电商的兴起和B2B出口业务的增长，跨境电商货款结算方式也呈现出多样化的态势。国际货款的结算方式主要有信用卡收款、PayPal、Payoneer、电汇、西联汇款、MoneyGram等。不同的结算方式有不同的优缺点，企业进行国际汇款结算时需要根据自身的需求进行选择。

(1) 信用卡收款。在欧美发达国家，信用卡的使用频率非常高，主流的付款方式是信用卡。由于欧美信用卡是连接个人信用资料的，所以信用卡方式也是非常安全的付款方式。常见的信用卡组织有Visa、Mastercard、American Express、Discover、Jcb、中国银联等，其中前两个使用较广泛。很多跨境电商平台都支持国际信用卡支付，若企业开通国际信用卡收款业务需要预存保证金。

尽管信用卡收款方式非常安全，但信用卡收款费用较高，且仍然存在风险，主要体现在客户的退单和少部分信用卡诈骗行为。在跨境贸易中，由于主流的跨境电子商务平台倾向于保护买家，若消费者退单或悔单，往往会使商家损失前期物流等费用投入。一般支付公司在提供支付服务时，都提供了比较安全的各种验证加密措施，如果一旦碰到黑卡或刀卡，则会被系统拒绝付款，导致订单失败。

(2) PayPal。PayPal 是备受全球亿万用户喜爱的国际贸易支付工具，即时支付，即时到账。其集信用卡、借记卡、电子支票等支付方式于一身，能够帮助用户安全、便捷地实现在线付款和收款。

PayPal 的优势主要体现在如下几方面。

① 资金周转快。PayPal 具有即时支付、即时到账的特点。

② 成本低。PayPal 无注册费用、年费，只有产生交易才需付费，手续费仅为传统收款方式的一半。

③ 安全保障高。PayPal 具有完善的安全保障体系和丰富的防欺诈经验，风险损失率仅为 0.27%，不到使用传统交易方式风险损失率的 1/6。

(3) Payoneer。Payoneer 成立于 2005 年，总部设在美国纽约，是万事达卡组织授权的具有发卡资格的机构。其合作伙伴涉及的领域众多，并已将服务遍布全球 210 多个国家和地区。

Payoneer 的优点是使用中国身份证即可完成账户在线注册，并自动绑定美国银行账户和欧洲银行账户，可以像欧美企业一样接收欧美公司的汇款，并通过 Payoneer 和中国支付公司的合作，完成线上的外汇申报和结汇。Payoneer 具有两小时内快速到账的特点。

Payoneer 适用于单笔资金额度小，但是客户群分布广的跨境电商网站或卖家。

(4) 电汇。电汇(telegraphic transfer, T/T)是汇款人将一定款项交存汇款银行，汇款银行通过电报或电传给目的地的分行或代理行(汇入行)，指示汇入行向收款人支付一定金额的一种汇款方式。

电汇结算具有交款迅速、安全性高的特点，有利于资金的充分利用，但费用较高。T/T 付款有以下 3 种方式。

① 前 T/T。先收款，后发货。在发货前付款，即预付货款，这种方式对买方来说风险较大。

② 后 T/T。先发货，后收款。全部发货后付款，这种方式对卖方来说风险较大。

③ 先订金，再余款。外贸业务中，对于老客户经常是发货前预付部分货款，余款在发货后付清。通常情况下，电汇常用的是预付 30%货款作为订金，另外 70%的余额见提单付款复印件后支付。订金比例越大，出口风险越小。

(5) 西联汇款。西联公司是美国第一数据公司(FDC)的子公司，是世界上领先的特快汇款公司，迄今已有 150 多年的历史，它拥有全球最大、最先进的电子汇兑金融网络，代理网点遍布全球近 200 多个国家和地区。目前，中国农业银行、中国光大银行、中国邮政储蓄银行、中国建设银行等多家银行都与它合作，换汇限额根据对方国兑付限额规定和中国外汇管理政策的规定执行。

西联汇款的优点主要体现在安全性上，西联汇款先收钱后发货，对商家最有利。其缺点主要体现在买家需要跑银行(买家消费体验不好)、新买家的信任危机、不适合小额付款等方面。

(6) MoneyGram。MoneyGram(速汇金业务)是一种个人间的环球快速汇款业务，10 分钟左右即可完成由汇款人到收款人的汇款过程，具有快捷便利的特点。速汇金在国内的合作伙伴较多，包括：中国银行、中国工商银行、交通银行和中信银行等。速汇金与西联汇款业务相似，但速汇金只针对个人业务。

随着跨境电子商务发展迅速，国内跨境支付方式不断创新与完善，如支付宝、财付通等第三方支付机构已成功对接跨境支付业务。国内知名的跨境电商平台，如阿里国际的支付方式除了使用支付宝外，还可以使用电汇、西联汇款和速汇金等支付方式；而京东全球购的主要支付方式是 Payoneer，业务范围涵盖了货物贸易、留学教育、航空机票和酒店住宿，以及为跨境业务交易双方提供收款、外币结算、实名认证、报送海关、还原申报等多项服务。国内知名的跨境电商企业，如敦煌网可以通过 paypal、信用卡等方式实现线上付款，也可以将钱存入敦煌网的"电子钱包"中，采用西联汇款或银行汇款的方式进行线下交易。

8.2.6 跨境电子商务发展中存在的问题

1. 物流问题

物流通常包括仓储、分拣、包装和配送服务，它作为连通买家和卖家的一根纽带，在电子商务交易中占据着重要位置。在我国，电子商务的发展带动了整个物流行业的飞速发展，催生了韵达、顺丰、申通等一大批民营物流企业。物流行业不断完善，使国内电子商务交易更加便捷，物流风险和成本降低。但因为跨境电子商务的特殊性，目前针对跨境电商的物流服务仍存在很多的困难与问题。

(1) 跨境电子商务的交易具有小批量、多批次、订单分散、采购周期短、货运路程长等特点，对物流提出了更高的要求。跨境物流很多都依靠空运，这无疑增加了物流成本。

(2) 跨境物流尚未跟上跨境电子商务高速发展的步伐，存在一定的滞后性，而且体系建设不合理，基础设施不完善，满足不了爆发式增长的跨境电子商务的交易需求，严重制约了跨境贸易电子商务的发展。比如香港邮政小包就出现过因不堪过多业务量而造成大量货物堆积、迟到的情况，因此遭受到各种投诉。

对跨境电子商务而言，选择物流服务必须在成本、速度、货物安全、消费者对在途商品的追踪体验等几方面权衡考虑，尤其是如何获得廉价、快速、安全的国际物流是目前跨境电子商务企业最关心的问题。

2. 跨境支付结算成本高

支付结算是跨境电商业务的关键环节，现阶段跨境电商支付仍存在流程复杂、收费高等问题。当前跨境电商企业线上收款中间环节多，货款回收进度慢，并且跨境电商支付结算的费率较高，这就增加了企业的资金占用及经营风险。

3. 信用体系和争端解决机制问题

在跨境电子商务中，由于语言和文化的差异使得信息不对称的程度严重，因此，建立一个能够对买卖双方进行身份认证、资质审查、信用评价的信用体系就成为跨境电子商务的当务之急。另外，跨境电子商务涉及两个或多个国家的交易主体，一旦发生争端，适用哪个国家的法律，如何解决争端也是跨境电子商务不容回避的问题。

4. 通关手续、法律和监管问题

随着跨境贸易逐渐向小批量、碎片化发展，除了 B2C 外，小额贸易 B2B 企业同样面临通关的问题。电子商务的高效性要求跨境电子商务能实现快速通关，而大量的货物通过快件渠道和邮递渠道入境，给海关的监管和征税带来了挑战。对外贸易的网络化对当前的法律体系和监管手段也提出了挑战。虽然目前国家针对跨境电子商务零售出口提出可"清单核放、汇总申报"的通关模式，但该政策仅针对 B2C 企业，大量从事小额 B2B 的外贸中小企业仍存在通关困难的问题。在进口过程中，存在以非法进口渠道逃避海关监管，以及进口商品品质难以鉴别，消费者权益得不到保障等问题。

传统贸易一般是货物贸易，通常具有批量大、周期长、频率低的特点。而电子商务的供应商与客户是不直接见面的，这种变化会引发整个跨境电子商务产业链或者环节上的变化。所以，单个供应商的单个客户之间批量就很小，相对应的频率也会发生变化，由过去的低频变成高频。这样的频率变换降低了通关效率，对海关的监管提出了新的挑战。

5. 跨境电子商务人才缺失问题

跨境电子商务在快速发展的同时，逐渐暴露出综合型外贸人才缺口严重等问题。跨境电子商务人才缺失主要有如下原因。

(1) 语种限制。目前做跨境电子商务的人才主要还是来自外贸行业，但英语专业居多，一些小语种电子商务人才缺乏，但事实上，如巴西、印度、俄罗斯、蒙古国等国家，跨境电子商务具有很大的发展潜力，也是跨境电子商务企业关注的重点。

(2) 能力要求高。从事跨境电子商务业务的人才，除了语种的限制外，还要了解国外的法律法规、市场环境、交易方式、消费习惯等，此外，还要了解各大平台的交易规则和交易特征。基于这两个特点，符合跨境电子商务要求的人才很少，跨境电子商务人才缺乏已经成为业内常态。

8.2.7 跨境电子商务的发展对策

跨境电商作为一个在全球成功搭建的自由、便利的贸易平台，极大促进了我国经济增长，特别是在外界环境充满诸多不确定性的背景下，国外经济大循环受阻，跨境电商以其独特优势成为推动国内经济大循环、国内国际经济双循环的总推手。在新发展格局下，跨境电商是以畅通国内大循环为核心，以更高的开放水平对接国际经济大循环，建立高度一体化的市场。跨境电商作为连接纽带，贯通了国内、国外市场，促进了商品等要素的流动，疏通了生产、分配、流通、消费等多个环节上的传导障碍，有效地架起了供给端和消费端的桥梁，在一定程度上畅通了国内大循环，同时赋能国际外循环。立足新发展格局，我国跨境电子商务应将以下几个方面作为发展的支撑点。

(1) 建设全产业链物流。相比于国内物流运输体系而言，跨境物流体系涉及报关清关等多环节，物流链条长。由于跨境物流整体链条相较国内物流链条较长，且涵盖了报关清关等业务环节，这就导致物流上下游链条整合难，倘若能充分利用平台功能聚合产业链不同环节资源，能极大提高服务效率。从横向整合来看，要整合同一环节上的不同服务商，形成以跨境电子商务卖家、独立站、制造商、物流服务商和海外营销服务机构为主的全产业链，极大地完善产业链布局；从纵向整合来看，要衔接好货物的交易流、信息流，优化各环节清报关服务及物流服务。

(2) 降低支付结算费率。完善国内金融机构跨境线上支付业务，适度降低支付结算手续费率。包括推进银行与国内跨境电商企业、第三方支付平台深化合作，连接和整合跨境电商支付结算渠道。同时，推动金融机构为跨境电商企业提供境外收款、资金流通和结售汇业务的全周期金融服务，适度减免支付结算服务收费，降低外贸企业的跨境支付结算成本。

(3) 加强政府间合作。关于跨境电商的信用和争端解决问题，首先应该解决政府层面的问题。虽然我国已经针对跨境电子商务制定了多项政策和相关的法律法规，但是由于跨境电子商务仍然是新兴的产业，其中仍存在一些传统交易模式中没有遇到过的问题亟待解决。对于我们来说，目前应该加强各国政府部门间国际协商与合作，探索跨境电子商务监管合作的对策，建立国家之间关于跨境电子商务关税优惠、争议解决以及防范打击计算机犯罪方面的协调机制，合力推动跨境电子商务的健康发展。

(4) 完善法律法规，加强监管平台和监管体系建设。制定专门的跨境电商领域的法律法规，建立与国际接轨的跨境电商法律体系，并通过法律来约束和指导跨境电商零售进口逐步走向规范化和制度化。在目前跨境电商领域法律法规缺乏的情况下，可对现行有效的部门规章或者规范性文件进行修改完善，从而对目前跨境电商领域凸显的问题进行规范。如2021年11月26日，市场监管总局组织开展《互联网广告管理暂行办法》修订工作，明确将跨境电商广告纳入调整范围。未来应搭建科学智能、高效实用的监管平台，与商务、海关等部门做好数据对接和信息共享，加强执法协作和联合惩戒，实现互联互通、互认共享、联网核查、执法互助。完善跨境电商信用监管体系，搭建跨境电商信用风险分类管理平台，整合跨境电商企业、跨境电商平台、境内服务商失信信息、投诉举报信息等数据，全景反映跨境电商经营者信用信息情况。完善跨境电商风险分级分类管理体系，逐步完善以事前预防为主，事中控制、事后检查为辅的全线管控工作机制。进一步完善网络市场监管部际联席会议制度，构建衔接顺畅、高效协同的跨境电商监管格局。

(5) 加大人才培养力度。人才是跨境电商行业发展的根本，行业的快速发展催生了对综合型人才的紧迫需求，因此各地要加大对跨境电商人才的培养力度，采用因地制宜、按需定制等方式培养高素质跨境电商人才。

8.2.8 跨境电子商务发展前景与趋势

我国跨境电子商务出口还处于发展初期，B2B占主导地位，但B2C发展迅速，C2C仍保持较快增长；出口产品以低价值、轻小件产品为主，没有形成自己的品牌，产品利润较低，侵权现象仍然存在；越来越多的企业重视产品转型、品牌建设和阳光化运作，部分企业甚至在境外设立办事处和仓库，兰亭集势、易宝等企业实现成功上市。

跨境电子商务涵盖实物流、信息流、资金流、单证流，目前中国跨境电子商务的发展瓶颈是实物流和单证流。新型的跨境电子商务服务模式将从单纯的信息服务平台转向综合跨境电子商务服务平台，如eBay、亚马逊、敦煌网等，集合网络营销、在线交易、在线支付、保税退税、国际物流、售后服务和信用体系等服务。

1. 跨境电子商务行业新特点

跨境电商行业从渠道、主体和产品等方面逐步实现创新，呈现出行业发展的新特点。

(1) 从渠道看，跨境电商以依托第三方平台为主，逐步开发出独立网站、社交网站、搜索引擎营销等多种新渠道。

(2) 从主体看，由早期的个人和贸易型企业为主转变为贸易型企业与生产企业融合发展，许多生产企业由线下转到线上，数字化水平明显提升。

(3) 从产品看，由单纯注重性价比逐步向注重品牌、质量、标准、服务等转变，定制化、个性化商品快速增长。

2. 跨境电子商务行业前景

随着跨境电子商务的发展，跨境电子商务交易呈现新的特征：交易产品向多品类延伸、交易对象向多区域拓展。

从销售产品品类看，跨境电子商务企业销售的产品品类从服装服饰、3C 电子、计算机及配件、家居园艺、珠宝、汽车配件、食品药品等便捷运输产品向家居、汽车等大型产品扩展。据 eBay 数据显示，该平台上增速最快的三大品类依次为家居园艺、汽配和时尚，且 71%的大卖家计划扩充现有产品品类，64%的大卖家计划延伸到其他产品线。不断拓展销售品类成为跨境电子商务企业业务扩张的重要手段，品类的不断拓展，不仅使得"中国产品"和全球消费者的日常生活联系更加紧密，而且也有助于跨境电子商务企业抓住最具消费力的全球跨境网购群体。随着电子商务对人们日常生活的不断渗透与影响的不断加深，以及科技与物流解决方案的不断创新，跨境电子商务零售出口产业所覆盖的产品品类将持续扩充。

从销售目标市场看，以美国、英国、德国、澳大利亚为代表的成熟市场，由于跨境网购观念普及、消费习惯成熟、整体商业文明规范程度较高、物流配套设施完善等优势，在未来仍是跨境电子商务零售出口产业的主要目标市场，且将持续保持快速增长。与此同时，不断崛起的新兴市场正成为跨境电子商务零售出口产业的新动力。

(1) 俄罗斯、巴西、印度等国家的本土电子商务企业并不发达，消费需求旺盛，中国制造的产品物美价廉，在这些国家的市场上优势巨大。

(2) 大量企业也在拓展东南亚市场，印度尼西亚则是东南亚人口最多的国家，全球人口排名位居第四，具有巨大的消费潜力，目前，eBay、亚马逊等电子商务平台巨头都开始进入印尼市场。

(3) 在中东欧、拉丁美洲、中东和非洲等地区，电子商务的渗透率依然较低，有望在未来获得较大突破。

3. 跨境电子商务发展趋势

(1) 跨境电商出口规模将持续增长。一方面，海外通胀持续降温，美国密歇根大学消费者信心调查显示，美国一年通胀预期连续第四个月回落，从 2022 年 12 月的 4.4%降至 2023 年 1 月的 4.20%，是自 2021 年 4 月以来的最低水平；另一方面，海运的费用持续下降，港口效率提升，卖家在物流方面的困扰因素大幅降低。跨境电商作为外贸新常态，已经实现多年的持续增长,随着 2022 年行业的调整变化之后,野蛮增长的阶段已经结束,2023 年起将会进入成熟稳定的发展阶段。虽然整体大盘将持续增长,但品类会发生变化,衣食住行等生活必需品增长会更明显,非生活必需品增长可能会放缓。另外,2023 年,传统外贸面临的压力可能会更为严峻,主要问题就是海外订单下滑会比较严重。

(2) 经营环境相对稳定但进入门槛提高。2022 年,跨境电商行业已经基本完成了一轮洗牌,还存活的卖家在 2022 年也大部分都完成战略调整。2023 年之后,行业进入门槛将大幅提高:一方面平台政策越来越严格,卖家想通过"刷单"等非常规方式运营已经基本没有土壤;另一方面,在平台运营需要合规的前提下,竞争也变得更为激烈,卖家想要获得业绩增长,自身必须具备许多核心竞争力,比如产品力、品牌力、供应链能力、组织管理能力以及资金实力。所以,2023 年起,跨境电商行业的进入门槛将大幅提高,新进入者主要以外贸企业及国内品牌等类型的企业为主,个创类人员将减少。

(3) 卖家渠道多元化和品牌化。经历封号潮以及高库存的阵痛之后,渠道多元化和品牌化已成为卖家共识。在 2023 年的运营策略上,23%卖家表示将多平台开店,分散经营风险,21%卖家认为要做自有品牌,强化品牌调性[1]。同时,拓展新兴市场和寻找更优质的服务商被许多卖家列为重要的经营策略。2023 年,亚马逊、沃尔玛以及区域头部电商平台将更侧重于招募精品型卖家或工厂型卖家,对出海品牌更为有利,铺货型卖家将持续受到打压,账号申请会越来越难。所以,铺货型卖家在这些平台上的市场份额会下降,品牌型卖家会有更好的发展空间。精品及品牌型卖家数量会在未来几年内有比较大的增长;铺货型卖家的生存空间在这些平台上将会缩窄。

另外,在电商平台的相互竞争中,头部效应同样也会更加凸显,受全球经济环境不确定性的影响,各个国家的中小电商平台将面临更大的生存压力,可能在未来几年内重新洗牌,市场份额会更多被头部电商平台抢占。

(4) 东南亚、日韩市场快速升温。2023 年,铺货型卖家的多渠道、多市场方向发展会加快。东欧、中东、东南亚等新兴市场会更受到铺货卖家青睐;品牌型卖家依然会主攻美、欧、日等发达国家市场,借助当地消费降级趋势打入这些国家市场。

(5) 头部集中效应会更加凸显。对于 2023 年的平台布局,仍有 28%卖家表示将布局亚马逊,值得注意的是,高达 28%的卖家表示将开始 TikTok Shop 的运营,此外有 10%的卖家将试水拼多多 TEMU。[2]由此可见,亚马逊平台目前仍吸引大批的卖家,同时,TikTok Shop、TEMU 等新兴平台增速极快,这也符合平台大整顿之后,卖家的多平台、多渠道策略。TikTok Shop 头部店铺尚未规模化,依然有很大的空间,处于发展期的店铺成长性和规模度足够,预计 2023 年会跑出头部的卖家。

此外,成熟平台的头部集中效应会更加凸显。从 2023 年起,"二八法则"将在亚马逊等成熟平台更加凸显,即 20%的卖家贡献 80%的成交额。平台的扶持策略也会更趋于"二八法则",重点资源扶持头部卖家。目前越来越多的电商平台采取了更为激进的 KA 策略,他们更希望扶持订单量大、稳定性强、站内广告投放能力强的卖家。所以,未来亚马逊等成熟电商平台,竞争格局会趋于稳定,20%的卖家蚕食 80%的蛋糕,大量中小卖家只能分剩下的 20%的市场蛋糕。对于大量中小卖家来说,如果要跻身头部卖家,所花费的力气会越来越大,且必须找出差异化

---

[1] 数据来源为:雨果跨境《2023 跨境电商行业趋势分析》
[2] 数据来源为:雨果跨境《2023 跨境电商行业趋势分析》

的打法才具备可能性。战场已经从"大混战"变成了"强者角逐"的局面。

(6) 独立站将成为卖家"标配"。随着跨境电商从纯"卖货"的业态，逐步发展到品牌出海这种以"品牌"为主导的业态，未来独立站将会成为每一个卖家的"标配"。无论亚马逊卖家，还是其他电商平台的卖家，拥有一个独立站，通过构建自己的内容营销体系以及构建私域流量和用户，都是品牌型卖家必备的。

而独立站业态，在经过2022年的行业调整之后，在2023年会有一波新的发展，行业将会形成两类卖家的格局：一是符合平台规定的站群卖家将主导独立站的交易，原因是海外消费降级，性价比高的产品会更受欢迎；二是平台上的品牌卖家基本都会配备独立站，以品牌宣传及测款为主要目，同时为独立站构建私域流量及交易做培育。

思政案例

按时履约订单，铸就"诚信之舟"

习题

一、选择题

1. 农村电子商务服务的主要内容不包括(　　)。
   A. 网上农贸市场　　B. 特色旅游　　C. 招商引资　　D. 经济服务
2. 下列关于农村电子商务的描述中正确的是(　　)。
   A. 市场前景具有明显的广阔性　　B. 发展具有明显的均衡性
   C. 创业主体具有明显的老年性　　D. 只是在网上销售农产品
3. 下列各项中，(　　)不是农村电子商务的特点。
   A. 战略性　　B. 引领性　　C. 广域性　　D. 标准化
4. 下面包括了跨境电子商务全部特征的是(　　)。
   A. 全球性、即时性、无纸化、演变性　　B. 全球性、无形性、全面性、无纸化
   C. 即时性、演变性、有纸化、风险性　　D. 全面性、无纸化、不变性、即时性
5. 跨境支付过程中，支付公司只是起到代理购汇手续的中间人，实际的购汇主体仍是(　　)。
   A. 个人买家　　B. 跨境银行　　C. 卖家　　D. 收款方
6. 传统海淘模式是一种典型的(　　)模式。
   A. C2C　　B. C2B　　C. B2C　　D. B2B
7. (　　)是在跨境电子商务交易过程中提供支付服务的第三方支付平台。
   A. 支付企业　　B. 电商平台　　C. 报关企业　　D. 监管场所经营人
8. 关于跨境电商物流的难点，下列说法错误的是(　　)。
   A. 物流链条长，作业复杂　　B. 物流自动化、信息化程度不高
   C. 仓储面积大　　D. 退换货等逆向物流活动复杂

二、名词解释

1. 农村电子商务
2. 一县一品生态经济模式
3. 产业链生态经济模式
4. 跨境电子商务
5. 跨境物流
6. 跨境支付

三、简答题

1. 简述农村电子商务的特征。
2. 简述农村电子商务的服务内容及发展现状。
3. 简述农村电子商务的几大典型模式的特点。
4. 简述跨境进口交易模式。
5. 简述跨境出口物流模式。
6. 简述跨境电子商务支付类型。

四、论述题

1. 论述开展农村电子商务存在的问题及对策。
2. 论述跨境电子商务物流与传统物流的区别。

五、案例分析题

电商进农村赋能乡村振兴[①]

近日，商务部公布了2021年电子商务进农村综合示范县名单(第一批)，平湖市获评国家电子商务进农村综合示范县。经过电子商务多年发展，平湖市电子商务生态链已初步形成，电子商务对经济社会各领域的贡献率逐步提高，有效推动了农业、工业、数字经济等各产业发展，成为"金平湖"新崛起中重要一环。2021年上半年，该市实现网络零售额68.81亿元，同比增长8.5%。

电子商务进农村，让农村致富路越走越宽敞。当湖街道虹霓村就乘着"电子商务"的新浪潮，依托强大的物流和交通网络，打造以时尚服装品牌为核心、以电子商务辅助交易为经营方式的商贸服务平台——平湖市品牌服装创意园。如今，园内的电商企业有几十家，电商创业率达100%，已经初具规模，成为了电商人才的孵化基地。

"我们不仅为电商企业提供了平台、物流等硬件基础设施，同时也依托电商扶持政策，积极打造农村电商示范服务站，每年开设电商培训班，提供'一站式'电商创业指导服务，为电商企业发展'保驾护航'。"虹霓村党委副书记周萍说。

虹霓村电子商务的蓬勃发展吸引了大批大学生返乡创业，从而也带动了周边乡村的村民来"虹"就业。人才的回流使虹霓村电商发展前景更加广阔，已有多家电商企业通过线上与线下

---

① 资料来源：http://www.pinghu.gov.cn/art/2021/7/30/art_1229456452_59105567.html

孵化与投资相结合的模式，实现了实体经济和电商经济"双赢"。

乡村振兴搭上了电商"快车"，虹霓村也迎来了"文旅农"模式融合发展的新机遇。"随着创意园项目的不断推进，我们将蒙士特、飞灵飞逊等服装品牌工厂店纳入全域旅游的一部分，将其与金稼园、南海渔村、七彩金虹景区等景点串点成线、连线成片，形成了集'购''吃''玩'于一体的特色乡村商业区，以新业态发展带动农村经济转型升级。"周萍说。

近年来，虹霓村先后获得了"浙江省电子商务专业村""中国'淘宝村'""嘉兴市农村电子商务示范村"等荣誉。截至2020年年底，平湖市已拥有19个电子商务专业村，7个电商专业镇，3个省级电商示范村。

除了做好专业村培育工作外，平湖市还针对已经建成的172个农村电商服务站(点)，按照"整合提升、树立标杆、示范引领"的思路进行提升改造，加快发展和培育一批具有一定规模、管理规范、市场辐射力强的农村电商示范服务站(点)。此外，该市还充分做好新业态拓展工作，以平湖地域性特色产业资源为基础，以"金平湖"农产品区域公用品牌为渠道，开拓农村电商销售新业态，推动金平湖"鲜到家"掌上菜场、社区智能终端柜投放、线上集团采购通道等数字商贸新业态。

接下来，平湖市将会以电子商务进农村综合示范县建设为契机，严格按照建设国家级综合示范项目的标准和要求，结合平湖特色，全面调研、深入摸底、科学规划、落实项目，争取通过三年时间，使农村电商公共服务"更全更准"，农村电商配套物流"又快又省"，农村商贸转型升级"又快又稳"，农村电商人才培育"有量有质"，农村电商产业集聚实现"提质提效"，打造出国家电子商务进农村综合示范"平湖样板"。

问题：
1. 虹霓村如何实现电子商务赋能乡村振兴？
2. 平湖市如何促进电商进农村？

第 9 章 电子商务法律法规

电子商务的交易过程涉及商业、金融、电信、物流、IT 和消费者等方面，任何一方面出现问题，都可能引发纠纷，这就需要有相关的立法来规范。因此，电子商务立法问题的重要性日益突出。

■ 内容提要
- 电子商务立法的重要性及基本原则
- 国内外电子商务立法现状
- 相关电子商务法
- 电子商务税收制度
- 电子商务中的知识产权保护

9.1 电子商务法概述

电子商务法是一个新兴的综合法律领域，目前世界上有几十个国家与地区已经制定、颁布了实质意义上的电子商务法，而正在酝酿、起草、审议电子商务法的国家和地区更多。

9.1.1 电子商务法的概念

电子商务法是调整电子商务信息流、资金流和物流 3 个环节活动中所产生的社会关系的法律规范的总称。广义的电子商务法是指所有调整以数据电信方式进行的商务活动的法律规范，其中又可分为调整以电子商务为交易形式和调整以电子信息为交易内容的两大类规范。狭义的电子商务法是指调整以数据电信为交易手段而形成的因交易形式所引起的商务关系的规范体系。

电子商务立法的直接目的主要包括3个方面。

(1) 消除阻碍电子商务发展的法律障碍。例如，现有法律要求某些类型的交易文件采取书面形式或者交易者亲笔签名的形式，然而电子商务无法以传统方式满足这些要求，如果法律不能明确消除这些障碍，势必阻碍电子商务的发展。

(2) 消除现有法律适用上的不确定性，保护合理的商业预期，保障交易安全。比如，如果法律没有明确规定网络上自动形成的合同是否具有法律承认的效力，是否具有约束力，使交易双方面临不确定的风险。

(3) 建立一个清晰的法律框架，以统一调整电子商务的发展。我国调整电子商务的法律规范散见于许多法律文件中，这些法律文件的效力层次也不相同，因此制定一部统一的电子商务法就显得非常必要了。

从总体上判断，电子商务法是随着电子商务模式的普及推广而产生的一个独立的、主要归属于民商法体系的法律学科。

9.1.2 电子商务立法的重要性

电子商务法所涉及的内容庞大繁杂，其调整范畴在实际应用中主要包括电子商务平台建设及相关的法律问题、网上电子支付问题、在线不正当竞争与网上无形财产的保护问题、在线消费者合法权益保护问题、网上隐私保护问题、电子商务安全法律制度问题等。

中国对电子商务立法非常重视，目前，我国主要的电子商务相关法规可以分为与互联网技术相关的法规条例和与互联网提供内容相关的法规条例。我国于在1999年的《中华人民共和国合同法》中，对电子合同和电子证据的法律效力问题有所涉及；2004年颁布实施与电子商务密切相关的《中华人民共和国电子签名法》；2019年1月1日正式实施《中华人民共和国电子商务法》；2020年2月7日出台《关于平台经济领域的反垄断指南》；2020年12月14日推行《互联网保险业务监管办法》；2021年1月1日实施新版《电子商务法》；2022年1月4日出台《网络安全审查办法》等。此外，《中华人民共和国民法典》《中华人民共和国专利法》《中华人民共和国反不正当竞争法》《中华人民共和国消费者权益保护法》《中华人民共和国产品质量法》《计算机软件保护条例》《计算机信息系统安全保护条例》《计算机信息网络国际联网管理暂行规定》《中国互联网络域名注册暂行管理办法》《著作权法》《商标法》《第三方支付管理办法》《非金融机构支付服务管理办法》《网络商品交易及有关服务行为管理暂行办法》等均涉及有关电子商务及互联网的相关规定。但与世界上电子商务发展水平较高的国家相比，我国电子商务立法还有待进一步完善。

1. 电子商务亟待相应法律规范

电子商务主要使用各种电子工具从事商务交易活动，或者说是对整个贸易活动实现电子化。它是一个相当复杂的过程，包括信息交换、售前、销售、售后服务及营销宣传等，整个交易活动具有虚拟化、电子化、自动化等特点。这给交易管理增加了难度，同时对我国现行的法律法规提出了许多新的要求，迫切需要建立更加完备的电子商务法律规范，使我国的法治建设跟上电子商务发展的步伐。

2. 法律规范是电子商务成功运作的关键

在电子商务交易过程中，买卖双方是通过网络来联系的，因而建立交易双方的安全和信任关系相当困难。

在电子商务的交易过程中，买方面临虚假订单，付款后不能收到商品，或机密性丧失及拒绝服务等威胁；卖方则面临着中央系统安全性被破坏，客户资料被竞争者获悉，被他人假冒而损坏公司信誉，买方提交订单后不付款，虚假订单等威胁，同时还面临黑客的窃听、篡改、伪造的安全威胁。因此，为应对以上威胁带来的风险，解决电子商务交易中发生的各种纠纷，保障消费者在电子商务交易中合法权益，针对电子商务活动的立法就非常重要。

9.1.3 电子商务立法的基本原则

一般来说，"原则"一词至少有 3 种不同的含义：一是非法律的一般规范，从这种一般规范可以导出法律规范；二是作为法律规定的法律规范的一般条款；三是即使在法律文本中没有写明，亦具有法律约束力的法的一般原则。

第 3 种含义的原则，可以称为没有法律条文的法律原则。例如，电子商务的交易平等原则，就可作为解释其他各种条文的基准。

电子商务立法的基本目标是要在电子商务活动中建立公平的交易规则，这是商法的交易安全原则在电子商务法上的必然反映。要达到交易和参与各方利益的平衡，实现公平的目标，就有必要做到如下几点：交易自治、证据平等、中立性、消费权益保护、交易安全性等。由于电子商务立法是调整新型商业活动的法律，因此需要有新的立法指导原则。

(1) 交易自治原则。允许当事人以协议方式订立其间的交易规则，是交易法的基本属性。电子商务主体有权决定自己是否进行交易、和谁交易以及如何进行交易，这完全体现了电子商务主体的意愿自治，任何单位和个人利用强迫、利诱等手段进行违背当事人真实意愿的交易活动都是无效的。

(2) 证据平等原则。电子签名和电子文件应当与书面签名和书面文件具有同等的法律地位。电子商务中的电子文件包括电子商务合同以及电子商务中流转的电子单据。在电子商务中，贸易合同、提货单、保险单、发票等书面文件将被储存于计算机内的相应的电子文件所代替，这些电子文件就应当是证据法中的电子证据。各国法律中都逐渐加入有关电子证据的规定，使电子证据取得与传统书面证据同样的法律地位。

(3) 中立性原则。中立性原则是指法律应当对交易使用的手段一视同仁，不应把对某一特定技术的理解作为法律规定的基础，而歧视其他形式的技术。因此，不论电子商务的经营者采用何种电子通信的技术手段，其交易的法律效力都不受影响。从保护和促进技术发展的角度来看，中立性原则在各国电子商务立法中都有所体现。

(4) 消费者权益保护。电子商务活动的特点要求对消费者的权益进行更为有力的保护，所以电子商务法必须为电子商务建立适当的保护消费者权益的规定，还必须协调制定国际规则，让消费者可以明确对某一贸易如何操作以及所应使用的消费者权益保护法。

(5) 交易安全性原则。维护电子商务活动的安全成为电子商务立法的主要任务之一，电子商务法应该以维护电子商务的安全为基本原则。电子商务以其高效、快捷的特性，在各种商务交易形式中脱颖而出，具有强大的生命力，而这种高效、快捷的交易工具，必须以安全为前提，它不仅需要技术上的安全措施，同时也离不开法律上的安全规范。

9.2 国内外电子商务立法现状

因对电子商务立法的重要性，近年来国内外对电子商务法律制度的建设异常活跃，本节将做具体介绍。

9.2.1 国外电子商务立法现状

随着互联网及电子商务的蓬勃发展，世界范围内用于规范这种新经济的法律制度也随之诞生和茁壮成长。据不完全统计，自美国犹他州 1995 年制定世界上第一部数字签名法以来，迄今为止已经有近百个国家制定了名为"电子商务法""电子交易法""数字签名法"或"电子签名法"等的专门性法律。至于通过修订传统法律而调整电子商务活动的做法，则更为紧迫，且时间更早。回顾国外建设电子商务法律制度的历史脉络，能够为我国提供重要的参考与借鉴。

在国际组织方面，联合国国际贸易法律委员会与欧盟堪称推动电子商务立法的代表。前者主持制定了一系列调整国际电子商务活动的法律文件，主要包括《电子资金传输示范法》《电子商务示范法及其颁布指南》以及《电子签名示范法及其颁布指南》等。后者则先后提出或通过了《欧洲电子商务行动方案》《关于信息社会服务的透明度机制的指令》《电子签章指令》以及《电子商务指令》等。此外，国际商会(ICC)出版了《电子传输贸易数据交换行为统一规则》，国际海事委员会(CMI)通过了《电子提单规则》，经济合作与发展组织(OECD)发表了《全球电子商务行动计划》，欧洲理事会(COE)批准了《欧洲网络犯罪公约》等。可以说，这些国际组织都不同程度地积极参与推动和协调成员国电子商务法律制度的建设工作，其立法成果不仅对成员国，而且对非成员国均产生了极为重要的示范作用。如果没有它们卓有成效的工作，国际电子商务法律制度的建设事业不可能迅速取得重大发展。

在主权国家方面，各大洲开展的电子商务立法活动可谓方兴未艾，成绩斐然。美国是其中杰出代表，不仅立法最早，而且成果丰硕。截至目前，美国的电子商务法律文件主要包括犹他州等 44 个州的《数字签名法》、统一州法委员会的《统一电子交易法》与《统一计算机信息交易法》、国会通过的《全球与国内商务电子签名法》等，其他法律规范如《联邦证据规则》中也有可用于调整电子商务的条款。另外，菲律宾、印度、日本、新加坡、韩国、马来西亚、泰国、俄罗斯、德国、意大利、爱尔兰、立陶宛、加拿大、阿根廷、百慕大群岛、巴西、哥伦比亚、厄瓜多尔、墨西哥、秘鲁、澳大利亚、新西兰与突尼斯等国家或地区亦通过了电子商务的专门法律(具体情况如表 9.1 所示)。

表 9.1 国外电子商务立法概览

洲别	国别	电子商务法
亚洲	菲律宾	《电子商务法》《电子证据规则》
	印度	《信息技术规则》《信息技术法》
	日本	《电子签名与认证服务法》
	新加坡	《电子交易法》《电子交易规则》《认证机构安全方针》
	韩国	《电子商业基本法》《电子署名法》
	马来西亚	《数字签名法》
欧洲	俄罗斯	《俄罗斯联邦信息法》《信息存储标准暂行要求》《电子数字签名法》
	德国	《信息与通信服务法》
	意大利	《数字签名法》《数字签名技术规则》
	爱尔兰	《电子商务法》
北美洲	加拿大	《电子商务与信息》《反互联网和无线垃圾邮件法案》《个人信息保护和电子文件法》
	美国	《全球与国内商务电子签名法》《犹他州数字签名法》《统一电子交易法》《统一计算机信息法》《全球电子签名法与国内贸易法案》
大洋洲	澳大利亚	《电子交易法》《垃圾邮件法》
其他		阿根廷、百慕大群岛、巴西、哥伦比亚、厄瓜多尔、墨西哥、秘鲁、新西兰、立陶宛、泰国与突尼斯等国家或地区也通过了电子商务法

综上可见,在短短的 20 多年的时间内,电子商务法律制度的建设已成为世界潮流,而且这些立法颇有一些相似之处。这表明各国的电子商务立法活动具有天然的全球性,它们主要是为促进电子商务的发展扫除障碍,提供强有力的保障。同时,我们也要考察不同国家立法之间的差异性,关注其发展趋势和动向,以便更好地从中汲取有益经验。

9.2.2 国内电子商务立法现状和展望

1. 我国电子商务立法现状

我国政府高度重视电子商务的立法工作,近年来也取得了丰硕成绩。例如,2004 年全国人大常委会颁布实施了《中华人民共和国电子签名法》(2019 年第二次修正);2013 年 12 月 7 日,全国人大常委会正式启动了《中华人民共和国电子商务法》的立法进程,为大力发展电子商务提供法律支持;2019 年 1 月 1 日《中华人民共和国电子商务法》正式颁布实施,与其他多部调整电子商务行为的立法进行融合,共同构建我国电子商务立法规范,借助更加完善的电子商务立法体系,更好地保护电子商务主体在交易过程中的安全,并且针对电子商务延展出的相关违法犯罪活动进行严厉打击。2021 年 1 月 1 日《中华人民共和国民法典》正式施行,从电子商务合同、电子商务交易时间、知识产权保护等角度对电子商务的规范发展提出了新要求。2022 年 1 月 1 日起开始实施的《跨境电子商务平台责任标准和准则》,明确规定了跨境电子商务平台的责任条款、认可程序和监管要求。

2. 我国电子商务立法展望

(1) 国内立法与国际立法接轨。电子商务的一个最大特点就是全球性,借助电子商务平台,我国公民可以与任何国家的个人或企业开展电子商务活动。由于我国电子商务起步较晚,相关的法律规范比其他国家存在一定滞后性。基于此种背景,如果想更好地保护我国消费者在电子商务中的权益,就需要在立法方面与国际立法进行接轨,最大限度降低国内立法和国际立法之间的矛盾和冲突,从而让我国电子商务立法更加国际化,与国际立法发展趋势保持一致。目前,联合国国际贸易法委员会、世界贸易组织等机构发布了一些有关电子商务的建议和报告,更确立了《电子商务示范法》《电子签名示范法》等一系列法律规范,这些具有国际规范意义的法律法规值得我国在立法之时予以借鉴。尤其我国《中华人民共和国电子商务法》,其在立法之时就考虑到相应的国际标准和国际规范,让我国立法能够促进电子商务国际化,无论是电子商务的经营者,还是消费者都能在遵循国内立法之余不触犯国际法律规定。

(2) 修正已有法规并加快制定单行法规。从现行立法来看,我国制定的《关于维护互联网安全的决定》《电子签名法》都属于单行法规范畴,借助专项性的法律对电子商务行为加以规范,但由于电子商务发展速度较快,相关法律在保障电子商务交易之中总具有一定滞后性。这就迫切要求我国电子商务立法需要不断进行修正和完善,以此来应对最新的电子商务纠纷。《中华人民共和国电子商务法》的出台标志着我国在电子商务立法方面的推陈出新,也意味着我国单行法规中又增加了新的法规用于约束电子商务活动。除制定单行法规之外,将电子商务相关法律规定融入其他法律之中也是必然之举。将电子商务相关规定融入其他法律范畴之内,更能让社会公众及时了解最新的电子商务规范。修正已有法规并加快制定单行法规是我国电子商务立法未来发展趋势。

(3) 原则性条款与普通条款相互配合。电子商务立法的主要目的是保护电子商务主体在参与电子商务活动时能够享受一定权利,并遵守相应义务,共同维护电子商务环境的公平性,保障不同利益诉求的合法性。每一个参与电子商务的主体都希望借助公平、公正的电子商务平台实现自身利益,让自己的合法权益不被侵犯。相比其他领域立法而言,电子商务立法具有独特性,网络技术的发展与升级远远超越法律修正的速度,电子商务立法也必须应对随时变化的电子商务环境。但事实上,法律的修正速度和网络技术的发展不成正比,这就需要电子商务在立法过程中设置更多的原则性条款,以原则性条款配合普通条款对电子商务行为进行约束。原则性条款可以确保电子商务发展方向正确,并对电子商务活动起到最基本的约束作用。我国电子商务立法未来发展趋势之一就是在立法过程中要将原则性条款与普通条款相互配合。

📖 **案例9.1**

电子合同法案例

9.3 相关电子商务法

目前电子商务领域已有相关法律产生，本节将对电子商务示范法、电子签名法以及电子商务法等进行介绍。

9.3.1 联合国《电子商务示范法》

联合国国际贸易法委员会是联合国下属的专门机构，主要负责国际贸易法的协调和统一。该委员会一直致力于推动电子商务法的形成与发展，在电子商务领域推出了一系列法律指导文件。其中最重要的是1996年12月由联合国大会通过的《电子商务示范法》(以下简称《示范法》)。这是第一部关于电子商务的国际性基本法律文件，为各国电子商务立法提供了基本依据，也为其后的电子商务的国际立法奠定了基础。

《示范法》分为两部分，一部分规定电子商务的一般问题，另一部分处理电子商务的特定领域中的问题。《示范法》第1条规定了该法的适用范围："本法适用于在商务活动方面使用的以一项数据电文为形式的任何种类的信息。"在正文脚注中，《示范法》对"商务活动"的含义做了解释："……应当包括但不限于以下交易活动：任何提供货物交换或服务的贸易交易、分销协议、商务代表或代理、代办商、租赁、承揽、咨询、设计、许可、投资、融资、银行、保险、开发协议或特许、合资或其他形式的企业或贸易合作关系、海、陆、空货物或旅客运输。"可见，其商务活动的内涵是十分丰富的。

《示范法》所指"数据电文"，是指以电子手段、光学手段或类似手段生成、发送、接收或存储的信息，这些手段包括但不限于电子数据交换(EDI)、电子邮件、电报、电传或传真。而对于消费者保护问题，《示范法》未直接涉及，但该法"并不否定任何意在保护消费者的法律规则"。

《示范法》是反复讨论和集思广益的结果，它遵循以下原则。

(1) 电子记录效力原则。该原则强调信息的有效性和可执行性不应仅因其采用数据电文的形式而予以否定。

(2) 非歧视原则。该原则要求平等对待书面文件用户和计算机传输信息用户。

(3) 技术中立原则。它要求在电子签名技术问题上，不应偏重某种特定的标准和程序，不应将法律规则与某种技术的应用相联系。

(4) 当事人自治原则。即当事人在不违反强制性法律规范的情况下，可以自行约定相互之间的规则，以体现规则的灵活性。

《示范法》的重要贡献之一是创设了"功能等同方案"，从而很好地解决了电子商务使用的电子通信技术手段的效力问题。

9.3.2 电子签名法

2004年8月28日第十届全国人民代表大会常务委员会第十一次会议通过《中华人民共和国电子签名法》(以下简称《电子签名法》)，2015年4月24日进行第一次修正，2019年4月23日进行第二次修正，为我国电子商务的全面发展奠定了法律基础。由于互联网的开放式环境无法保证通信过程中数据的安全，所以只能对信息本身的安全作出努力。数字签名技术应运而生，并且得到了巨大发展。在数字签名技术出现之前，曾经出现过一种"数字化签名"技术，这种签名技术，简单地说就是在手写板上签名，然后将图像传输到电子文档，这种所谓的"数字化签名"可以被剪切，然后粘贴到任意文档上。但是这种方法使得非法复制变得非常容易，而且被修改以后，不仅很难发现，并且很难取得被修改的证据，所以这种签名的方式并不安全，不能被广泛应用。数字签名技术与"数字化签名"技术是两种截然不同的安全技术。与"数字化签名"不同的是，数字签名与用户的姓名和手写签名形式毫无关系，是一种借助计算机技术的加密技术。

1. 电子签名的法律规定

从实质上说，电子签名仅是一种电磁记录。这种电磁记录是否有效，是否符合法律所规定的"书面形式"，我国现行法律尚未明确。因而可能造成经过电子签名的电子文件因不符合法律所规定的形式要求，而由此所产生的法律行为无效的情况。

我们知道，签名在交易中具有很重要的作用，在进行交易的时候，交易双方通常都希望确定以下事情：交易对象具有真实性。人们通常会要求对方提供一些证明其身份的东西，如身份证、户口簿；交易完成后，还会要求对方亲笔签名或盖章。这样，一旦发生纠纷，就可以出示有对方签名或盖章的合同、文件，使对方不能事后抵赖。

现有的法律规则中对传统的签名盖章已经规定得相当完善，也能够满足经济实践中的要求，但是电子商务要求通过网络进行交易，交易双方相隔万里、互不见面，完全脱离了传统"笔纸式"的交易媒介，随着电子商务的发展，从法律上确立数字签名与手写签名具有相同效力已显得越来越重要。

电子签名实际上起到了两方面的作用：一是用电子媒介代替纸质媒介；二是确认当事人的身份，起到了签名或盖章的作用。

2. 我国《电子签名法》

2003年4月，国务院法制办公室会同信息产业部、国务院信息化工作办公室开始着手《电子签名法》的起草工作。在广泛征求各方面意见，并研究借鉴国际相关立法的基础上，形成了《电子签名法(草案)》。2004年3月24日，国务院第四十五次常务会议讨论通过该草案，并提交人大常委会审议。其后，第十届人大常委会第十一次会议正式通过了《电子签名法》。该法自2005年4月1日起实施，2019年4月23日作第二次修正。

该法首次将可靠的电子签名赋予其与手写签名和印章相同的法律效力，同时还对提供电子认证服务的条件和统一的准入标准做出了规定。《电子签名法》的诞生赋予了数据电文、电子签名法律效力，成了法定交易方式，为电子签名能够顺利且广泛地适用，开辟了一条快速通道，所以，交易各方可以自由合意是否通过电子签名以及数据电文来交易。同时《电子签名法》也对数据电文规定了禁用情况。

具体来说，《电子签名法》主要规定了以下几方面内容。

(1) 确立电子签名的法律效力。该法通过对电子签名进行定义，要求电子签名必须起到两个作用，即识别签名人身份、保证签名人认可文件中的内容。在此基础上，该法明确规定了电子签名具有与手写签名或者盖章同等的效力。在解决什么条件下电子签名具有效力的问题上，参照联合国贸易法委员会《电子签名示范法》的规定，以目前国际公认的成熟签名技术所具备的特点为基础，明确规定了与手写签名或者盖章同等有效的电子签名应当具备的具体条件。

(2) 对数据电文做了相关规定。数据电文是指以电子、光学、磁或者类似手段生成、发送、接收或者存储的信息。《电子签名法》明确规定电子文件与书面文件具有同等效力，使现行的法律同样适用于电子文件。对此，该法做了3方面的规定：一是规定了电子文件在什么情况下才具有法律效力；二是规定了电子文件在什么情况下可以作为证据使用；三是规定了电子文件发送人、发送时间和发送地点的确定标准。

(3) 设立电子认证服务市场准入制度。电子商务中使用电子签名时，往往需要由电子认证服务机构(以下简称认证机构)对电子签名人的身份进行认证，并为其发放证书，向交易对方提供信誉保证。为防止不具备条件的人擅自提供认证服务，《电子签名法》对电子认证服务设立了市场准入制度。同时，为了确保电子签名人身份的真实可靠，该法要求认证机构为电子签名人发放证书前，必须对签名人申请发放证书的有关材料进行形式审查，同时还必须对申请人的身份进行实质性查验。此外，为了防止认证机构擅自停止经营，造成证书失效，使电子签名人和交易对方记录损失，该法还规定了认证机构暂停、终止认证服务的业务承接制度。

(4) 规定电子签名安全保障制度。为保证电子签名的安全，《电子签名法》明确了有关各方在电子签名活动中的权利、义务。

① 对于电子签名人一方，该法规定了两方面义务：一是要求其妥善保管电子签名时使用的私人密码，当获悉密码已经失密或者可能已经失密时，应当及时告知有关各方，并终止使用；二是要求其向认证机构申请电子签名证书时，提供的有关个人身份的信息必须是真实、完整和准确的。

② 对于认证机构一方，该法规定了3方面的义务：一是要求其制定、公布包括责任范围、作业操作规范、信息安全保障措施等事项在内的电子认证业务规则，并向国务院信息产业主管部门备案；二是要求其必须保证所发放的证书内容完整、准确，并使交易对方能够从证书证实或者了解有关事项；三是要求其妥善保存与认证相关的信息。

9.3.3 电子商务法

1. 概述

2018年8月31日，第十三届全国人民代表大会常务委员会第五次会议表决通过了《中华人民共和国电子商务法》，自2019年1月1日起实施。《中华人民共和国电子商务法》规范的对象是："电子商务经营者，是指通过互联网等信息网络从事销售商品或者提供服务的经营活动的自然人、法人和非法人组织，包括电子商务平台经营者、平台内经营者以及通过自建网站、其他网络服务销售商品或者提供服务的电子商务经营者。"因此，微商、代购、网络直播也纳入电子商务经营者范畴，受该法制约。

《中华人民共和国电子商务法》目标就是要打破线上线下机械的、完全一致的判断标准，使线上的评价机制更客观、更公平。例如，根据电子商务法第三十九条规定："电子商务平台经营者应当建立健全信用评价制度，公示信用评价规则，为消费者提供对平台内销售的商品或者提供的服务进行评价的途径。"电子商务平台经营者不得删除消费者对其平台内销售的商品或者提供的服务的评价。在电子商务的三方主体中，最弱势的是消费者，其次是电商经营者，最强势的是平台经营者。所以，《中华人民共和国电子商务法》在均衡地保障电子商务三方主体的合法权益，适当加重了电子商务经营者，特别是第三方平台的责任义务，适当地增加了对电子商务消费者的保护力度，这种设计既反映了中国特色，又体现了中国智慧。

《中华人民共和国电子商务法》共有七章内容，涉及电子商务经营主体、经营行为、合同、快递物流、电子支付等，以及电子商务发展中比较典型的问题，都做了比较明确具体的规定，为电子商务健康发展奠定了法律基础。

2. 电子商务法解读

《中华人民共和国电子商务法》出台是我国建构与互联网时代的社会经济生活相适应的法律体系的重要立法举措。该法的制定对我国电子商务的健康可持续发展将会产生深远的影响。《中华人民共和国电子商务法》的重要任务之一就是针对新型的市场主体——电子商务平台经营者来建章立制。该法用了接近一半以上的条文，对平台的法律地位、权利、义务与责任作出详尽规定。

随着电子商务在我国的飞速发展，平台这种新型的市场主体强势崛起，成为电子商务活动的组织者、引领者。一些大型的平台型企业，日益对社会生活产生举足轻重的影响。以淘宝、天猫和京东为代表的购物平台，以美团点评为代表的生活服务平台，以滴滴为代表的交通出行平台，以携程为代表的旅游服务平台，以网易考拉为代表的跨境电商平台，都正在重新塑造中国普通民众日常购物和生活消费习惯，深刻影响中国当下的商业生态。

电子商务平台是一种新型的市场主体，因为平台不仅搭建了一个为他人独立进行交易活动的网络交易空间，还制定了交易规则，对平台内的经营者进行信用评价，解决平台内因交易而发生的纠纷，对平台内交易资源通过竞价排名、定向推送等广告方式进行分配。在这种情况下，无法套用任何传统的法律制度，而是必须在《中华人民共和国电子商务法》中针对平台经营者实际所做的事情，有针对性地设立法律规则，为平台这种新型的市场主体，建章立制。

(1) 针对平台经营者规定的法律义务。

① 平台内经营者主体身份的管理义务。平台经营者构建一个网络交易空间，让其他经营者入驻，成为平台内经营者，并且独立开展交易活动。针对这一特点，《中华人民共和国电子商务法》第二十七条要求平台经营者把好入门关，对进入平台开展经营活动的主体的真实身份信息进行核验登记，建立登记档案并且定期核验更新。这一规定的目的在于保护消费者以及与平台内经营者发生交易的个人。如果因为平台经营者没有把好入门关，导致消费者的权益遭受平台内经营者的侵害，却无法得知其身份，获得其有效联系方式，那么平台经营者应当承担责任。

② 信息保存和报送义务。电子商务平台是各种交易发生的场所，一旦当事人因此产生争议，或者平台内经营者的行为侵害消费者的权益或者涉嫌违法，在这种情况下，唯有平台保存

各种交易数据信息，才能够帮助还原事情的真相。《中华人民共和国电子商务法》第三十一条要求平台经营者完整保留交易数据信息。这一规定相当于要求平台经营者在平台内安装"摄像头"，对于解决纠纷，避免扯皮以及监督执法非常有意义。同时，《中华人民共和国电子商务法》第二十八条要求平台经营者必须向市场监督管理部门报送平台内进行经营活动的主体信息，向税收管理部门报送平台内发生的涉税信息。这种信息报送，是平台经营者配合主管部门履行监督和管理职责的表现。

③ 维护平台安全稳定义务。由于大型的电子商务平台在生活中日益发挥重要作用，甚至对国民经济的稳定运行会产生重大影响，因此《中华人民共和国电子商务法》第三十条要求平台经营者确保平台安全稳定运行，防范网络犯罪活动，有效应对网络安全事件。针对特殊的事件，要建立安全事件应急预案，一旦发生紧急事件要迅速采取措施，并且向有关部门报告。这一要求与平台在社会经济生活中发挥的重要作用相适应，也与《网络安全法》的规定相联系。

④ 安全保障义务。电子商务平台经营者通过构建和开启一个网络交易空间，供他人来独立开展活动，对此《中华人民共和国电子商务法》第三十八条要求平台经营者对于通过电子商务平台来获取商品或者服务的当事人承担相应的安全保障义务。在立法的过程中，关于平台经营者不履行安全保障义务所需要承担的法律责任，经过深入讨论，最后的表述是，平台要承担相应的责任，也就是说，电子商务平台经营者要承担与其未履行安全保障义务，所存在的过错相适应的法律责任。

(2) 保护消费者的合法权益。

平台经营者在制定交易规则与服务协议的过程中享有巨大影响力，并且可能会利用自己的影响力，通过交易规则和服务协议，设置不合理的交易条件。为此，《中华人民共和国电子商务法》通过一系列的规则 (第三十二条到第三十六条)，要求平台经营者基于公开、公平、公正的原则来确定服务协议和交易规则的内容，并在醒目位置公示，再修改时要公开征求意见。平台经营者不得利用服务协议与交易规则，限制平台内经营者的经营自主权，特别是不得不正当地限制平台内经营者与其他经营者进行交易 (第三十五条)，这一条就是针对现实中屡禁不止的大型平台搞"二选一"，逼迫平台内经营者只与自己独家合作的行为。

除了制定服务协议与交易规则，平台经营者还会对平台内经营者开展信用评价，进行信用管理，对此《中华人民共和国电子商务法》第三十九条也要求平台内经营者必须建立健全信用评价制度，公示信用评价规则，以确保消费者能够对相关的商品或者服务进行评价。

此外，关于竞价排名，一直是很多大型电子商务平台经营者的利润主要来源。《中华人民共和国电子商务法》第四十条明确要求，如果电子商务平台经营者通过竞价排名的方式来决定搜索结果，那么必须将相应的搜索结果显著标明为"广告"。这是一个重要的立法层面上的发展。对于未来的互联网搜索服务的规范化，会起到巨大的影响。此外该条还要求电子商务平台经营者必须依据商品的销量、价格、信用等多种方式，向消费者展示搜索结果，这也在一定程度上约束了平台经营者利用其提供的搜索服务来垄断和控制信息展示渠道的影响力。

总体而言，《中华人民共和国电子商务法》通过大量明确具体的法律规范，针对电子商务平台经营者这种新型的市场主体，确立了一系列的要求。这些针对平台经营者的法律规则从中国电子商务发展的实际出发，具有鲜明的问题导向，实事求是地回应了现实生活中围绕平台经营者产生的各种问题，是中国电子商务能够获得长远的可持续发展的最坚实的法律保障。

📖 **案例9.2**

电子商务合同法案例

9.4 电子商务税收制度

税收是一个国家财政的主要来源,也是国家管理经济、调控市场的主要手段之一。随着互联网的迅速普及,以及在此基础上形成的全球化电子商务框架,使传统的经济贸易运作方式被彻底改变,长期以来围绕传统的经济贸易框架而形成的税收理论、税收原则和方式受到不同程度的冲击。电子商务对现行的税收制度及其管理手段提出了新的要求和挑战。

9.4.1 税收和税法概述

1. 税收的概念和种类

税收是国家为了实现其职能,凭借政治权力,依照国家法律规定的标准,对一部分社会产品或国民收入进行强制、无偿的分配取得财政收入的一种形式。税收是国家实现政治、经济、文化等职能的物质基础,是国家财政收入的重要来源。税收与其他财政收入相比具有以下3个特征。

(1) 强制性。负有纳税义务的人必须根据税法规定照章纳税,无条件地履行纳税义务,否则就要受到法律的制裁。

(2) 无偿性。税收是国家对纳税人的一种无偿征收。税款一经征收即归国家所有,国家对纳税人既不付出任何代价,也不偿还。

(3) 固定性。税收是按税法规定的标准征税。税法规定各种税的征收对象、征收数额或比例、征收期限,国家和纳税人都必须遵守,不能擅自改变。

强制性、无偿性、固定性三位一体,是税收区别于其他财政收入的基本标志,也是鉴别某一种财政收入是不是税收的基本尺度。

税收按照征税对象分类,可将全部税种分为流转税、资源税、收益税、财产税和行为税。我国税法中的税收种类包括:

① 流转税。增值税、土地增值税、消费税、关税、证券交易税。
② 资源税。资源税、城镇土地使用税、耕地占用税。
③ 收益税。企业所得税、外商投资企业和外国企业所得税、个人所得税。
④ 财产税。房产税、契税、遗产赠予税。
⑤ 行为税。印花税、城市维护建设税。

2. 税法的概念

税法的调整对象是税收征纳关系。所谓税收征纳关系,就是代表国家的税务机关、负有纳税义务的社会组织和个人在征纳税过程中发生的社会关系。这些关系包括：国家权力机关、国家行政机关、税务机关之间的税收管理权限关系；税务机关、纳税人之间的税收经济关系；税务机关、纳税人之间的税收征收管理程序关系。

税法的构成要素即税收制度的构成要素，是指构成税收制度的基本要素，它是规范征纳双方权利与义务的法律规范的具体表现。税法的构成要素一般包括以下主要内容。

(1) 征税主体与纳税主体。征税主体是指代表国家行使征税权的税务机关、地方财政局和海关。纳税主体又称纳税人，是指国家规定的负有纳税义务的社会组织和个人。每一种税都有它的纳税人，同一种税可以有不同的纳税人，某一纳税人也可以成为几种税的纳税人。为防止偷税、漏税，实现税源扣缴，税法还规定有扣缴义务人。扣缴义务人是指税法规定负有代扣代缴、代收代缴税款义务的社会组织和个人。

(2) 征税客体。征税客体又称征税对象或计税依据，是指征税主体、纳税主体共同指向的对象，即对什么征税。每一种税都有明确的征税对象，例如流转税类的各项产品销售收入和服务收入额、所得税类的所得额、财产税类的财产数量和价值等。征税客体是征税的前提，是区分不同税种的主要标志，也是征纳税的直接依据，只有符合税法规定的征税客体才需要征税。

(3) 税种和税目。税种即税收的种类，指征什么税。税目是指各税种所规定的具体征税项目，是征税对象的具体化，例如，消费税中有"贵重首饰及珠宝玉石"税目，它的征税范围是"包括各种金银珠宝首饰及珠宝玉石"。税目和征税范围都是法律规定的。

(4) 税率。税率是指应纳税额与计税依据之间的法定比例，是计算应纳税额的尺度，体现征税的深度。税率的高低直接关系到国家财政收入的多少和纳税人的负担水平和轻重。

3. 税收管辖权

税收管辖权是指一国政府对一定的人或对象征税的权力，是国家主权的重要组成部分之一。在信息革命的今天，任何经济活动不可能只在一个国家范围内完成，各国在税收管辖上很容易产生冲突，从而引发双重征税的问题。因此有必要研究各国的税收管辖原则，以找到合理的解决办法。

税收管辖权有两个基本原则，即属人管辖权和属地管辖权。属人管辖权是指主权国家有权对有本国公民身份和居民身份的人行使税收管辖权。属地管辖权是指一国对其领土范围内的一切人和物或经济活动行使管辖权。根据这两个原则，各国的税收管辖权大致可以分为来源地税收管辖权、居民税收管辖权和公民税收管辖权3种类型，其中来源地税收管辖权与电子商务征税问题紧密相关。

9.4.2 电子商务税收的法律问题

1. 电子商务对税收原则的挑战

(1) 对税收公平原则造成冲击。由于现行税制是以有形交易为基础制定的，随着电子商务的发展，这种建立在国际互联网基础上的与传统的有形贸易完全不同的"虚拟"贸易形式，往往不能被现有的税制所涵盖，导致现行税制没有对电子商务征税的合法依据。并且由于缺乏有效的征管手段，从事"虚拟"网络贸易的企业可以轻易逃避纳税义务，再加上为鼓励电子商务发展而对电子商务实行税收优惠，这都使从事互联网贸易的企业税负明显低于传统贸易企业，形成对税收公平原则的冲击，许多传统贸易企业纷纷上网，迈进"网络空间"的"免税区"，从而导致社会经济运行的扭曲。

(2) 对税收效率原则造成冲击。电子商务借助互联网实现了买卖双方的直接交易，造成中介机构在交易中的作用被削弱，大批交易中介(如代理商、批发商、零售商等)消失。同时，参加交易的企业数量，特别是中、小企业的数量大大增加，甚至个人也可以通过建立网站进行商务活动，这使得税源由原先的相对集中转变成小额分散，无经验的纳税人骤增，使税务机关工作量增大。与此同时，网上经营主体的界定、课税对象的甄别、税率标准的适用和纳税地点的确认等，也都会遭遇难题。税务机关必须从更多的、分散的纳税人那里收取相对而言金额较小的税款，还不得不为获取纳税人的信息而运用高科技现代化手段，投入大量的人力、物力、财力，税务机关的管理成本必将增加，明显有违税收效率原则。

2. 电子商务对税收立法的挑战

(1) 对税收实体法的挑战。电子商务对税收实体法的挑战主要表现于电子商务使原有判断各项税制要素的基础变得模糊不清，使得现有的税收实体法中纳税人、课税对象、税目税率、纳税环节、纳税地点等税收基本要素的规定对电子商务产生不适用或不确定。

(2) 对税收程序法的挑战。根据现行税法规定，纳税义务并不受交易形式的限制，无论是传统交易还是网上交易，都必须依法及时足额地履行纳税义务。电子商务对税收程序法的挑战主要表现在税务机关对电子商务的征管手段上。在对传统商务的税收征管过程中，税务机关可以依照税收征管法的规定，对应掌握的纳税人的不同情况，采取不同程度的检查、税收保全或者强制执行措施，但是征管法并没有赋予税务机关对电子信息进行截获并检查的权力，这就使税务机关对电子商务进行征管缺乏必要的资料和信息的获取手段。

3. 电子商务对税收征管的挑战

(1) 对税务登记的影响。现行税务登记的基础是工商登记，但信息网络交易的经营范围没有限制，不需要事先经过工商部门的批准。网上经营主体没有以工商登记为前提，税务登记更是没谱的事情。我国新税收征收管理法的征求意见稿中规定了统一的纳税人识别号制度，对自然人开始实施纳税人识别号登记管理，并规定从事网络交易的纳税人应当在其网站首页或者从事经营活动的主页面醒目位置公开税务登记的登载信息或者电子链接标识。但是，因相关配套监管措施尚未健全，"实名制"落到实处仍需经过一段时间的过渡。有形贸易的税务登记方法不再适用于电子商务，使得税务机关无法确定纳税人的经营情况，不能对电子商务的交易信息进行有效的跟踪。对于信息交流产品的交易和远程劳务，要求按其常规方式进行税务登记后照章纳税是很困难的。如何对电子商务进行登记管理，以确保税收收入及时、足额地入库，是电子商务环境下征税的一大难题。

(2) 对税收管理手段的挑战。相对于电子商务行业吸引的众多精英人才和不断创新的技术手段，税务机关在人才和技术方面的差距越来越大，即便电子商务企业都进行了税务登记，那么日常的税务征管技术手段和税务干部的专业水平也受到很大的挑战。面对汹涌发展的电子商务，税收征管部门的现有经验累积、知识结构、人员素质、思维理念和机构组织等，无法提供既可与之匹配又能行之有效的征管技术保障。大部分的税务干部并没有经过专业培训，面对电子商务企业的电子记账软件打不开、打开不会用，或者只能做一些表面的检查，对企业做的各种手脚无从觉察，征管力度大打折扣。

(3) 对纳税申报的影响。电子商务对纳税申报的挑战主要体现在对申报方式的挑战上。由于电子商务具有市场全球性和场所流动性的特点，广大的网民都是潜在的纳税人或扣缴义务人，产生纳税义务的经济行为也可能随时随地发生。纳税人可以在任何地点、任何时间进行交易，交易的对象零散而又遍布全球。非常有可能同一个纳税人在网上提供劳务或者服务，按照现行税法有关纳税地点和纳税期限的规定，按照消费地原则，他要到业务涉及的全国各地税务机关登记注册，还要按期去不同城市进行纳税申报，这显然是不现实的。纳税人到税务机关受理申报地点进行上门申报的方式受到极大挑战，虽然现有的邮寄申报、电子申报等方式在一定程度上解决了这种不便，但电子申报方式并没有在全国范围内完全铺开，仍不能根本满足电子商务发展的需要。

4. 电子商务对税务稽查的挑战

(1) 税务稽查环境更加复杂多变。在电子商务环境下，企业经营管理正在走向网络化和自动化，产生了许多虚拟企业。并且还有一些新型的网络公司，通过网络将分布在世界各地的成百上千的人联结在一起工作，并且根据业务的需要随时进行重组。虚拟企业之间的关系也是松散型的，不管是投资融资的关系、技术协作关系，还是购销关系，都可以通过网络在短时间内达成协议，整合成企业联盟，一项合作结束后，联盟可能瞬间解散。这些都使税务稽查环境发生巨大变化，税务稽查人员一下子很难适应。

(2) 税务稽查范围大大拓宽。电子商务的发展刺激了电子支付系统的完善，联机银行与数字现金的出现，使跨国交易的成本降至与国内成本相当，境外银行在支付环节的大量参与，扩大了税务稽查对支付方的监控范围。电子商务活动中的任何一项税务稽查业务，都建立在互联网平台上，税务稽查活动面向网络，范围被大大拓宽。

(3) 税务稽查线索更加隐蔽。在传统税务稽查工作中，稽查人员往往通过账簿、记账凭证、会计报表中的蛛丝马迹跟踪稽查线索，审核有关经济业务，收集稽查证据，展开稽查工作，稽查线索相对比较容易获得。但是在电子商务环境下，由于会计数据电子化和会计数据的局部程序化，各种票据大都以电子形式存在，纳税人往往使用加密、授权等多种保护方式保证信息的安全性。这些财务信息，企业可以根据需要随时调用和整理，甚至可以非常容易地修改后备份成另外一套虚假账套应对各种检查，掩盖真实的经营情况。删改之后打印出来账簿，稽查人员根本无法识别其真伪。也就是说，稽查人员如果不了解对方的会计记账软件，不掌握存储数据库的密码，不取得会计信息所在服务器的日志信息，对企业账务的稽查线索就是"不可见"的。

5. 电子商务对税收管辖权的挑战

(1) 对收入来源地管辖权的挑战。来源地税收管辖权是指对来源于我国境内的所得和财产征税。但是电子商务的发展混淆了现行确定收入来源地的基本概念，进而也使属地管辖权的行使变得模糊。

(2) 对属人管辖权的挑战。属人管辖权又称居民管辖权，是指主权国家对所属的公民或法人的国内和境外所得都有征税权。我国税法中，居民包括自然人居民和法人居民。实际上，电子商务对属人管辖权的冲击并不严重，但是由于对居民公司及跨国纳税人的认定标准中掺杂了很多地点要素，使得这种影响显露出来。

(3) 对税收管辖权国际协调机制的影响。目前存在的国际税收协调机制，对于避免双重征税和税收流失发挥了重要作用。但是电子商务赖以存在的国际互联网，天生就是为了避免国际规则对流动性的制约而设立的，因此电子商务的发展，充分暴露了现行国际税收协调机制的缺陷。

6. 电子商务征税的难点

(1) 征税主体不明确。随着电子商务的发展，电商平台、商家、消费者等都可能成为征税主体，但是如何确定征税主体，对征管机构提出了很大挑战。对策是加强数据交流和协作，建立征税主体信息数据库，依据海关、税务、银行等机构的信息进行整合。

(2) 税负分摊难度大。由于电商平台通常只提供销售平台，不直接销售商品，征税时需要确定哪些商品需要交税，怎样分摊税负等问题，给征管带来了很大难度。对策是建立适当的税收征收标准和分摊机制，同时制定相应的税收政策。

(3) 征税地点有争议。在传统商务活动中，纳税人的经营地点相对固定，而电子商务的虚拟化和无形化使纳税地点具有流动性和随意性。因此是以电子商务主体的所在地或是注册登记地为纳税义务发生地，还是以行为发生地为纳税义务发生地，或是以服务器所在地为纳税义务发生地，在使用时很难把握。

(4) 避税行为盛行。由于电商平台可以在全球范围内经营，商家可以选择注册在税收政策较宽松的国家，导致避税行为盛行。对策是加强税收征管的合作，制定全球统一的税收政策，打击避税行为。

(5) 跨境电商难以征收。随着电商发展，跨境电商成为了一种重要的销售模式，但是跨境税收制度不同，征管难度大。对策是争取国际税务合作，通过建立税务信息共享机制等措施，加强对跨境电商的税收征管。

(6) 信用卡信息不对称。由于电商交易往往使用信用卡等支付方式，但信用卡信息需要向银行申请获取，因此经常出现信用卡信息不对称的情况，影响了税收征管的效率。对策是建立一套可靠的信用卡信息共享机制，加强各部门之间的协作。

(7) 税收征收模式难以改变。传统的税收征收模式是依靠货物进口和出口时征收关税增值税等，但对于电商商品，这种模式存在很大的难度。对策是探索适应电子商务的新税收征管模式，例如增加线上消费税等。

9.4.3 电子商务中的税收管理

1. 国际上对电子商务税收的管理方法

(1) 保持税收中性，不开征新税种。大多数国家都同意对电子商务交易征税，并达成征税时不应该开征新税种的基本共识，即保持税收中性。欧盟在 1997 年的《欧洲电子商务动议》和《波恩部长级会议宣言》一致通过对电子商务征税要保持税收中性，认为开通开征新税种没有必要。经济合作与发展组织国家于 1997 年通过的《电子商务对税收征纳双方的挑战》同样指出不开征如比特税、托宾税等新税种。

(2) 区分征税对象,合理选择税种。如新加坡电子商务税收原则指出,网上销售有形物和线下销售货品同等纳税,网上提供无形服务和数字化商品按 3%课税;澳大利亚对网上提供有形货物的征收销售税,对网上提供劳务等无形货物的征收劳务税。

(3) 法定税收优惠,促进经济繁荣。韩国对电子商务征税,但是其《税收例外限制法》有一定的税收优惠规定,《电子商务基本法》同时也规定,对促进电子商务所必需的基础设施建设项目中支出的费用,在预算内给予部分补贴。

新加坡规定卖家从因特网上以非新加坡币取得的对外贸易所得按 10%优惠税率课税,相关资本设备(是指企业用于提高生产率或者进行生产现代化改造的设备)可享受 50%的资本减免。

(4) 规范网络注册,线下实体登记。英国《电子商务条例》规定 C2C 电子商务模式中,个人卖家在网上进行货物销售时,要提供线下登记证明,真实注册机构、姓名、地址和商品含税信息(是否包括增值税和运费等)。

(5) 划分税收管辖权,防止税源流失。税收管辖权的划分以属人原则和属地原则为主,各国规定不尽相同。美国早在 1996 年,通过《全球电子商务的选择性税收政策》中就提出以属人原则对电子商务征税,克服网络交易地域难以确定的问题。加拿大规定提供货物或劳务的卖家居住地税务当局对电子商务模式中的卖家,负有征税义务。

(6) 成立专门机构,加强税收监管。日本早在 2000 年就成立了电子商务税收稽查队,它隶属于东京市税务分局,分设个人线上卖家、公司线上卖家等 15 个部门,涉及 B2B、B2C、C2C 3 种主流模式,有效地实现对电子商务征税,合理监督税收流向。同样,法国也成立专门的电子商务税收监察部门,有效地解决电子商务税收监管问题。澳大利亚整合 C2C 电子商务模式个人卖家、买主和税务机关三方资源,建立电子税务平台,方便电子商务税收的征管,及时便捷地进行信息交换。

为了维护市场公平竞争、提高经济资源配置效率,将电子商务纳入征管体系逐渐成为国际上的普遍做法,依法纳税也是一种新的商业模式走向成熟所必须承担的社会责任。因此从长期来看,电商全面征税将是大势所趋。

但值得关注的是,多数国家征税的同时又给予电商一定的自由发展空间。尤其在我国电商行业中小网店占比很高的前提下,更要结合实际情况考虑这一国际经验对我们的借鉴意义。

2. 我国电子商务税收管理办法

电子商务主要包括网络销售、信息交换、售前售后服务、电子支付、运输、组成虚拟企业等内容。由于其商品交易方式、流转程序、支付方式等与传统的营销方式有很大的不同,目前税法对其规定有许多不明确的地方,为开展税收筹划提供了广阔的余地。

我国目前对电子商务的税收征管很大程度上依照对传统商业的征管模式,对电子商务的税务研究只是刚刚开始。借鉴国际先进经验,依托《中华人民共和国电子商务法》制定适合我国国情的电子商务税收政策已成为当务之急。

(1)《中华人民共和国电子商务法》关于税收方面的规定。

《中华人民共和国电子商务法》中与电子商务税收相关的条款如下。

第十条:电子商务经营者应当依法办理市场主体登记。但是,个人销售自产农副产品、家庭手工业产品,个人利用自己的技能从事依法无须取得许可的便民劳务活动和零星小额交易活动,以及依照法律、行政法规不需要进行登记的除外。

第十一条：电子商务经营者应当依法履行纳税义务，并依法享受税收优惠。不需要办理市场主体登记的电子商务经营者在首次纳税义务发生后，应当依照税收征收管理法律、行政法规的规定申请办理税务登记，并如实申报纳税。

第二十八条：电子商务平台经营者应当按照规定向市场监督管理部门报送平台内经营者的身份信息，提示未办理市场主体登记的经营者依法办理登记，并配合市场监督管理部门，为应当办理市场主体登记的经营者办理登记提供便利。同时提示不需要办理市场主体登记的经营者依照本法第一条第二款的规定办理税务登记。

(2) 完善电子商务税收管理办法的对策。

① 完善税收法律法规。完善税收法律法规，把对电子商务征什么税、如何征税，以及是否给予税收优惠等税收征管问题以法律的形式确定下来，既有利于防止各地对电子商务征税的混乱和随意性，又有利于维护电子商务纳税人的合法权利。完善电子商务税收法律法规的主要任务和工作重点，应集中在对现行税收法律法规的修订完善上。在暂不开征新税及附加税的前提下，通过对现行税法一些相关概念、范畴、基本原则和条款的修改、删除、重新界定和解释，以及增加对电子商务适用的相应条款，妥善处理有关电子商务引发的税收法律问题。

② 建立符合电子商务要求的税收征管体系。应对电子商务税收问题，没有技术支持，再好的税收政策都是徒劳。因此，税务部门要对电子商务税收实行有效的监管，就需要发展同样是建立在 Internet 和高科技基础上的与电子商务企业经营发展模式和技术平台相适配的电子政务，建立符合电子商务要求的税收征管体系。从某种意义上说，建设和发展电子税务局是税务部门对电子商务税收实行有效监管的必要条件和物质基础。在电子商务的现实征管中要做到宽严有度，既要给电子商务留下充分的发展空间，又要严格防范并严厉惩处有意识通过电子商务逃税、避税的行为。一定要防止"一管就死，一放就乱"的不良倾向。要充分发挥计算机网络等先进技术的作用，使这些先进技术服务于税收政策和税收制度的制定和实施，实现以税收信息化为依托的税收征、管、查现代化。

③ 处理好电子商务国际税收问题。电子商务的开放性、无国界性使得一个国家的税务当局很难全面掌握交易的情况，世界各国的税务机关只有在互惠互利的原则下密切配合，相互合作，才能全面、准确地了解纳税人的交易信息，从而为税收征管提供翔实、有力的依据。

④ 做好征税前的其他准备工作。首先要加大电子商务税收问题的研究力度，中国的问题一定要研究中国的实际情况，再寻求解决方法，不能照搬照抄西方国家；其次要抓紧制定、建立我国对电子商务的税收优惠政策，促进我国电子商务的有序、快速发展；最后是拓宽征管手段，税收征管措施应及时跟随电子商务发展的技术步伐，从而有效保持征税能力与经济创造能力的协调，保证财政收入水平的稳定性。

⑤ 培养高素质管理人才。电子商务的迅猛发展，对税务人员素质提出了更高的要求。货物、资本、人员跨国流动大大加快的经济全球化背景下，偷骗税与反偷骗税、避税与反避税的矛盾将更加尖锐，税收征管难度加大，迫切需要税务人员提高业务素质，增强税收征管能力。因此，提高税务执法人员的综合素质和专业技术水准是信息社会税收工作的必然要求。面对电子商务呈爆炸式发展的形势与压力，税务部门要顺应时代潮流，积极组织相关培训和讲座培养出同时具备外语、信息网络技术、税收专业知识的高素质复合型人才，才能使税务工作适应网络经济的高效运转。

3. 我国电子商务免税制度

2018年10月1日起,财政部、国家税务总局、商务部、海关总署联合发文明确,对跨境电子商务综合试验区电商出口企业出口未取得有效进货凭证的货物,同时符合下列条件的,试行增值税、消费税免税政策。

(1) 电子商务出口企业在综试区注册,并在注册地跨境电子商务线上综合服务平台登记出口日期、货物名称、计量单位、数量、单价、金额。

(2) 出口货物通过综试区所在地海关办理电子商务出口申报手续。

(3) 出口货物不属于财政部和税务总局根据国务院决定明确取消出口退(免)税的货物。

通知明确,海关总署定期将电子商务出口商品申报清单电子信息传输给国家税务总局。各综试区税务机关根据国家税务总局清分的出口商品申报清单电子信息加强出口货物免税管理。

通知还指出,具体免税管理办法由省级税务部门商财政、商务部门制定。各综试区建设领导小组办公室和商务主管部门应统筹推进部门之间的沟通协作和相关政策落实,加快建立电子商务出口统计监测体系,促进跨境电子商务健康快速发展。

9.5 电子商务中的知识产权保护

法律问题是电子商务所引发的问题中最为敏感的问题之一,而保护知识产权在众多法律问题中又是重中之重。对知识产权保护制度的研究是电子商务涉及的法律问题的重要方面。

9.5.1 网络作品著作权保护

1. 版权的概述

所谓版权,有时也称作者权,在我国称为著作权,是基于特定作品的精神权利以及全面支配该作品并享受其利益的经济权利的合称。版权法自产生以来,一直受着技术发展的重大影响,版权制度总是随着传播作品的技术手段的发展而不断向前发展的。近年来,随着互联网的迅速普及与渗透,对版权法提出了新的挑战。

2. 版权的客体

法律上客体是指主体的权利与义务所指向的对象。版权的客体是指版权法所认可的文学、艺术和科学等作品,简称作品。计算机技术给版权的客体带来了新的内容。

(1) 计算机软件。计算机软件是与计算机硬件(计算机主机及外部设备)相对而言的,对计算机软件这一概念有狭义和广义两种理解。狭义的计算机软件是指计算机程序,也就是由人们所编制的,使得计算机可以完成一定的任务的指令代码序列。广义的计算机软件除了程序之外,还包括程序的设计规划文档、程序描述文档等一系列与程序有关的文档。

将计算机软件作为作品纳入版权法的保护范围内,主要包括以下原因。

① 计算机软件与一般的版权法上的作品有很大的相似之处。计算机程序在没有装入计算机并运行时，与一般的文字作品并没有太大的区别；他人对软件的利用所需要的手段同利用一般的作品所需要的手段基本相同，也是采用复制、翻译、改编等手段加以利用。

② 计算机软件所需要保护的内容同版权的保护内容基本一致。复制权是版权权利的核心内容，在对计算机软件的保护中，最重要的也是防止他人对软件的任意复制，从而侵害软件权利人的利益。

③ 对计算机软件实行版权保护就能够对其提供比较充分的保护。传统的版权保护实行"自动保护原则"，而不需要履行一定的登记手续，即使有的国家版权立法需要登记，也是形式上的程序，而不像专利申请那样要进行形式审查和实质审查。因此，版权保护就能够为计算机软件提供充分的保护。更重要的是，版权保护的实质性要件只有"独创性"，而不像传统专利法所要求的三性"新颖性、创造性、实用性"那样对软件卡得过严，只要作品是权利人或其雇员独立完成的，就可以取得法律上的保护，而不需考虑该作品是否同其他作品相似。

④ 目前世界上已经建立了一个比较全面的版权保护法律体系，将计算机软件纳入版权保护体系中，能给软件提供更加及时和完善的保护。尤其是美国这样的计算机软件出口大国，更是希望以实际行动促进各国用版权法来保护计算机软件，因为如果将计算机软件纳入版权法的保护中，美国在国际市场上的软件可以通过现存的《版权国际公约》或者软件进口国的国内立法得到保护，从而克服知识产权地域性给软件保护带来的困难。

基于上述或者更多的原因，许多国家把计算机软件列入版权的客体——作品中的组成部分。1972 年，菲律宾在其版权法中，第一个明文把"计算机程序"列为"文学艺术作品"中的一项。随后，美国于 1980 年、匈牙利于 1983 年、澳大利亚及印度于 1984 年先后把计算机程序或者计算机软件列为版权法的保护客体。1985 年之后，又有日本、法国、英国、智利、多米尼加、新加坡等国把它列到了版权法之中。1990 年《中华人民共和国著作权法》就明确地将计算机软件作为作品来加以保护，并制定了《计算机软件保护条例》和《计算机软件著作权登记办法》专门对计算机软件进行保护，前者是有关计算机软件法律保护的实体性规定，后者是对计算机软件登记的内容和管理的程序性规定。可见，我国目前对计算机软件的法律保护也是通过版权保护来进行的，计算机软件在我国也是版权法保护的客体。

(2) 数据库。由于计算机技术的发展，目前已经建立了许多专门的数据库，在这些数据库中储存了丰富的资料，为使用者提供了极大的方便。但与此同时，也正是由于计算机技术和网络技术的发展，使得数据库很容易被复制、剽窃，因此，对数据库的法律保护也就随着数据库的发展而越来越受到人们的重视。数据库也成为版权保护的新客体之一。

从一般意义上讲，只要是数据即信息的集合都可以称为数据库，常见的如电话号码簿、列车时刻表、成语词典、百科全书等。但在版权保护体系中拥有一席之地的数据库不是一般意义上的数据库。根据欧盟指令、美国国内 HR3531 法案以及世界知识产权组织《数据库知识产权条约(草案)》对数据库所下的定义，数据库的含义包括以下内容。

① 数据库是一个集合，或者称汇集、汇编，数据库是信息的集合体。

② 数据库并不是信息材料的随意堆砌，而是将这些材料经过系统的选择或有序的排列而形成的集合体。它是根据一定的目的和要求，按照一定的方式，经过一定的筛选，进行系统的编排而形成的一个信息的有机统一体，这个有机统一体作为一个整体向数据库用户提供其需要的信息。例如，特大量电话号码简单堆砌而成的电话号码簿，就不是这里所讲的受到版权制度

保护的数据库。

③ 数据库作为集合的内容，是版权作品或者版权作品之外的其他信息材料。版权作品是指单独具有版权的文字作品、音乐作品、视听作品和其他任何形式的作品，版权作品之外的其他信息材料则是指不具有版权的事实或者信息资料。

④ 数据库的内容可以通过电子手段或者其他手段单独地进行访问，从而满足用户需要。根据《保护文学艺术作品伯尔尼公约》(以下简称《伯尔尼公约》)、《与贸易有关的知识产权协议》(简称 TRIPS 协议)和《世界知识产权组织版权条约》(简称 WCT)的有关规定，数据库应当纳入版权法的保护范围中。

《伯尔尼公约》第二条第五款规定："文学或艺术作品的汇编，诸如百科全书和选集，凡由于对材料的选择和编排而构成智力创作的，应得到相应的但不损害汇编内每一作品的版权保护。"这种数据库是以作品为内容的数据库，《伯尔尼公约》将这种数据库纳入版权保护的范围内。当然，由于科技发展的限制，《伯尔尼公约》没有提及非作品信息材料的汇编是否应纳入版权保护的范围，但该公约也并没有排除由作品之外的其他材料的汇编受版权法保护的可能性。

而后来订立的 TRIPS 和 WCT 对数据库的版权保护的规定就非常明确了。TRIPS 第十条第二款和 WCT 第五条对数据库的保护问题的规定在本质上没有什么区别，这里以 WCT 第五条的规定为例。WCT 第五条规定："数据或其他资料的汇编，无论采用任何形式，只要由于其内容的选择或排列构成智力创作，其本身即受到保护。这种保护不延及数据或资料本身，亦不损害汇编中的数据或资料已存在的任何版权。"并且，这一条的标题特意在"数据汇编"之后的括号内加注了"数据库"的字样。数据库在版权法上的受保护对象的地位最终得到了确立。

数据库要成为版权法所保护的作品，必须满足版权法保护的作品的基本条件。依照《中华人民共和国著作权法实施条例》第二条的规定，作品是指文学、艺术和科学领域内，具有独创性并能以某种有形形式复制的智力创作成果。可见，版权法上的作品必须具备两个基本条件：独创性和可复制性。

(3) 多媒体。多媒体是指将传统的单纯以文字方式表现的计算机信息在程序的驱动下以文字、图形、声音、动画等多种多样的方式展现出来的产品。

由于多媒体符合人们接受信息的自然方式，能够在最大程度上使人们同时接受更多的信息，因此深受欢迎。但多媒体是多种技术和多种信息的融合，它给原有的知识产权保护体系带来了前所未有的挑战。许多国家和国际组织都对多媒体的知识产权保护进行了深入研究，试图把多媒体纳入现有的知识产权保护体系之中。在诸多可能的法律保护中，多媒体最可行、最核心的法律保护是版权保护。

目前，创设一类"多媒体"作品进行单独保护和对多媒体进行分项保护(即局部保护)的观点都不是非常妥当的方案，在保护多媒体上达不到令人满意的效果。因此，多媒体面临的唯一现实选择就是归属于某一类版权作品，直接进入版权保护体系。版权法将其保护的客体进行了类别划分，那么多媒体应当归于何种作品类别呢？这是一个需要解决的重要问题。主要有以下几种观点。

一种观点认为归属于计算机软件。当初计算机软件进入版权保护体系也几经周折，但现在计算机软件程序已经得到版权保护体系的充分认可。尤其是 1994 年世界贸易组织 TRIPS 协议第 10 条第 1 款明确做出规定："无论以源代码或以目标代码表达的计算机程序，均应作为《伯尔尼公约》1971年文本所指的文字作品给予保护。"单纯从数字化制品这一点看，多媒体和计算机软件很是相似，但是多媒体与计算机程序在本质上又有很大的不同。多媒体虽然也是数字化制品，但除了一部分是驱动程序之外，其余大部分是数字化的文字作品、录音制品、摄影作品、视听作品等，这些数字化文件很难看作计算机软件。计算机软件是作用于计算机并指使计算机完成一定任务的指令，而多媒体只是其中的程序部分完成这种功能，更多的数字化文件并不能对计算机的驱动产生任何结果。多媒体中程序部分运行的目的正是使这些非程序的数字化文件以文字、图形、声音、动画等多种多样的方式展现在使用者面前，可以说，在多媒体中，计算机软件不过是实现非程序文件的生动展示的手段和附属。可见，计算机软件和多媒体在本质上是不一样的。正因如此，至今没有哪个国家或者国际组织的法律文件将多媒体按照计算机软件对待。

第二种观点认为归属于视听作品。在多媒体出现之前，视听作品是最"综合"的作品形式，它是由音乐、文字、图画和活动影像综合而成的。多媒体的所有成分都能被视听作品所包含。因此，在大多数情况下，多媒体作为一个整体，可以被视为视听作品。这一点，在实践中曾得到有关法律文件的正式认可。例如美国1995年的《知识产权和国家信息基础设施(NII)的白皮书》就持这种观点，澳大利亚和南非等国在司法实践中也采用过这一观点。但将多媒体归于视听作品并非完全没有问题，多媒体的交互性对将多媒体归入视听作品之列就是一种挑战。多媒体作品是一种交互式的作品，使用者可以自由地根据自己的需要来重新组织整个作品的结构，多媒体作品的表现方式随着使用者的意思而改变，使用者不是单纯的"观众"，而是在一定程度上可以操纵或者修改作品发挥自己能动作用的使用者。软件制作者制作出的可视游戏就是很好的例子，使用游戏的人可以根据自己的思路作出不同的选择。从而使得同一个游戏即使是同一个人操作也会呈现出不同的屏幕形象，这跟传统的视听作品——电影等有着很大的区别，同一部电影的多次播放是完全不变的重复。因此，将多媒体作品归入视听作品也比较勉强。

通常认为归属于汇编作品较为合适。严格地说，汇编作品在版权法中并不同于一个作品种类，由于多媒体无法完全归于传统版权作品的分类中。为了能够确立多媒体在版权体系中的地位，使其保护有法律依据，根据多媒体兼容多种形式与汇编作品颇为相似的特点，将其归入汇编作品之中寻求法律保护是一种妥当的做法。

多媒体作为一种汇编作品，其组成的内容可能有的是受到版权法保护的作品或材料，这时汇编作品就是一种有双重版权的作品，除了可分的作品内容的版权由各自的版权人享有之外，整个多媒体作为一个整体有自己的版权人。这就涉及一个问题，即多媒体在创作过程中可能用到别人的版权作品而需要授权。多媒体作品所使用的素材数量非常大，往往由单位来制作，同时，多媒体所用材料的来源也不一样，有的材料是多媒体制作者自己创造出来的，有的材料是从他人那里获取的，还有的材料属于公共领域内的材料。因此，多媒体制作者可以根据材料的不同来源决定如何行动。

3. 网络著作权的内容

受版权保护的作品是一种具有特别性质的财产，它以最强烈和持久的方式体现出作者的个性，作者则在作品中"生存"并超越自我。因此，版权不仅使创作者有可能从作品被利用中获得经济利益，它还保护作者与作品以及作品使用的智力方面的关系和个人关系。网络环境下，版权主体、版权客体、版权权利内容、版权权利限制等都要依据作品的数字化和网络传播的特殊性而重新认识和研究。

在世界范围内，复制权、传播权、技术保护措施和权利管理信息的法律保护以及数据库的特殊权利等几方面已经成为公认的网络版权保护体系中最重要的权利。其中，复制权、传播权、技术保护措施和权利管理信息的法律保护已由世界知识产权组织1996年形成的两个国际条约——《世界知识产权组织版权条约》(WCT)和《世界知识产权组织表演和唱片条约》(WPPT)规定下来，已逐渐被美国、欧盟等发达国家所接受，并制定了相关的国内法予以实施。

(1) 经济权利。版权人享有的经济权利又可称为"著作财产权"或者"使用权和获得报酬权"，是指版权人为了其经济利益使用、收益和处分其作品的权利。版权经济权利具有可转移性、排他性、可继承性和一定程度的社会公益性。对于网络版权的权利内容，国际条约和各国立法的规定大多采取了新增有关权利内容的方法，其中，WCT和WPPT最早通过立法确立了网络传播权、技术措施权和权利管理信息权。

(2) 精神权利。版权中的精神权利是指版权权利人就其作品所享有的人格方面或者精神方面的权利，主要包括权利人拥有的决定披露作品、要求尊重其创作者的地位及其作品的完整性、因其信念改变而追回或者收回作品以及将其作品从发行中撤回等权利。精神权利具有非经济性、身份固有性、绝对性等特征。

4. 网络上的版权侵权

(1) 直接侵权。未经作者或者其他版权人许可而以任何方式复制、出版、发行、改编、翻译、广播、表演、展出、摄制影片等，均构成对版权的直接侵权。

判断某一行为是否为对知识产权的直接侵权行为时到底采取何种归责原则，这个问题引起了广泛的讨论和争执。在知识产权侵权案中，原告要对被告有过错进行举证往往很困难，而被告要证明自己无过错又往往很容易，如果根据过错责任的归责原则来裁判某一行为是否侵权就会使大量的权利人得不到起码的法律救济，使版权保护成为一句空话。因此，对知识产权侵权案件不分情况，一律采取过错责任的归责原则不太合乎保护知识产权人权利的宗旨，而应当对侵权案件区分情况适用不同的归责原则。

(2) 间接侵权。间接侵权有两种不同的含义：其一是指某人的行为是他人侵权行为的继续，从而构成间接侵权；其二是指某人须对他人的侵权行为负一定责任，而他自己并没有直接从事任何侵权活动。前一种间接侵权责任称为帮助性侵权的责任，又称二次侵权责任。二次侵权行为依赖于直接侵权行为，是直接侵权行为的继续与扩大。后一种间接侵权责任称为代替责任，是由主人为仆人的侵权行为承担责任发展而来的，在现代社会中主要是指雇主代替承担雇员完成本职工作时产生的侵权责任，或者委托人代替承担受托人履行委托合同时的授权责任。对间接侵犯知识产权行为的归责问题，应采取"过错责任"的原则。根据这两种间接侵权的特点不同，具体归责时也有不同的侧重点。二次侵权人承担责任的前提是二次侵权人必须知道或者应当知道直接侵权人的行为是侵犯版权的行为，并继续或者扩大这种行为；代替责任人承担责任的前提则是代替责任人能够通过授权、批准、同意等活动控制直接侵权行为人的行为，并从直接侵权行为人的侵权行为中获得了直接的经济利益。

网上的间接侵权责任主要是指因特网服务提供者(ISP)和网主因用户的侵权行为承担的侵权责任。在确定ISP和网主的责任时，应当注意考察他们的主观心理状态。对于帮助性侵权的ISP和网主而言，明知故犯是他们的心理特征；对于承担代替责任的ISP和网主而言，是否从直接侵权行为中获得了明显和直接的经济利益成为衡量的关键。

9.5.2 商标与域名

1. 商标的含义

商标是指商品的生产者、经营者或服务的提供者为标明自己、区别他人，在自己的商品或服务上使用的文字、图形或者共同组合构成的标志。

2. 商标的特征

(1) 商标是商品或服务的区别标记。商标不是商品的名称，也不是商品的外观设计，而是服务的提供者将自己的商品或服务，区别于其他同一商品(除商品名之外)的第二个名称。

(2) 商标是表明商品来源的标记。商标、厂商名称、原产地名称、货源标记等都是标明商品来源的显著标记。其中，商标是由独特的文字词汇、图形、字母、数字、三维标志和颜色组合构成，表现商品来源的独特个性。

(3) 商标是企业文化的象征和重要组成部分。商标的命名凝结着企业的追求，商标主题成为企业的象征，不仅反映出企业的精神理想，同时也能反映出国家、民族的文化传统、道德倾向和社会特点。

(4) 商标是一种无形财富。一个享有盛誉的商标，意味着该商品的知名度和市场占有率，体现了巨大的市场竞争力。驰名商标的创牌过程凝聚着商品生产者和经营者的艰苦奋斗和艰辛劳动，是企业的无形财富。

3. 商标权

商标权是商标所有人依法对其使用的商标所享有的权利。《中华人民共和国商标法》规定："经商标局核准注册的商标为注册商标，商标注册人享有商标专用权，受法律保护。"由此可见，受法律保护的商标权实际上是指注册商标专用权。根据《中华人民共和国商标法》及其实施细则的规定，注册商标专用权包括使用权和禁止权两方面。使用权包括商标所有人自己使用、许可代理人使用以及转让商标等处分的权利；禁止权包括依法禁止他人申请注册，使用与该商标相同或者相类似的商标的权利。注册商标专用权受到法律保护，商标所有人可以依法行使自己的权利，对于侵犯自己合法权利的行为可以依法请求商标行政管理机关和人民法院给予惩处。

商标权属于知识产权，具有知识产权的专有性、时间性和地域性3个主要法律特征。

4. 域名的含义

美国《反域名抢注消费者保护法》对域名的定义是："域名是指由任何域名注册员、域名登记机构或其他域名注册管理机构注册或者分配的任何包括文字与数字的名称，是互联网上的电子地址的一部分。"域名作为一种资源标识符，是互联网主机的字符地址，由它可以转换成特定主机在互联网中的物理地址。域名是作为一种技术性手段建立起来的，它在本质上并不是一种知识产权，因此域名本来并不能像商标那样被作为知识产权受到保护，这就像一般的地址不能受到知识产权制度的保护一样。但是，随着域名商业价值的不断增强，人们不断认识到域名的滥用会在很大程度上侵犯、干扰和削弱商标或其他名称的价值，法律已经开始将某些知识产权的权利内容赋予域名，保护权利人利益，同时也对域名的使用作出规范性规定，防止由于域名的错误使用而产生的侵犯、干扰或削弱商标或其他名称的价值。因此，域名是网络中非常重要的无形资产，应当纳入知识产权法律制度的保护范围之中。

5. 域名的特征

域名的法律特征在很大程度上取决于它的技术特征，其主要内容包括以下几点。

(1) 标识性。域名产生的基础是为了区分各个不同的组织和机构，在互联网上的不同用户是通过各自的域名来标识自身从而相互区别的。

(2) 唯一性。互联网是一个开放的、全球性的网络系统，为了保证域名标识作用的发挥，域名必须在全球范围内具有唯一性，即每个域名在全球范围内都必须是独一无二的。只有这样，才能根本保证域名的标识性作用。

(3) 排他性。由于域名在全球范围内是唯一的，因此，它在全球范围内也是排他的，即一个域名的出现就意味着其他域名不能使用与之相同的名称，这主要体现在域名的注册问题上。在因特网上使用域名必须首先申请注册，申请注册要遵循"先申请先注册"的原则，即只有欲申请注册的域名不与已注册的所有域名相同，才能获得有效的注册，而域名一旦获得注册，它就必然排斥此后欲申请注册的与此相同的域名。域名的排他性是其唯一性的进一步延展和保证。

从以上域名的法律特征可以看出，域名并不具有传统知识产权固有的属性，如地域性和时效性。域名与商标、商号等有着非常明显的差异，没有必然的联系。但由于域名具有重要的商业价值，因此，域名的产生往往很多来源于企业的商号和商标。因此，域名在法律性质上是与传统的知识产权有关但又没有必然联系的一种全新的权利客体，属于广泛意义上的知识产权，法律应当对此作出规定并予以保护。

6. 域名与商标的冲突

(1) 域名与商标冲突的现实性。域名与商标冲突是指域名在注册时所使用的文字、图形、字母、数字、三维标志和颜色组合与商标相同，但是域名注册人与商标注册人不是同一个人，先注册的一方认为后注册的一方侵犯其合法权益的现象。域名与商标的这种冲突因为域名注册是按照"先申请先注册"原则进行登记注册，域名一旦有人进行注册，其他人就不得再使用该域名。所以鉴于域名的这种唯一性特征，许多企业在设置域名时，往往选择企业名称或者其主要产品名称来命名，有些企业则直接以公司的商标来命名，以此扩大企业的知名度和宣传效应。但是企业在域名的申请时，常常会出现抢注问题，即域名与商标的冲突问题，往往给商标所有人的权益造成不良的后果。

(2) 域名与商标权利冲突的产生原因。由于域名具有标识性的功能，各企业和商家都希望通过域名与其属性相联系的特点，用自己的商标、商号作为域名，以吸引原有的消费者，扩大网上市场的知名度，减少宣传费用；而一些人也希望借别人商标、商号的知名度，来达到宣传自己的商品、服务的目的。域名与商标权利的冲突主要原因有以下几点。

① 网络时代域名的商业性、商标性，使其商业价值不断高涨是根本原因。随着互联网的日益普及和广泛商业化，电子商务、网络营销的蓬勃、持续发展。现实社会的各类商业活动陆

续在网络中出现，网络日益暴露出无限商机，隐藏着无限潜力。一家企业要在互联网中从事商业活动，首先必须确定自己的网络位置。域名作为企业在互联网上的唯一标识，因而也越来越得到人们的青睐，一些具有开创性的企业和商家开始有意识地利用域名宣传自己的网站来创造新交易环境下的利润，域名也成了"企业的网上商标"，因而，域名的商业价值也变得不可估量。

② 域名与商标具有一定的相似性是直接原因。域名与商标的相似性体现为：

- 识别性。域名与商标都具有外部标识性的功能，给人们以强烈的视觉冲击力。域名的显著性虽远不及商标，但也足以使不同的域名相互区分开来。
- 商誉性。域名与商标都在一定程度上代表了商品、服务和企业，都是商誉的载体，代表了企业的形象。
- 宣传性。商标与域名都具有显著性，是企业的形象代表，是信用、质量与服务等的代言人。
- 排他性。在相同或类似的商品上不得使用相同或类似的商标，而同一域名也只能由一个在先注册者享有，这就排斥了商标权人或域名的注册人以外的其他人获得该商标或域名的可能性。

③ 域名与商标之间的差异性是间接原因。域名与商标也有明显的不同，主要体现为：

- 唯一性不同。同一商标可以在不同的商品和服务类别上注册，如果相互之间不是类似商品或服务，则可以由不同的权利人所有，因此，存在一个商标有多个权利人的情况；而域名不同，同一域名只能为同一注册人所有，他人不得也不可能注册完全相同的域名。
- 地域性不同。商标具有很强的地域性(驰名商标除外)，它的使用受国界的限制，因此，在全球范围内，一个商标可能存在多个商标权人；而域名的地域性限制很弱，在一国注册的带有国家标志的域名，在别国也可以进入，而国际域名更是全球范围内均可以使用。
- 组成不同。域名只能由字母、数字和若干特殊字符(中文域名还可以是汉字)组成，而商标则可以是文字、图形或二者的组合，因此，在将文字、图形表达为字母(包括英文和拼音)时，难免出现重合的现象。

④ 域名注册规则不够完善，与知识产权制度之间缺乏沟通是重要原因。目前世界各国的域名注册管理机构多为民间组织，对域名的注册没有行政管理权，而且它们一般不负责商标检索，对域名注册大多采取不审查政策，普遍采取"先申请先注册"原则，这不能有效防止域名注册申请人使用他人的在先商标权，导致域名与商标权利出现冲突。

(3) 域名与商标权利冲突的主要表现形式及解决途径。近年来，域名与商标的权利冲突不断，且呈现复杂化、多样化的趋势，要解决两者的冲突，就必须依据具体类型予以区别对待。实践中，域名与商标的权利冲突主要表现为恶意抢注域名行为、域名盗用行为、域名与商标巧合雷同、单纯的权利冲突和在后商标与在先域名的权利冲突。

① 恶意抢注域名行为及其解决途径。域名抢注是指行为人将他人的知名或比较知名的商标、商号或其他商业标识抢先注册为域名，自己却不实际使用的行为。相对域名与商标冲突的其他类型来说，域名抢注是最常见、最典型的。在美国，早在 1993 年就有人将微软等知名企业的名称或商标抢注为域名。另有报道，仅仅一家香港信息公司就在互联网上抢注了 600 多个

国内企业的商标；CNNIC 管理的.cn 和.com.cn 域名也有大量被抢注，包括国际驰名商标(如 BMW)、知名企业和机构的名称(如 KFC)以及特定的号码(如 110)和名词(如 MBA)等。

无论是国内还是国外，域名抢注一般都具备以下基本特征：第一，被抢注的域名与他人知名的商标、商号或其他商业标志相同或相近；第二，抢注大量域名而不用；第三，域名抢注人高价出租、出售域名；第四，有意阻止知名商标、商号或其他商业标志的权利人注册该域名，迫使其高价买回。

但是，权利人如何证明他人抢注的域名就是自己的商标、商号或其他商业标志呢？对于英文(中文)商标、商号或商业标志被直接抢注为英文(中文)域名，其事实认定自不必说，但对于英文(或中文)商标、图形商标或组合商标等被音译或意译为中文(或英文)形式抢注，要通过表面相同或相似性来认定抢注行为是很困难的，因此，我们只好在抢注行为本身寻找突破口。一般可以作为行为人恶意抢注行为的证据有：第一，行为人备而不用的事实；第二，行为人借与域名相同或相似的商标、商号或商业标志的知名度贩售域名牟利行为；第三，行为人有意以他人的商标、商号或其他商业标志注册为域名，并要求权利人高价赎回的言行；第四，行为人注册大量与他人商标、商号或其他商业标志相同或相似的域名的事实。

域名抢注争议的解决途径，实践中主要包括行政途径和司法途径。

用行政处理机制解决域名抢注纠纷，有方便、及时、廉价等优点。各国域名争议解决机构一般是民间机构，我国也不例外，域名争议解决机构是经由 CNNIC 认可与授权的机构，其主要适用《中国互联网络信息中心域名争议解决办法》。

《中国互联网络信息中心域名争议解决办法》第五条第一款规定："任何机构或个人认为他人已注册的域名与该机构或个人的合法权益发生冲突的，均可以向争议解决机构提出投诉。"第八条规定："符合下列条件的，投诉应当得到支持：被投诉的域名与投诉人享有民事权益的名称或者标志相同，具有足以导致混淆的近似性；被投诉的域名持有人对域名或者其主要部分不享有合法权益；被投诉的域名持有人对域名的注册或者使用具有恶意。"第九条规定："被投诉的域名持有人具有下列情形之一的，其行为构成恶意注册或者使用域名：注册或者受让域名是为了出售、出租或者以其他方式转让该域名，以获取不正当利益；多次将他人享有合法权益的名称或者标志注册为自己的域名，以阻止他人以域名的形式在互联网上使用其享有合法权益的名称或者标志；注册或者受让域名是为了损害投诉人的声誉，破坏投诉人正常的业务活动，或者混淆与投诉人之间的区别，误导公众；其他恶意的情形。"同时，《中国互联网络信息中心域名争议解决办法程序规则》也对争议处理有严格的时间限制，具有快捷方便的特点。

可以看出，该办法是比较完善和实用的，但是作为一个行业规范，其法律效力是有限的，在当事人"提出投诉之前，争议解决程序进行中，或者专家组做出裁决后"，双方当事人均可就同一争议提起诉讼或仲裁(第 14 条)；即使"争议解决机构裁决注销域名或者裁决将域名转移给投诉人的"，只要"被投诉人自裁决公布之日起 10 日内提供有效证据证明有管辖权的司法机关或者仲裁机构已经受理相关争议的"，争议解决机构的裁决也必须暂停执行。但无论如何，行政处理机制为域名抢注争议提供了一种崭新的方式，使迅速、廉价、有效地解决问题成为可能，因此，通过行政途径解决域名抢注争议将会是一种趋势。

相对行政处理机制来说，司法解决是较传统的途径，也是最具法律效力的。因此，司法途径是当前最普遍的域名争议解决途径。

争议解决因被抢注的是否为驰名商标而不同。如果被抢注的是驰名商标，由于国际公约和各国法律对驰名商标都有特殊保护,故不难处理。例如,美国宝洁公司指控北京国网公司非善意注册宝洁的驰名商标"护舒宝"为域名,侵犯其商标专用权,构成不正当竞争,法院开庭审理并当庭宣判,认定国网以驰名商标为域名而不实际使用,属非善意注册,构成不正当竞争,判决国网败诉,立即停止使用 Whisper.com.cn 的域名,同时判决国网赔偿宝洁公司经济损失 2 万元。

我国没有成文的反商标淡化法,也没有关于"假冒"的判例法,那对这类案件该如何适用法律呢?实践中,法院一般认为抢注行为违反诚实信用原则,故沿用《中华人民共和国民法通则》《反不正当竞争法》等相关规定予以解决。

② 域名盗用行为及其解决途径。域名盗用行为是指自己没有商标或者商标的知名度低,于是将他人具有一定知名度的商标相同的设计抢先注册为域名,使真正的商标权人无法注册该域名。判断域名盗用是否成立,关键是看域名注册人是否存在盗用的故意和有没有可能造成商品或服务的来源混淆。如果域名注册人存在盗用的恶意且其行为有可能混淆商品和服务的来源,则应认定其域名盗用行为成立,构成对商标所有人合法权益的侵犯;如果域名注册人主观上没有恶意,也不存在混淆商品和服务的来源的可能,则不属于域名盗用,不构成侵权。而域名盗用与域名抢注的区别在于注册人是否对该域名进行实际使用。

对于域名盗用争议的解决,实践中一般按被盗用的商标是否驰名区别对待。

如果被盗用的是驰名商标,商标权人可以通过国际公约和各国驰名商标的特殊保护来制止。例如美国《联邦反商标淡化法》规定:"驰名商标的所有人有权获得禁令救济,阻止他人在其商标或商号驰名以后商业性地使用这些标记,并导致这些标记所具有的特殊区别性质产生淡化效果。"当注册的域名与某人拥有的驰名商标相同或相近时,只要驰名商标所有人能证明域名注册者是在"商业性地使用"域名,并且因其使用而使驰名商标被淡化或有被淡化的可能,就可以援引上述《联邦反商标淡化法》的规定阻止其继续使用该域名。

目前,我国尚未有立法对商标淡化做出规定,因此,作为补充,国家商标局在 1998 年专门以行政性文件的方式禁止将他人的驰名商标设计为域名注册,并且由商标局出面,将国内 32 个驰名商标的英译和汉语拼音作为域名在 CNNIC 注册,预留给有关企业使用。这为我国驰名商标所有人禁止他人将其商标盗用为域名提供了一定的法律依据。

如果被盗用的是普通商标,商标权人在不同国家可能获得的法律保护是不完全相同的。例如美国的判例是将其定性为商标侵权,较典型的案例有 CompExaminerAgencyv.JurisInc.案。该案中,被告 Juris 是一家专门设计、制造律师事务所办公自动化软件的公司,于 1988 年将 Juris 注册为商标。当它申请注册 Juris.com 的域名时,发现已被一家面向法律市场的网络出版公司抢先注册了。Juris 公司随即向 NSI 申请挂起该域名,但该网络出版社却先发制人向法院提起诉讼,要求撤销 Juris 公司的注册商标,Juris 公司随即提起反诉。法院最终判定原告的行为侵犯被告的商标权,理由是原告将被告的注册商标注册为域名,并在上面创建网站,向被告所在的律师市场推销和宣传其商品和服务,客观上可能使消费者将其域名和被告的注册商标相联系,从而混淆这些商品和服务的来源和提供者。

我国对此没有具体的法律规定,域名注册人盗用域名,目的在于利用商标权人的商标声誉,在网络领域无偿享用或占有在先商标所有权人为自己的商标的市场知名度和影响力所付出的努力,因此,这种行为违反了诚实信用原则,是显失公平的,应当认定为侵犯商标权的,受相关法律法规的制裁。至于注册人没有主观恶意而将他人商标注册为域名使用的,则属于下文域名与商标巧合雷同讨论的内容。

③ 域名与商标巧合雷同及其解决途径。域名与商标巧合雷同是指域名注册人并无恶意地"抢注",而由于域名的唯一性和"先申请先注册"原则,不可避免地与商标权人发生权利冲突。这类冲突虽有抢先注册的客观事实,但由于域名注册人并无主观恶意,因此不构成前文所述的"域名抢注",也不属于"域名盗用"。

这类冲突的最大特点就是域名注册人主观上没有恶意,因此不宜直接采用强令撤销的做法,而应以协商转让为原则,由商标所有人给予域名注册人适当的补偿换取域名,以期和平解决冲突。如美国一家杂志记者乔华士以自己的英文名 McDonalds 为域名,为自己的个人网站注册了 McDonalds.com 的域名,恰好与麦当劳公司的商标相同,后来经过双方协商,乔华士同意将域名转让给麦当劳公司,条件就是麦当劳公司向一所中学捐款 800 万美元。但现实中也存在双方无法达成一致意见而涉讼的情况,对于这种情况,应当予以区别对待。

④ 单纯的权利冲突及其解决途径。除了驰名商标外,普通商标在各国都只享有相对的保护,因此就一个商标而言,很可能在不同地域或不同领域内,存在着多个权利人,这种权利的多重性与域名的唯一性之间,不可避免地会发生冲突。单纯的权利冲突就是指这种在若干商标权人就相同商标分享商标权的情况下,其中一个商标权人将与商标相同的设计注册为自己的域名,而使得其他商标权人无法再用自己的商标做域名的情况。

单纯的权利冲突是由于域名与商标之间的差异性,导致两者的权利配置不平衡而产生的,不存在行为人的主观恶意,因此也谈不上对任何人的权利侵犯。对于这类争议,解决方法主要包括先来后到原则、技术方法和否认声明。

⑤ 在后商标与在先的域名的权利冲突及其解决途径。域名与商标的权利冲突多表现为在后注册的域名与在先注册商标的冲突,但是现实中也存在在后注册的商标与在先注册域名发生冲突的情况,特别是在电子商务迅猛发展、网上知名域名日益增多的今天,这类问题更是不容忽视。

域名与商标、商号一样,具有表明企业身份的标识作用,但目前还没有哪个国家的法律像承认商标的在先效力一样,承认域名(对其他工业产权)的在先效力。一般来说,法律总是滞后于现实,互联网的兴起和发展的时间并不长,而人们开始意识到域名是一种财富,也不过只有短短的几年时间,因此,法律还来不及使之具有在先效力。况且,承认域名的在先效力,势必影响到很多既得利益者,想要在法律上获得承认绝非一朝一夕的事。

对于这类纠纷的处理其实法院早有先例。例如,通用汽车诉"凯迪拉克"相关域名案就是一个典型的案例。全球最大汽车制造商之一的通用汽车(GeneralMotors),曾要求仲裁"凯迪拉克"的相关域名 MyCadillac.com,但 Cadillac 也是一个地理名称,该域名还含有单词 my,与其商标并无很大相似性,且注册人并没有恶意注册和使用域名 MyCadillac.com,最终通用汽车败诉,因为域名与商标无很大相似性,且没有恶意注册使用。另一个关于域名纠纷的案例是,中国首例新型域名侵权案件。虎牙公司于 2019 年初向广州互联网法院提起诉讼,该案中广州虎牙信息科技有限公司(以下简称"虎牙公司")是注册商标 huya、"虎牙直播"、企业字号"虎牙"、域名 huya.com 的权属人及经营者,huya.com 所指向的虎牙直播平台是国内较大的直播平台之一。虎牙公司发现刘某通过易名公司注册的域名 huya.com.cn 会跳转至其竞争对手斗鱼直播平台上。虎牙公司认为,刘某将访问 huya.com.cn 的用户解析跳转至 douyu.com,将本想访问虎牙直播平台的用户全部导入斗鱼直播平台,引起用户混淆,构成恶意使用被诉域名。刘某的行为主观恶意明显，构成侵权。并且，易名公司作为网络域名和解析服务商，在接到虎牙公司通知后，对案涉域名未作处理，导致侵权行为持续、侵权损害结果扩大，构成帮助侵权，应承担连带责任。对此广州互联网法院判决：刘某在本判决生效之日起三十日内将域名 huya.com.cn 转移至虎牙公司，由虎牙公司注册使用；易名公司与刘某在本判决生效之日起五日内连带赔偿虎牙公司相关费用，在该案中法院明确域名侵权不当行为判断标准，尽管域名在注册时，没有侵犯任何在先权利，但在后续的使用中，若存在故意与其他主体的商业标识恶意混淆，比如恶意解析跳转到竞争对手网站，造成消费者混淆，损害其他与域名相似知名商业标识的合法权益，则仍可以被认定侵权①。

两个相似的案子，却有截然不同的结果，这主要是因为后者商标权人的商标和商号具有误导公众、混淆视听的可能性；而前者商标申请人所提供的商品与域名注册人所提供的服务不会产生混淆，两者的身份也不会产生混淆，且在先域名注册人没有举证，在后商标申请人具有主观恶意。

因此，一般认为，可以通过以下标准来认定商标对域名的损害：域名先于商标取得；在后商标与在先域名的文字表现相同或相近；该域名具有一定知名度；可能使公众对域名注册人和商标权人的身份产生混淆，或对两者所提供的商品或服务来源产生混淆；商标申请人存在主观恶意。

7. 协调域名与商标权利冲突的法律思考

尽管我国已经成功解决了部分域名与商标权利冲突的案子，但现行法律本身还存在不少问题，需要进一步加以完善。

(1) 建立域名注册防御机制。在互联网上建立域名注册防御机制，确立有效的域名注册审查制度，即域名注册人向 CNNIC 提出域名注册申请后，CNNIC 对其进行实质性审查，如果不存在与所申请注册的域名相同或相近似的注册商标，则予以注册；如果存在相同或相近似的注册商标，则申请人负有证明其域名注册不存在引发域名与商标权利冲突的可能的举证责任，否则，驳回其注册申请。

(2) 规范域名行政管理机制。根据现行的域名注册管理规则，域名一旦获得注册，除非注册人主动放弃或被有权机关撤销，否则该域名将一直有效。这种制度的缺陷是显而易见的，它会直接导致域名囤积、注而不用的现象，有的是为了牟取赎金，有的是为了打击对手，这明显损害了相应权利人的利益。在行政处理机制不完善的情况下，可以通过诉讼等途径取回域名，但这对善意权利人的保护是很不利的。因此，应当规范域名管理机制，赋予域名管理机构直接审查撤销囤积和长期不用的域名的权力。

(3) 完善域名争议解决机制。目前，我国虽然有《中国互联网络信息中心域名争议解决办法》《中国互联网络信息中心域名争议解决办法程序规则》等规范，但是对域名与商标权利冲突的解决还不全面、不完善，况且这些规范的立法层次低，只是一般的行业规范，其法律效力还有待商榷。尽管最高法院也出台了相关的司法解释，但是相对错综复杂的域名纠纷来说，是完全不够的。因此，应当根据现实中存在的域名与商标冲突问题，完善《中国互联网络信息中心域名争议解决办法》及其程序规则，并提高其立法层次，让其具有更高的法律强制力，使其既能成为行政机关处理这类案件的依据，也能为法院解决这类案件所适用。

---

① 案例来源：中国新闻网 链接：http://www.gd.chinanews.com.cn/2020/2020-12-21/411756.shtml

(4) 制定域名特别法，加强域名保护。目前国内没有关于域名的专门立法，现行立法侧重对商标权人的保护，而对域名的性质、域名的权利、域名与商标权的关系、域名与其他知识产权的关系等几乎是空白，这对域名保护是相对不利的，而学界对此也有较大分歧。因此，应当加强域名保护方面的立法，制定域名特别法，对域名给予适当的保护，赋予域名注册人相应的权利，平衡域名注册人和商标权人的利益，或者是在商标法中加入解决域名与商标冲突的规定。

(5) 给予驰名商标反淡化保护。随着互联网的发展，时空距离不断缩小，网络的广泛性、普遍性、快捷性在带给我们便利之际，也悄悄地缩小了驰名商标淡化产生的时空界限。由于域名的唯一性，即使该域名的使用不会误导公众，但也会干扰驰名商标在网络的使用，从而降低了其广告价值和针对特定商品的知识性。因此，我国有必要参照美国《联邦反商标淡化法》，赋予驰名商标权人以反商标淡化来维护其合法权益。

(6) 加大普通知名商标、商号的保护力度。知名商标、商号以及未注册的公众熟知的商标、商号，其知名度虽不及驰名商标，但其在一定范围内的知名，使得其被误认、被混淆、被侵权的可能性远远大于普通商标。在我国大力推行品牌战略的今天，只有在网络空间上给这些有可能成为驰名商标的知名商标、商号更有力的保护，才能防患于未然，才能更加有力地推动民族工业的品牌进程。否则，即使是知名商标、商号最终发展成驰名商标，其作为驰名商标而享有的扩大保护范围，恐怕也早已损失殆尽了。

(7) 合理限制商标权人的权利，禁止域名的反向劫持。域名的反向劫持实质上是商标权人滥用其商标专有权而夺取域名注册人域名的行为。禁止域名的反向劫持是对域名权的一种保护。在网上贸易迅猛发展的时代，域名的反向劫持危害性绝不亚于域名抢注，只是受损的是域名注册人而非商标权人。

9.5.3 网上商业秘密保护

1. 商业秘密的含义

商业秘密是指不为公众知悉，能为权利人带来经济效益，具有实用性并经权利人采取保密措施的技术信息和经营信息。由此可知，商业秘密主要包括两大类：一类是技术信息，指凭经验或技能产生的，在实际中尤其是工业中适用的技术情报、数据或知识；另一类是经营信息，指具有秘密性质的经营管理方法以及与经营管理方法密切相关的信息和情报。

2. 商业秘密的特性

(1) 秘密性，即该商业秘密处于秘密状态，尚未公开。
(2) 经济价值性，即能为权利人带来实际的或潜在的经济价值或竞争优势。
(3) 实用性，即该商业秘密能够在实际中得到应用，而不仅仅是一种理论方案。
(4) 管理性，即该商业秘密权利人对该秘密采取了保密措施，将其作为秘密进行管理。

3. 商业秘密保护的法律形式

我国目前没有专门的商业秘密法，对商业秘密的保护主要依靠以下几种法律进行迂回保护。

(1) 《中华人民共和国民法典》。《中华人民共和国民法典》关于商业秘密的规定是当事人在订立合同过程中知悉的商业秘密或者其他应当保密的信息，无论合同是否成立，不得泄露或者不正当地使用。

(2) 《中华人民共和国反不正当竞争法》。《中华人民共和国反不正当竞争法》对商业秘密的定义、侵权形式作了详细规定，它是目前保护商业秘密的理想途径。

(3) 《中华人民共和国刑法》。《中华人民共和国刑法》第二百一十九条对侵犯商业秘密行为进行了规定，由此给商业秘密的权利人造成重大损失的，处三年以下有期徒刑或拘役，并处罚金或单处罚金；造成特别严重后果的，处三年以上七年以下有期徒刑，并处罚金。

4. 网络环境下商业秘密被侵害时的法律救济途径

我国当前立法对商业秘密的保护，还存在着许多不足和空白。例如《中华人民共和国民法通则》中只有民事侵权的一般规定，适用于具体的侵犯商业秘密的行为，缺乏操作性。而且民事侵权的基本原则是过错原则，而在网络条件下，过错的证明非常困难。又如《中华人民共和国反不正当竞争法》主要针对经营者的侵权行为，而对企业职工的泄密、窃密行为则未加规范，对于网络条件下新出现的侵犯商业秘密的特殊侵权行为方式更是毫无涉及。

我国对商业秘密的侵犯，可能构成民事侵权或者是刑事犯罪，因而对侵犯商业秘密的主要措施包括：一是要求追究民事法律责任；二是要求追究刑事法律责任。同时我国相关的行政监管部门对侵犯商业秘密的行为作为反不正当竞争行为应予以行政处罚。

面对商业秘密被侵害，企业欲寻求法律救济，要做到以下两点。

(1) 要证明自己确实拥有有效的商业秘密，并明确该商业秘密的范围。可以从是否具有秘密性、是否能够带来经济利益、有无合理的保密措施等方面来确定该项信息是否受到法律保护，并对上述几方面加以证明，提供可靠的书面、电子等材料辅助证明。

(2) 应当尽可能证明受到侵犯的范围、程度及侵权者行为的证据等。侵犯商业秘密的人，经常辩称其商业秘密是通过合法途径得到的，因此，对其行为及损害后果的证明至关重要，这也是在法律上推定侵权者过错的依据。

📖 **思政案例**

诚信经营　奉献社会

习题

一、选择题

1. 电子商务立法的直接目的不包括(　　)。
   A. 消除法律障碍　　　　　　　　B. 消除现有法律适用上的不确定性
   C. 建立清晰的法律框架　　　　　D. 维护国家经济稳定

2. 法律应对交易使用的手段一视同仁，不把对某一特定技术的理解作为法律规定的基础，而歧视其他形式的技术是电子商务法的基本原则中的(　　)原则。
   A. 交易自治　　B. 证据平等　　C. 中立性　　D. 安全性

3. 2019年1月1日我国颁布的电子商务法的全称是( )。
   A. 《电子商务发展"十一五"规划》　B. 《关于加快电子商务发展的若干意见》
   C. 《中华人民共和国电子商务法》　D. 《电子商务"十三五"发展规划》

4. 1996年12月由联合国大会通过的《电子商务示范法》。这是第一部关于电子商务的国际性基本法律文件，为各国电子商务立法提供了基本依据，也为其后的电子商务的国际立法奠定了基础。下列哪项不是其原则( )。
   A. 基础保障原则　　B. 非歧视原则　　C. 技术中立原则　　D. 当事人自治原则

5. 未经作者或者其他版权人许可而以任何方式复制、出版、发行、改编、翻译、广播、表演、展出、摄制影片等属于网络上的版权侵权的( )行为。
   A. 直接侵权　　　B. 间接侵权　　　C. 知识产权侵权　　D. 财产权侵权

6. 域名的法律特征在很大程度上取决于它的技术特征，其主要内容包括( )。
   A. 标识性　　　　B. 唯一性　　　　C. 排他性　　　　D. 以上都是

二、名词解释

1. 电子商务法
2. 税法
3. 版权客体
4. 商业秘密
5. 域名

三、简答题

1. 简述电子商务立法的基本原则。
2. 简述商标的特征。
3. 税法的构成要素有哪些？
4. 简述域名的特征。
5. 简述商标和域名的关系。

四、论述题

1. 分析《中华人民共和国电子商务法》出台的意义。
2. 论述电子商务交易中的知识产权是如何得到保护的。

五、案例分析

电子签名法的应用[①]

2018年7月19日，甲工具制造有限公司(以下简称甲公司)与乙电子商务有限公司(以下简称乙公司)签订电子商务服务合同1份。合同约定：乙公司为甲公司安装其拥有自主版权的IteMS2000 1.0版国际贸易电子商务系统软件1套，在安装后1年之内最少为甲公司提供5个有效国际商务渠道。乙公司对甲公司利用其软件与商情获得的成交业务，按不同情形收取费用，

---

① 资料来源：百度文库。

最高不超过 50 万元。如果在 1 年之内，乙公司未能完成提供有效国际商务渠道的义务，则无条件退还甲公司首期付款 5 万元并支付违约金。

合同签订后，乙公司在甲公司处安装了软件平台并代甲公司操作该系统。2019 年 10 月，甲公司以乙公司违约，未能提供有效国际商务渠道为由起诉至法院，要求解除合同，返还已付款项并支付违约金。乙公司在举证期限内提供了海外客户对甲公司产品询盘的 4 份电子邮件(打印文件)，以此证明乙公司为甲公司建立的交易平台已取得业务进展，至于最终没有能够成交，是由于甲公司提供给外商的样品不符合要求。一审法院认为，电子邮件的资料为只读文件，除网络服务提供商外，一般外人很难更改，遂认定了电子邮件证据的效力，驳回甲公司的要求。甲公司不服判决并上诉。

二审法院判决书：乙公司提供的电子邮件只是打印件，对乙公司将该电子邮件从计算机上提取的过程是否客观和真实无法确认，而乙公司又拒绝当庭用储存该电子邮件的计算机通过互联网现场演示，故否认了 4 份电子邮件的证据效力。判决乙公司对甲公司进行赔偿。

从一审判决中可以看出，法官引用了《电子签名法》中的规定，其中第 7 条规定："数据电文不得仅因为其是以电子、光学、磁或者类似手段生成、发送、接收或者存储的而被拒绝证据使用。"一审判决与二审判决结果不同可以看出电子邮件的法律效力具有争议，一审法院认定了电子邮件的法律效力；而二审法院虽然没有在判决中对电子邮件作为证据的法律属性明确阐述，但从法官要求乙公司方当场演示储存邮件的计算机以及对证据提取过程的特别程序要求可以看出，法官怀疑乙公司提供的电子邮件(打印文件)的真实性。一项数据电文是否具有证据力，以及证据效力如何等问题还需要依据《电子签名法》第 8 条的规定认定。《电子签名法》第 8 条规定：审查数据电文作为证据的真实性，应当考虑以下因素：生成、存储或者传递数据电文方法的可靠性；保持内容完整性方法的可靠性；用以鉴别发件人方法的可靠性；及其他相关因素。

乙公司提供的电子邮件只是打印件，无法确认该电子邮件从计算机上提取的过程是否客观和真实，而乙公司又拒绝当庭用储存该电子邮件的计算机通过互联网现场演示，不能证明发送电子邮件的可靠性、电子邮件的完整性以及发件人的真实性，因此 4 份电子邮件不具有法律效力，故二审判决判乙公司对甲公司进行赔偿。

问题：
1. 分析案例中二审法院判决的依据。
2. 通过该案例进一步分析电子商务立法的重要性。

参考文献

[1] 王玉珍. 电子商务概论[M]. 2 版. 北京：清华大学出版社，2020.
[2] 中国互联网络信息中心. 第 50 次中国互联网络发展状况统计报告[R]. 北京：中国互联网络信息中心，2022.
[3] 中华人民共和国商务部. 中国电子商务报告 2021[R]. 北京：中国商务出版社，2022.
[4] 叶蔚，袁清文. 网络金融概论[M]. 北京：北京大学出版社，2006.
[5] 张劲松. 网络金融[M]. 4 版. 北京：机械工业出版社，2018.
[6] 艾瑞咨询. 中国第三方支付行业研究报告[R]. 上海：艾瑞咨询，2022.
[7] 白东蕊，岳云康. 电子商务概论[M]. 4 版. 北京：人民邮电出版社，2019.
[8] 冯英健. 网络营销基础与实践[M]. 5 版. 北京：清华大学出版社，2016.
[9] 杨立钒，万以娴. 电子商务安全与电子支付[M]. 北京：机械工业出版社，2020.
[10] 中国金融认证中心. 2020 中国电子银行调查报告[R]. 北京：中国金融认证中心，2020.
[11] 张波，朱艳娜. 电子商务安全[M]. 北京：机械工业出版社，2020.
[12] 张呈江. 电子商务技术项目教程[M]. 北京：电子工业出版社，2020.
[13] 张思光，张延君. 电子商务概论[M]. 北京：清华大学出版社，2016.
[14] 徐敏. 电子商务信息系统开发建设[M]. 北京：化学工业出版社，2021.
[15] 谢希仁. 计算机网络[M]. 北京：电子工业出版社，2021.
[16] 赵芳. 电子商务概论[M]. 大连：东北财经大学出版社，2015.
[17] 王玉珍. 电子商务原理与应用[M]. 北京：科学出版社，2012.
[18] 张格余. 电子商务基础与实务[M]. 北京：机械工业出版社，2016.
[19] 蔡皎洁. 网络金融[M]. 北京：机械工业出版社，2016.
[20] 李宏畅. 网络金融与电子支付[M]. 西安：西安交通大学出版社，2015.
[21] 陈银凤. 网络支付与结算[M]. 北京：电子工业出版社，2016.
[22] 帅青红，苗苗. 网上支付与电子银行[M]. 北京：机械工业出版社，2015.
[23] 黄兰英，李志敏. 电子商务技术及实训[M]. 北京：清华大学出版社，2015.
[24] 刘彦洁，张呈江. 电子商务技术[M]. 北京：电子工业出版社，2013.
[25] 刘红军. 电子商务技术[M]. 2 版. 北京：机械工业出版社，2012.
[26] 张波. 电子商务安全[M]. 北京：机械工业出版社，2015.
[27] 曾子明. 电子商务安全[M]. 2 版. 北京：科学出版社，2013.
[28] 唐四薪. 电子商务安全[M]. 北京：清华大学出版社，2013.

[29] 威廉·斯托林斯. 计算机安全：原理与实践[M]. 3 版. 北京：机械工业出版社，2016.

[30] 斯托林斯. 计算机安全：原理与实践[M]. 2 版. 北京：电子工业出版社，2015.

[31] 翟彭志. 网络营销[M]. 3 版. 北京：高等教育出版社，2012.

[32] 候安才，栗楠，张强华. 电子商务安全技术实用教程[M]. 北京：人民邮电出版社，2016.

[33] 苍天鹏，田沛. 电子商务概论[M]. 成都：电子科技大学出版社，2016.

[34] 岳欣. 推进我国农村电子商务的发展[J]. 宏观经济管理，2015(11).

[35] 张红英. 中国 B2C 跨境电子商务的发展问题研究[D]. 济南：山东大学，2014.

[36] 穆承刚. 我国小额跨境电子商务模式研究[D]. 上海：上海社会科学院，2014.

[37] 孟波，段超. 电子商务法[M]. 北京：北京大学出版社，2010.

[38] 韩晓平. 电子商务法律法规[M]. 北京：机械工业出版社，2006.

[39] 鲜军. 电子商务概论[M]. 北京：机械工业出版社，2019.

[40] 范云芝. 电子商务概论[M]. 北京：机械工业出版社，2016.

[41] 方玲玉. 网络营销实务[M]. 2 版. 北京：电子工业出版社，2013.

[42] 魏艳. 短视频直播营销与运营[M]. 北京：化学工业出版社，2019.

[43] 许耿，李源彬. 网络营销：从入门到精通[M]. 北京：人民邮电出版社，2019.

[44] 苑春林. 网络营销[M]. 北京：中国经济出版社，2019.

[45] 于丽艳，毕盛楠. 网络营销与推广[M]. 北京：化学工业出版社，2019.

[46] 叶敏. 网络营销实务[M]. 重庆：重庆大学出版社，2019.

[47] 刘英卓，曹杰，张艳萍. 电子商务安全技术[M]. 北京：清华大学出版社，2017.

[48] 宋文官. 电子商务概论[M]. 北京：清华大学出版社，2018.

[49] 刘志学. 现代物流信息技术与应用[M]. 武汉：华中科技大学出版社，2016.

[50] 李柏杏. 电子商务概论[M]. 武汉：武汉大学出版社，2016.

[51] 马莉婷. 电子商务概论[M]. 北京：北京理工大学出版社，2016.

[52] 韩琳琳，张剑. 跨境电子商务实务[M]. 上海：上海交通大学出版社，2017.

[53] 柯丽敏，洪方仁. 跨境电商理论与实务[M]. 北京：中国海关出版社，2017.

[54] 徐凡. 跨境电子商务基础[M]. 北京：中国铁道出版社，2017.

[55] [美]肯尼斯·C. 劳顿. 电子商务：商务·技术·社会[M]. 北京：清华大学出版社，2018.

[56] 文丹枫，徐小波. 再战农村电商："互联网+"时代的下一个新战场[M]. 5 版. 北京：人民邮电出版社，2016.

[57] 全国人大常委会办公厅. 中华人民共和国电子商务法[M]. 5 版. 北京：中国民主法制出版社，2018.

[58] 彭启蕾. 电子商务税收研究文集[M]. 北京：中国市场出版社，2018.

[59] 谢小燕. 电子商务创业项目实战教程[M]. 南昌：江西高校出版社，2017.

[60] 许应楠，刘忆. 乡村振兴下新型职业农民参与农村电子商务发展影响因素模型构建——基于 TAM 和 TPB 理论[J]. 江苏农业科学，2019(15).

[61] 万媛媛，苏海洋，刘娟. 农村电子商务发展影响因素及对策建议[J]. 商业经济研究，2020(2).

[62] 朱薇. 乡村振兴战略背景下甘肃农村电子商务发展的问题及对策[J]. 兰州工业学院学报，2023，30(01).

[63] 崔瑞. "互联网+"背景下农村电子商务发展研究[J]. 农家参谋，2023(02).

[64] 王伟. 乡村振兴背景下农村电子商务发展分析[J]. 农家参谋，2023(03).

[65] 吴洁. 乡村振兴背景下农村电子商务发展的问题及对策[J]. 广东蚕业，2023，57(02).

[66] 郝松. 乡村振兴视域下农村电子商务发展创新研究[J]. 农家参谋，2023(08).